근대중일어휘교류사

근대중일어휘교류사

신한자어의 생성과 수용

션귀웨이 지음

이한섭 외 옮김

고려대학교출판부
KOREA UNIVERSITY PRESS

KINDAI NITCHU GOI KORYU SHI
by Guowei Shen

This edition is published by arrangement with Kasamashoin, Japan.
이 책은 Kasamashoin, Japan의 허락을 받아 고려대학교출판부에서 출판한 것입니다.

옮긴이 서문

이 책은 선궈웨이沈國威 교수의 저서 《근대일중어휘교류사近代日中語彙交流史》 개정 신판을 우리말로 번역한 것이다. 역자가 이 책의 발간 사실을 알게 된 것은 책이 출판된 2008년 8월 직후였다. 초판 발행 시 일본학계에서 화제를 모았던 이 책이 개정판으로 다시 출간된다는 소식에 역자는 가슴이 뛰었고 한국 학계에 꼭 소개를 하고 싶다는 생각을 하게 되었다. 그래서 곧바로 저자와 출판사(가사마서원笠間書院)에 연락하여 한국어판 출간에 대한 허락을 얻었다.

선궈웨이 교수는 중국 선양瀋陽 출신으로 베이징의 일본학연구센터 대학원을 거쳐 오사카대학 대학원에서 박사학위를 받았고 현재는 일본 간사이대학에서 교편을 잡고 있는 중견 교수이다. 전공은 근대 중일 어휘 교류사이며 그간 여러 가지 저서와 논문 등으로 이 분야의 연구에서 가장 선두에 서 있는 사람이기도 하다. 선궈웨이 교수는 역자와 같은 대학원 출신인 점 말고도 저자가 주재하는 '한자문화권근대어연구회'에서 같이 활동한 인연으로 일찍부터 학문적 교류를 하던 터였다.

이 책의 번역은 2009년 초부터 그 준비 작업이 이루어졌다. 우선은 책의 내용을 파악해야 했기에 역자의 연구실을 중심으로 몇 사람이 모여 윤독을 하기 시작했고 이 작업은 3-4개월이 걸렸다. 2009년 여름부터는 본격적인 번역이 시작되었고 여섯 사람이 번역에 참가하였는데 원칙적으로 한 사람이 한 장章씩 담당하기로 하였다. 초벌 번역은 같은 해 9월경에 끝났고 서로 바꾸어서 번역문을 검토하는 등으로 실제 번역 작업이 끝난 것은 2010년 5월경이었다.

번역 작업에는 여러 가지 난관이 있었다. 우선 여러 사람이 공동으로 작업하는 관계로 문체나 용어가 통일되지 않았고 독자들에게 저자의 진의를 충실히 전하려다보니 직역에 가깝게 번역을 한 경우도 있어 번역투 문장이 된 부분도 적지 않게 있었다. 또 원문에 한문 문장이 적지 않아 이를 번역하는 데도 애를 먹었다. 중국책 이름과 사람 이름을 한글로 표기하는 작업도 만만치 않았다. 그리하여 최종 원고를 고려대학교출판부에 넘긴 시점이 2010년 12월달이었다. 그러고 보니 번역 작업에 꼬박 2년이 걸린 것이다.

각 번역자가 담당한 부분은 다음과 같다.

연구편	
서론 · 제1장 · 제2장	윤재숙(고려대 언어정보연구소 연구교수)
제3장	김지연(방송통신대 일본학과 전임대우 강의교수)
제4장	황미정(고려대 언어정보연구소 연구교수)
제5장	이자호(경북대 일어일문학과 부교수)
어지편語誌編	정영숙(일본 교린대 동아시아학과 조교수) · 이한섭
자료편	이한섭(고려대 일어일문학과 교수)

이 책의 번역 출판하기까지는 많은 분들이 참여와 도움을 주셨다. 고려대학교출판부장님은 어려운 출판 사정에도 불구하고 번역 출간을 흔쾌히 수락해 주셨다. 또한 출판부 편집실의 여러 분들이 편집과 교정 작업 등 출판 전반에 걸쳐 많은 수고와 도움을 주셨다. 고려대 강사 정현우 씨는 교정 과

정에서 용어 통일과 한국어 번역문을 다듬는데 재주를 발휘해 주었다. 이 분들의 협조와 도움이 없었더라면 이 책은 나오지 못했을 것이다. 여기에 이 분들의 노고를 적어 감사의 뜻을 표하는 바이다.

2012년 3월 길일에

역자 일동

한국어판 출간에 부쳐

중국어와 일본어에서 추상적 개념을 나타내는 지적知的 어휘 중에는 '民主, 自由, 文化, 文明, 野蠻……'와 같은 수많은 한자 동형어가 존재한다. 이들 동형어는 근대 이후 서양의 근대 문명을 받아들이기 위해 새로 만들어진 단어로서, 중국어와 일본어 간의 대대적인 어휘 교류를 통하여 양국어의 공유재산이 되었고 이후 두 언어뿐만 아니라 한국, 대만, 홍콩, 싱가포르 등의 한자 문화권 전역에도 확산되었다.

근대 중·일 간의 어휘 교류 연구는 언어와 어휘 문제에 그치지 않고, 동아시아에서 한자라는 매개체를 사용하여 서양의 근대 문명을 어떻게 수용하였고, 또 서양의 근대 문명을 수용할 때 어떤 문제가 있었는지 등, 아시아의 근대화 과정을 검증하는 여러 연구와 밀접히 관련된 기초 작업이다.

저자는 이와 같은 문제 의식을 가지고 1985년 가을 일본에 유학하여 근대어 연구를 시작하였다. 이 책은 1992년 6월 오사카대학에 제출한 박사학위 신청 논문을 가필 수정한 것으로, 1994년 3월 가사마서원笠間書院에서 간행되었다. 2008년 가을에는 독자 여러분의 성원에 힘입어 개정 신장판改訂新裝版이 나왔다. 개정 신장판에서는 초판의 오식誤植과 명백한 오류를 수정하였고 보주補注에 새로운 연구 성과를 게재하여 초판 출판 후 진전된 연구 성과를 더하였다. 이 책에서는 다음과 같은 문제를 다루고 있다.

• 근대 중 · 일어 어휘 교류 연구의 기본적인 문제들
• 근대 중국인의 일본어와의 만남
• 19세기 영중사전들의 편찬과 이들이 아시아 여러 언어에 미친 영향
• 근대적 서양 개념어의 전래와 한자에 의한 어휘화
• 중국어 어휘 체계 형성에 끼친 일본어의 영향

졸저에 어떤 가치를 부여한다면 근대 중국어와 일본어의 어휘 교류 연구에 조감도를 제시하였다는 점일지 모른다. 하지만 시야가 좁았다는 점도 인정하지 않을 수 없다. 최근 수년간 저자는 다음과 같은 점에 문제의식을 가지고 연구를 진행하고 있다.

• 중국인의 일본어 지식의 습득과 번역자 집단 형성
• 일본 서적의 초기 중국어 번역: 인물과 번역서
• 중국에 근대 지식을 제공한 통로로서의 일본
• 학술용어 · 추상어휘 중심의 일본어 차용
• 현대 중국어 어휘 체계의 형성과 '국어國語'의 획득

근대 이후 서양으로부터 정신문명과 물질문명이 전래되고 이를 수용함으로써 동양은 크게 변모하였다. 언어는 사상과 개념을 나타내는 역할을 하는 것으로 한자문화권에 새로이 등장한 한자어에는 동아시아의 근대적 진실이 내재되어 있다. 본 연구는 이들 문제를 다룬다는 점에서 의미를 찾을 수 있다.

이번에 저자의 오사카대학 선배이자 오랜 세월에 걸쳐 근대 신어 · 번역어 연구에 힘써 온 고려대학교의 이한섭 교수가 제자들과 공동으로 이 책을 한국어로 번역하게 되었다. 저자로서는 대단한 영광으로 생각하며 이한섭 교

수를 비롯해서 번역 작업에 참여한 여러분들께 깊은 사의를 표하는 바이다.

한국어도 중국어와 일본어처럼 근대 이후 커다란 변화를 겪었고 이 과정에서 한자어가 중심적인 역할을 했음은 주지의 사실이다. 이 책이 한국 연구자들의 근대어 연구에 조금이나마 도움이 된다면 크나큰 기쁨이 될 것이다. 한국 연구자들이 한국어 시점에서 도출한 연구 성과는 향후 한자문화권 신어 번역어 연구에 크게 기여할 것이라 믿어 의심치 않는다.

2011년 초여름에

선궈웨이沈國威

韓国語版に寄せて

日本語と中国語において抽象的な概念を表す知的語彙の中に「民主, 自由, 文化, 文明, 野蛮……」など, 数多くの同じ語形を持つ漢字語が存在している。これらの語は, 近代以降, 西洋の近代文明を摂取するために, 新しく作られたもので, 大規模な語彙交流を経て, 両言語の共有財産となったのである。またこれらの語は日中だけに限らず, 韓国, 台湾, 香港, シンガポール等のいわゆる漢字文化圏の全域に広がっていった。

近代における日中間の語彙交流に関する研究は, 言語・語彙の問題にとどまらず, 東アジアは, 如何にして漢字で西洋の近代-文明を受容したのか, その受容に際して, どのような問題が起きたのかというアジアの近代化プロセスを検証する「近代」諸研究にとっても欠くことのできない基礎作業である。

このような思いを抱いて, 研究を始めたのが1985年秋, 日本に留学に来てからである。本書は, 1992年6月に大阪大学に提出した学位申請論文を加筆, 修し, 1994年3月, 日本の笠間書院より公刊したものである。また2008年秋, 光栄にも改訂新装版を世に送った。新装版では誤植や明らかな事実誤認を訂正したが, その他の部分は初版の形を保った。但し, 版を新しくする機会に研究の新しい情報を加えるのも著者の義務と考え, 巻末に補注の形で重要な研究成果を取り上げながら, 初版出版後の研究の進展をお伝えすることにした。拙著において,

・近代日中語彙交流に関する研究の基本問題
・近代における中国人の日本語との出会い
・19世紀の英華辞書類の編纂とアジア諸言語への影響
・西洋近代的諸概念の伝来と漢字による語彙化
・中国語語彙体系の形成における日本語の影響

などの問題を著者なりに精一杯取り上げていた。もし拙著にまだ何らかの価値があるとするならば，近代日中語彙交流研究の鳥瞰図を提示するところにあるかも知れない。しかし視野の狭さも明らかである。著者は，ここ数年さらに以下のような問題意識を抱き，研究を進めている。

・中国人の日本語知識の獲得と翻訳者集団の形成
・初期日本語中国語訳の実践：人物と訳書
・中国に近代知を提供するルートとしての日本
・学術用語・抽象語彙を中心とした日本語の借用
・現代中国語語彙体系の形成と「国語」の獲得

近代以降，西洋からの精神文明・物資文明の伝来と受容によって東洋が大きく変貌した。言語は概念，思想の担い手であり，漢字文化圏の新しい漢字語にアジアの近代の真実が潜められている。ここに本研究の意味がある。

この度，大阪大学の先輩，長年ともに近代新語・訳語に関する研究に取り組んできた韓国高麗大学の李漢燮先生は，配下の大学院生と一緒に拙著を韓国語に翻訳し，韓国の学界に提供する運びとなった。身に余る光栄である。李先生をはじめ，翻訳作業に携わっている皆さんに深く謝意を表すものである。日本語，中国語と同様，韓国語も近代以降大きく変化を成し遂げた。そのプロセスにおいて漢字語が大きな役割を果たしたことが広く知られている。拙著は，韓国の研究者に少しでもヒントを与えることができれば，望外の喜びであろう。また韓国語の視点に立脚した研究成果は，きっと漢字文化圏の新語訳語研究を大いに促進するに違いないと信じている。

2011年初夏
著者

개정 신판을 내면서

《근대중일어휘교류사》의 개정판을 내는 것이 어떻겠느냐는 전자메일을 가사마서원笠間書院 편집부로부터 받은 것은 작년 말 내가 연구휴식년으로 미국 보스턴에 체류할 때였다. 1994년에 출판한 이 책의 초판에 대해서 독자들로부터 한 달에 몇 통씩 문의 전화가 온다는 내용이었다.

13년 전에 낸 책을 지금도 읽으려 하는 사람이 있다는 것은 저자로서는 여간 기쁜 일이 아니다. 하긴 초판이 나오고 나서 발견된 여러 개 오식을 바로잡고 싶다고 생각하던 참이었다. 그러나 막상 개정 이야기가 나오니 주저하지 않을 수 없었다. 왜냐하면 초판에 있었던 문제점과 부족한 부분, 방법론상의 미숙함을 어정쩡한 방법으로는 다 고칠 수 없었고 또 최근의 눈부신 연구 성과를 다 반영한다는 것도 불가능에 가깝기 때문이었다. 제대로 개정한다면 처음부터 모두 다시 써야 할 판이었다. 또 초판을 내고서 계속해 온 연구 성과를 다른 책으로 내려고 집필을 하던 참이었기도 하였다.

그래서 편집부와 상의한 결과 초판의 오식 및 명백히 잘못된 부분만을 고치고 다른 부분은 그대로 내용을 유지하는 방법으로 신장판을 내기로 하였다. 또한 개정판을 내는 기회에 새로운 연구 정보를 추가하는 것이 저자의 의무라 생각하여 책 말미의 보주補注 형태로 그간 이루어진 주요 연구 성과를 들어 초판 출간 이후의 연구 진행 상황을 소개하기로 하였다.

중국에 '괴대소작愧対少作'이란 속담이 있는데 이는 젊을 때 지은 시문詩文의 미숙함을 부끄러워 한다는 뜻이다. 후일 대성한 사람만이 이 속담을 쓸 자격이 있겠지만 젊지 않은 나이에 출판했던 이 책의 초판을 읽을 때마다 거드름 피운 문장에 비해서 그 결론이 유치했던 점을 한없이 부끄럽게 생각해 왔다. 또 금후의 연구에 대하여 이 책의 초판이 제기했던 여러 가지 문제를 해결하고자 이리저리 고심했던 자신을 발견한 것도 사실이다.

이 책의 초판은 《근대중일어휘교류사》라는 제목을 단 최초의 책인 만큼 독자들에게 과분한 기대를 걸게 하였다. 나 자신은 혼신을 다하여 다음과 같은 문제를 다루려 하였다.

- 근대 중일 어휘 교류 연구의 기본적 문제
- 근대 중국인과 일본어의 만남
- 19세기 영중사전의 편찬과 아시아 여러 언어에 끼친 영향
- 근대 서양 지식의 전래와 한자에 의한 어휘화
- 중국어 어휘 체계 형성에 끼친 일본어의 영향

만일 이 책의 초판이 아직 조금이라도 가치가 있다고 한다면 근대 중일 어휘 교류 연구에 조감도를 제시했다는 점일 것이다. 그러나 초판의 시야가 좁았다는 점도 사실이다. 본 저자는 최근 수년간 지난날의 결점을 보완하고자 다음과 같은 연구를 진행하고 있다.

- 중국인의 일본어 지식 획득과 번역가 집단의 형성
- 근대 초기 일본어의 중국어 번역: 번역자와 번역서
- 중국에 근대적 지식을 제공한 경로로서의 일본

- 학술용어와 추상적 어휘 중심의 일본어 차용
- 현대 중국어 어휘 체계의 형성과 '국어'의 획득

근대 이후 서양의 정신문명 및 물질문명의 선래와 수용으로 동양은 크게 변모하였다. 이 책의 저자는 언어 면, 특히 어휘 면의 각도에서 동양의 근대를 바라보려 하였다. 되돌아보면 초판을 낸 뒤 좋은 연구 환경 속에서 연구를 계속할 수 있게 된 것은 정말 행운이었다. 근대사와 사상사, 학예사, 과학사 등 전문가와 교류할 기회를 가졌고 이들로부터 많은 자극과 함께 언어 분야 이외의 많은 훌륭한 연구 성과를 흡수할 수 있었다. 특히 지금 근무하는 대학에 옮기고 나서는 영광스럽게도 '동서학술연구소'라는 오랜 역사와 학문적 전통을 가진 연구소의 일원이 되어 비슷한 연구 과제를 다루는 동료 교수들을 만날 수 있었다. 연구회를 통해서는 말할 것도 없고 접담을 나누면서도 역사학이나 사상사 연구 지식을 많이 접할 수 있었다.

이러한 환경 속에서 학제적 연구가 촉진되었고 연구 면의 연계가 이루어졌다. 그리고 《육합총담六合叢談》과 《하이관진遐迩貫珍》《지환계몽智環啓蒙》 등 연구서가 나왔다. 2000년에는 주변 연구자들과 함께 토론과 발표의 장을 만들고자 '근대 동서 언어 문화 접촉 연구회'를 결성하고 학회지 《혹문惑問》을 창간하였다. 《혹문》은 지금까지 13호가 나왔다. 또 '근대동서언어문화접촉연구회'의 아시아판으로 '한자문화권근대신어연구회'를 만들어 중국과 한국 일본에서 번갈아가며 국제 심포지엄을 열고 있다. 이 연구회에는 젊은 연구자들이 다수 참가하여 연구 기반이 과거보다 더 튼튼해졌다. 2007년 6월 관서대학에서 신청한 문부과학성 GCOE프로젝트 '동아시아 문화교섭학의 교육 연구 거점 형성—주변부의 접근으로부터 새로운 동아시아 문화의 창출'이 채택되었다. 저자도 사업추진 담당자의 일원이 되었다. 한자

문화권의 언어 접촉 및 어휘 교류를 다룬 이 책이 동아시아 문화교섭학을 연구하는 독자들에게 참고가 되었으면 다행으로 생각하겠다.

언어는 개념과 사상을 나타내는 수단이다. 한자문화권의 새로운 한자어에 근대 아시아의 진실이 담겨져 있다고 믿는다. 이러한 진실에 한발자국이라도 다가갈 수 있도록 앞으로도 계속해서 노력을 해 갈 작정이다.

2007년 가을

저자

차례

어지편 語誌編 —102개의 단어

자료편

일러두기

1. 이 책은 선궈웨이沈國威 교수의《改訂新版 近代日中語彙交流史—新漢語の生成と受容》(笠間書院, 2008)을 우리말로 번역한 것이다.

2. 이 책의 번역에는 원문의 의미를 충실히 전달하기 위하여 직역을 주로 하였으나 일부 부분은 의역한 곳도 있다.

3. 필요한 경우에 한해서 한자를 병기하였다. 특히 중국과 일본의 책 제목은 처음 나올 때 한해 원제를 병기하였으며, 필요에 따라 반복하기도 하였다.

   예) 관계關係, 영향影響,《유력도경여기遊歷日本図経餘記》

   《메이지어 사전明治のことば辭典》

4. 체재는 가급적 원저의 체재를 유지하도록 하였다.

5. 원저의 인용문과 단어 리스트는 다음과 같이 처리하였다.

   일어 인용문: 모두 한국어로 번역하였다.

   중국어 인용문: 원칙적으로 중국어 원문을 옮긴 다음 이를 한국어로 번역하였다.

6. 전문용어는 원칙적으로 우리말에서 사용하는 용어로 번역하였으나 우리말에 없는 용어는 먼저 우리말로 설명하고 원어를 함께 적었다.

7. 인명과 지명은 다음과 같이 표기하였다.

   (1) 일본인의 이름: 한글로 이름과 성을 적고 원 이름을 병기하였다.

   예) 夏目漱石 → 나쓰메 소세키夏目漱石

   (2) 중국인의 이름: 한글로 이름과 성을 적고 원 이름을 병기하였다. 외래어 표기법에 따라 신해혁명을 기준으로 현대인은 중국어 표기법에 따라 표기하였다.

   예)袁世凱 → 위안스카이袁世凱

   (3) 서양인의 이름: 원문에 원어 표기가 있는 것은 원어를 병기하고 한자 이름이 있는 경우 이 또한 병기하였다.

   예) Michel Ruggieri(중국명: 羅明堅)

   (4) 다만 원어를 우리말로 읽어서 표시해도 이해가 가능한 사람은 한글로 표기를 하고 괄호 속에 중국 이름을 적었다.

   예)마테오 리치(중국명: 利瑪竇)

8. 저서와 논문명은 다음과 같은 기호를 사용한다.

   논문 →〈〉, 저서 →《》

   논문과 저서명도 가급적 번역한다.

연구편

서론

1. 이 책의 내용과 연구 범위

이 책은 제목에도 나타나 있듯이 근대 이후 중국과 일본의 어휘 교류의 역사를 다룬 것이다. 여기서 말하는 '근대 중·일 간의 어휘 교류의 역사'란 중·일 두 언어 사이의 어휘 유입과 수용, 정착(또는 도태), 자국어 어휘 체제로 편입될 때 발생하는 의미 변화 등의 역사를 말한다. 그러나 현 상황에서 이들 문제 모두를 다루는 것은 불가능하다. 이 책에서는 중국어 입장에서 근대 이후 일본어에서 유입된 어휘에 초점을 맞추어 그 유입 시기와 경로, 수용 및 정착(또는 도태) 과정, 어휘 변화, 외래어로서의 특이성 등을 살피고자 하며, 기술 방법은 개별 사례에서 일반성 있는 법칙을 발견하는 방법으로 접근하고자 한다. 중국어에 일어 어휘가 유입되게 된 것은 서양 문물의 동양 전래에 따른 근대 사회의 발전 과정에서 이루어진 것으로, 인문사회과학 전반의 학술용어를 번역, 정비하는 과정에서 초래된 것이다. 그러나 이 책의 기술 대상은 화학 용어나 의학 용어, 물리학 용어 등과 같은 고차원적 학술어가 아니라 오늘날 중국인들이 일상적으로 지적인 사회생활을 꾸려가는 데 필요한 용어로 국한시키기로 한다.

다 아는 바와 같이 최근 백 년 동안 중국어는 어휘뿐 아니라 문체와 표현

양식에서도 큰 변화가 있었다. 이는 말할 것도 없이 근본적으로 근대 서양 문명의 전래와 자극에 의한 것으로 일본어는 근대 중국어 어휘 정비 과정은 물론 문체와 표현 방법의 혁신 과정에도 깊숙이 관여되어 있다. 그러나 지금까지는 이러한 사실 자체나 일본어와의 관련 방법에 대한 연구가 충분하지 않았다.[1] 이 책에서 중국어 문체와 표현 전반을 언급할 여유는 없으나 문체 및 표현의 근대화와 어휘와의 상호 관련에 대해서는 신경을 써서 기술하고자 한다.

일반적으로 두 언어 사이의 어휘 교류 사실을 밝히려면 그 기초 작업으로 다음 두 가지 연구가 반드시 필요하다.

1. 언어 요소의 차용을 가져오게 한 사회 문화적 배경 연구
2. 어휘가 교류된 시기의 각 언어의 공시적 상황 연구

근대 중·일 간의 어휘 교류에 대한 사회 문화적 배경과 관련하여 이 책에서는 최근 중국에서 활발히 진행된 근대사 연구와 특히 서양 문명의 동양 전래, 근대 중·일 관계사 등의 연구 성과에 힘입은 바가 크다.

또한 어휘 교류 주체인 일본어와 중국어의 공시적 파악도 이 책의 주요 연구 기반이 된다. 중국어 연구에서 중세와 근세 어휘는 차치하고라도 근대 어휘에 대한 연구조차 아직 본격적으로 이루어지지 않아서 본 연구에 직접 이용 가능한 것은 소수에 불과하다.[2] 이와 달리 일본은 최근 수년간 근세 근

---

1 《五四以來漢語書面語言的變遷和發展》(1959)는 이 문제에 대해 언급한 얼마 되지 않은 연구 중의 하나이다. 제2장 참조. 근년에는 왕샤오핑(王曉平)이 저술한《近代中日文學交流史稿》(1987)의〈日本新名詞と中國近代文体〉에서 이 문제를 문학적 각도에서 다루었다.

2 중국에서 근대 어휘에 관한 연구는 왕리(王力 1945, 1958) 등의 전문적인 연구서 이외에 다른 연구서는 현재까지 간행된 것이 없는 것으로 보인다(1991년 3월 현재). 또한 중국어학계에서 말하는 '근대 중국어'라는 용어는 일반적으로 당 말기 5대(9세기)부터 명말 청초까지의 중국어를 가리키는 것으로 본서에서 말하는 '근대(近代)'와 같은 개념이 아니다(呂叔湘 1985 등 참조). 제1장 §2 참조.

대 한자어 및 번역어 연구가 활발히 진행되었고 그 결과 커다란 성과를 거두고 있다. 이 책에서는 이들 연구 성과를 최대한 참고하면서 연구를 진행하였다.

이문화 접촉으로 인한 다른 언어와의 어휘 교류는 항상 상호적 성격을 띠고 있다. 이러한 의미에서 근대 이후 중국어가 일어 어휘를 차용한 것은 한 측면에 불과하며 또 다른 측면, 즉 근대 일어 어휘 형성에 크게 기여한 명·청 이후의 중국 서적과 양학서, 19세기 영중사전류의 존재도 무시할 수 없다. 이 책에서는 제4장에서 19세기 영중사전들의 영향을 중점적으로 살펴보고 이들 사전에 나오는 번역어와 근대 일본어, 그 후 중국어에 들어온 일어 차용어와의 접점을 살펴보기로 한다.

외래어 연구에서는 종종 문화적인 의미가 논의된다. 이와 마찬가지로 일어 차용어 연구는 중국 근대 어휘사뿐만 아니라 번역어사, 번역사, 문화사, 사상사 등 여러 분야와도 밀접하게 관련되어 있다. 이 책에서는 연구 성과가 다른 분야에 활용될 것을 의식하겠지만 주로 한자를 사용한 신어(번역어 포함) 창출 방법과 표의문자로서의 한자어의 이언어 간 유포와 수용 과정을 언어 접촉language contact이라는 언어학적인 관점에서 밝히는 것을 목표로 한다.

2. 이른바 '근대'라는 시기

중·일 양 언어 간의 어휘 교류는 한자 전래부터 생각하면 그 역사가 천 년을 넘는다. 그러나 교류라는 용어를 쓰기는 했지만 메이지 유신 이전 중국어·일어 간의 어휘 교류는 중국어 어휘가 일방적으로 일본에 유입되는 형태로 이루어졌다. 현격한 사회 언어 현상의 하나로 중국어에 일어 어휘가 역유입되게 된 것은 19세기 말부터 20세기 초 짧은 기간이었다.

여기서는 먼저 '근대'가 중국과 일본에서 각기 어느 시기를 가리키는지 분명히 해 둘 필요가 있다. 일본에서 '근대'라 함은 보통 메이지 유신(1868)부터 제2차 세계대전 종전(1945)까지를 가리키고 그 후를 현대라 한다. 이에 대하여 중국에서는 아편전쟁(1840)을 근대사의 시작으로 보고 20세기 초 신해혁명(1911) 또는 5·4운동(1919) 이전을 근대, 그 이후를 현대로 보고 있다. 즉 중·일 간에는 다음과 같이 '근대' 시기가 서로 다른 것이다.

일본: ——→ 근대 1868 ——→ 현대 1945 ——→
중국: →근대 1840 ——→ 현대 1919 ——→

이 책의 목적은 근대 중일 어휘 교류의 역사적 사실을 밝히는 것이므로 근대 역사학의 시대 구분과 관계없이 다음과 같은 사정 때문에 '근대'를 아편전쟁(1840)부터 제2차 세계대전(1945)까지로 보고 청일전쟁까지를(1840-1895) 근대 전기, 그 후를(1895-1919) 근대 후기로 설정하여 이 기간 동안 이루어진 양 언어간의 어휘 차용 사실을 중심으로 살펴보기로 한다.

중국어에 일본어 어휘가 대량으로 유입된 시기는 보통 1895-1919년(근대 후기)으로 보고 있다(제3장 참조). 그러나 1919년 이후에도 인적 교류(유학생)와 번역서 수는 줄기 시작하나 일어 차용은 사전류나 용어집 편찬 등을 통하여 계속되었다. 달리 표현하면 1919년부터 1945년 사이(및 그 이후) 일어 차용은 개별 단어의 전래가 중심이 된 것이 아니라 이미 유입된 단어를 음미하고 소화하여 이들을 정착 혹은 도태시키는 형태로 이루어졌다고 볼 수 있다. 중·일 전쟁 중에는 양은 적지만 소위 쇼와昭和 시대의 시사 용어가 중국어에 들어온 것이 사실이다. 중국어에서 일어 차용이 끝난 것은 제2차 세계대전이 끝난 시기로 보아야 할 것이다(이때부터 중·일 간에는 각종 관계가 단절되었다).[3] 일어 차용의 종결 시점에 대한 결론은 어렵지 않으나 일본 문화가 중국에 영향을 끼치기 시작한 시기는 속단하기 어렵다. 그것은 명明과 청淸(초엽, 중엽) 대에도 중국이 쇄국정책을 펴던 일본과 실질적으로 무역을 하였고 일본 물건 이름이 중국에 전해지거나 일본에 대한 기록이 있었기 때문이다.[4] 그러나 이러한 근대 이전의 양국 교류로 일어 차용이 이루어진 것은 아니었다. 중·일 두 언어의 어휘 교류는 근대 이후 서양 문명의 전래가 계기였다. 그런 의미에서 이 책이 중국의 일어 차용 시기를 동서 교류사의 큰 전환기였던 아편전쟁으로 보는 것은 편의상의 이유만은 아니다.

중국인들이 일본에 대해서 정확하게 알게 된 것은 제3장에서 상세히 설명하겠지만 에도막부 말기, 특히 메이지 유신 이후이다. 이후 청일전쟁(1894-95)까지 중국의 일어 차용 가능성과 현실성은 점차 증대되었다. 그러나 종래의 연구에서는 청일전쟁 이후 일어가 대량으로 유입되기까지의 단계, 즉 근대 전기의 차용 사정이 거의 무시되었다. 정뎬鄭奠(1958)이 아편전쟁부터 청일전쟁까지 양 언어가 영향을 주고 받았다고 하였으나 이에 대한 실증적 연구는 아직 보이지 않는다. 스즈키 슈지鈴木修次(1980)의 연구는 이러한 관점에서 연구한 많지 않은 연구들 중의 하나이다.

이 책의 제3장에서는 막부 말기 및 메이지 유신 이후 일본을 방문한 중국 지식인들의 기행문에 나타나는 일본어 어휘에 대하여 고찰할 것이다.

---

3 제2차 세계대전 후 중일 간의 정치, 경제, 문화의 교류는 오랜 기간 단절되었다. 구만주의 동북지방에서는 점령기에 사용되었던 일어 어휘가 서서히 배제되었다. 또한 1970년대의 국교정상화 이후 각 방면의 교류가 재개되었지만 이 시기의 어휘 이동은 근대 어휘 교류의 대상으로 볼 수 없다.

4 제3장 〈일본어와 중국어의 만남—근대 전기 중국 지식인과 일본어〉를 참조.

제1장 일어 차용어 연구 개설

1. 일어 차용어란 무엇인가?

이 책에서 말하는 일어 차용어란 '일본어에서 빌려 온 어휘'를 뜻한다. 일어 차용어는 중국에서 외래어의 한 종류로 일컫는 말인데, 영어 차용어나 프랑스어 차용어처럼 어휘의 발생지 의미 외에도 다른 의미를 나타내기도 한다. 오늘날 중국에서는 일어 차용어가 외래어의 하위 분류 중 하나로 쓰인다. 그러나 앞으로 설명해 가겠지만 일본어에서 빌려 온 어휘와 다른 나라에서 온 외래어 사이에는 몇 가지 질적 차이가 있다. 이 때문에 일어 차용어와 다른 언어에서 온 말을 섣불리 동일시하게 되면 이러한 질적인 차이를 간과하는 결과가 된다. 여기에서는 우선 일어 차용어라는 용어의 개념을 확실히 하고 또 일어 차용어의 '외래어'로서의 특징에 대하여 설명하기로 한다.

1.1 외래어의 정의

먼저 논의해야 할 것은 외래어란 무엇인가이다. 외래어란 글자 그대로 발생 측면에서 자국어 이외의 언어 요소가 개입된 것이다. 그러나 외래어는 다른 언어 요소의 관여 방식이 다양하기 때문에 엄격한 정의나 분류가 쉽지 않고 이에 대한 학설 또한 일정하지 않다. 여기서 저자는 이지마 카즈야스飯嶋一

泰(1987)가 베츠Werner Betz의 독일 외래어 분류법을 사용하여 외래어를 분류한 방식을 원용하여 외래어를 분류, 정리하기로 한다.

먼저 외래어의 최상위 개념은 ① 음차용어音倣借語 ② 의미형식 차용어意形倣借語로 나눌 수 있다.[1]

① 음차용어: 타 언어의 어휘소語彙素가 이입된 것

② 의미형식 차용어: 음성이나 단어 소재 그 자체가 아니라 단어 소재의 형성과 의미, 형식, 내용에 걸쳐 한 언어가 다른 언어에 미치는 모든 영향을 말한다. 프랑스어의 'calque'(직역 차용어)와 거의 흡사한 개념이다.

의미형식 차용어는 '새로운 조어법이 수반되는가의 여부'에 따라 ③ 차용형성어借用形成語와 ④ 의미 차용어意味借用語로 나뉜다.

③ 차용 형성어: 타 언어 모델의 영향으로 자기 언어 소재를 가지고 새로운 단어를 만드는 것을 말한다.

④ 의미 차용어: 자국어 어휘에 이미 존재하는 단어에 다른 의미를 가지게 한 것을 말한다.[2]

---

1 '음차용어'와 '의미형식 차용어'는 저자가 만든 조어이다. 飯嶋一泰(1987)에는 독일어 'Lehnwort', 'Lehnpr gung'에 대한 번역어가 없다.

2 말하자면 이것은 재래어가 어떤 계기로 인해 타 언어로부터 새로운 의미를 획득한 것이라고 본다. 飯嶋一泰는 이 새로운 의미를 획득한 계기, 즉 타 언어와 자국어가 동일시되는 근거를 다음과 같이 3가지로 하위 구분된다고 설명하였다.

a. 음의 유사성

b. 음과 의미 양쪽 모두의 유사성

c. 의미만의 유사성

일어 차용어의 경우 '音'을 '字形'으로 바꾸면 '革命', '共和'가 a에 속하고 제5장에서 다루는 '關係'가 b에 속한다. 다만 다른 연구자도 지적했듯이 의미 차용어는 ⑥의 의역어 항목에서 다루는 것도 가능하다.

③의 차용 형성어는 '차용한 단어의 형식을 모델로 하였는가의 여부'에 따라 ⑤ 형식 차용어形式借用語와 ⑥ 의역어意譯語로 나누어진다.

⑤ 형식 차용어: 형태소에 의한 모방 차용
⑥ 의역어: 타 언어 모델이 단지 자국의 번역어 형성에 영향을 주었을 뿐 형식적 모방이 전혀 없는 것

⑤의 형식 차용어는 다시 '모델의 의존도의 차이'에 따라서 ⑦ 직역어直譯語와 ⑧ 부분적 의역어部分的意譯語로 나뉜다.

⑦ 직역어: 타 언어 모델을 그대로 축자역逐字譯 한 것
⑧ 부분적 의역어: 타 언어 모델의 일부만을 그대로 모방하고 다른 부분은 독자적으로 자유롭게 의역한 것

이상 설명한 것을 도식으로 나타내면 〈그림1〉과 같다.

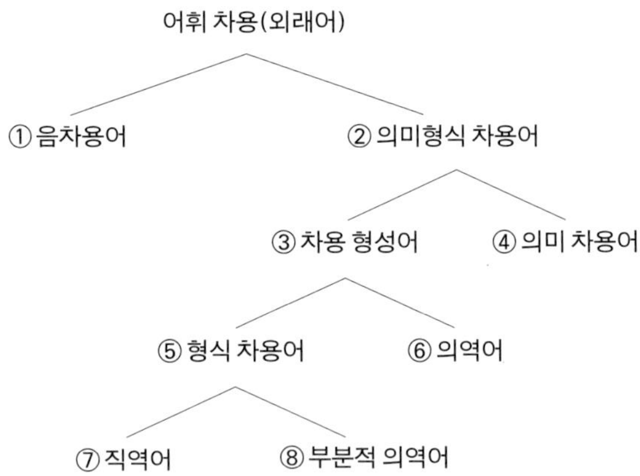

그림1

베츠의 외래어 분류법은 유럽에서 그 유효성이 인정되어 언어 접촉에 의

한 어휘 차용 연구에 ①-⑧ 모두가 고찰 대상이 된다.

지금까지 일본에서는 사회언어학적 측면과 일반언어학적 측면에서 외래어를 정의하려는 시도가 있었다.[3] 일반언어학적 정의는 다시 넓은 의미와 좁은 의미로 나누어 설명할 수 있다. 즉 외래어를 차용 번역으로 만들어진 어휘(위의 〈그림 1〉의 ② 의미형식 차용어)까지로 보는 입장과 음역 차용어(위의 ① 음차용어)만을 외래어로 보는 입장이 그것이다. 그런데 차용 번역과 보통 번역은 그 구별이 반드시 확실한 것이 아니라서(Lyons 1981, 곤도 타쓰오近藤達夫 번역: 360) 일본에서는 좁은 의미로서의 음역 차용어만을 '외래어'로 보는 것이 일반적인 것같다. 예를 들면 아라카와 소베荒川惣兵衛(1943:10)는 이와 관련하여 다음과 같이 언급하였다.

> 외래어를 차용하는 데는 두 가지 방법이 있다. 의미만을 차용하거나 음과 의미 양쪽 모두 차용하는 방법이 그것이다. 의미만을 차용한 것을 번역 차용어 또는 번역어(E translation, loan-word)라 하며, 음과 의미 모두를 차용한 것을 음역 차용어音譯借用語 또는 자역 차용어字譯借用語(transliteration)라고 한다. 외래어란 즉 음역 차용어를 말한다.

'외래어는 즉 음역 차용어'라는 아라카와 소베의 견해는 이미 그의 이전 연구(1932:11-17)에도 나타나 있다. 아라카와 소베는 앞선 연구에서 일본 외래어에는 문자 자체를 차용하는 경우가 있음을 지적하고, 음과 의미, 문자 등 세 가지 요소를 감안하여 일본어 외래어를 다음과 같이 분류하였다.

> 1) 음만 차용한 것: 외국 상표

3 즉 사회적 승인이라는 각도에서 '자국어에 동화되는 정도'로 '외래어'를 파악하려는 견해이다. 山田孝雄(1940) 참조. 또한 한자어를 일반적으로 외래어로 보지 않는 것도 사회 언어심리에 의거한 규정이다.

2) 의미만 차용한 것: 汽車, 電話 등

3) 문자만 차용한 것: 俤, 働; 腺, 碼, 粍, 粁 등 일본제 한자어[4]

4) 음과 의미를 차용한 것:

a. 가나로 일본어 음을 나타낸 것: 생략

b. 한자로 음을 빌린 것: 夜叉, 切支丹, 瓦斯, 倶樂部, 麥酒 등

5) 음과 문자를 함께 빌려 온 것: 고대의 만요가나(万葉仮名), 현대에는 Yシャツ 등

6) 의미와 문자를 함께 빌려 온 것: 훈독 한자와 아라비아 숫자 등

7) 음과 의미와 문자를 다 빌려 온 것: 음독 한자, O.K. 등

아라카와 소베는 4)에 대하여 다음과 같이 설명하고 있다.

> 외래어란 일반적으로 이것 즉 음역 차용어(또는 자역 차용어Transliteration)를 가리킨다.

그러나 자세히 생각해 보면 아라카와 소베의 분류에 의문점이 없는 것은 아니다. 1)과 같은 외국 상표도 고유명사로서 특정 지시물을 나타내는 것이므로 그 나름대로 의미를 가지고 있다고 보아야 한다. 소리만 있는 단어가 존재할 수 없듯이 소리만을 빌려 온 차용어도 존재할 수 없는 것이다. 2)는 의미만 빌려 온 것으로 '汽車'(기차)와 '電話'(전화)가 그 예로 제시되어 있으나 'くるま'가 'car'의 의미를 나타내듯이 기존 단어가 외래의 의미를 나타내는 것 말고도 '汽車'(기차)와 같이 한자 어기語基로 새로운 단어를 만드는 경우는 역시 베츠가 말한 차용 형성어, 즉 타 언어의 모델 자극으로 자국

4 '碼'는 'yard'의 번역어로 로브샤이트(Lobschied)의 《英華字典》(1866-69)에 수록되어 있기 때문에 일본 국자(國字)가 아니다. 제4장 참조. 潘允中(1986:157)도 "《海國図志》卷三四記英吉利云: '尺曰碼, 每碼約中國二尺四五寸, 各國不一.'"고 지적했다.

언어 소재를 가지고 새로 단어를 만든 것으로 보아야 할 것이다. 그 밖에 예를 들면 3)은 빌려 온 것이 글자만이 아니고 편방부수偏旁部首라는 한자의 부수와 그 구성 방법도 빌려 온 것이다. 4)의 b는 한자도 외래 문자라는 점에서 7)에 포함시킬 수 있으며 또는 별개 항목으로 둘 수도 있다. 6)은 문자(漢字)와 훈과의 관계(훈이 나타내는 의미는 한자 전래와 관계없이 기존의 것)를 고려하면 오히려 3)의 문자만 차용한 것으로 분류해야 한다. 또한 7)의 음과 의미와 문자를 함께 빌려온 것으로서의 음독한자와 2)의 한자 번역어와는 확실히 구별되는 것은 아니다. 그러나 아라카와 소베가 외래어를 나타내는 표기 문제를 언급한 점은 높이 살 만 하다. 여러 유럽 언어와 달리 외래어 문제에서 '문자'의 위치는 표의적 요소를 가진 중·일 두 언어 간의 어휘 교류 고찰에 중요한 의미를 갖는다. 다른 관점에서 보면 한자가 개입됨으로써 중·일 두 언어의 외래어 사정은 한층 복잡해졌다고도 볼 수 있다.

한편 중국에서는 번역 차용어(〈그림1〉의 ② 의미형식 차용어)까지를 외래어로 보기도 하나(鄭奠 1956 참조) 보통은 번역 차용어와 음역 차용어(〈그림1〉의 ① 음차용어)를 구분해서 생각해야 할 것이다. 예를 들면 중국 최초의 외래어 연구서 《현대 중국어 외래어 연구現代漢語外來詞研究》(1959)를 저술한 가오밍카이高名凱·류정탄劉正埮은 그의 저서에서 다음과 같이 지적하였다.

> 우리들은 이들 많은 '의역어'를 외래어로 보지 않는다. (p. 3)
>
> 외래어란 자국어에 없는 의미를 가진 외국어를 소리와 뜻 양쪽 모두 자국어에 들여왔을 때 비로소 외래어라고 할 수 있다. 왜냐하면 이는 '소리와 뜻의 결합체' 전체가 들어왔기 때문이나. 외국에서 의미만을 들여온 것은 외래 개념을 나타내는 의미만 들여왔을 뿐 외래어라고는 할 수 없다. 이는 외국어 단어(소리와 뜻의 결합체)를 들여온 것이 아니라 그것이 나타내는 의미만을 유입시킨 것에 불과하기 때문이다. (p. 9)

즉 가오밍카이·류정탄의 논리는 외래어가 어디까지나 외국어에서 유래한 단어로서, 언어학상 정의할 수 있는 단어는 소리와 뜻의 결합체가 아니면 안 된다는 것이고 이 때문에 의미만 유입된 것은 외래어로 인정할 수 없다는 것이었다.[5]

1.2 일본어 음차용어

앞에서 살펴본 외래어의 정의, 즉 '음역 차용어=외래어'라는 기준이 과연 일어 차용어에 적용될 수 있는지를 살펴보자. 단어의 생성 차원에서 일본어 요소가 개입된 중국의 외래어로에는 대략 다음과 같은 것들이 있다.

I. 夏普(SHARP), 索尼(SONY), 雅馬哈(YAMAHA),[6] 吉地,[7] 榻榻米

위 단어는 소리를 전사轉寫하였다는 점에서 베츠가 말한 ① 음차용어에 해당되나 의미상 특수성에서 '夏普'나 '索尼' 등 고유명사류는 일반 외래어와는 달리 생각하는 것이 좋을 듯하다. 위 단어 중 진정한 의미의 일본어 음역 차용어는 '다다미榻榻米'뿐일 것이다.

II. 革命, 社會, 經濟, 關係, 影響, …

이들은 모두 중국 고전에 있는 것들로, 서양 전래 개념에 대하여 막부 말

5 왕리(王力 1958:517)는 다음과 같이 서술하였다: "意譯不算借詞, 但是, 有一種特殊的音譯是比較近似借詞的, 那就是所謂 '*借'(영어 calque. 러시아어 калЬка)"(의역은 차용어가 아니다. 다만 일종의 특수한 의역은 차용어와 상당히 유사하여 소위 '모방'으로 본다. 영어 calque, 러시아어 калЬка).

6 고유명사의 중국어역에 대해서 일본어와 서양 언어 간에는 현저한 차이가 존재한다. 서양 언어의 음역 중심과 달리 일본의 인명 등은 우선 한자로 번역된다. 예를 들면 'さだまさし →佐田雅志'와 같은 식이다. 다만 최근에는 'リクルート'(리크루트)를 '利庫路特'와 같이 한자로 음역하는 표기가 증가하였다.

7 高名凱·劉正埮(1958), 譚汝謙(1977), 劉正埮(1984) 등에는 '吉地'가 'げた'의 음역어로 제시되었지만 발음상에 근사성이 없고《辭源》,《辭海》,《現代漢語詞典》에도 수록되어 있지 않아서 어원 불명으로 본다.

메이지 초에 일본에서 새로운 의미가 부여된 것들이다. 기존 단어 형태에다 새로운 개념을 결합시켰을 뿐, 새로 단어를 만들지 않았다는 점에서 이들 단어는 베츠의 ④ 의미 차용어에 해당된다.

III. 다음과 같은 한자 표기 형태를 가진 것

a. 抽象, 主觀, 哲學, 命題, 否定 ······ 일본에서 만든 새 한자어
b. 手續, 取締, 引渡, 場合, 見習 ······ 일본 고유어
c. 加答兒, 瓦斯, 俱樂部 ·············· 일본에서 만든 한자 음역어
d. 腺, 腟, 膵, 粁, 粍 ···················· 일본제 한자어

a는 막부 말 메이지 초 일본에서 번역어로 고안된 것으로 II류와 함께 중국어로 들어온 것의 대부분을 차지한다.

b는 한자 표기를 훈독하는 고유 일본어로(장소場所와 같은 혼종어도 있다), 근세에 생성된 것도 있으나 대부분은 근대 이전에 생긴 것들이다. 이들은 어디까지나 서양 전래 신개념이나 서양적 문맥(예를 들면 법률 문장에서 쓰이는 '手續〔수속〕, 取締〔단속〕, 引渡〔인도〕' 등)에 쓰이는 용어로서 중국에 전해진 것이다. 이 때문에 문명교류사 측면에서 보면 이들 II류 단어는 a류와 동질인 것으로 인식할 필요가 있다.

c는 서양어의 한자 음역어인데 본디 일본인이 일본어음으로 음역한 것이다. 이들은 영어 등 원음과 차이가 많이 나서 중국인들로서는 당연히 음운적 유사성을 느낄 수 없다.

d는 일본에서 말하는 소위 '국자國字'이다. 《중국어 외래어 사전漢語外來詞詞典》(1984)에는 '腺, 粁, 粍' 등 몇 개가 제시되었는데 오늘날 중국어에서 사용되는 것은 '腺'뿐인 듯하다.[8] 수적 측면에서 보면 b와 c, d류는 일어 차용

8 최근에 인적 교류가 활발해짐에 따라 일부 인명 등의 용자(用字), 예를 들면 '辻', '畑', '畠'에

어 중에서 그 수가 적다.

IV. 接力馬拉松(역전경주를 의미함. 직역하면 릴레이 마라톤)

이는 베츠가 말한 ⑥의 음역어라고 할 수 있다. 이들 단어는 일본 특유의 의미를 나타내는 것인데 아직도 그 수가 적지 않다. 지금까지 중국에서는 일어 차용어의 연구 대상으로 생각하지 않았다.

V. 鉋氷〔빙수〕[9]

VI. 紅豆飯(팥밥)

'紅豆飯' 등은 중국인의 한자 사용 습관에 따라 일부를 개조하여 도입한 것으로 이 밖에도 다수 존재한다. V류와 VII류는 〈그림1〉의 ⑦ 직역어와 ⑧ 부분적 음역어로 볼 수 있으나 IV와 마찬가지로 앞에서 라이언스Lyons가 지적한 것처럼 일어 차용어 연구의 주 대상은 아니다.

이 책에서도 예외는 아니라서 종래처럼 II류와 III류 단어들에 관심이 집중되어 있다. 특히 III류 단어는 〈그림1〉에서 어느 것에 해당되는지 확실하지 않다. III류 단어는 성질 면에서는 〈그림1〉의 ⑤ 형식 차용어이거나 그 하위 단어에 가장 근접한 것으로 보인다. 그러나 서양어의 형식 차용어가 등가等價 형태소에 의하여 엄밀히 직역되는 데 비하여 III류는 일본에서 새로 만들어지기는 했으나 중국어에 도입될 때 한자 표기를 그대로 가져오는 과정뿐 일부 자형字形이나 정서법상 차이를 무시하면 중국인에게는 새로운 조어 과정이 개재된 것으로 의식되지는 않는다. 이러한 점에서 III류는 II류와 공통점이 있지만 V류 및 IV류와 크게 다르다.

대한 표기와 특히 발음상의 대응이 문제가 되었다.

9 ⑦ 직역어의 예로 沈國威(1990)는 'かき氷(빙수)=鉋氷'를 제시하였는데 이와 같은 직역어는 소수인 것 같다.

지금까지 설명한 것을 요약하면 다음과 같다.

1) 음을 차용한 일본어 어휘는 그 수가 극히 적다.
2) 중국어에 일본어가 들어올 때 일반적으로는 한자 형태가 그대로 들어오게 되며 '手続き'(수속)와 '取り締まり'(단속), '引き渡し'(인도)처럼 가나표기가 개재된 것은 가나를 삭제하는 과정을 거치게 된다.[10]
3) 한자 또는 한자로 환원된 형태로 차용된 일본어는 당연히 재래 중국어와 같이 한자 문자열文字列로 인지되고 발음된다. 즉 일본어 차용어는 다른 외국어 차용처럼 의식적인 음전사音轉寫 현상이 일어나지 않는다.

여기에 한 가지 문제되는 것이 있다. 즉 중국어에 들어온 일본어 중 '榻榻米'(다다미)를 제외하면 일반적으로 외래어라 생각하기 쉬운 음역차용어가 발견되지 않는다는 점이다. 이 때문에 음역차용어=외래어라는 기준을 적용한다면 이 책에서 다루려고 하는 일어 차용어 대부분은 외래어에서 제외되게 된다. 현재 중국학계에서는 일어 차용어를 외래어로 간주할 것인가를 둘러싸고 의견이 엇갈린다. 왕리王力(1958:535)는 앞 절 2)에서 제시한 어휘가 외래어가 아니고 일본에서 차용한 번역명, 즉 일본인이 한자로 고안한 번역어라고 주장하였다. 또 그는 '取締(단속), 引渡(인도), 見習(견습)' 등 일본 고유어를 일본어에서 온 외래어로 간주하기는 하였으나 다음과 같은 점을 지적하였다.

> 엄밀하게 말하면 이들('取り締まり'와 '引き渡し'의 훈독어)은 순수한 차용어라고는 할 수 없다. 왜냐하면 원어의 음을 빌리지 않았기 때문이다.

이에 대하여 가오밍카이 · 류정탄(1958:80)은 왕리와 다른 의견을 표명하

10 일본어에서도 '手続', '入口', '取締役' 등의 명사, 복합어의 경우 한자로 표기하는 것이 일반적이다.

였다.

> 자국어의 조어 성분으로 외국어를 의역한 단어는 외래어로 보기 어렵다. 일본인은 서구 문화를 흡수할 때 한자와 고유 일본어 조어 성분을 이용하여 서구의 어휘를 의역하였다. 일본어 입장에서 보면 이들 단어는 서구 언어의 의미를 기초로 번역한 것이지만 외래어는 아니다. 그러나 중국어 입장에서 보면 일본어에서 이들 어휘의 발음과 의미를 그대로 가져와 개조한 것이므로 외래어로 보아야 한다.

또 가오밍카이 · 류정탄은 위의 기술 중 '일본어에서 이들 어휘의 발음과 의미를 그대로 가져왔다'라는 부분에 대하여 다음과 같이 부연 설명을 하였다(1958:159-160).

> 일본 한자는 중국 고전어의 발음에 의거해서 읽으며, 이러한 한자를 바탕으로 만들어진 일본어를 중국인이 발음할 때는 일본인의 발음 방법과 유사한 데가 있다. 〔…〕 일본어 원어와 그에 대응하는 일어 차용어 간에는 음운상의 대응 관계가 있다

즉, 일어 차용어와 원어 사이에는 다음과 같이 점선으로 나타나는 대응 관계가 있다고 생각한 듯하다.

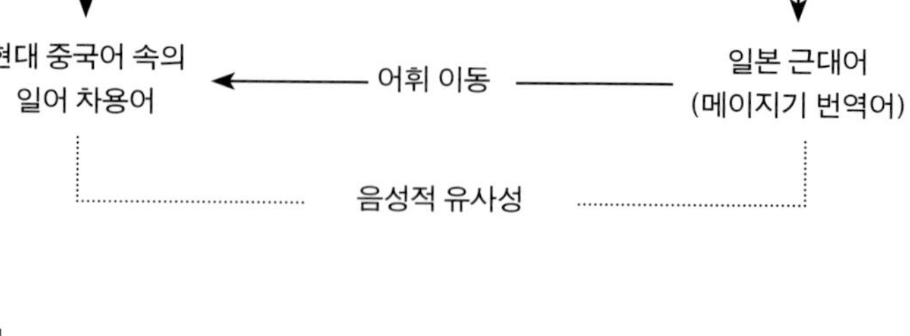

이상에서 알 수 있듯이 가오밍카이 · 류정탄은 모방에 의한 음성적 유사성을 상당히 폭넓게 해석하였다. 그러나 가오밍카이 · 류정탄(1958:160) 자신도 지적했듯이 이와 같은 대응 관계의 성립은 '자국어의 모르는 형식이나 특징을 그대로 반복하려는 의도'(《라루스언어학용어사전》, '借用' 항목)에 의한 것이 아니고 무의식중에 이루어졌다는 점을 간과해서는 안 된다.

> 외래어를 만들어 낸다는 측면에서 이 문제를 생각하면 우리들은 의식적으로 현대 중국어의 음운 체계로 일본어 원어 발음을 개조한 것은 아니라고 인정하지 않을 수 없다.

이처럼 일찍이 일어 차용어의 특질 중 하나를 음성 차용을 하지 않는 것으로 지적한 사람은 쑨창쉬孫常叙였다(1956:309-312). 쑨창쉬는 차용어借詞를 '음성 차용'과 '표기 형식 차용'으로 나누고 일본어 차용어는 후자에 속하는 특수한 외래어라 하였다. 그리고 그 이유는 표의문자인 한자가 복수 음형을 가질 수 있다는 점에 있다고 하였다.[11]

음성 차용을 하지 않는 일어 차용어의 특징은 다음 두 가지이다.

1) 다른 외래어 연구에서 볼 수 있는 음전사音傳寫와 그 과정에서 발생하는 일련의 음운 현상이 일어 차용어 연구에서는 대상이 되지 않는다.
2) 음성을 근거로 어휘의 출전을 고찰하는 것은 불가능하다(이 점에 대해서는 §2를 참조).

1.3 일어 차용어는 번역어 차용이다

앞에서 말한 것처럼 어떤 단어가 일어 차용어인지 아닌지는 원어(일본어)와

11 高名凱 · 劉正埮(1958)는 일본어 차용어의 예를 들어 문자가 언어에 어떻게 영향을 미치는가에 대한 전형적인 예라고 기술하였다.

의 음운적 유사성으로 판단하기 어렵다. 이 때문에 일어 차용어의 특색은 단어의 성립과 의미 측면에서 살펴보아야 한다.

지금까지 연구 대상이 된 일어 차용어의 대부분은 근세 및 근대 이후 발생한 번역어(번역 차용어 또는 의역어)였다. 즉 중국어가 일본어에서 차용한 어휘는 주로 근세 및 근대에 발생한 번역어(한자로 표기)라는 것이다. 차용 대상이 주로 번역어였다는 것은 일어 차용어의 또 하나의 큰 특징이다.

가오밍카이 · 류정탄은 일어 차용어의 유래에 대하여 다음과 같이 설명하였다(1958:80-81).

> 단어 유래를 살펴보면 중국어 어휘에 유입된 일본어 어휘 성분은 서구 언어에서 온 것이다. 〔…〕 중국어에는 서구 문화와 생활, 공업 제품 등을 나타내는 서구어 어원 외래어가 아직 없었고 이들 어휘가 필요했기 때문에 일본어에서 빌려 왔다. 〔…〕 이렇게 일어에서 빌려 온 어휘는 현대 중국어 외래어에서 상당히 큰 부분을 차지한다. 많은 서구 어휘는 일본인들에 의하여 한자어로 의역되었고 그 후 중국어로 들어왔다.

이와 관련하여 왕리王力(1958:528)는 다음과 같이 설명하였다.

> 현대 중국어에서 사용되는 대부분의 의역어는 중국인들이 독자적로 만든 것이 아니라 일본인들이 만든 것을 차용한 것이다.

중국어에서는 이러한 '번역어 차용'이 근대 이후 상당히 의식적으로 이루어졌고[12] 이에 대해서는 다음과 같은 상반된 주장이 있다.

---

12 중국의 양무 관료인 장즈둥張之洞과 개혁 지도자인 캉유웨이康有爲, 량치차오梁啓超 등은 서양 문명을 도입하는 지름길이 일본 번역어를 받아들이는 것이라 주장하였다. 사네토(1970:255) 참조.

① 그 단어가 일본어에서 번역 차용어였다 하더라도 중국어에 들어올 때는 음과 의미 양쪽이 다 들어왔기 때문에 외래어로 보고 연구해야 한다.
② 일본어에서 차용한 것은 어디까지나 번역명譯名에 불과하다. 즉 일본인이 고안한 신어라 할지라도 한자로 조어된 이상 중국 근대어사 범위 내에서 연구해야 한다.

가오밍카이 · 류정탄(1958)은 ①의 입장을 취하고 있으며 그 근거로 이들 일어 어휘가 중국인들에 의하여 음운이 개조되었다는 점을 들고 있다(앞 절 인용 참조). 이에 대하여 왕리王力(1945, 1958)와 《5·4 이후 중국 문장어의 변화와 발전五四以來漢語書面語言的變遷和發展》(베이징사범학원 중문계한어교연조 편저, 상무인서관 1959)은 ②의 관점에서 일어 번역 차용어가 한자로 표기하는 데다가 중국어와 같은 번역법과 조어법으로 만들어진 이상 중국 일본 모두 '번역어 차용어'이므로 외래어로 인정할 수 없다고 하였다. 또 이들 연구는 중국 근대 어휘 형성의 연장선상에서 다루어야 한다고 주장하였다. 이와 관련하여 왕리(1945:266)는 다음과 같이 말했다.

우리는 일본 번역어와 중국 독자 번역어를 구별하지 않는다. 왜냐하면 이들이 거의 한자를 사용하고(적어도 중국어에 들어온 일본 번역어는 모두 한자로 표기된다) 있고 번역 방법도 대부분은 의역법praphrase을 사용하고 있어 중국의 번역어법과 차이가 없기 때문이다.[13]

또한 왕리(1958:529)는

한자는 일본에서 그리스어나 라틴어처럼 신어를 구성하는 기초로 사용될 수 있다

13 왕리는 '拐彎法'을 'periphrasis'로 번역하였다. 또한 여기서 주의해야 할 점은 왕리가 실제로 의식하고 있던 것은 조어법이 아닌 번역어법이라는 점이다.

고 설명하였다.

이 두 가지 견해에 다 동의하기 어렵다. 가오밍카이·류정탄이 일어 차용어를 외래어로 인정하는 자세는 평가할 수 있으나 그 근거로 내세운 '음운 개조설'은 분명히 무리이다. 쑨창쉬가 지적한 것처럼 일본어 차용은 '표기 형식'의 차용이지 '음'이 아니기 때문이다. 또 가오밍카이·류정탄의 주장은 일어 차용어를 단어 단위 차용으로만 보았을 뿐 단어 형성의 메커니즘, 즉 단어 내부의 각 글자의 의미나 용법, 조어력에는 주목하지 않았다는 점에 문제가 있다.

왕리의 주장은 단어 형성 및 내부 구조에 적극적인 관심을 보인 점은 인정되나 중국과 일본의 한자 조어법을 동일한 것으로 보려는 경향에 문제가 있다. 왜냐하면 한자라는 동일 소재를 사용하였다 하더라도 현실적으로 다른 한자어로 번역어를 만드는 것이 가능하기 때문이다(이는 굳이 외국어 예를 들지 않더라도 대만이나 홍콩, 중국 대륙 방언 간의 신어 조어법을 보더라도 명백하다).

이미 설명했듯이 여기에서 문제시하는 어휘(서양 근대 문명을 받아들이기 위하여 일본인들이 고안한 뒤 중국어에 들어온 한자 번역어)는 발생학적으로 다음 두 가지 유형이 있다.

① 일본인이 서양의 근대 신개념을 번역하는 데 사용한 중국 고전어: 革命, 文化, 經濟, 共和, 關係, 破産, 衛生, 社會, 影響, 政治
② 일본인이 새로 만들어 낸 번역어: 哲學, 科學, 美術, 抽象, 客觀, 否定, 動員, 動産, 不動産

왕리(1958:329-331)는 '혁명革命', '문화文化' 등 ①에 속하는 어휘에 대해서 다음과 같이 언급하였다.

> 설령 중국인이 먼저 번역했더라도 똑같은 형태로 번역했을 것이다. 그러나 실제로 일본인이 먼저 번역했기 때문에 중국인들은 그것들을 그대로 받아들였다.

또 '철학哲學'이나 '과학科學' 등 ②에 속하는 어휘에 대해서 다음과 같이 설명하였다.

> 만약 중국인이 먼저 번역했더라면 이런 식으로 번역하지는 않았을 것이다. 그러나 일본인이 먼저 번역하고 중국인도 저항감을 느끼지 않았기에 이들 단어는 그대로 사용되기 시작하였다.

또한 왕리(1957:266-267)는 다음과 같은 점도 지적하였다.

> 'economy'를 일본인들은 '경제經濟'로 번역하였으나 중국인이라면 그렇게 번역하지 않았을 것이다. 'affirmation'을 '긍정肯定', 'negation'을 '부정否定', 'positive'를 '적극積極', 'negative'를 '소극消極'으로 번역한 것도 중국어로는 이해하기 어렵다. 그러나 지금은 익숙해져서 중국인들이 저항감을 느끼지 않게 되었다.

앞에서 저자가 지적한 것처럼 왕리는 동일 소재(한자)를 사용했더라도 결과적으로 불일치가 발생할 가능성이 있음을 인정하면서도, '익숙한가' '익숙하지 않은가'라는 차원에서 문제를 처리할 수 있다고 생각하였다. 그러나 유입된 일본어의 전체를 살펴보면 '익숙한가' '익숙하지 않은가'로 설명할 수 없는 경우가 있는 것도 사실이다. 예를 들면 이들 중 중국어에 정착된 단어가 있는가 하면 도태된 단어도 적지 않다는 점이다.

앞에서 설명한 ①과 ② 단어에는 다음과 같이 차원이 다르면서도 밀접히 관련된 조어법과 용자법用字法이 내포되어 있다.

a. 신어에 구현된 한자 문자열文字列의 배열 방식

b. 한자 문자열('혁명革命' '보험保險'처럼 문자열이 이미 존재한 경우와 '객관客觀' '추상抽象'처럼 새로 만들어 낸 경우도 있다)을 어떤 신개념과 대응시키는 동기 또는 계기

일본적 조어법과 훈訓(새김)이라는 일본 특유의 한자 용법은 근대 이후 신한자어〔新漢語〕와 번역어 창출 과정에서 큰 영향력을 발휘하였음을 부정할 수 없다.

이와 같이 중국인들이 만들었거나 또는 그렇게 만들지 않았을지도 모를 신어를 일본인들이 만들어 낸 사실과 기존 한자 문자열에 대한 새로운 해석을 부여했을 가능성에 대하여 더 깊은 연구가 필요하다. 왜냐하면 이것은 일어 차용어를 연구를 하는 데 중요한 과제이자 일본어 표기 수단으로서 한자가 갖는 의미와 관련이 있기 때문이다.

이상 단어 성립이라는 관점에서 일어 차용어의 특색을 살펴보았다. 일어 차용어의 특색은 또한 의미 면에도 나타나 있다. 가오밍카이 · 류정탄(1958:114-138)은 다음 표에서 보는 것처럼 일어 차용어 459개를 의미 영역별로 나누고 총 외래어에서 차지하는 비율을 제시하였다. 가오밍카이 · 류정탄 자료는 일어 차용어의 인정과 분류에 문제가 없는 것은 아니다. 그러나 다음의 표는 일어 차용어의 영역별 분포 상황이 대략 나타난 것으로 이해해도 될 것이다.

영역	일어 차용어 수/총수	%
政治	39/115	33.9
文學藝術	12/94	12.8
幣制	0/8	0
哲學	61/75	81.3
經濟	47/73	64.8
度量衡	0/73	0

化學	7/65	10.8
文化·敎育·出版·體育	27/53	50.9
社會	17/49	34.7
醫藥	12/48	25
宗敎	4/46	8.7
飮食	2/45	4.4
物理	23/42	54.8
軍事	23/41	56.1
法律	39/39	100
心理	17/26	65.4
生物(動植物)	4/24	16.7
機器	3/21	14.3
日用品	2/19	10.5
交通	8/18	44.4
建築	6/15	40
數學	9/14	64.3
紡績	0/13	0
服飾	1/12	8.3
地質·地理	0/10	0
生理	5/10	50
外交	6/7	85.7
言語	1/5	20
기타	84/132	63.6
합계	459/1268	36.2

일어 차용어는 위 분류에서 알 수 있듯이 정치와 경제, 철학, 법률 영역에서 비중이 높다. 또 같은 영역 중 서구어에서 온 외래어는 소수의 고유명사뿐이다. 가오밍카이·류정탄은 일어 차용어가 서구 문화와 사회생활, 공업 제품을 반영한다고 하였지만 실제로 공업 제품이나 문물을 나타내는 것은 의외로 적다. 일어 차용어는 사물 명칭보다는 사항 명칭 쪽이 많으며 이로 미루어 볼 때 사물의 전래는 일본어 차용에 결정적 동기가 되지는 않았던 것 같다. 이와 같은 결과는 다른 외래어와 비교할 때 좋은 대조를 이룬다. 즉 일본어 차용에는 일반적인 문물 이동뿐만 아니라 배후에 더 중요한 사회적 정치적 요인이 있었던 것이다.

일어 차용어의 또 하나의 의미적 특징은 대부분이 고유 일본어가 아니라는 점이다. 가오밍카이 · 류정탄(1958) 연구를 예로 들면 일본 특유의 제도나 문물을 나타내는 단어는 '무사도武士道', '미농지美濃紙', '낭인浪人' 등 몇 개에 지나지 않으며 892단어를 일어 차용어로 제시한 류정탄(1984) 연구에도 그 수는 단지 열 단어에 불과하나. 이에 대해서 왕리(1958:528)는 다음과 같이 설명하였다.

> 중국어가 일본어에서 어휘를 빌려 왔다고 생각할 일은 아니다. 이들 단어는 일본 고유의 것이 아니라 서양에서 들여온 것에 불과하다. 일반적으로 우리들은 고유 일본어를 빌릴 필요가 없다. 왜냐하면 새로운 개념만이 새로운 단어를 필요로 하나 고유 일본어로는 신개념을 나타낼 수가 없기 때문이다.

일어 차용어가 원래 일본에서도 근세 근대에 발생한 신어 번역어가 중심이었다는 것을 생각하면 이는 오히려 당연한 결과일 것이다.

이상에서 알 수 있듯이 소위 일어 차용어는 비록 같은 한자를 사용하기는 했으나 계통 면에서는 전혀 다른 언어 간 어휘의 이동 현상이라고 볼 수 있다. 동일하거나 유사한 문자 체계를 갖는 언어 간의 어휘 교섭은 서양어에 많이 나타난다. 그러나 이들은 거의 같은 계통에 속하는 언어로서 모두 표음문자를 사용하는 점에서 일어 차용어와 그 성격이 다르다. 일어 차용어와 같이 문자 자체가 표의적 요소를 많이 가지는 예는 없다. 중국의 외래어 연구에서 일어 차용어의 특이성과 복잡성은 이점에 있다.

이와 같은 일어 차용어의 특이성은 그 호칭에도 나타나 있다. 일본어 어휘가 처음 들어왔을 때는 중국에서는 '일본어 신명사新名詞'라고도 불렀는데 일반에 관심이 높아진 뒤에는 일정한 명칭이 없었다. 이들에 대한 용어는 1950년대 이후에도 연구자에 따라 제각각이었다.

孫常叙(1956)	日語借詞(일어 차용어)
高名凱・劉正埮(1958)	日語來源的外來詞(일본어에서 유래된 외래어)[14]
王立達(1958)	日語借詞(일어 차용어)
王力(1957, 1958)	譯語的借用(번역어 차용)
《五四》(1959)	日語借詞(일어 차용어)
譚汝謙(1977)	日語外來詞(일본어에서 온 외래어)
劉正埮 他(1984)	日語來源的外來詞(일본어에서 유래된 외래어)

위의 예에서 보듯이 일어 차용어에 대한 용어는 '日語借詞'(일어 차용어)와 '日語來源的外來詞'(일본어에서 유래한 외래어) 등 두 가지로 크게 나눌 수 있는데 이들 용어는 각각 다른 측면을 중시하고 있음을 엿볼 수 있다. 이 책에서는 1. 단어의 발생지와, 2. 의미의 발생지 두 가지 측면에서 일본어에서 유래된 어휘로 판명된 것을 '일어 차용어＝(中)日語借詞'라 부르고 중국 외래어 가운데 독특한 부류 중 하나로 간주하고자 한다. 외래어라는 명칭을 피한 것은 다른 언어에서 유입된 어휘와 구별하기 위해서이다.[15]

---

14 高名凱·劉正埮(1958)에서 '借詞(借用語)'를 번역할 때에 임시어의 의미로 사용되었다.

15 의미만으로 일본어 차용어를 인정하는 것은 § 2에서 언급하였듯이 어려운 점이 많다. 또한 엄밀히 말하면 중·일 간의 어휘 교류를 결코 번역어 차용 관계가 아니라 일종의 차용자(熟字의 차용)의 관계로 보는 견해도 있다(松井利彦이 저자에게 보낸 편지). 이 견해에 관해서는 근세 이후 일본의 한자어 수용 사정과 중국의 일본어 수용 사정을 비교하여 보면 도움이 될 것이다.

일본의 경우 근세 한자어의 수용이 상대(上代) 시기와 분명히 다른 일면이 있다. 중세 이후 한자어를 수용할 때에 '오음(吳音)에서 한음(漢音)으로'라는 식의 중국어 원음에 대응하기 위한 음성적 모방을 시도하지 않게 되었다(소수의 唐音語는 예외이다). 한자는 일본에서 음훈(音訓)이 모두 고정되어 일본어의 조어 성분으로 정착되었다. 알지 못하는 한자어의 경우 '각 글자의 훈(訓)에서 음(音)으로'라는 과정을 거쳐 단어 전체의 의미가 파악된다. 이러한 의미에서 차자적(借字的) 요소가 커져 왔다고 할 수 있다.

한편 중국인이 일본어 어휘를 받아들일 때 일본인이 한자어를 수용한 경우와 비교해 보면 몇 가지 큰 차이가 있다. 우선 중국인의 한자에 대한 전통적인 이해가 일본어 수용에 어느 정도 영향을 미쳐 양자의 의미·용법의 차이가 발생하는 경우도 있겠지만 그 영향이 구체적으로 어떠한 형태로 류정탄(1984) 등이 일어 차용어로 지적한 단어 전체는 자료편에 실었다.

2. 일어 차용어의 식별 문제

앞 절까지는 일어 차용어의 두 가지 특성, 즉 음성 차용이 이루어지지 않았다는 점과 원어가 의역어였다는 점을 살펴보았다. 또한 일어 차용어가 무엇인지에 대한 견해가 꼭 일치하지는 않는다는 점에 대해서도 설명하였다. 어떤 연구를 할 때 해당 연구 대상을 명확히 정의하고 시작하는 것도 중요하나 다른 한편으로는 실제 연구를 진행하는 과정에서 비로소 연구 대상의 전체 모습이나 본질이 명확해지는 경우도 있다. 필자는 일어 차용어 연구에서도 정의 문제를 따지는 데 그치기보다는 소위 '일어 차용어'라는 범주 속에 어떠한 단어가 존재하는지를 구체적으로 파악하는 것이 중요하다고 생각한다.

그렇다면 이 연구의 시작이자 가장 중요한 문제는 현대 중국어 중에서 일본과 같은 한자 표기를 하는 '일본제 한자 번역어'를 어떻게 추출하는가일

존재하였는가를 밝힐 필요가 있다. 한자의 전통적인 자의(字義)의 영향으로 받아들이지 않은 단어도 있지만 일본어를 수용할 때에는 대부분이 단어 단계에서 받아들여졌다고 생각한다. 일본어 차용어가 가진 참신하고 정돈된 개념이 한자의 전통적인 자의(字義)의 잔존을 어느 정도 극복할 수 있고 단기간에 대량의 신개념을 나타내는 신어를 받아들일 수밖에 없는 사회적, 문화적 환경에서 사용자는 한자 개개의 전통적 의미를 여유롭게 생각할 시간도 없었을 것으로 생각된다. 이는 물론 일본어 차용어가 띤 차용자적(借用字的) 요소를 부정한다는 의미는 아니다. 표의문자를 사용하는 중국어는 자(字)로 어(語)를 형성하기 때문에 '차어적'(借語的)이라기보다 '차자적'(借字的)에 가깝다. 근대 이후 다수의 일본어를 '語' 단위로 차용한 것은 오히려 특수한 사례라고 하겠다. 高名凱·劉正埮(1958)은 '단어의 차용'이라는 입장을 취하였다.

이에 '이중 국적어'(同形語)라는 개념의 도입이 필요하다. 한자 정서법의 차이를 무시하면 일본어 차용어는 다름 아닌 이중 국적어이다. 양 언어에서 이중 국적어의 통시적, 공시적 상호관계를 고찰하여 양 언어의 어휘 체계를 기술하는 것은 일본어 차용어 연구에 부여된 또 하나의 과제이다. 이 장의 내용과 관련된 모든 문제는 다음의 각 장에서 기술하겠다.

것이다.[16] 중국 학계에서 '일어 차용어 식별(日語借詞的弁別)'로 부르는 단어의 형태 및 의미 출전 확인 작업은 문화사와 사상사 연구뿐 아니라 순수 어휘 연구 분야에서도 필요한 기초 작업이다.

그러나 일어 차용어를 식별하는 데에는 많은 어려움이 있다. 그 첫 번째 어려움은 앞에서도 언급했듯이 일본 유래 어휘가 중국어 재래 어휘와 마찬가지로 한자로 쓰여 있어서 문자 표기를 가지고 구분할 수 없다는 점이다. 예를 들면 프랑어에서 유래한 영어 단어의 철자 일부에는 프랑스어 형태가 남아 있으나 일본어 가타카나와 한자의 경우에는 문자에 의한 식별이 어렵다는 것이다.

둘째는 중국과 같은 한자로 표기되기 때문에 일어 차용어에는 음성 차용이 없다는 점이다. 이 때문에 일어 차용어는 음운적 특징을 실마리로 하여 외래어를 연구하려는 전통적 방법을 적용할 수 없게 된다.[17]

셋째는 중·일 두 나라 사이에는 천 년 이상 어휘 교류 역사가 있었고 그 결과 현대 일본어에는 중국어에서 유입된 어휘가 다수 존재한다는 점이다. 여러 연구자들이 일어 차용어라고 생각했던 단어라 할지라도 깊이 연구해 보면 중국에서 근대까지 계속 사용해 온 고전어였다거나 근대 이후 중국에서 새로 만든 단어로 판명된 것이 적지 않다. 예를 들면 다음 장에서 다루는 '연필鉛筆'과 '은행銀行' 등이 그것이다. 이 때문에 쑨창쉬(1956)가 지적했듯이 중국어에 들어온 일어 차용어를 연구하려면 우선 연구 대상 단어가 애초 중국어에서 일본어로 건너간 것은 아닌지 살펴봐야 한다.

마지막으로 들 수 있는 것은 근대 이후 일본에서 번역어를 만들 때 중국

---

16 여기에서 말하는 '일본제 한자 번역어'에는 새로이 조어한 단어와 중국 재래어에 근대적인 새로운 의미를 부여한 단어가 포함된다. 이 절에서 특히 문제가 되는 것은 새로운 조어이다. 이하의 논의는 여러 이유로 인해서 2자 한자어에 국한시킨다.

17 荒川惣兵衛(1932)는 新村出의 '語源解釈の第一義たる音韻変化'라는 말을 인용하여 원어를 결정하는 가장 중요한 요소는 발음이라고 하였다.

고전어에다 새로운 의미를 부여한 것들이 있다는 점이다. 예를 들면 '혁명革命'이나 '공화共和', '자유自由' 등은 선행 연구에서 자주 제시되는 그 예들이다. 왕리다王立達(1958b)는 만약 일본인이 최초로 새 의미를 부여한 단어라면 이를 일어 차용어로 인정해야 한다고 주장하였다. 그러나 고전어의 의미 갱신이 언제, 누구에 의해서 어떻게 이루어진 것인가를 밝히는 것은 쉽지가 않다(구체적인 예는 제4장 §5, 제5장 참조). 또한 고전어 의미의 자연적 변화, 즉 일본어의 자극이 없었더라도 중국에서 자연스럽게 서양 신개념의 의미 범위로 조정되었을 가능성이 있음도 충분히 고려해야 할 사항이라서 일어 차용어 연구는 더욱 어려워진다.

이상과 같은 복잡한 사정 때문에 류정탄劉正埮(1979)은 오토 예스퍼센Otto Jespersen의 말을 빌려서 중국어에 들어온 일본어 어휘를 뜨거운 물에 녹은 설탕과 같다고 말하였다.

그렇다면 정말 유효한 구별 방법은 없는 것일까? 지금까지 일어 차용어(우선은 신조어로 국한시킨다)를 식별하는 연구에는 주로 두 가지 방법이 시도되었다. 즉 중일 양 언어에서는 한자로 신어와 번역어를 만들 때 사용한 조어법과 용자법用字法을 살펴보는 방법이다.

1) 중·일어 간에 명시적인 통어법상의 차이가 있었는지 없었는지, 있었다면 그 차이가 각 언어의 조어법에 반영되었는가의 여부[18]

2) 설령 같은 조어법에 따라 만들어졌다 하더라도 동일 개념를 나타내는 데에 다른 조어 재료(한자)를 사용하지는 않았는지?

여기서는 이들 두 가지 식별 방법에 대한 가능성과 유효성에 대하여 살펴보기로 한다.

18 여기서는 조어법을 통어법과 관련 있는 부분에만 국한시키지만 시야를 조어법 전체로 확대시킬 필요가 있다.

2.1 한자어 조어법의 같은 점과 다른 점

일어 차용어를 구별하는 데에 중국어·일어 간의 한자어 조어법상 차이가 있는지, 또 그 차이가 조어법상에 어떻게 반영되어 있는지에 대한 논의는 아직 충분히 이루어지지 않았다.[19]

쑨창쉬(1956:311)는 일찍이 일본의 신어와 번역어가 한자를 사용하여 만들어졌고 조어법에서도 중국어 조어법을 따랐다고 지적하였다(이에 대해서는 뒤에 설명하기로 한다). 이는 즉 조어법 차이에 의한 일어 차용어의 식별 가능성을 부정한 것으로 이해할 수 있다.

이어서 왕리다는 《중국어문中國語文》(75호)에 〈조어법으로는 일어 차용어를 식별할 수 없다〉라는 논문(1958b)을 발표하였다. 이 논문은 장잉더張応德의 투고에 대한 반론이었다. 논란의 발단은 장잉더가 《중국어문》(72호)에 〈현대 중국어에 그렇게 많은 일어 차용어가 있을 수 있을까?〉라는 짧은 글을 투고한 데 있었다. 장잉더는 당시 일반적인 사회 분위기를 반영하여 왕리다의 첫 논문의 정치적 태도에 허무주의적 경향이 있다고 단정하고 비판한 것이다. 왕리다(1958b)의 논문은 장잉더의 비판에 대한 본격적인 반론은 아닌 듯하나 그는 처음으로 조어법의 측면에서 일어 차용어의 식별 문제를 명확히 제기하였다. 왕리다王立達의 주장과 결론은 다음과 같다.

> 중국어와 일본어는 '동사-목적어'형을 제외하고 조어형이 완전히 일치한다.
>
> 〔주어－술어〕형　地震, 頭痛, 事変 등
>
> 〔향심向心(내심內心)〕형　進度, 科學, 銀行 등
>
> 〔병렬竝列〕형　報道, 派遣, 鬪爭 등

19 중일 양 언어의 한자 조어법의 차이에 대한 고찰은 藤堂明保의 〈日本語と漢語〉(《中国文化叢書10 日本文化と中国》 1968 수록)가 있고 최근의 연구로는 荒川清秀의 〈複合動詞の日中比較〉(《日本語学》 1988 vol. 7) 등이 있다. 또한 일본어의 한자 조어법과 고유어의 조어법이 다르다는 것은 중국에서도 일반적으로 지적되고 있다. 張応徳(1958) 참조.

〔동사－보어〕형　　　破壞, 通過 등

(위의 단어 예는 모두 왕리다가 제시한 것임)[20]

일본어에는 중국어 영향으로 '목적어-동사'라는 일본 고유의 조어법이 사라져 '제강製鋼'이니 '끽차喫茶'에서 보는 것처럼 중국어 조어법에 동화된 예도 적지 않다. 이 때문에 조어법을 가지고 중국어에 들어간 일어 차용어를 구별해 내는 것은 불가능하다.

왕리다의 결론은 〔동사－보어〕형 이외에는 빗나가지 않았다. 그러나 더 정확한 결론을 끌어내려면 표면상의 차이뿐 아니라 중일 두 언어의 조어 요소와 각 조어형의 조어력 차이 등 조어 과정에 관여하는 요소도 잘 살펴보아야 할 것이다.

한자를 가지고 단어를 만들 때 어떤 규칙이 있는지, 또 조어 규칙과 통어 규칙은 어떠한 관계가 있는지, 이러한 조어 규칙에 '한자'라는 기호 체계 자체에 속해 있는 부분이 있어 그것이 다른 언어에서도 가능한지 아닌지 등, 흥미로운 문제가 적지 않다. 이들 문제에 대해서는 언젠가 꼭 규명해 보려고 한다. 그러나 당면 과제로는 다음의 두 절을 통하여 한자 조어법에 관한 두 언어의 차이점에 대하여 살펴보고 아울러 이 차이점과 단어의 발생국과의 관계를 좀 더 상세히 알아보기로 한다.

2.1.1 중국어 조어법

주목할 만한 중국어 단어 형성법 연구로는 쑨창쉬의 《한어어휘漢語詞彙》(1956)와 루즈웨이陸志韋의 《한어적구사법漢語的構詞法》(1957) 등이 있다. 쑨창쉬의 연구는 복합어를 어떻게 만드는가라는 동적動的 입장에서 중국어 단어 형성 방법을 논한 것이다. 여기서는 쑨창쉬의 책에 나오는 '한어조어방

20　일본어에는 동사-보어 구조가 없어서 왕리다의 기술이 잘못되었다고 본다. § 2.1.2 및 荒川清秀(1988)를 참조.

법계통표漢語造語方法系統表'(p. 78) 가운데 일어 차용어 문제를 생각하는 데 참고가 되는 부분을 약간 수정을 가하여 제시하기로 한다(용례는 꼭 일어 차용어만이 아니며 일부는 필자가 제시한 것이다).

쑨창쉬는 신어 발생을 다음 세 가지로 나누어 설명하고 있다.[21]

① 음에 의한 조어(글자의 음만이 조어 과정에 참여함, 예를 들면 음상징어)

② 의미에 의한 조어(문자가 의미를 중심으로 조어 과정에 참여)

③ 구조에 의한 조어(문자가 일정한 조직 관계에 따라 결합하여 단어가 됨)

① 음에 의한 조어는 'SONY → 索尼' 'SHARP → 夏普' 등 일부 고유명사를 제외하고는 이 책과 직접적인 관계가 없으므로 생략한다.

② 의미에 의한 조어법은 비유 등의 요소가 개입하기 때문에 개별 언어의 자의성이 높아서 같은 한자를 사용하더라도 양 언어에서 분명히 다른 결과가 나올 수 있다.[22]

③의 구조에 의한 조어법과 관련된 것 중 문제가 되는 것은 2.1 '단어-구조조어법'이다.[23] 이것은 비어근 조어非語根造語와 어근 조어語根造語로 나뉜다. 쑨창쉬의 견해는 '어근'(그는 어근을 '詞根'이라 하였다)을 설정하는 것이 특징이다. 쑨창쉬에 의하면 '어근'은 단어 발생의 근원과 같은 존재로 '어근'을 중심으로 신어가 파생하는 것으로 보았다.

예를 들면 '心(심)'→ '良心(양심), 苦心(고심), 熱心(열심), 同情心(동정심)'…[24]과 같은 것이 그 예이다. 단 어근에 의한 조어는 일부 주종 관계 단어

---

21 여기서 말하는'일정한 조직 관계'는 반드시 통어 관계는 아닌 것 같다.

22 쑨창쉬에 따르면 의미에 의한 조어에는 기성어의 의미 변화로 생기는 신어의 파생과 직유(直喩), 암유(暗喩)에 의한 난어의 발생이 포함된다. 그러나 의미 변화와 비유 표현은 개별 언어에서만 기능할 수 있는 요인이 많아서 이러한 요인이 자연스럽게 단어 형성에 영향을 미친다고 하겠다. 예를 들면 [日]そばかす ⇔ [中]雀斑, [日]汽車 ⇔ [中]火車 등이다.

또한 어휘 교섭에서는 발생 가능과 수용 가능을 구별하여야 한다. '銀幕' 등은 중국어 화자가 수용할 수는 있으나 스스로 만들기는 어렵다.

23 형태-구조 조어법의 접사 조어에 관한 일본어 영향에 대해서는 제4장을 참조.

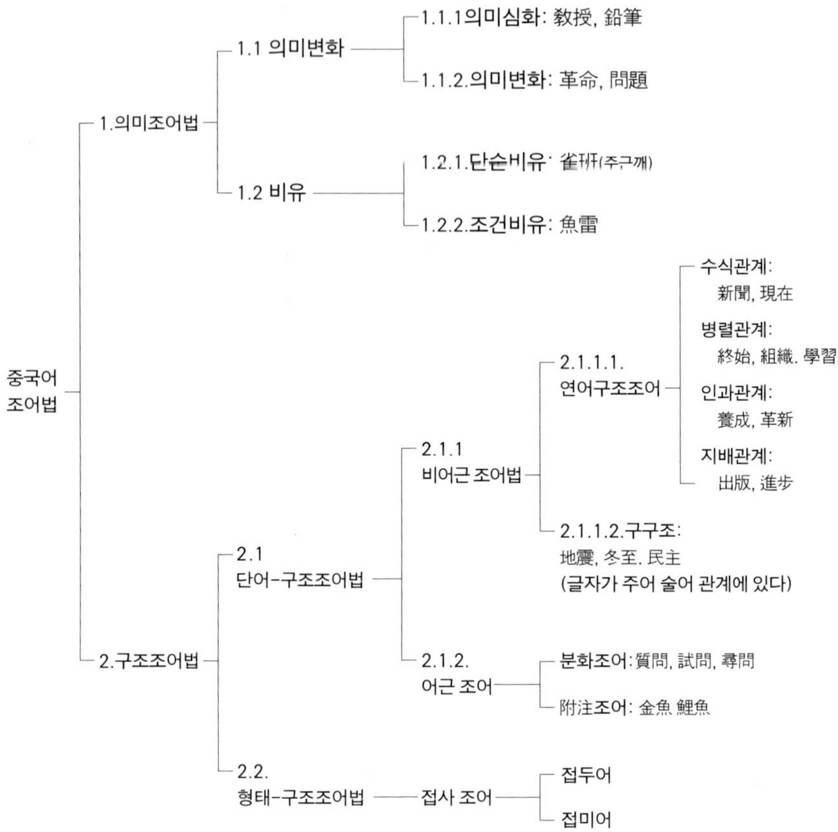

(연체, 연용수식)에 한정된다고 보고 있다. 이 때문에 어근 조어법에서는 수식 관계 외의 통어 규칙이 반영될 수 없다. 또한 수식 관계에 있어서도 수식 관계를 이루는 요소 간 결합이 중·일어의 습관이나 발상의 차이에 좌우되기 쉬우므로 규칙적이기 어렵다.

한편 통어 규칙을 바탕으로 한 비어근非語根 조어법에는 수식 관계와 병렬 관계, 인과 관계, 지배 관계, 주술 관계 등 다섯 가지의 하위 형태가 있다고 하는데 어근 조어법에 대한 설명에 비하여 분석이 너무 간단하다는 문제가

24 쑨창쉬의 '詞根'은 鈴木英夫(1978)의 '軸字'의 개념과 유사하다.

있다.

쑨창쉬가 동적 조어분석을 했다면 루즈웨이(1957)의 연구는 대량의 어휘 자료를 통한 정적靜的 단어 구성 분석이라고 할 수 이다. 루즈웨이는 단어 구조의 유형과 예시어를 다음과 제시하고 있다(일부 생략).

향심격向心格:	명사	N+N → 명사: 羊肉, 馬車
		A+N → 명사: 凡人, 紅茶
		V+N → 명사: 宿舍, 燃料
	동사	V+V → 동사: 抗議, 回答
		A+V → 동사: 普及, 忠告
		N+V → 동사: 規定, 利用
		M+V → 동사: 自習, 予防
	형용사	V+A → 형용사: 鎮靜, 共和
		A+A → 형용사: 早熟, 小康
		N+A → 형용사: 天眞, 十全
		M+A → 형용사: 不快, 絶妙

후보격後補格: 打倒, 拒絶, 改善, 提高, 看破
동빈격動賓格: 卒業, 散步, 造船, 知音, 辭職
주위격主謂格: 夏至, 兵变, 性急, 地震, 頭痛
병립격並立格: 鋼鐵, 大小, 貴重, 生死, 往來

루즈웨이의 연구는 중국 정부의 중국어 로마자화 요청에 따른 연구로서, 분석 주안점도 단어의 인정 문제와 중국어를 로마자로 표기할 때의 띄어쓰기 문제 등에 있었기 때문에 단어 형성 분석 연구로 보아야 할지는 의문이다. 그러나 그의 연구는 단어 형성 분석을 하는 데 쑨창쉬보다는 통어적 특징을 중시하는 자세를 엿볼 수 있다.

2.1.2 일본어 한자 조어법

일본에서는 한자어 단어의 형성 연구가 고유어와 함께 이루어졌다. 이곳에서는 노무라 마사아키野村雅昭(1988)가 제시한 '두 글자 한자어二字漢字語'의 조어 형식을 대상으로 한자어에 관한 일본인들의 분석 의식과 소어력에 대하여 생각해 보고자 한다.

두 글자 한자어의 구조에 대하여 노무라 마사아키는 '일본에는 두 글자 한자어를 종합적으로 파악하고 문법적·의미적 관계에 유의하여 단어 내부를 완벽하게 분류한 연구가 없다'고 하고 그러면서도 '선행 연구를 참고하여' 다음과 같이 두 글자 한자어의 결합 패턴을 제시하였다.

〔1. 보족〕[25]

〈N〉+〈A〉: 胃弱, 性善, 民主

〈A〉+〈N〉: 有害, 無人, 多才

〈N〉+〈V〉: 地震/肉食/前進/毒殺/山積

〈V〉+〈N〉: 降雨, 來客, 積雪

〈V〉+〈N〉: 讀書/登山/落馬

〔2. 수식(1)〕

〈A〉+〈V〉: 博學, 靜觀

〈V〉+〈V〉: 競泳, 代弁

〈M〉+〈V〉: 必要, 皆勤

〈M〉+〈A〉: 最高, 至近

〔3. 수식(2)〕

〈A〉+〈N〉: 幼兒, 難題

25 노무라 마사아키에 따르면 N=체언류 어기(体言類 語基), A=상언류 어기(相言類 語基), V=용언류 어기(用語類 語基), M=부사어류 어기(副言類 語基)이고 □는 여러 형태소가 해당되는 것을 나타낸다. ■는 접사이다. 사선(/)은 각각의 하위 구분에 해당되는 것을 나타낸다. 원문은 세로쓰기이다.

〈V〉+〈N〉: 祝日, 支店

〈N〉+〈N〉: 山脈, 牛乳

〔4. 병렬〕

〈N〉·〈N〉: 道路, 身体

〈A〉·〈A〉: 温暖, 永久

〈V〉·〈V〉: 增加, 破壞

〔5. 대립〕

〈N〉⇔〈N〉: 天地, 左右

〈A〉⇔〈A〉: 高低, 遠近

〈V〉⇔〈V〉: 生死, 賣買

〔6. 중복〕

〈□〉=〈□〉: 段々, 個々

〔7. 보조〕

〈■〉←〈□〉: 不明/非常/未完

〈■〉←〈□〉: 所定/可能/奉納/以上

〈□〉→〈■〉: 史的, 悪化, 帽子, 讀破

〔8. 생략〕

〈□〉…〈□〉: 經濟, 農協

〔9. 음차〕

〈□〉…〈□〉: 葡萄, 破璃

〈□〉…〈□〉: 砂利, 時計

노무라 마사아키는 〔1. 보족〕에서만 'V 및 A의 술어 성분으로 요구되는 N이 격관계를 갖는다'고 하였다.[26] 그는 또 '1. 보족' 내의 다섯 가지 패턴은 '육식肉食'에서 보는 것처럼 〈N〉+〈V〉의 에 나타난 '목적어+동사'형 이외

26 '山積'은 '산처럼 쌓는다(山のように積む)'라고 풀어서 설명하여야 한다. 격 관계는 없다고 생각된다.

의 조어소造語素 결합 패턴이 통어법과 조어법에서 모두 중국어와 일치하여 구조상 차이점이 없다는 결론을 내렸다.[27] 이는 즉 조어법 차이를 근거로 새로운 한자어의 발생국을 알 수 있다고 해도 그 적용 범위가 아주 제한적일 것이라는 것을 의미한다. 단 노무라 마사아키의 자료에는 중국에서 들어온 고전어가 섞여 있음에 유의할 필요가 있다. 노무라 자신도 지적했듯이 구성면에서 두 글자 한자어를 공시적으로 분석하려면 대상이 되는 두 글자 한자어를 중국에서 유입된 것과 일본에서 만든 것으로 나눌 필요가 있다. 왜냐하면 분석 샘플에 양쪽 단어가 섞여 있으면 일본 특유의 한자 조어법을 밝히는 것이 논리적으로는 불가능하기 때문이다.

2.2 일본제 한자 번역어漢譯語의 구조 분석

이처럼 노무라 마사아키의 분석 샘플에 중국에서 들어온 한자어가 존재한다면 그 분석 결과를 그대로 중국어와 비교하기는 어렵다. 요컨대 두 언어의 한자 조어법상 특징을 찾아내려면 어느 나라에서 발생한 단어인지 명확히 밝혀진 분석 자료가 필요하다는 것이다. 그러나 이 또한 미리 준비된 조어법상의 특징을 가지고 예측적으로 중국제 한자어와 일본제 한자어를 선별한다는 본래 목적(일어 차용어 식별)과 모순되기 때문에 결국 중요한 것은 양 언어의 한자 조어법 특징을 추출하여 귀납이 가능한 어휘 샘플을 확보하는 것이다. 이러한 언어 데이터는 좀 불완전한 것이기는 하지만 종래 연구에도 제시되어 있다. 다음 장과 이 책 말미에서 자세히 설명하겠지만 일어 차용어의 목록은 중국 연구자들에 의하여 많은 수가 제시되었다. 이들 중 최신 연구는 류정탄劉正埮(1984) 등의 연구인데 류정탄은 일본어에서 차용한

27 그러나 〈N〉 + 〈V〉 조어형은 비(非)중국어적이라고 단언할 수 없다. 예를 들어 '人選'은 일본어에서 유래되었다고 하지만 '文選'은 고대 중국어이다. 또한 [1. 보족] 이외의 결합 패턴에서는 양 언어의 통어적 특징이 반영될 수 없다고 보기도 어렵다. [3. 수식(2)] ② 〈V〉 + 〈N〉은 일본어의 통어적 특징을 확실히 반영하고 있기 때문이다. 후술. 沈国威(1990)를 참조.

단어를 892단어나 제시하고 있다(자료편 참조). 이 책에서는 이 892단어 중 중국 고대 문헌에 나오는 단어를 제외한 두 글자 한자어 494어에 대하여 단어 구성을 분석하였다.[28] 다음은 그 결과의 일부이다.

I. 주어 · 술어 구조

1. n+a: 0단어

2. n+v: 金融, 公營, 國立, 主觀 등 8단어

II. 수식(연용수식連用修飾)

3. a+v: 暗示, 概念, 直感, 黙示 등 32단어

4. v+v: 演奏, 改編, 決算, 配給 등 58단어

5. m+v: 必要, 否定, 可決, 仮定, 絶對, 總理, 累減 등 13어

6. m+a: 特徵 1단어

III. 수식(연체수식連體修飾)

7. a+n: 亞鉛, 遠足, 悲劇, 美術 등 84단어

8. v+n: 記号, 消極, 動脈, 領土 등 58단어

9. n+n: 液体, 客體, 人格, 版畫 등 107단어

IV. 동사 · 목적어

10. v+n: 動員, 抽象, 復員 등 32단어

10′. n+v: (倒置)體育, 人選, 体操, 氣密 등 9단어

V. 병렬

11. n+n: 系列, 情操, 纖維, 番號 등 17단어

---

28 여기에서 유의하여 할 것은 한자어에 대한 일본인의 단어 구성 분석이 중국인과 다를 수 있다는 점이다. 특히 양 언어의 통어법이 다르다는 점에서 분석 의식도 다를 것이라고 생각된다. 예를 들면 '後補格'은 중국어에서 주어격인과 동시에 동어석 현상이기도 하다. 王立達, 陸志韋에서는 '破壞'가 사용례로 제시되었다. 이에 반해 일본어는 '後補構造'라는 통어 범주가 없어서 野村雅昭는 '破壞'를 [4. 並列] ③으로 분류하였다. '読破'는 [7. 補助] ③ 語基+接辞로 구성된 복합어로 보고 있다. 그리고 배제된 단어는 다음과 같다.

1. 4자어, 3자어, 1자어

2. 2자어이기는 하지만 훈독어 혹은 일본 특유의 제도, 문물을 나타내는 단어

12. a+a: 簡單, 單純, 白熱, 明確, 飽和 등 5단어

13. v+v: 壓延, 歸納, 索引, 消費 등 30단어

VI. 조사 · 보격어補格語 및 기타

14. v+n: 化石, 落選, 昇華, 退役 등(動詞補語) 9단어

15. n+v: 內勤, 外在, 敵視, 仲裁 등(動詞補語) 12단어

16. 접두사: 副食… 3단어

17. 접미사: 美化, 觀点, 複式, 旗手 등 15단어

18. 약어: 流感 1단어

이상 분석 결과에 대하여 간략히 설명하면 다음과 같다.

① 위의 〔주어-술어 구조 2〕의 'n+v류'와 〔술어-목적어 구조 10〕의 'v+a류' 단어가 과거부터 존재하던 중국어의 구구조句構造 패턴이나 조어형으로 자리 잡아 신어를 만들어 내게 된 것은 근대 이후이다. 여기에는 일본어를 포함한 다른 외국어의 영향이 크다는 지적이 있었다(王力〔1945〕, 孫常叙〔1956〕, 陸志韋〔1957〕, 北京師範學院〔1959〕 등 참조). 이는 물론 새로운 조어형이 발생한 것이 아니라 외국어의 영향이 두 글자 복합어의 경향을 조장한 결과 구구조句構造 패턴이 단어 구조 패턴으로 변한 것이라고 생각할 필요가 있다.

② 〔술어-목적어 구조〕를 가진 10′의 'n+v류'는 어순 면에서 통어 구조syntax의 특징을 잘 나타낸다고 할 수 있다. 순수한 중국어에는 이러한 예가 매우 적다. 이러한 사실은 이전부터 주목되어 왔으며 특히 〔술어-목적어〕의 'n+v' 어순은 일본제 한자어임을 표시하는 것으로 인식되고 있다.[29] 그러나 이들 단어는 10과 비교해도 알 수 있듯이 'v+n' 어순 쪽이 일본에서도

29 술어-목적어형은 양 언어의 통어적 차이가 응축된 조어형으로 예로부터 근대 한자어의 출자 판정에 유력한 단서가 된다고 여겨졌다. 예를 들면 '人選', '体操', '体育', '德育' 등이 일본제 한자어라면 '体罰'도 그러할 가능성이 높다고 본다.

더 정통적이라서 'n+v' 어순을 가진 단어는 소수이다.

③ 단어 수가 가장 많은 것은 III의 〔연체수식구조〕에 속하는 것이며 그 수는 약 250개이고 전체의 50% 이상을 차지한다. 이들 중 7의 'a+n류'와 9의 'n+n류'는 중국어에서 통어적 조어형인데 비하여 8의 'v+n류'는 비통어적 조어형이다. 이 때문에 단어 형성에 여러 가지 제약을 받는다. 자세한 연구는 션궈웨이沈国威(1990)를 참조하기 바란다. 결론을 말하면 이 조어형의 생산성은 중일어간에 큰 차이가 있다. 따라서 8의 'v+n'은 10의 'n+v'와 마찬가지로 통어 구조상 단어의 발생국을 어느 정도 알게 해주는 소수의 조어 형태 중 하나이다. 예를 들면 '積木'(나무쌓기)와 '吸盤(흡반), 合金(합금)' 등은 단어의 구조만으로도 일본제 한자어로 단정 지을 수 있다(단어 역사편語誌編 참조)

이상의 분석 결과를 앞 절에서 설명한 쑨창쉬(1956)와 루즈웨이(1957), 노무라 마사아키(1988)의 조어형과 비교해 보면 다음 조어형은 해당 단어의 예가 누락되어 있음을 알 수 있다.[30]

주위격主謂格: n+a (民主, 農忙 —현대 중국어의 예, 이하 동일)
v+n (降雨, 來客)
후보격後補格: v+a (提高, 縮短)

이들 중 특히 주술격 'n+a류'와 후보격 'v+a류'는 전형적인 중국어 조어형이다. 이들이 과거 중국에서 들어와 오늘날까지 일본어에 남아있다 해도 일본인들은 이 유형으로 새로운 단어를 만드는 것은 쉽지 않다고 본다.[31]

30 그 밖에 병렬의 하위분류나 의미가 대립되는 요소의 결합으로 생긴 단어도 없다(참고로 a+a는 '強弱', '高低', v+v는 '生死', '攻守', n+n는 '天地', '前後').

31 後補格의 전형적인 패턴인 v+a의 경우를 들면 '提高', '放大' 등은 이러한 주장이 입증되는 예이지만 v+v의 '打倒', '打破' 등은 일본어에서 '打ち+倒す', '打ち+破る'라는 '연용수식구조'로

이와 같이 류정탄의 연구(1984)에서 일본제 한자어로 분류된 것에는 중국어 조어형과 일치하는 것이 많으나 이들은 중국어에서 보더라도 파격적인 것이 있다는 것도 밝혀졌다. 이상의 분석으로 우리는 어느 정도 두 언어의 조어법상 차이점을 파악할 수 있었다. 그러나 이 정도로 일본제 한자어를 식별하는 방법이 충분하다고는 할 수 없다.

조어형의 통어상 차이로 일어 차용어를 식별하는 것은 생각만큼 유효하지 않은데 그 이유로는 다음 두 가지를 들 수 있다. 그 하나는 통어 규칙의 특성을 나타내는 조어형 수가 적다는 점이다. 예를 들면 쑨창쉬(1956)의 연구 중 통어법과 관련 있는 것은 비어근 조어非詞根造語 부분뿐이고, 노무라 마사아키(1988) 연구에서는 〔1. 보족〕 명사 성분만이 격조사를 가질 수 있다고 되어 있다. 그뿐 아니라 위와 같은 통어법과 관계 있는 조어형은 조어력이 비교적 약하다. 노무라(1988)의 조사에 의하면 8,500단어 중 〔1. 보족〕형에 속하는 단어는 전체의 11.5%에 불과하였다. 〔3. 수식(2)〕 3-②의 6.5%를 더한다 해도 그 비율은 20% 이하이다. 이에 비하여 여러 수식형과 병렬형은 조사 대상 어휘의 75% 이상을 차지하는, 생산성이 높은 조어형으로 특히 명사성 수식과 병렬 구조(3-①, 3-③, 4-①)는 생산성이 뛰어나다. 루즈웨이陸志韋(1957)에 의하면 중국어 사전 표제어의 3분의 1이상은 이 조어형에 속한다 하며, 노무라의 연구(1988)에서도 52.3%라는 높은 비율을 보이고 있다. 그러나 명사성 구조에서는(최소한 중일어에서는) 통어상 차이점이 반영될 수 없고 문제가 되는 구조의 성분간의 결합은 개별 언어의 통어 규칙에 구속받는다기보다 개념과 개념의 결합으로 나타나는 언어 습관과 사고 경향에 좌우되는 것으로 보인다.[32]

또 하나의 이유로는 다음과 같은 것이 있다. 통시적으로 볼 때 근세와 그

분석될 수 있기 때문에 발생 불가능한 것도 아니다.

32 예로 [日]火+事=火事⇔[中]火+災い=火災를 들 수 있다.

이후 장시간에 걸쳐 중·일어의 한자어 조어법에는 많은 차이점이 있었던 것 같다. 그런데 근대에 들어와 일본에서 유입된 어휘와 서양어를 모방한 번역어에 자극을 받아 중국의 조어법이 크게 변한 것이다. 생산성에 차이가 있지만 중국에서는 이전과 다른 조어형이 생겨나고 실제로 새로운 조어법으로 신어를 만들게 되었다. 이 때문에 특정 단어의 성립 시기를 모를 경우 조어법만으로 해당 단어의 발생국을 판단하는 것이 불가능하게 되었다.

이상과 같은 사정으로 볼 때 조어형 특징만으로 해당 단어가 발생한 나라를 판단하는 것은 위험하다 하겠다. 물론 지금까지 거론한 문제 때문에 조어법의 특징을 경시하려는 것은 아니다. 중일 양 언어의 조어 패턴의 차이를 연구하는 것은 적어도 단어의 발생 근원을 판단하고 연구하는 데 유용한 보조 수단이 될 것이다.

2.3. 용자법用字法을 통한 일어 차용어 판별과 그 문제점

앞에서 우리들은 중·일 양 언어의 통어법 차이가 동사 성분을 구성소構成素로 하는 일부 조어형의 어구조에만 반영될 수 있다는 결론에 도달하였다. 그러나 생산성 면에서 보면 'v+v' 병렬격을 제외하면 동사 성분을 포함한 구조는 중 · 일 양 언어에서 오히려 생산성이 낮다. 이러한 사실은 다음과 같은 점을 의미한다. 즉 설사 어구조에 나타나는 통어법 차이로 일어 차용어를 식별할 수 있다 하더라도 적용 가능한 범위가 극히 제한된다는 것이다. 거꾸로 생산성이 높은 조어형, 예를 들면 루즈웨이陸志韋가 말하는 향심격向心格(동사에 의한 장정구조裝定構造를 제외한다)이나 병렬 구조는 적어도 중·일 두 언어의 통어법의 차이를 크게 반영하는 것은 아니다. 특히 명사 성분 간의 결합은 개별 언어의 통어 규칙상 문제가 아니라 개념과 개념의 결합으로 나타나는 언어 습관과 사고 경향에 좌우되는 것이라 생각된다.

그런데 지금까지 근대어 연구에서는 이와 같은 개념과 개념의 결합법이

능기能記로서 한자 문자열로 환원될 때, 훈訓이 개재된다는 사실이 종종 지적되었다. 즉 두 언어에 같은 개념을 나타내기 위한 한자 사용에는 차이가 있다는 것이다. 그래서 이 용자법의 차이를 통해서 일어 차용어를 식별할 수 있을 것을 기대하는 것이다. 용자법에 의한 식별 가능성은 다음과 같은 이유에서도 시사되고 있다. 즉 조어법에 차이가 없다 하더라도 같은 방법으로 신어를 만들 때 다른 소재를 선택할 가능성은 충분이 있는데 이 소재가 다름 아닌 한자라는 것이다.

중국 학자들은 중 · 일 양 언어의 한자 사용법의 차이에 대하여 특별히 의식하지 않는 듯하다. 그 이유는 많은 용자법 차이가 자훈字訓에서 유래하기 때문이다. 일본에서 처음으로 용자법을 가지고 양 언어의 한자어의 차이를 논한 것은 야마다 요시오山田孝雄(1940)이다. 그 후 모리오카 켄지森岡健二(1969)는 음훈 교체 현상과 그에 따른 한자어 조어법을 면밀히 고찰하여 '한자형태소론'을 제창하였다. 모리오카 겐지의 설을 요약하면 일본인이 새로운 한자어를 접할 때는 먼저 그것을 한자 단위로 분해하여 훈으로 의미를 파악한 뒤 앞뒤 한자의 의미를 더하여 복합적 의미로서 이해한다는 것이다. 또 의식적으로 새 한자어를 만들 경우는 그 반대 과정을 밟는다는 것이다. 최근 이 연구와 관련하여 노무라 마사아키와 마쓰이 토시히코松井利彦 등은 자훈의 대응과 접사의 발생 등에 착목한 일련의 연구 성과를 발표하였다.

일본 학자의 연구 중 특히 주목되는 사람은 아라카와 키요히데荒川清秀이다. 아라카와는 중국어 전문가이기 때문에 누구보다 명확히 중 · 일 양 언어의 용자법 차이를 의식하고 있다. 용자법 차이와 한자에 의한 조어라는 관점에서 그(1986)는 양 언어 어기語基 '暑: 熱'의 사용과 결합 가능 요소를 검토하여 열대熱帶라는 지리학 용어가 중국어 기원 단어임을 밝혀냈다. 그 후 아라카와는 용자법에 의한 식별 문제의 중요성을 자각하고 자신의 논문(1989)을 '일본제 한자어 검증을 위한 하나의 시론'으로 자리매김하였을 정도였다.

그러나 이 식별법에도 다음과 같은 문제점이 있다. 우선은 모든 일본어 한자가 '훈訓'이 있는 것이 아니라는 점이다. '음'만 있는 단어도 있고 음훈 교체와 상관없이 발생된 단어도 있으며 또 단어 성립에 '훈'이 관여되었는지 알 수 없는 단어도 있는 것이다.[33]

그 다음으로 들 수 있는 것은 동자이훈同字異訓과 이자동훈異字同訓이 모든 한자에 일률적으로 존재하는 것이 아니고 예를 들면 체언적 어기보다는 용언적 어기에 다훈多訓 현상이 잘 나타나기 때문에 이 식별법은 단어에 따라서는 그 유효성이 없을 수 있다.

그리고 가장 중요한 것은 한자의 원류와 메이지 초기까지의 한자 규범 의식을 종합적으로 생각해 보면 중·일 양국의 용자법에 여러 가지 차이가 있겠으나 다른 한편으로는 같은 부분도 적지 않음을 잊어서는 안 될 것이다.

이 식별법이 유효하게 사용되지 않는 이유는 중일 양 언어의 용자법 차이가 아직 충분히 연구되지 않았기 때문이다.[34]

2.4 일어 차용어의 식별 방법

지금까지 일어 차용어를 식별하는 방법을 조어법과 용자법 두 방향에서 고찰하고 그 가능성과 유효성을 검토해 보았다. 이들 두 가지 방법을 통하여 말할 수 있는 것은 현시점에서는 예측할 수 있는 연구 방법론이 아직 확립되지 않았고 앞으로 더 많은 연구 축적이 필요하다는 것이다. 이에 앞에서

---

33 松井利彦(1981) 참조.

34 순수한 용자법이라기보다 통어론적 어휘론 각도에서 동사 어기(語基)를 포함한 일부 단어에 관한 고찰도 가능하다. 예를 들면 '出'은 일본어에서는 도착격 'ヘ'와 출발격 'ヲ'을 모두 나타내지만 근대 이후의 중국어에서는 출발격만 나타내므로 '出席, 出場, 出廷' 등은 일본제 한자어가 된다. 따라서 '好転', '暗転'도 중국어 단어 구성이 아니다. 앞으로 이러한 각도에서 연구가 진행되어야 하겠다.

지적한 일어 차용어 식별법의 결함을 극복하고 연구를 심화시키기 위하여 다음의 일어 차용어 출전 연구 흐름도를 제안하고자 한다.[35] 이 흐름도에서는 조사 대상 단어(이 시점에서는 아직 일어 차용어라 판정할 수 없지만)에 대하여 중국 고유어인지 일본의 신소어인지를 신별하여 전자에 대해서는 일본어 영향에 의한 의미 변화의 역사를 추적하고 후자에 대해서는 중국어로 유입된 여러 사정을 밝히는 순서를 제시하기로 한다.

이 흐름도에서는 중일어가 긴밀히 교섭을 하게 된 시기를 고려하여 역사적 단계를 고대어, 중세, 근세어, 근대 전기어, 근대 후기어 등 네 단계로 나누었다. 이 작업 순서를 통하여 근대 전기까지 중국어에서 일본어로 이동되던 한자어의 이동 방향이 근대 전기 말경부터는 역전되는 현상이 이하 각 장의 기술을 통하여 한층 명백하게 밝혀질 것이다.

①-④는 고대어 단계이다. 시대적 하한선은 당나라 말 또는 송나라 초까지로 보면 될 것이다. 이 시대에는 중국 고대 문헌, 주로 선진先秦 양한兩漢 이후의 경전이 일본에 전해진 시기이다. 후일 근대적 의미를 획득하여 일어 차용어로 변신한 많은 단어는 이 시기 중국에서 들어온 단어이다. 자주 거론되는 예로는 '혁명革命'과 '공화共和', '경제經濟' 등을 들 수 있다. 이들 단어의 출전을 밝히려면 경전을 직접 들춰보기보다는 고어사전 등을 이용하는 것이 효과적일 것이다. 일본 사전으로는 《대한화사전大漢和辭典》과 《일본국어대사전日本國語大辭典》, 《상대어사전上代語辭典》 등이 있고 중국 자료로는 《설문해자說文解字》나 《패문운부佩文韻府》, 《강희자전康熙字典》 등을 들 수 있다. 특히 최근 중국에서는 사전 편찬 사업이 착실히 진행되어 《한어대사전漢語大詞典》과 《한어대자전漢語大字典》 등의 대사전이 출판되었다. 이들 사전에는 출전이 풍부하게 수록되어 있어 고대어의 어원 연구에 크게 기여할 것

35 前田富祺(1985), 山本真吾(1989)를 참조해서 작성하였다.

중국어의 일본어 차용어 수용사 연구의 흐름도

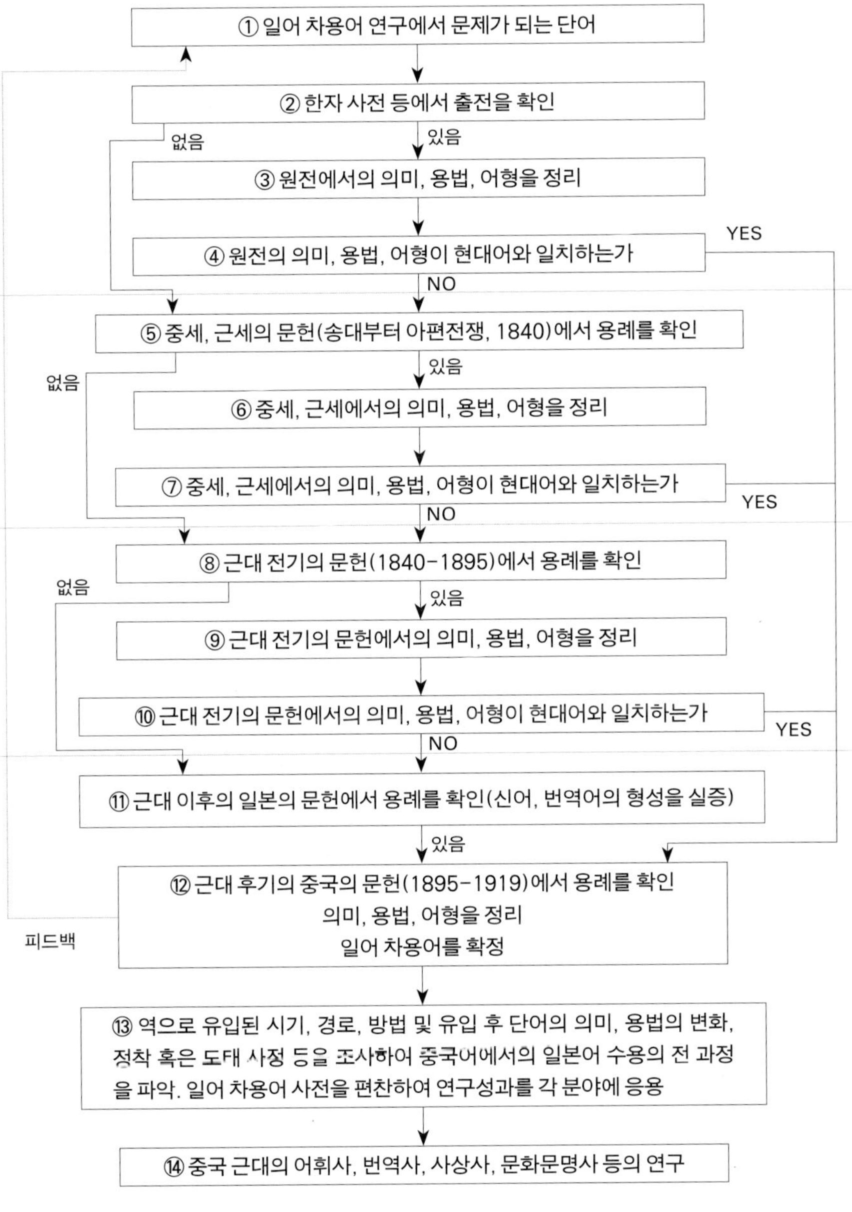

으로 기대된다.

이 단계에서는 조사 대상어의 출전을 확인하고 원전의 의미나 용법, 단어 형태 등을 정리한다. 출전이 없거나 원전의 의미와 용법, 단어 형태가 현대어와 다른 것은 다음 단계에서 다루도록 한다.

⑤-⑦은 중세어와 근세어 단계로, 이 책에서는 하한선을 1840년까지로 설정하였다. 이 시기 중국어 어휘는 당 시대의 역경譯經 운동을 거쳐 송나라의 백화소설白話小說 어휘와 불교, 선종 관계 어휘, 송 명리학의 유학儒學 어휘 등으로 크게 변화하게 된다. 또 16세기 이후로는 서양 선교사의 도래로 양학洋學 어휘도 나타나게 된다. 이 시기의 조사 대상 문헌으로는 다음과 같은 것이 있다.

◇ 당 이후 전기소설傳奇小說, 백화소설, 필기류筆記類, 원나라 희곡 등
◇ 불교경전, 선종어록禪宗語錄, 유학자들의 저서 등
◇ 마테오 리치利瑪竇, 알레니艾儒略 등 예수회 선교사들의 번역서 등
◇ 서광계徐光啓, 이지조李之藻, 방이지方以之 등 예수회 선교사와 교류한 중국인 학자가 저술한 양학서

이상 문헌에서 조사 대상어(고대어에서 출전이 확인되지 않거나 의미, 용법이 현대어와 일치하지 않는 것)를 찾고 의미와 용법, 어형 등을 정리한 뒤 현대어와 대조 확인한다. 대조 작업 결과 현대어와 일치하지 않는 것은 일본어가 그 의미 변화에 영향을 미쳤을 가능성이 있다고 생각한다. 예를 들면 제5장에서 다루는 '관계關係'와 '영향影響' 등이 그것이다. 그리고 불일치가 확인되지 않은 단어는 중국인이 만든 조어로서 일어 차용어 목록에서 삭제한다.[36]

36 그러나 여기에서는 신중한 태도가 요구된다. 왜냐하면 중국어 고전어이기는 하지만 그것이

이 단계의 연구에서 이용할 수 있는 중국의 사전과 연구서는 많지 않다. 청나라 말기까지 몇몇 속어사전이 유포되었고 또한 최근에는《송원어언사전宋元語言詞典》(上海辭書出版社 1985) 등이 출판되었으나 앞으로 보다 체계적이고 깊이 있는 연구가 필요하다. 한편 일본의 연구로는 고사카 준이치香坂順一의《백화소설 어휘의 연구》와 고사카 준이치 등이 중심이 되어 편찬한 중국 백화소설 어휘색인류 등이 있다. 또 선종을 비롯한 불교경전 어휘와 양학 어휘에 대하여는 수 년 전부터 일본 학자들이 활발하게 연구하고 있다.

⑧-⑩은 근대 전기 단계이다. 시대적으로는 1840년에서 1895년까지를 가리킨다. 1840년 아편전쟁으로 중국은 실질적으로 개국 상태가 되었다. 그 후 청일전쟁까지 50여 년 동안 지식인들 사이에는 '눈을 뜨고 세계를 바라보자'라는 분위기가 고조되었고 지배 계급에 의해서 양무운동도 제창되었다. 한편 서양 선교사들은 금교쇄국禁教鎖國이 무너진 중국에 들어와 열심히 포교활동을 하였다. 이러한 사회변동에 따라 신개념을 나타내는 어휘도 급속히 출현하였다. 이 시기 주요 조사 대상 문헌을 들면 다음과 같은 것들이 있다.

◇ 서양 선교사들이 집필한 사전, 번역서, 저서, 신문, 잡지

◇ 중국 문화인들이 저술한 세계지리 관련 저서, 자연과학 번역서, 외국 기행문, 견문록, 신문, 잡지

◇ 전통 학문의 계통을 파악하는 중세 이후의 어휘를 중심으로 한 저서, 용어집, 표기 자료집 등

이 시기 조사해야 할 문헌 수는 상당히 많다. 선교사가 저술한 영·중사전류만 해도 수십 종은 될 것이며 강남제조국 번역관江南製造局翻譯館에서 번역

중국 근대 어휘가 될 수 있었던 것은 자연발생적이라기보다 일본어 영향을 크게 받은 결과 만들어진 단어도 있기 때문이다.

한 책만도 수백 종 이상이다. 이들도 근세와 근대어 단계와 같은 절차로 작업을 진행한다. 이 시기 문헌에 나오지 않는 단어(출전이 있다 하더라도 의미와 용법이 현대어와 다른 것)는 ⑪의 정보가 필요하다.

⑪은 다름 아닌 일본의 근대 어휘사이다. 조사 대상어는 이 단계에서 일본의 신어 또는 번역어인지가 확인된다. 이 시기의 연구는 일본인 학자들의 연구 성과에 크게 의존해야 함은 말할 것도 없다.

⑫ 이하는 근대 후기이다. 청일전쟁(1894-1895) 이후의 결과에서 보듯이 근대화를 서두른 일본과 봉건체제를 유지하려는 청나라와의 사이에서는 힘의 관계가 역전되었다. 전례 없는 위기에 직면한 중국인은 일본을 본보기로 삼아 서양에서 배우고 근대화를 추진하는 데 일어섰다. 1896년에는 최초의 유학생이 일본에 파견되었고 1906년경에는 유학생 수가 만 명 가까이 급증하였다. 일본어 번역서가 범람하고 신어(중국에서는 신명사新名詞)를 한 마디라도 쓰지 않는 사람은 없을 정도였다(사네토 케이슈, 1970 참조). 오늘날 문제가 되고 있는 일어 차용어는 대부분 이 시기에 유입된 것이다.

이러한 단계를 통하여 근대 신어와 번역어의 형성과 기존 어휘의 의미변화가 일본에서 이루어진 것이 실증되면 ⑫에서 근대 후기의 중국 문헌에서 용례를 검색하여 의미와 용법, 단어 형태 등을 정리한다. 이 작업은 요컨대 중국어에 유입된 단어를 일어 차용어로 확정하는 작업이다. 이 작업 과정을 거치면 ⑬ ⑭의 연구가 이루어지게 된다. 본 연구에서 설정한 근대 후기는 1895년부터 1919년 사이로 이 시기에 조사해야 할 주요 문헌으로는 다음과 같은 것이 있다.

◇ 재일在日 중국인 유학생이 번역한 각종 번역서

◇ 중국인 학자가 저술했거나 번안한 인문과학, 자연과학 관련 계몽서

◇ 신문, 잡지 등의 간행물

◇ 정부의 각종 위원회가 간행한 법률, 법안, 술어집官定述語集, 용어집

◇ 각종 교육기관에서 사용한 교과서류

◇ 각종 중국어 사전, 외국어 사전, 신어 사전

신어 사용이 많은 번역서에 비하여 일본 사전과 용어집의 번안물, 그리고 그들을 참고하여 만든 각종 사전들은 일본어 차용 과정에서 큰 역할을 하였다. 또한 이들 자료는 신어 번역어의 보급 및 정착 상황을 잘 반영하고 있어 특히 중요시할 필요가 있다.

여기에서 독자의 양해를 구해야 할 것은 앞에 제시한 시대 구분이 약간 편의적이라는 점이다. 예를 들면 아편전쟁 이전 20-30년 동안 광둥廣東 지방을 비롯한 중국 남부 해안에 서양 선교사의 활동이 전혀 없었던 것은 아니라는 점이다. 예를 들면 후일 영중사전들의 편찬에 큰 영향을 주었던 모리슨의 《영화자전英華字典》(1815-1823)이 그 예이다. 또한 앞에 제시했던 어휘 조사 흐름도에서는 근대 전기 말까지 일본어 영향이 전무 또는 전무에 가까운 상태였다고 했었는데 이 점도 제3장에서 알 수 있듯이 사실이 아니라는 것이 검증되었다. 앞으로 이 분야의 연구가 진전되면 중국어에 일본어가 유입된 시기가 메이지 초까지 거슬러 올라가게 될 수도 있다.

또한 1919년 베이징에서 신문화운동(5·4운동)이 발발한 점도 주목하고자 한다. 중국에서는 5·4운동 이후 새로운 문체와 어휘가 점차 확립되었다. 한편 일본 유학 붐은 하향선을 그렸고 중국 내 지식층도 눈을 미국과 유럽으로 돌렸다. 일본어 유입은 적어졌지만 이미 들어온 단어를 소화하고 정리하는 단계가 시작되었다. 이와 같은 이유에서 5·4운동 이후의 문헌에도 당연히 유의해야 할 필요가 있다.

그러나 우선은 5·4운동(1919)까지의 문헌을 다루는 것이 이 책의 주된 과제이다. 그리고 문헌 검색 과정에서 다양한 어휘 현상을 알게 될 것이다. 의

문스러운 단어는 피드백을 통하여 검증하고 연구 성과를 서서히 축적해 갈 것이다. 또 개별 단어의 발생국을 확정해 가는 과정에서 중국 한자어와의 비교를 통하여 일본 한자어의 조어 및 용자用字 등이 밝혀질 것이다.

이상 우리는 어떤 방법으로 일어 차용어를 밝혀낼 것인가에 대하여 개관해보았다. 우리는 문헌을 치밀하게 검색하고 조사하는 것만이 일어 차용어가 내포한 어휘상의 여러 문제를 밝혀낼 수 있을 것으로 믿는다.

제2장 중국의 일어 차용어 연구사

여기에서는 중국의 일어 차용어 연구사에 대하여 간략하게 되돌아보려고 한다. 중국의 일어 차용어 연구는 시기와 지역을 좌표로 나누어 설명할 수 있다. 이 연구들은 일어 차용어가 금세기 초에 일어난 하나의 사회적 언어 현상으로 인식된 이래 오늘날까지 중국과 일본에서 각기 다른 각도로 연구된 것들이다. 일본 측 연구에 대해서는 최소한의 언급에 그치기로 한다.

1. 초기 연구

19세기 말에서 20세기 초에 걸쳐 일어난 중국어로의 일어 어휘의 역유입 현상은 얼마 되지 않아 중국에서 사회적 관심을 끌게 되었다. 당시 중국 계몽가들과 번역가, 학자, 일반인들은 일어 어휘의 차용을 둘러싸고 치열하게 논쟁을 벌였다. 중국어 학자이자 역사가였던 왕궈웨이王國維는 당시 상황을 "신기한 것을 좋아하는 자는 남용하고 옛것에 구애되는 자는 이를 버린다(好奇者濫用之, 泥古者唾棄之)"라고 표현하였다.[1]

1 '論新学語之輸入'(《教育世界》 제96호, 1905. 4) 참조. 《王國維遺書》 巻五 '静安文集'(97オ

중국이 일본어 어휘를 처음 들여오던 상황을 말할 때 계몽가이자 번역가, 학자였던 옌푸嚴復, 량치차오梁啓超, 왕궈웨이를 빼놓고는 이야기할 수 없다. 이들 세 사람이 일어 어휘의 차용이라는 중국 역사상 대사건과 근대 어휘와 문체의 성립에 관여한 것에 대해서는 별고를 통하여 밝히기로 하고 여기서는 1930년대 전후까지 일어 차용어에 관련된 것만을 소개하기로 한다.

1.1 펑원쭈의《맹인할마지신명사》

도쿄도립중앙도서관 사네토문고實藤文庫에는《맹인할마지신명사盲人瞎馬之新名詞》라는 중국인 유학생이 쓴 책 한 권이 소장되어 있다. 이 책은 1915년 도쿄의 한 출판사가 출판한 200쪽이 안 되는 작은 책자로서 20세기 초 중국어에 유입된 일어 어휘에 대하여 처음으로 비난하는 내용을 담고 있다. 이 책에는 장부셴張步先의 서문과 일러두기가 있고 본문 내용은 60항목으로 구성되어 있다. 각 항목의 제목은 다음과 같다.

1. 新名詞	2. 支那	3. 取締
4. 取扱	5. 取消	6. 引渡
7. 様	8. 殿	9. 〆
10. 哀啼每吞書	11. 引揚	12. 手續
13. 的	14. 積極的…消極的	15. 具體的…抽象的
16. 目的	17. 宗旨	18. 權利 權力
19. 義務	20. 相手方	21. 當事者
22. 所爲	23. 所爲	24. 强制執行
25. 差押	26. 第三者	27. 場合
28. 又ハ	29. 若クハ	30. 打消

-100ウ 수록).

31. 無某某之必要	32. 動員令	33. 手形
34. 切手	35. 大律師	36. 律
37. 代価	38. 讓渡	39. 親屬
40. 継承	41. 片務…雙務	42. 債權人…債務人
43. 原素…要素…偶素…常素	44. 取立	45. 損害賠償
46. 各各…益益	47. 法人	48. 姦非罪
49. 重婚罪	50. 經濟	51. 條件付之契約
52. 働	53. 從而如何如何	54. 支拂
55. 獨逸…瑞西	56. 衛生	57. 相場
58. 文凭	59. 盲從	60. 同化

본문을 보면 저자 펑원쭈彭文祖는 베이징 법정학당法政學堂에서 법률 공부를 하고 후일 일본에 유학한 사람이라는 것을 알 수 있다.[2] 저자가 통례通例와 제1단 신명사新名詞 등에서 쓴 것처럼 이 책의 취지는 신명사의 범람과 그 남용을 비판하기 위한 것이었다. 이른바 신명사는 당시 중국의 신문과 잡지, 번역서는 물론 교과서와 법률문에까지 빈번하게 등장했던 신어와 새로운 표현을 말한다. '신명사의 기원을 거슬러 올라가면 청일전쟁 패전 후 점차 신명사라는 말을 듣게 되었다'라고 한 지적에서 알 수 있듯이 중국의 신명사는 근대화에 따른 일본어 어휘의 외부 진출과 크게 관련되어 있다.《맹인할마지신명사》에는 2부터 58에 이르기까지 모두 57개 항목에 65개의 신명사를 들었는데 이들 단어는 거의 대부분 일본어 어휘이다(〔1. 신명사〕와 〔59. 긍정盲從〕, 〔60. 동화同化〕는 머리말과 맺음말에 나오는 것이므로 단어 목록에서 제외하였다).

2 경사법정학당(京師法政學堂)은 1907년에 설립되었다. 정치, 법률에 관한 인재를 양성하는 대학이다. 펑원쭈는 본문 중에서 일본에서 귀국한 유학생이나 새로운 인물이 교단을 독점하였고 교재로 사용된 중국 법률도 일본인 고문이 중심이 되어서 일본 법률을 참고로 하여 제정된 것이라고 언급하였다.

그러나 《맹인할마지신명사》는 저자 자신이 '표현이 조잡하고 완성된 것이 아니다'라고 썼듯이 도저히 학술적인 저서라고는 볼 수 없다.[3] 이 책의 신명사 항목에는 '様, 殿, 〆, 又ハ, 若クハ, 各各, 益益' 등 번역에서 쓰이는 일과성 단어와 기호로부터 '意思表示, 強制執行, 無某某之必要, 損害賠償, 條件付之契約, 從而如何如何' 등 단어 단위가 아닌 것까지 잡다한 요소가 섞여 있고 설명 내용도 일률적이지 않다.[4] 예를 들면 '重婚罪'나 衛生, 文凭, 法人, 原素, 債權人・債務人, 片務・双務, 權利, 權力' 등에 대해서는 어휘론적인 언급 없이 세태와 이들 단어에 반영된 새로운 사물에 대한 세상 일반의 견해를 매도하거나 혹은 용어에 대한 정의를 끝까지 계몽적으로 설명하고 있다. 또한 '様, 殿, 〆, 働, 獨逸, 瑞西, 支拂' 등 유학생 세계라는 작은 범위 내에서 제한적으로 사용되는 것을 문제시하거나 번역 과정에서 언어능력 부족 등으로 생긴 오용에 대해서도 격렬하게 공격하였다. 이 책은 언어 문제를 다룬 것이라기보다 오히려 외국 숭배 풍조를 바로 잡으려는 저자의 자세가 엿보인다.

그러나 이 책에 어휘론적 시사점이 전혀 없는 것은 아니다. 여기서는 이들 항목을 세 가지로 나누어 좀더 자세히 살펴보기로 한다.

a)	哀啼每呑書	所爲	律	繼承
	親属	大律師	姦非罪	
b)	意思表示	強制執行	無某某之必要	損害賠償
	条件付之契約	從而如何如何		

3 彭文祖는 베이징 법정대학 재학 중에 난해한 신명사(新名詞)로 몹시 고심하게 되어 이러한 신명사를 사용하는 유학파 교관에게 경외하는 마음까지 들었다. 그러나 일본에 와서 신명사의 정체를 알고 나서는 외국의 지식을 그대로 받아들이는 매국노 행위에 분개를 금할 길이 없어 여름방학을 이용하여 본서를 초안 작성하였다고 집필동기에서 밝히고 있다.

4 당연히 '語' 이상 단위의 차용 등에 관해서도 이언어(異言語) 접속이라는 관점에서 고찰되어야 한다. 예를 들면 외래(外來)의 문형, 표현 등에 대해 조사, 정리할 필요가 있겠다.

c) 支那　取締　取扱　取消
引渡　引揚　手續　的
積極的…消極的　具體的…抽象的　目的　宗旨
相手方　差押　第三者　場合
打消　動員令　手形　切手
讓渡　取立　相場　當事者
經濟

a)는 중국 고전어이거나 중국인이 고안한 새로운 번역어이다. 일본어 차용이 아니라는 점에서는 b), c)와 구별될 수 있다. 그중에는 '親屬'(친족), '繼承' (상속), '姦非罪'(간음죄 · 외설죄)와 같이 중국이 법률을 제정할 때 의식적으로 일본어와 다른 용어를 선택한 경우도 있다. 저자가 비난한 것은 의미의 부정확성과 오용이다. 예를 들면 'ultimatum'는 중국어에서는 '哀啼每呑書', 일본어에서는 '최후통첩最後通牒'으로 번역되는데 원어의 의미로 볼 때 이는 '戰書'(전서)라고 고쳐야 하며 '所爲'(소위)는 경우에 따라서는 '所犯'(소범)으로 해야 한다고 하였다. 또 '律'과 '繼承'은 각각 '法'과 '承繼'로 해야 할 이유를 설명하고 특히 '친속親屬, 대율사大律師, 간비죄姦非罪' 등은 일본어처럼 '친족親族, 변호사辯護士, 간음죄姦淫罪 · 외설죄猥褻罪'로 해야 한다고 역설하였다.

b)는 단어는 아니나 번역 과정에서 파생된 새로운 표현법이다. 펑원쭈는 이들이 중국어 문법 규칙에 어긋나는 것이라고 격렬히 비난하였다.[5]

c)는 일본어에서 중국어로 유입된 신어들로서 《맹인할마지신명사》라는 책 제목에도 나타나 있듯이 의미 · 용법도 잘 모르고 함부로 쓴다고 가장 격렬히 공격받은 단어들이다. 구체적으로 살펴보면 아래에 든 훈독어 '取締,

5 '強制執行'을 '강제를 집행하다(強制ヲ執行ス)'라고 이해하는 잘못도 있다. 또한 여기에서 문제시되는 표현의 대부분은 최종적으로 중국어에 받아들여졌다는 점을 부언해 둔다.

取扱' 등을 비롯하여 일본에서 유래된 신명사는 각 단어에 쓰인 문자에서 원어와 대응하는 의미를 파악하기 어려울 뿐 아니라 자기모순적 해석에 빠질 수밖에 없는 경우조차 있다고 하였다.[6] 이 때문에 펑원쭈는 이들 단어들을 받아들일 수 없으며 다음과 같이 고쳐야 한다고 주장하였다.

取締 → 禁止, 管束 등	取立 → 徵取, 徵課 등
取消 → 去銷	引渡 → 交付, 交出
手續 → 次序, 程序	目的 → 主眼 등
相手方 → 對手人	差押 → 査封 등
第三者 → 他人	場合 → 時, 事, 處
打消 → 廢止 등	動員令 → 動兵令
讓渡 → 承讓 등	手形 → 票據
相場 → 行市	

또 번역어 자체는 문제가 없으나 바르게 사용되지 않는 것으로 '당사자當事者'와 '경제經濟'를 들었다. 펑원쭈는 경제가 중국 고전어이고 새로운 번역어로서 수용할 수 있으나 량치차오 등이 쓰는 '경제곤란經濟困難'이나 '불경제不經濟' '현재인재불경제現在人材不經濟' 등의 표현은 바른 용법이 아니므로 인정할 수 없다고 분개하였다.

이상에서 알 수 있듯이 신명사의 정당성을 좌우하는 근본적 원칙에 대한 펑원쭈의 생각은 단어의 구성 요소인 각 한자가 중국 전래의 의미·용법에 따라 사용되고 있는가였다. 바꾸어 말하면 한자 해석상의 의미 차이, 즉 같은 한자에 대한 중·일 두 언어 사용자의 이해 차이는 신명사의 수용에 장애를 가져온다는 점이다. 펑원쭈는 이 책에서 시종일관 '한자는 중국 고유의

6 예를 들면 '取消'의 '取ル(취하다)'와 '消ス(지우다)', '引渡'의 '引ク(끌다)'と'渡ス(건네다)' 등이다.

문자로 선조의 가르침을 잊고 근본도 모르는 일본 용법에 맹종하는 것은 아주 무례한 행위이며 나라를 망치는 일이다'라고 쓰고 있다.

하지만 앞에서 제시했던 단어 중 '取扱'과 '取立' 등 몇 개를 제외하고는 팽문조가 제안한 단어가 받아들여지지 않았고 일어 차용어는 중국에서 지금까지도 계속 쓰이고 있다. 이러한 사실은 한자에 대한 이해 차이가 반드시 일어 차용어의 존폐 결정에 절대적 요인이 되는 것은 아니라는 것을 뜻한다. 그러나 펑원쭈가 지적한 한자에 대한 이해 차이는 중국어에 일본제 한자어를 차용할 때 중요 요인으로 작용하는 이상, 일어 차용어 연구에서 항상 고려해야 할 문제일 것이다.

한편 신명사의 기준을 중국 고전에서 찾을 경우 일본제 한자어이면서 중국 전통의 용법을 간직한 번역어는 배척 대상에서 제외된다. 여기에 해당되는 단어 몇 개를 들어 보기로 한다. 예를 들면 '의무義務'에 대하여 팽문조는 '의미가 통하므로 받아들여도 좋다'라고 하였다. '의미가 통한다'는 것은 '의무'가 '의를 사양하지 않고 온 힘을 다해야 할 직무(義不得辭而応盡之職務)'라고 이해할 수 있기 때문이라는 것이다. 또한 '대가代價'에 대해서는 '그 가치 대신'이란 뜻이므로 '이 단어는 잘 만들어졌다. 받아들여야 한다(此名詞甚佳, 余以爲可取)'고 하였다. 그러면서도 '代'나 '代金' '~代' 등은 중국 용법과 다르므로 그대로 사용해서는 안 된다고 하였다.

그 밖에 〔35. 大律師〕 항목에서 중국 용어 '대율사大律師'가 잘못된 용어라 하고 '일본어 변호사辯護士란 용어는 잘 만들었다. 받아들여야 한다(余以爲日本弁護士之名甚佳, 非取之不可)'라고 쓰고 있다. 그 이유는 '법률의 스승이 아니라 당사자를 위하여 변호하는 사람'이기 때문이라는 것이었다. 또 〔39. 親屬〕도 의미가 바르지 않다는 점에서 일본어 '친족親族'으로 바꾸어야 한다고 주장하였다.

신명사에 대한 이와 같은 모순된 생각은 이 책 저자의 일관된 주장, 즉 단어를 구성하는 한자는 중국 전통의 의미 용법에 근거하여 올바르게 사용해야 한다는 생각에 비추어 보면 필연적인 귀결이라고 할 수 있다.[7]

펑원쭈의 말을 따르면 훈독어보다는 한자어, 특히 막부 말기 메이지 초기에 새로 만들어진 한자 번역어 중에서 중국인들에게 어원적으로 설명이 가능한 것은 받아들이기 쉽다는 것이 된다.[8]

그러나 펑원쭈가 이 책을 쓴 것은 1915년이다. 이때는 마침 혁명 세력과 복고 세력이 격렬하게 충돌한 시기이고 마침내 5·4 신문화운동이 일어난 시기이다. 일본 유학은 정치 경제 등 여러 가지 요인으로 감소하였으나 그때까지 일본에 유학한 사람들과 번역서 등을 통하여 소개된 신어와 번역어가 중국 사회 전반으로 침투하는 시기였다. 한편 용어의 혼란을 정비하려는 움직임도 점차 고조되었다. 펑원쭈가 강한 거부 반응을 보였던 단어에 대하여 일반인들이 이들을 어떻게 받아들였는지를 알아보기로 하자. 《맹인할마지신명사》(1915)와 같은 해에 출판된 《사원辭源》(正編)에는 펑원쭈가 문제 삼은 단어 65개 중 다음의 37개가 표제어로 나와 있다. 이 《사원》에는 37개 단어 중 5개는 중국 고전어에 있는 것이고 10개는 일어 차용이라고 명시하고 있다.

支那$_C$	取締	取消	哀啼每吞書	手續$_J$
積極的	消極的	具體的	抽象的	目的
宗旨$_C$	權利$_C$	權力$_C$	義務	相手方$_J$

7 그러나 펑원쭈는 솔직히 일본제 번역어를 환영한 것은 아니었다. 예를 들면 ‘目的’은 일본인이 만든 한자어이기 때문에 “私生兒”이고 ‘主眼’은 중국 고전에 있는 단어이므로 “嫡出子”이다. 적출자가 있는 이상 사생아를 인정할 필요가 주장하기도 하고 ‘義務’는 일본어에서 차용한 것으로 생각하여서는 안 되는데 그 이유는 중국 번역자가 원어의 의미에 기초해서 독자적으로 고안할 수 있기 때문이라는 식의 주장을 펼쳤다.

8 현실은 반드시 그렇지 않다는 점에 유의하였으면 한다. 즉 대부분의 분석 가능한 일본 고유어로 예를 들면 ‘手続’, ‘引渡’ 등이 결국 중국어에 정착한 것이다.

當事者　第三者　場合$_J$　打消$_J$　動員令

手形$_J$　切手$_J$　代價　讓渡　親屬

片務$_J$　雙務　債權人　債務人　要素

法人　經濟$_J$　衛生$_C$　相場$_J$　文凭

(각 단어 뒤에 표시한 C와 J는《사원》에서 각각 중국 고전어와 일본어라고 명시된 단어이다[9])

1931년에 발행된《사원》속편에서는 '인도引渡', '차압差押' 두 단어가 더 추가되었다. '취소取消, 적극적積極的, 추상적抽象的' 등은 어원이 표시되지 않았는데《사원》(초판)이 출판될 때에는 일반에 어느 정도 정착되었을 것으로 보아도 좋다. 요컨대 이들 신어를 사용하지 않고서는 이미 학술적 문제를 논할 수 없었기 때문이다. 세상 사람들이 신명사를 맹종하는 데 비판을 가했던 펑원쭈조차 자기 저서에서 다음 일본 유래 신명사를 다수 사용한 것은 무엇보다도 이 사실을 증명한다.

I　社會　主義　材料　缺点　否認　存在

承認　民法　債權　機關　美觀　條件

系統　世紀　憲法　認知　幹事　個人

人格　幻覺　心理　定義　議決　金額

記念物　事務所　(政治)舞臺　人權宣言　自治団體

9 《辭源》의 어원 표시를 다음과 같이 4가지로 분류하였다.

a. 중국 고전어: 手書 謂手写之書也 蘇軾詩…

b. 일본어 차용어: 手続 日本語 猶言程序謂辨事之規則次序也.

c. 영어 등의 번역어: 風琴 Accordion 楽器名.

d. 語源不記述語: 手牌 武器.

b는 일본 어원이라고 기록했는데 중국어로 완전히 정착하지 않은'一時語(일시적인 어)'가 많고 d는 출전이 명시되어 있지 않지만 그중에는 일본어가 상당수 있을 것이라고 충분히 생각할 수 있다.

II　接頭語　　接尾語　　不敬罪　　　税關　　　反對[10]

(II류 단어는 현대 중국어에서는 사용되지 않는다)

1.2 위유쑨 등의 연구

5·4운동(1919) 전후 중국에서는 서양 문명을 받아들여야 한다는 필요성에서 번역어와 학술용어에 대한 관심이 한층 높아졌고 이에 따라 교육부 산하에 학술용어를 선정하는 위원회가 설치되어 이들을 선정, 통일하는 작업이 이루어졌다.[11] 이때에 일본어 차용 문제도 물론 논란의 대상이 되었다. 이 시기의 일본어 차용에 대해서는 후이루胡以魯(1915)와 위유쑨余又蓀(1935)의 연구가 소개되었다.[12] 후이루는 번역어를 만드는 방법과 일어 차용어에 대한 태도라는 관점에서 문제를 제기했고 위유쑨은 일본 인문과학 용어 및 번역어 성립과 중국어로의 유입 문제를 중심으로 논하였다. 여기서는 위유쑨(1935)에 대하여 좀더 자세히 살펴보기로 한다.

위유쑨은 1934년 〈칸트 철학의 일본어 역저日文之康德哲學譯著〉(《國聞週報》 11卷 4期)와 〈니시 아마네와 사상西周之生涯与思想〉(同 11卷 7期)를 발표하여 니시 아마네西周가 고안한 번역어에 관심을 나타냈다.[13] 그리고 1년 후 위유쑨은 니시 아마네의 번역어를 고증 정리하여 〈일본어어역 학술용어의 연혁日譯學術名詞沿革〉이라는 논문을 집필하였다. 이는 《문화와 교육 순간文化與敎育旬刊》 69, 70호에 연재된 장문의 논문으로, 니시 아마네가 만든 번역어를 중

10　이 책에서는 '반대한다'(反対する)의 의미가 아니라 '반대측'(反対側)이라는 의미로 사용되었다.

11　1909년 청 정부는 학부(學部) 산하에 '審定名詞館'을 설치하여 옌푸를 총산(総纂)으로 임명하여서 표준과학학술용어 선정을 담당하게 하였다. 1911년 후반까지 3만 어 정도를 선정하였는데 결국 정부가 공표하지 못하고 후에 *English-Chinese Dictionary*(官話)(1916)에 수록되었다.

12　譚汝謙(1977), 王與平(1987)을 참조.

13　위유쑨이 번역한 《康德與現代哲学》(上海商務印書館, 1935). 원서는 《カントと現代哲学》이다.

심으로 다음과 같은 212어가 분야별로 실려 있다(중복된 단어를 제외하면 206어. 자료편 참조).

중요한 번역어	26	哲學, 心理學, 倫理學 등
(이상은 니시 아마네가 만든 번역어로 나와 있다)		
甲 學科名詞	33	社會學 經濟學 美妙學 등
乙 學術名詞	43	觀念 意識 被動 直覺 宇觀 등
丙 論理學用語	110	肯定 否定 屬性 眞理 主位 등

위유쑨이 중요 번역어로 꼽은 것은 다음 26단어이다.

哲學　心理學　倫理學　美學　言語學　社會學　認識論　絶對　先天
後天　主觀　客觀　形而上學　世界觀　人生觀　経濟學　人格　範疇
功利主義　聯想　主義　表象　感官　進化論　論理學　權利

위유쑨은 이들 단어를 대상으로 고안자와 사용 시기, 번역어로서의 성립 과정에 대해서 상세히 고찰하였다. 예를 들면 '철학'에 대하여 니시 아마네가 '철학'을 처음 사용한 것은 이노우에 테쓰지로井上哲次郎가 말한 1874년(《백일신론百一新論》에서)이 아니고 1873년의 《생성발온生性發蘊》이라고 지적하였다.[14]

갑, 을, 병의 단어는 리스트 형태로 되어 있고 특별한 고증은 없으나 1935

14　飛田良文(1980)에 의하면 '哲学'이 처음 나오는 자료는《百学連環》(1870년) 二編上二으로 다음과 같은 사용례가 있다고 한다. '철학[philosophy]을 이학, 또는 궁리학이라고 명명한다(哲学[ヒロソヒー]を理学, 或は窮理学と名つけ称する').

한편 齋藤毅(1977)와 鈴木修次(1981)는 '哲学'이 처음 등장한 것이 1870년 2월 15일자의《復某氏書》이라고 보고 있다.《白学連環》이 발견된 것은 1932년으로 余又蓀은 필시 이것을 보지 않았을 것으로 생각된다.

년 시점에서 표준 중국어 번역어와 차이가 있는 것으로 지적되었다.

위유쑨이 문제로 삼은 번역어는 자신의 전공 분야이기도 한 철학용어에 집중되어 있으며 또한 그 논문 제목에도 나타나 있듯이 연구의 착안점은 번역어의 연혁이시 그가 제시한 단어 모두가 중국어에 들어와서 정착한 것이 아니라는 점에 유의해야 한다.

한편 1930년대에 중국어로 역유입된 일본어가 있다는 사실을 간파한 일본인 학자도 있었다.[15] 《계간 외래어연구季刊外來語硏究》(1934-1938)에는 다음과 같은 논문이 실려 있다.

〈'演說'の語源〉(연설의 어원) 모리 마사토시 제2권 제1집

〈支那語に入った日本語〉(중국어에 들어온 일본어) 모리 마사토시 제2권 제3·4집

〈支那辭典に出た日本語と日本字〉(중국사전에 나온 일본어와 일본 문자) 모리 마사토시 제3권 제1집

〈上海外來語見聞間〉(상하이 외래어 견문) 아라카와 소베 제2권 제3·4집

모리 마사토시森正俊의 논고는 일본의 '어느 한학 대가'가 방송 강연에서 한 말에 자극받은 것으로, 중국 사전 《사원辭源》에서 일본어 유래라고 나와 있는 단어와 한자를 모아 설명한 것이다. 이 밖에도 《계간 외래어연구》 제3권 제1집, 제2집에는 히라오카 토모카즈平岡伴一의 '工作이라는 유행어'와 '工作이란 단어에 대한 추가적 사항'이 게재되어 있다. 히라오카 토모카즈

15 문명 흐름의 방향을 생각하면 충분히 예측이 가능한 일이라고 할 수 있다. 《盲人瞎馬之新名詞》에 서문을 쓴 張步先이 大隈重信의 '유신 이전 한문은 일본에서 실시되고 유신 이후 일본어는 중국에서 행해진다(維新以前, 漢文は日本に行はれ, 維新より後は日本語は中国に行はれる)'라는 발언에 분개를 느낀 것과는 대조적으로 당시 일본인은 일본어의 역유입을 국위가 선양되는 것이라고 생각했던 것 같다.

의 결론은 중국의 유행어 '공작工作'이 일본어에도 들어와 있다는 것이었다. 또한 히라오카 토모카즈는 다음과 같은 사실도 지적하였다.[16]

> 현대 일본어에서 중국어로 유입된 단어가 상당히 많다는 것은 너무나도 잘 알려진 일이다. 그러나 반면에 중국어에서 일본어에 영향을 준 것도 있다는 사실을 그 수가 적다 해도 간과해서는 안 된다

전체적으로 이 시기의 일어 차용어에 대한 연구는 개별적이면서 문명 비평적 경향이 있었고 연구자 자신도 일본어 어휘가 중국으로 유입되는 시기에 살았으므로 역유입된 일어 어휘의 전모와 영향을 파악할 수 없었을 것이다. 이는 그 당시 형편으로 보아 어쩔 수 없는 일이었을 것이다.

1930년대 후반 중국과 일본이 전쟁 상태에 돌입하자 이 방면의 연구는 단절되게 되었다.

2. 1950년대 이후의 연구

일본어 어휘의 차용 문제는 중화인민공화국 건국 후 1956년부터 시작된 중국의 문자 개혁 및 언어 규범화 운동 중에[17] 다시 거론되었다. 《중국어문中國語文》 제2호(1958년)에 발표된 왕리다王立達의 논문(1958a)'현대 중국어 속의 일어 유래 어휘'가 그 발단이었다. 이와 거의 같은 시기에 가오밍카이·류정탄은《현대 중국어 외래어 연구現代漢語外來詞硏究》를 문자개혁 출판사에

16 平岡伴一은 이 논문에서 '打倒', '便衣隊', '合作'이 중국어에서 일본어로 들어온 단어라고 보았다.

17 문자개혁 운동은 1956년 1월부터 한자의 간략화, 공통어의 보급, 중국어 로마자 표음방식 제정과 실시가 중심 임무로서 전개된 국어 개량운동이다.

서 출판하였다. 이 책은 중국어에 들어온 외래어를 처음 연구한 전문서적으로 '일어 유래 현대 중국 외래어日語來源的現代漢語外來詞'라는 한 절이 수록되어 있다. 이를 계기로 잡지《중국어문中國語文》에서는 잇달은 논란이 벌어졌다.[18] 사람들은 일어 차용어에 대한 연구가 심화되는 것을 기대하였으나 '반우파투쟁反右派鬪爭' 등 정치적 이유로 외래어 연구가 금기시되자《5·4 이후 중국 문장어의 변화와 발전五四以來漢語書面語言的變遷和發展》(베이징 사범학원편, 商務印書館, 1959년 12월)을 끝으로 이들 연구는 휴면 상태에 들어가게 되었고 그 후 연구가 재개되기까지는 20여 년이란 세월을 필요로 하였다.

1977년 이후 개방 개혁 속에서 일본어 학습 붐이 일어나 일본어 교육 관점에서 중·일 한자 동형어에 대한 대조 연구가 이루어지게 되었으나 언어 접촉 관점에서 본 통시적 연구는 찾아볼 수 없었다.

이와 같이 중국 학계의 근대 중·일 어휘 교류사에 대한 새로운 연구는 전무에 가깝다. 중국어 관련 전문서는 이 문제를 다루지 않았거나 1950년대 연구에서 이미 밝혀진 내용을 소개하는 데 그쳤다. 이는 두말할 것 없이 중국의 근대 어휘 연구가 불모지 상태인 것과 관련이 있다.

이와 같은 상황 속에서 특기할 만한 것은 1984년 12월 출판된《중국어 외래어 사전漢語外來詞詞典》(劉正埮, 高名凱, 麥永乾, 史有爲 編, 上海辭書出版社)이다. 이 중국 최초의 외래어 사전은 1958년 출간된《현대 중국어 외래어 연구》(가오밍카이·류정탄 편)에 수록된 외래어를 바탕으로 확대된 것이다. 이 사전에는 일어 차용어가 892어나 수록되어 있고 그 수는 지금까지 나온 사전 중 가장 많다(자료편 참조).[19]

---

18 《中國語文》에 발표된 관련 논문은 다음과 같다. '談現代漢語中的日語詞彙'(鄭奠 1958년 제2호), '評《現代漢語外來詞研究》'(邵榮芬 1958년 제7호), '現代漢語能有這麼多日語借詞嗎'(張応德 1958년 제 6호), '從構詞法上弁別不了日語借詞'(王立達 1958년 9호)

19 《漢語外来詞詞典》에는 '姆克': 源 英 Mook[일본제 영어 'magazine+book']라고 되어 있지만 이 책에서는 일본어 차용어로 보지 않는다.

또 중국 밖에서 이루어진 연구로는 사네토 케이슈實藤惠秀와 홍콩 중문대학 탄루첸譚汝謙의 연구가 있다. 이들은 중국어학 입장에서 일어 차용어 문제를 바라본 것으로 주목되는 연구이다.

한편 일본 국어학계에서는 근세, 근대의 신조 한자어와 번역어에 대한 연구가 독자적으로 이어지고 있다.

다음에서는 왕리다, 가오밍카이 · 류정탄, 베이징 사범학원, 사네토 케이슈 등의 연구를 소개, 고찰하고 끝으로 일본 국어학자들의 연구에 대해서도 잠시 살펴보기로 한다.

2.1 왕리다의 논문

왕리다(1958a)는 일어 차용어를 다음과 같이 여덟 종류로 나누어 예시하였다(이들 어휘는 모두 자료편에 실었다).

(1) 음역어	瓦斯, 加答兒 등	10단어
(2) 일본 훈독어[20]	入口, 手續, 借方, 但書 등	24단어
(3) 일본 근대 이후의 신어		
a 반대어	絶對-相對 樂觀-悲觀 등	98단어
b 일반용어와 학술용어	石油, 支配 등	234단어
c 학과명	哲學, 心理學 등	24단어
d 접미사가 붙은 단어	一元化, 日本式 등	149단어
	(접사 성분은 21항목이다. 다음 페이지 참조)	
(4) 중국어에 들어온 후 의미 변화가 생긴 단어		
	勞働者, 弁護士, 物語 등	3단어

(5) 중국 고전어였던 것이 일본에서 새로운 의미가 부여된 후에 중국으로 역

20 王立達에 따르면 '入口', '手続' 등의 19단어는 (서양의 개념과 관계없이) 일본인이 만들어낸 단어이고 '借方', '但書'의 5단어는 일본인이 고안한 의역어이다.

유입된 단어

	革命, 經濟 등	6단어
(6) 일본 국자國字	腺, 膣 등	12어
(7) 일본어를 번역할 때 사용하는 단어		
	基于, 對于 등	7단어
(8) 폐어가 된 것	勞農政府, 勞働組合 등	2단어
(9) 협화어協和語[21]	町, 番地, 滿員 등	10단어

이들은 접사 요소 21항목을 포함하여 총 589단어이다.

왕리다(1958a)는 일어 차용어를 제시하고 분류하는 것으로 끝났을 뿐 이들을 심층 분석하지는 않았다. 왕리다의 분류에는 중·일 양 언어의 접촉으로 발생된 접촉 전의 문제와 접촉 후의 문제라는 두 가지의 문제가 혼재되어 있음을 인식할 필요가 있다. 즉 왕리다(1958a)의 (1)(2)(3)(5)(6)(9)는 전자의 문제, (4)와 (8)은 후자에 속한다. 그리고 (7)은 접촉 후에 발생한 것이나 분명히 어휘 수준의 문제는 아니다.[22]

위의 분류에서 알 수 있듯이 중·일 양국어가 접촉하기 전 문제란 각각의 언어가 접촉할 때까지 가졌던 성질이나 상태에 관한 것이며, 접촉 후 문제란 언어 접촉 결과 다른 언어 속에 융합된 외래 요소 자체에 일어나는 변화나 피접촉 언어에도 야기시킨 변화를 말한다. 이들 문제를 연구하려면 말할 것도 없이 접촉 전의 중·일 양 언어의 정적인 상태를 파악하는 것부터 시작해야 할 것이다. 여기에는 어원을 생각해야 한다는 큰 과제가 존재한다. 게다가 왕리다(1958a)에는 일어 차용어의 인정과 어원 고증에 적지 않은 문제

21 일본 점령하의 구만주(중국의 동북지방)에서는 지배강화, 치안유지를 위해 "協和会"가 조직되었다. 協和会 중국인 관리는 일본어를 섞어 가며 대화를 하였는데 자주 사용된 어휘가 '町', '番地', '案内', '出張', '滿員' 등이며 일반적으로 "協和語"라고 불리었다. 일본 패전 후 그 대부분이 폐어(廃語)가 되었다. "協和語"는 일반적 의미에서의 차용어와는 다르지만 전쟁 중에 중국에 들어온 "쇼와시대 시사어(昭和の時事語)"의 일부로서 고찰할 수 있다.

가 내포되어 있다. 특히 일어 차용어가 많은 (3)이 그러하다. 제1장에서도 언급했지만 이러한 문제는 다른 중국 연구자들에게도 나타나는 공통된 문제이다. 일부 단어에 대해서는 다음 장에서 고찰할 것이나 여기서는 우선 왕리다의 분류에 나타난 접촉 후의 문제에 대해서 두세 가지 지적해 두고자 한다.

가. 접사와 접사에 의한 조어

왕리다(1958a)의 (3)d에는 다음과 같이 일본 유래 접사가 제시되어 있고 이들 접사가 붙는 149개의 단어가 예시되어 있다.

~化, ~式, ~炎, ~力, ~性, ~的, ~界, ~型, ~感, ~点, ~觀, ~線
~論, ~率, ~問題, ~時代, ~社會, ~主義, ~階級

왕리다는 이 단어들 모두가 일본어에서 차용했거나 차용 접사로 만들어진 것'이라 하였다. 여기서 알 수 있듯이 왕리다의 목록에는 단어 단위의 차용과 조어법의 유입이라는 차원이 다른 문제가 혼동되어 있다. 이들 문제는 나누어서 고찰해야 할 것이다.

나. 단어의 의미 변화

(4)는 '원래 일본어 어휘이지만 중국어에 들어와 의미가 변한' 것인데 '勞

22 일본어를 번역할 때 만들어졌다고 생각되는 준기능어(準機能語)에 '関于', '対于', '由干' 등 7어를 들고 있다. 張応德(1958)는 이들 단어의 일본어 차용어설에 관하여 '対刊', '基于', '視為'(그 밖의 4어가 기존 중국어에 있다고 주장)는 번역할 때 만들어진 단어이므로 차용이라고 할 수 없다고 반론하였다. 王力(1958b)는 張応德의 지적을 수용하여 위의 7어를 차용어 목록에서 제외하는 데에 동의하였지만 이들 단어가 어원상 일본어와 직접적인 관계가 있다고도 주장했다. 이러한 준기능어의 발생은 영어 등의 서양 언어가 일본어를 통해 중국어에 미친 영향이라고 생각해야 할 것이다.

働者(노동자), 辯護士(변호사), 物語(이야기)' 등 세 단어가 그 예로 나와 있다. 외래 요소가 기존 어휘 체계에 들어올 때는 많든 적든 의미 용법에 변화가 일어나 원어와 달라지는 것이 보통이다. 개념적 의미나 내포적 의미, 문법적 의미, 환정적喚情的 의미 등 여러 요소를 생각할 때 의미 변화를 거치지 않은 외래어는 없다고 해도 좋을 것이다. 따라서 이들 연구에서는 변화의 유무가 아니라 변화 실태와 정도의 차이를 문제로 삼아야 했다. 원어와 차용어 사이에 발생하는 의미·용법의 차이에 대한 연구는 차용을 둘러싼 어휘 대조 비교 연구의 주요 과제로서 앞으로, 종합적인 시야를 가지고 각 단어를 깊이 연구할 필요가 있다.

다. 폐어가 된 것

(8)은 과거에 차용하기는 했지만 현재는 사용하지 않는 단어들로 '노동조합勞働組合'과 '노농정부勞農政府'가 그 예로 제시되어 있다. 이 밖에 왕리다는 지적하지 않았지만 위 목록 중 다음 단어들은 현대 중국어에서는 사용되지 않는 것들이다.

> 虎列剌(콜레라), 窒扶斯(티프스), 曹達(소다), 片艶〔의미불명〕, 膣(질), 粍(밀리미터), 糎(센티미터), 粁(킬로미터)

이 밖에도 일단 중국어에 들어왔으나 시간이 경과함에 따라 폐어가 된 것이 더 있다. 그러나 다른 언어에서 들어온 외래어와 비교하면 일어 차용어의 잔존율이 몇 배로 더 높다는 것은 이미 언급한 바 있다. 이들 단어를 포함하여 '노동조합勞働組合', '콜레라虎列剌'와 같은 단어의 도태와 갱신 원인에 대해서는 앞으로 관심을 가져야 할 것이다.[23]

---

23 다만 '勞農政府'는 중국 근대사의 사건을 나타내는 어휘이기 때문에 '勞働組合'이나 '虎列

전체적으로 볼 때 왕리다(1958a)의 관심은 철학 및 정치, 경제 분야에 치우쳐 있고 다른 분야 용어나 술어는 상당히 적어서 이들 분야의 어휘 차용에 관한 고찰이 금후의 과제로 남아 있다고 볼 수 있다.

2.2《현대 중국어 외래어 연구》와《중국어 외래어 사전》

왕리다가 논문을 발표한 시기를 전후해서 가오밍카이·류정탄은《현대 중국어 외래어 연구》를 출판하는데 이 책은 중국에서 외래어를 전면적으로 다룬 최초의 전문 서적이었다. 그들은 이 책을 낸 뒤 나중에《중국어 외래어 사전》으로 확대 발전시킬 계획을 가지고 연구를 계속하였다. 그러나 1965년 가오밍카이가 죽고 연이은 정치 투쟁으로 작업이 지체되어 1979년이 되서야《중국어 외래어 사전》초고가 완성되었고 책이 간행된 것은 1984년 12월이었다.

《현대 중국어 외래어 연구》에서《중국어 외래어 사전》이 발간되기까지는 26년이 걸렸다. 그러나 이들은 같은 연구자가 계속 연구한 것으로 볼 수 있으므로 두 연구를 함께 살펴보기로 한다.

《현대 중국어 외래어 연구》는 외래어 전반을 고찰 대상으로 하였다는 점에서 왕리다(1958a)의 연구와 그 성격을 달리한다. 예를 들면 이 책 제2장 '중국어 외래어에 대한 역사적 회고'에서는 중세 이후 중국어와 여러 외국어와의 접촉 사실을 다루고 있고, 제3장 '현대 중국어의 외래어'에서는 영국과 프랑스, 독일, 일본, 러시아, 이탈리아, 서독 및 중국 소수민족의 언어에서 들어온 외래어를 여덟 개 절로 나누어 설명하고 있다.

《현대 중국어 외래어 연구》에 수록된 외래어는 1,126단어인데 이 중에서 일본어에서 들어온 것은 459 단어로 전체의 3분의 1을 넘는다. 일본어에서

刺'가 신어로 대체된 것과는 달리 다소 역사적 어휘 성격을 띠고 있다고 본다. 따라서 '勞農政府'는 어휘론에서 문제로 삼는 대상이 되지 않는다고 할 수도 있다.

들어온 단어는 다음과 같이 세 종류로 나뉘어져 있다(원저 pp.82-98, 전체 어휘 항목은 자료편 참조).

(1) 순수 일본어에서 온 것
場合, 場面, 支配, 體驗, 取締, 取消 등 91단어
(2) 중국 고전어로서 일본인들이 의미를 갱신한 것
革命, 文學, 演說, 自由, 共和, 經濟 등 67단어
(3) 근대 신번역어
美術, 抽象, 客觀, 主觀, 哲學, 前提 등 301단어

(1)에 대하여 가오밍카이·류정탄은 '이들은 일본 고유어이며 서구 언어를 번역하기 위하여 만든 번역어가 아니다'라고 하였다. 그런데 이 항목에 훈독어訓讀語와 한자어 두 가지가 섞여 있어 소위 '순수 일본어'라고 한 것은 요컨대 근대 이전부터 있었던 단어를 의미하는 것이라 짐작된다. 그러나 이는 분명 일본 근대어사에 대한 지식 부족으로 인한 오인이다. (1)에 속하는 단어는 훈독어와 한자어를 불문하고 게타下駄처럼 일본 고유의 문물과 제도를 나타내는 단어를 제외하면 단어 형성 면이나 일반 사용, 적어도 새로운 의미 부여 등에는 어떤 형태로든 외국어와 관련이 있다는 것이 일본의 근대어 연구를 통하여 밝혀졌다. 예를 들면 《메이지시대어 사전》(동경당출판, 1986)에 의하면 (1) 항목에서 예로 든 '支配'(지배)와 '体驗'(체험), '取消'(취소) 등은 외래 개념의 자극을 받아 일반화된 것이며 번역어적 성격이 강하다. 그러한 의미에서 (1)에 분류된 단어는 (2), (3)의 부류와 공통점이 적지 않다.

또한 왕리(1958a)는 '俱樂部(클럽), 浪漫(낭만), 加答兒(점막염증), 虎列拉(콜레라), 窒扶斯(티프스), 丁幾(팅크)' 등 음역어를 특별히 문제시하지 않았

고 모두 영어에서 직접 유입된 외래어로 보았다(단 '瓦斯'〔가스〕는 어찌된 일인지 음역어로 분류하였다). 음역 형식 번역어를 모두 서양 언어에서 유래된 것으로 오인한 때문에 근대 일본들인이 과거 만요시대万葉時代처럼 한자음을 빌려 서양어를 음역하였고 그 번역어의 일부가 다시 중국어로 들어온 사실이 간과한 것이다. 《중국어 외래어 사전》(1984)에서는 이러한 문제점이 수정되었다.

이 책의 제1장에서 이미 언급하였듯이 일어 차용어의 특수성 중 하나는 '음전사音轉寫 현상의 부재'이다. 《현대 중국어 외래어 연구》는 다소 부정확했지만(예를 들면 음운 개조설 등) 제4장 '외래어의 규범화'에서 음전사 현상이 없는 일어 차용어는 한자의 음의 취음자(当て字)가 통일되지 않은 데서 일어나는 표기상 혼란이 없어서 규범화를 고려할 때 특별히 문제시할 필요가 없을 뿐 아니라 '서구어에서 온 음역 외래어가 일어 차용어로 교체되는 경향'조차 있다고 지적하였다(pp.184-85). 그리고 이러한 이유로 중국어는 의역어를 선호하고 또 의역어가 많은 일어 차용어가 조어법 면에서 중국어에 쉽게 융화되었기 때문이라고 하였다. 음상징音象徵 방법으로 다른 언어의 성분을 도입하는 데 제약이 있는 중국어의 경우 일본어에서 어휘를 차용하는 것은 새로운 어휘 항목을 늘리는 데 매우 편리하고 현실적인 방법이다.

《현대 중국어 외래어 연구》는 외래어를 학술 분야별로 분류하고 있다(제1장 §1.3 참조). 이는 일어 차용어의 분야별 분포를 나타낸 것으로 향후의 연구에 시사점을 주고 있다. 예를 들면 정치와 경제, 철학 분야는 비율이 높은데 지질이나 지리 분야는 전무하다. 정치, 경제, 철학 관계의 서적이 청일전쟁 이후 주로 일본책이 번역된 데 비하여 이미 외국 지리와 지리서 관련 책이 중국어로 번역되었고 중국 문인의 관련 저술이 많이 출판되어 전문용어가 어느 정도 정비된 점을 생각하면 그렇게 이상하지는 않다.

한편 1984년에 완성된 《중국어 외래어 사전》은 수록 단어 수가 《현대 중국어 외래어 연구》보다 대폭 늘어나 1만 단어가 넘었다. 그중에서 일어 차용어는 400개가 증가한 892 단어였다.[24]

《중국어 외래어 사전》의 머리말을 보면 일어 차용어는 수도 사전류나 선문 서적, 잡지, 신문에서 수집하였다고 한다. 또 일어 차용어의 인정 방침에 대하여 이의가 없거나 혹 이의가 있더라도 고증을 통하여 확인하기 쉬운 것 이외에는 싣지 않는다고 하였다. 이렇게 신중한 태도로 고증했기 때문에 가오밍카이·류정탄(1958)과 왕리다(1958a)의 리스트에 실렸던 많은 단어가 삭제되었다(자료편 참조).

《중국어 외래어 사전》의 특징 중 하나는 중국 고전어에 있는 단어로 일본에서 의미가 갱신된 뒤 다시 중국어에 유입된 단어에 대한 고찰이 보다 치밀해졌다는 점이다. 이러한 단어로는 왕리다(1958a) 연구에 16단어, 《현대 중국어 외래어 연구》에 67단어, 《5·4 이후 중국 문장어의 변화와 발전》에 87단어(이들 사이에는 중복된 것이 있다)가 있다. 《중국어 외래어 사전》에는 원래 중국 고전에 출전한다고 명시한 단어가 168개나 된다.

그러나 다른 연구와 마찬가지로 《중국어 외래어 사전》에서 어원 고증에 사용한 중국 문헌은 고대 중국에서 송대 문헌까지로, 명나라 말기(16세기 말) 이후 자료, 예를 들면 명말·청초 이후의 양학서(번역서와 저작)와 《복혜전서》 《청회전淸會典》 등 중국인의 저술, 아편전쟁 이후 출간된 외국 지리서류, 영중사전류, 경사동문관京師同文館, 강남제조국江南製造局 등에서 번역한 책은 포함되지 않았다. 명나라 말기부터 청일전쟁까지 300년간은 중국 근대 어휘 형성의 중요한 시기이다. 서양 문명을 받아들여야 했기에 어휘면에서 많은 신어가 만들어지는 등 확실한 준비가 이루어졌다. 이러한 사실을

---

24 《漢語外来詞詞典》은 타 언어에서 받아들인 외래어를 대폭 늘렸기 때문에 전체 어휘 수에 대한 일본어 차용어의 비율이 《現代漢語外来詞研究》보다 결과적으로 감소하게 되었다.

간과한《중국어 외래어 사전》의 일어 차용어 리스트에 여러 가지 문제점이 내포된 것은 오히려 당연한 결과이다.

그러나《중국어 외래어 사전》은 종전의 연구를 바탕으로 가장 어휘 수가 많은 일어 차용어 리스트를 제시하였다. 앞으로의 연구를 위한 토대를 마련하여 출발점을 제시하였다는 점에서 그 의미가 크다 하겠다.

2.3《5 · 4 이후 중국 문장어의 변화와 발전》

베이징 사범학원 중국어학부가 공동으로 집필한《5 · 4 이후 중국 문장어의 변화와 발전》(이하《5 · 4》로 약기한다)은 근대 중국어의 변화를 다룬 얼마 되지 않는 연구서 중의 하나이다.

이 책은 '5 · 4 이후 중국 문장어의 변천 대세五四以來漢語書面語言的變遷大勢', '5 · 4 이후 중국어 어휘의 발전五四以來漢語詞彙的發展', '5 · 4 이후 중국어 어법의 발전五四以來漢語語法的發展' 등 세 편으로 구성되어 있는데, 일어 차용어에 대해서는 제2편 제2장에 '일어 차용어의 흡수', '일어 차용어와 자국 신어의 병존 현상', 제3장에 '통어적 조어형의 생산성 향상', '일부 조어성분의 접사화 경향' 등과 같이 절을 설정하여 설명하였다.《5 · 4》에서는 종래 연구와는 달리 일어 차용어 현상을 중국어의 근대적 변화라는 과정 속에서 관찰하는 자세가 강하게 느껴진다. 예를 들면 일어 차용어를 중국어 어휘 근대화와 관련해서 자리매김하고 있는 점이 그 예이다(pp. 76-77).

> 중국에서 서양 근대 과학기술에 관한 서적을 번역하게 된 것은 마테오 리치 Matteo Ricci利瑪竇가 중국에 온 뒤였다. 당시 중국인 학자 서광계徐光啓 등은 아주 많은 노력을 하였다. 이러한 번역 과정에서 당연히 새로운 어휘가 만들어졌을 것이다. 단 그 수는 많지 않았다. 아편전쟁 후 중국은 국가를 강건하게 하기 위하여 외국 문화를 흡수하고 번역 사업을 더욱 활성화시켰다. 베이

> 징 동문관同文館(1862-1902)과 상하이 강남제조국江南製造局 부설 번역관翻譯館(1870-1907)은 번역을 하기 위한 기관이었다. 그 밖에 톈진 북양학당北洋學堂과 상하이 남양공학南洋公學, 해군아문海軍衙門, 총세무사總稅務司, 시무보時務報, 광학회廣學會, 묵해서관墨海書館 등에서도 번역을 하였다. 특히 강남제조국江南製造局 번역관翻譯館은 170종 이상의 번역서를 출판하였는데 그 내용은 군사, 공예, 물리 화학, 수학算學, 천문, 생리, 정치, 역사지리史地, 법률, 산업, 농업 등 광범위한 것이었다. 이러한 번역 과정에서 많은 '중국제' 신어가 만들어졌을 것이다. 그러나 이들 번역어는 비교적 이른 시기에 만들어진 것으로 그 질도 일률적이지 않았다. 일부 번역어는 합리성이 결여되었거나 혹은 확산 범위가 좁았던 탓으로 살아남지 못했다.
>
> 일본이 서양 과학을 번역하게 된 것은 중국이 동문관同文館을 설립한 것과 거의 같은 시기였다. 일본에서도 번역어는 대부분 한자어로 만들었기 때문에 이 시기 중 · 일 간에는 서로 영향을 주고받았을 것이다. 즉 일본이 중국에서 번역어를 차용하거나 그 반대로 중국이 일본에서 들여오는 방법을 취했을 것이다. 예를 들면 '권리權利'(동문관《만국공법万國公法》)와 '문법文法'(명나라 시대의 번역서《명리탐名理探》), '민주民主'(왕지王芝《해객일역海客日譯》1872), '철도鐵道'(장덕명張德明《항해술기航海述奇》1867) 등이 이 시기에 일본에 들어온 단어로 생각된다.
>
> 청일전쟁 이후 메이지 유신의 성과는 중국 학계에 커다란 영향을 미쳤고 일본에게 배우려는 분위기를 불러일으켰다. 많은 중국인이 일본으로 유학을 갔고 상당수의 서양 서적이 일본어로부터 중역되었다. 이 때문에 일본 번역어가 중국어에 다수 차용되게 되었다. 일어 차용어를 사용하는 것은 당시의 풍조였던 것이다

중국어 어휘의 근대적 발전 과정에서 일본 번역어의 차용은 가장 중요한 수단 중 하나였다.[25]

이와 같이 이 책에서는 중국 근대 어휘의 발전 단계에서 일어 차용이 중

요한 사건이었다는 인식하에 어휘론적 어원 설명뿐 아니라 나아가서 근대의 이문화 접촉으로 중국어에 받아들여진 표현 및 어휘 면의 변화를 중심으로 고찰하였다. 예를 들면 이 책 제2편에는 중국어 조어법에 대한 일어 차용어의 영향에 대하여 다음과 같이 쓰고 있다(pp. 105-115).

> 19세기 말 외국어를 번역하는 데 독자적으로 번역을 하거나 일본어에서 많은 신어를 차용하여 통어 구조면에서 〔주어 · 술어〕, 〔동사 · 목적어〕, 〔동사 · 보어〕, 〔보어 · 동사〕 등의 형태가 조어 형태로서 생산성을 지니게 되었다. 〔…〕 서구 언어를 번역하는 데 따른 영향으로 중국어의 일부 조어성분이 접사화되었다. 중국 고유의 단어이거나 어소語素인 '手, 師, 者, 員, 家, 非'는 서양어 접사의 번역에 사용되었는데 구체적인 번역 예의 상당 부분이 일본 번역어의 영향을 받았다. '主義(주의), 性(성), 化(화), 反(반), 超(초), 汎(범)' 등은 모두 일본어가 먼저 번역에 사용하였고 중국어가 나중에 이를 받아들여서 발전시킨 것이다.

일어 차용어를 고찰하는 것은 개별 단어의 차용 사실뿐만이 아니라 일본어 차용으로 중국어 어휘 체계 전체가 어떤 변화를 겪었는가라는 언어의 근대적 발전 시점에서 볼 때 큰 의미가 있다. 물론 지금까지 언어 접촉의 관점에서 본 연구가 전혀 없었던 것은 아니었다. 예를 들면 왕리(王力, 1944)의 연구가 대표적이다. 하지만 왕리의 연구는 근대 이후 중국어 조어와 표현 변동에 대하여 '구주歐洲 언어의 영향'이라는 항목에서 언급하면서도 일본어의 존재는 무시했다. 이 책은 처음으로 이와 같은 서양 언어의 영향이 일본어의 중개로 중국어에 영향을 끼쳤음을 밝혔다. 그러나 한편에서는(pp. 78-82) 일어 차용어의 특이성을 무시하는 다음과 같은 주장도 하였다.

25 이 단락의 논술은 정뎬(鄭奠, 1958)의 주된 주장과 같다. 정뎬이 공저자의 한 사람이던가 혹은 정뎬의 관점이 인용되었다고 본다.

> 일본에서 새로 만든 번역어는 사실 고전 한자어의 파생물로서, 조어법이 중국어와 같아서 진짜 외래어라고 할 수 있는 소수의 일본 고유어라 할지라도 한자로 표기된 이상 그 의미를 한자 표기로 추측하는 것이 가능하다. 따라서 이들은 중국제 신어와 동일시할 수 있기 때문에 따로 취급할 필요가 없다.

이렇게 관점이 통일되지 않은 이유가 공동 저자 사이에 의견이 일치하지 않은 때문인지 정치적 요인이 있었는지는 확실하지 않지만 이러한 견해가 일부 연구자의 지론이었던 것은 사실이다.[26]

끝으로 《5·4 이후 중국 문장어의 변화와 발전》에서 지적된 내용의 대부분은 실증되지 않은 것이라는 점을 언급해 둔다. 이러한 부분은 이 책의 결점이라기보다는 앞으로 남겨진 과제라 할 수 있다.

2.4 사네토 케이슈 등의 연구

중국어에 유입된 일본어에 대한 연구는 중국 대륙 밖에서 이루어지기도 했는데, 대만 및 홍콩 등 중국어권 지역과 어휘 교섭의 다른 한쪽인 일본의 연구가 주를 이루고 있다. 여기서는 일본 내의 연구를 약간 살펴보기로 한다. 일본의 연구는 대략 다음 두 가지로 나누어 설명할 수 있다. 하나는 중·일 문화교류사 전공자와 중국어 전공 학자들의 연구로서, 이들 연구는 근대 중일 양국 문화 면의 교섭과 그 교섭 결과로 인한 언어 면의 영향 등이 주요 연구 과제였다.

또 다른 하나는 일본어 학자의 일본 근세, 근대 어휘 연구였다. 이 연구 과정에서는 근세, 근대기의 한자어 발생 및 이들과 중국어와의 관련성, 한자에 의한 조어의 가능성과 한계 등이 밝혀졌다. 그리고 이 연구는 간접적으로 중국어의 일어 차용어 연구에 공헌하였다.

---

26 王力(1944, 1958), 潘允中(1986) 등을 참조.

전자의 대표적인 연구자로는 사네토 케이슈實藤惠秀와 스즈키 슈지鈴木修次 등이 있다. 일찍부터 중일 어휘 교섭에 대한 연구를 시작한 사네토 케이슈는 와세다대학 중국어과 교수이자 중·일 문화교류사 연구가로, 《중국인 일본 유학사》(1960)와 그 증보판(1970), 《근대중일교섭사화》(1973), 《중국인유학사담》(1981) 등을 썼고 이 연구들은 근대 중·일 문화 교류사 연구의 하나로 인정되고 있다. 사네토 케이슈(1970: 249)는 근대 중·일 간의 인적 교류의 영향에 대하여 다음과 같이 지적하였다.

> 1896년 이후 일본 유학 붐에 따라 대량의 일본 서적이 중국어로 번역, 소개되었다. 이는 1. 중국 인쇄기술의 발전과 2. 대량의 일본어 어휘 역유입이라는 두 가지 결과를 초래하였다

사네토 케이슈(1970)의 《중국인 일본 유학사》의 제7장 '중국어 문장 속에 녹아 든 일본어 어휘'는 다음과 같은 내용으로 구성되어 있다.

51 한자공용의 기초	52 중일 양국 어휘의 차이
53 일본 어휘가 중국어 문장에 들어옴	54 일본어 어휘의 주석
55 일본어 어휘의 차용	56 일본적 어휘에 대한 비난(1)
57 일본어 어휘 사전(1)	58 일본적 어휘에 대한 비난(2)
59 일본어 어휘 사전(2)	60 일본어가 중국어에 융화된 과정
61 '외국'에서 배운 어휘	62 일본에서 배운 어휘
63 중국인이 인정한 일본어 기원 중국어	64 중국문의 변화와 근대화에서의 공적

이상에서 알 수 있듯이 사네토 케이슈의 연구에서는 일본어의 유입 경로와 방법, 중국어로의 수용 가능성 및 중국어로의 융화 과정, 중국인의 일본어 어휘에 대한 반응 등이 다루어졌고 중국 내의 연구 성과도 자세히 소개

되었다.

그러나 사네토 케이슈의 연구 시점은 문화교류사, 특히 유학생사라는 광범위한 것이었기 때문에 문화사적인 면에서 일본어 어휘 수용의 필연성을 연구했다는 점에서 큰 가능성을 보였지만 개별 일어 차용어에 대하여는 언어학적 고찰이 이루어지지 않았다.

일본 국어학계에서는 일찍부터 근세와 근대 신한자어에 대한 연구가 시작되었다. 이들 연구로는 야마다 요시오山田孝雄와 모리오카 켄지森岡健二, 사토 키요지佐藤喜代治, 히로타 에이타로廣田榮太郎, 후루타 토사쿠古田東朔, 스기모토 쓰토무杉本つとむ 등 선학들의 많은 탁월한 연구를 들 수 있다. 이들 중 모리오카 켄지의《근대어의 성립—메이지 시대 어휘편》(1969)은 일본의 근세 근대 번역어 어휘에 끼친 영·중사전류의 영향을 처음으로 부각시켰다는 점에서 의미가 있을 것이다.

또한 최근에는 일본의 신한자어와 중국 문헌과의 관련성 연구가 점차 활발해지고 있다.《근세 어휘의 역사적 연구近世語彙の歴史的研究》(1980)와《근세 어휘 연구近世語彙の研究》(1983),《막부 말기 메이지 초기 어휘 연구幕末, 明治初期の語彙の研究》(1986)를 저술한 사토 토루佐藤亨는 중국 양학서 어휘에 대한 상세한 고찰은 물론 이들 어휘와 근세 및 근대 어휘와의 관련을 연구하였다.

〈근대 한자어 전파의 한 부분近代漢語の伝播の一面〉(1979)과〈근대 한자어 정착의 한 양상近代漢語の定着の一様相〉(1980),〈'간단'과 '명확'에 대하여「簡単」「明確」の周辺〉(1981),〈막부 말기 한자어의 의미幕末漢語の意味〉(1981) 등 여러 논문을 발표한 마쓰이 토시히코松井利彦는 한자어의 단어 형성과 한자 어기語基에 대한 당시의 일반인의 의식 및 고전 한자어에서 근대 한자어로 변화하고 전파된 사정 등을 의욕적으로 연구하였다. 이러한 연구는 앞으로 일어 차용어의 중국어 유입과 정착 문제를 연구하는 데 크게 참고가 될 것이다.

또《강좌 일본어 어휘 어지 I 講座日本語の語彙 語誌I》와 II, III(1983),《메이지·다이쇼 신어·속어사전明治大正新語俗語辭典》(1984),《메이지 시대어 사전明治のことば辭典》(1986) 등이 출판되어 각 단어의 역사적 연구도 착실한 성과를 내고 있다. 이렇게 볼 때 중국의 일어 차용어 연구는 일본 국어학계의 근세, 근대 한자어에 대한 탁월한 연구 성과를 흡수하면서 이루어져야 할 것으로 보인다.

2.5 앞으로의 연구

지금까지 선행 연구 전반에 대하여 살펴보았다. 원래 언어 접촉 연구에는 문화사적 동기와 언어적 동기가 있다. 즉 언어 접촉 배후에 있으면서 접촉을 초래한 역사적 요인과 그 현상에 접근하려는 사회인류학적 지향, 언어 접촉에 의하여 각각의 언어에 미치는 변이變異에 대하여 기술하려는 사회언어학적 지향이 그것이다. 이들 연구는 둘 다 언어학적 기초 연구에 바탕을 두고 있으므로 어느 쪽이 좋은지 말할 수 없다. 결국 문헌에 나타나는 문화 접촉의 구체적인 흔적과 언어 교류 사실을 확인하는 것이 중요하다. 지금까지의 일어 차용어 연구를 총괄해 보면 언어 차용이 시작된 시기의 자료 수집과 확인이라는 기초 단계에 있다고 볼 수 있다.

물론 자료 수집과 확인이 이 연구의 최종 목적이 아닌 것은 분명하다. 장기적인 목표가 따로 있기 때문이다. 우리들은 일어 차용에 관한 개별 사실을 확인하는 것뿐만 아니라 왜 일어를 차용할 수밖에 없었고 또한 왜 차용이 가능했는지, 그리고 일어 차용으로 중국어가 어떻게 변화되었는지 등에 대하여 더 근본적인 문제를 살펴보아야 한다. 서론에서 이미 밝혔듯이 언어학적 연구를 목표로 하는 이 책은 이하 각 장에서 이들 문제를 중심으로 고찰해 가고자 한다.

제3장 일본어와 중국어의 만남

—근대 전기 중국 지식인과 일본어

1. 들어가며

중국어에 일본 신한자어와 번역어가 역유입된 시기에 대하여 지금까지 연구에서는 그 시초를 19세기 말로 보았다. 즉 중국이 청일전쟁 패전 후 유학생을 일본에 파견하고(1896) 량치차오梁啓超가 무술변법 실패로 일본에 망명하여(1898) 도쿄에서 《청의보淸議報》를 창간(1898)한 이후가 역유입의 시발점이라는 것이었다.[1]

스즈키 슈지鈴木修次(1980)는 이와 같은 통설을 수정하여 역유입 시기를 달리 보았다. 그는《청의보》창간 전 량치차오의 스승이자 변법개혁의 기수였던 캉유웨이康有爲가 광서제光緖帝에게 바친 상소문(〈무술주고戊戌奏稿〉 1898)에 이미 상당수의 일본 한자어가 사용된 사실을 지적하고 종래의 통설을 수정하였으나 필자의 견해는 그 시기를 청일전쟁 이후로 보는 것에 변함이 없다.

1 彰文祖(1915)는 '遡我國新名詞之起源, 於甲午大創以後, 方漸湧于耳鼓'(우리 나라의 신명사 기원을 거슬러 올라가면 청일전쟁의 대패 후에 점차 신명사라는 말을 듣게 되었다)라고 하였다. 王立達(1957), 高名姐 · 劉正埮(1957), 王力(1958), 北京師範學院(1959) 등도 참조.

제2장에서 이미 말했듯이 정뎬(1957)은 근대 신어와 번역어 발생에서 중·일 두 언어의 상관성 및 관련성을 다음과 같이 언급하였다.

> 일본이 서양 과학을 번역하기 시작한 것은 중국이 동문관同文館을 설립한 것과 거의 같은 시기이다. 일본도 번역어는 대부분 한자를 사용하여 번역하였으므로 그 사이에(아편전쟁부터 청일전쟁 사이—필자 주) 서로 영향을 주고 받았을 것이다.[2]

그러나 그 반대, 즉 청일전쟁 이전부터 일본어가 어떠한 형태로든 중국어에 영향을 끼쳤을 것이라는 추측은 정뎬에 의하여 제기되었을 뿐 실증적인 연구는 아직 없는 것이 현실이다.

제3장에서는 메이지 유신 전후 일본을 방문한 중국인의 저술에 사용된 어휘 고찰을 통하여 근대 전기(1840-1895) 중국 지식인들이 어떻게 일본어와 접촉하였고 이러한 접촉으로 발생한 일본어 유입 가능성과 또 이러한 가능성이 무슨 이유로 청일전쟁 때까지 실현되지 않았는지에 대해서 생각해 보기로 한다. 연구 자료는 《소방호재여지총초小方壺齋輿地叢鈔》(청말 王錫祺 編, 上海著易堂 刊)와 《주향세계총서走向世界叢書》(鐘叔河, 岳麓書社), 그 밖에 당시 서양과 동양(일본)을 방문한 중국 지식인 외교관들이 기록한 간행물이다

중국 번역어가 한역 양학서와 영중사전류(영중사전에 대해서는 정뎬도 간과하였다. 제4장에서 자세히 설명할 것이다)를 통하여 일본의 근대 어휘 형성에 큰 영향을 주었다는 것은 일본 근세어와 근대어 연구를 통하여 밝혀졌다.[3] 어

2 송합적인 연구로서 森岡健二(1969), 佐藤亨(1986) 등이 있다. 沈國威(1988a, b)도 이 문제를 들고 있다.

3 《小方壺齋輿地叢鈔》는 청말의 王錫祺가 편집한 지리총서이다. 正編, 補編 각12질, 再補編은 6질이며, 명대 이후, 중국인, 외국인이 쓴 지리에 관한 저술(세계 각국과 중국)이 수록되어 있다. 上海著易堂 간행. 《走向世界叢書》(From East to West, Chinese Travellers before 1911)는 中國湖南劣岳麓書社에서 출판된 시리즈 도서이다. 명 · 청부터 1911년까지 서양 제국(메이지 유신 후의

휘 추출에는 주로 다음과 같은 자료가 사용되었다(간행 시기가 책이 쓰인 시기보다 많이 늦을 경우는 괄호 안에 쓰인 시기를 적었다).

나삼羅森	《일본일기日本日記》	1854
하여장何如璋	《사동술략병잡영使東述略幷雜詠》	1877
장사계張斯桂	《사동시록使東詩錄》	1877(간행 1893)
왕도王韜	《부상유기扶桑遊記》	1879
이소포李筱圃	《일본기유日本紀遊》	1880
부운용傅雲龍	《유력일본도경여기遊歷日本圖經餘記》	1887-89(부분간행 1893)
엽경이葉慶頤	《책오잡척策鰲雜摭》	1889
황경징黃慶澄	《동유일기東遊日記》	1894
황준헌黃遵憲	《일본잡사시日本雜事詩》	초판본 1879, 정본定本 1890(간행 1895)

종수허鐘叔河(1985)와 왕샤오추王曉秋(1987)의 근대 동서문화 교류사에 관한 일련의 논고는 문화 전파의 매체인 언어 교류 문제를 생각하는 데 많은 참고가 되었다. 중국과 일본은 장구한 문화 교류 역사 속에서 중국이 늘 주는 입장이었으나 이러한 문화 공여는 중국이 주체적으로 한 전파는 아니었다. 많은 일본인들이 생명의 위험을 무릅쓰고 중국에 가서 중국 문화를 배우려 했던 것에 비하여 실제로 일본을 방문한 중국 문화인은 그 수가 얼마 되지 않았다. 중국인들이 일본을 연구하거나 일본 문화를 받아들이는 것은 생각할 수 없는 일이었다.[4] 황준헌黃遵憲은《일본잡사시日本雜事詩》초판본 발

일본 포함)을 방문한 중국인의 기록이 수록되어 있다(100 종류 출판 예정. 일부는《小方壺齋輿地叢鈔》에서 초록). 1985년 1월까지 제1집 10책이 출판되었고 일기, 기행문 등 36종이 수록되어 있는 600만 자 이상의 대자료집이다. 이 장에서는 제3책에 수록된 일본 방문 일기, 견문록을 중심으로 고찰을 해 나가나, 근대 전기의 중국어 어휘가 어떻게 외국어의 영향을 받았는지를 밝히기 위해서는 다른 나라의 방문기와 비교, 대조할 필요도 있을 것이다.

4 鐘叔河〔1985)는 중국 지식인의 도일은 鑑眞和尙, 朱舜水 등 옛부터 있었으나 이들은 그대

문(1879)에서 다음과 같이 썼다.

《산해경山海經》에 이미 왜국에 대한 기술이 있다. 그러나 역대 역사서는 전 세계 풍토에 대하여 열에 하나도 정확한 것이 없다. 전문 서적으로는 《주해도편籌海圖編》(13권, 명나라의 호종헌胡宗憲이 왜구에 대비하기 위해 저술)이 있을 뿐 거기에 기술된 사쓰마薩摩에 대한 내용도 풍문으로 들은 내용에 지나지 않는다. 명나라 역사 《예문지藝文志》에 이언공李言恭의 《일본고日本考》 5권, 후계고侯繼高의 《일본풍토기日本風土記》 4권이 있으나 이들 서적은 세상에 알려지지 않았다. 나는 지인으로부터 풍토기風土記의 초본을 빌려 보았으나 지은이가 기록되어 있지 않아서 후계고侯繼高의 저작인지 아닌지 알 수가 없었다. 이 책은 아주 볼품이 없어서 읽을 만한 가치가 없다. 당나라 이후로 일본 승려가 귀국할 때 그를 보내며 쓴 시가 적지 않으나 일본 풍속을 읊은 시는 하나도 없었다. 일본에는 원래 자국의 역사서史書가 편찬되었으나 외국 유출이 엄격히 금지되어 중국에서 일본 역사를 기술하는 것은 어려웠다. 다만 주죽타朱竹坨(청나라 초기의 주이존朱彝尊)가 《아즈마카가미吾妻鏡》의 일부를 손에 넣었을 뿐으로 일본에 대한 것은 자세히 알 수 없었다. 중국 사대부는 일본에 오지 않았고 왔다고 해도 일본 책을 읽지 않았기 때문에 오류가 많은 것은 당연한 일이었다. 《송염집宋濂集》(명나라의 송염宋濂의 '송학사전집宋學士全集')에는 〈일동곡日東曲〉 10수가 있고 《소대총서昭代叢書》(강희중康熙中, 신안新安의 장조張潮 지음)에는 사기운沙起雲의 《일본잡영日本雜詠》 16종이 있다. 송염은 서문에서 자신이 '이것을 해동 승려에게 묻자 승려는 대답하지 못하였다'라는 기술을 보아도 일본에 대한 이해 정도를 알 수 있다. 사기운의 시는 겨우 나가사키長崎의 풍속을 읊은 것으로 문장도 수준이 너무 낮다. 무서당尤西堂의 《외국죽지사

로 일본에 영주하였기때문에 일본의 정보를 가지고 중국에 귀국한 사람은 적어서 교류라고 말할 수 없다고 기술하였다. 또 渡邊三男는 《遊歷日本圖經本文と索引》(1975)의 〈序〉에 한문화의 흡수에 '절대적인 노력을 경주해 온' 일본인과는 반대로 '중국인의 일본에 대한 연구는 일본인들만큼은 아니었다는 점에는 매우 일방적이었다고 말할 수 밖에 없다. 그중에서도 일본의 언어, 일본의 고유 문학에 대한 관심과 이해는 지극히 부족하였다고 해도 좋다'라고 지적하였다.

外國竹枝詞》에는 일본에 대한 것이 단지 두 수(성덕태자聖德太子와 도요토미 히데요시豊臣秀吉)뿐이다. 게다가 도요토미 히데요시에 대한 기술에서 말도 안 되는 오류를 범하였다. 일본과 중국은 바다 하나를 사이에 둔 가까운 나라이다. 중국에 관한 간행물이 일본에 산더미처럼 많은 데 비하면 중국에서 일본에 관한 것을 기록한 것이 단지 웃음거리에 지나지 않을 정도라는 것은 정말 탄식할 만한 일이다.[5]

이와 같이 예로부터 일본에 관한 정보는 극히 적었으며 풍문으로 들은 것뿐이었다. 지배 계층이나 대다수의 중국 사대부들에게 일본은 '해외의 삼선산三仙山'에 지나지 않았다. 《주향세계총서走向世界叢書》에는 다음과 같은 에피소드가 소개되어 있다.

건륭 황제 때 전국적인 사전私錢 단속을 하던 중 연해 지방에서 '관영통보寛永通宝'라는 동전 한 닢이 발견되어 큰 난리가 났다. 왜냐하면 중국은 '관영寛永'이라는 연호가 없었고 연호를 사용한 돈은 새로운 조정을 만들 때 이외에는 있을 수 없는 일이었기 때문이다. 조정에서는 반역을 꾀하는 자가 있다고 착각하고 각 지방의 고관들에게 철저하게 조사를 하게 하였다. 그러나 이것이 일본 동전이라는 것을 아는 고관은 하나도 없었다.

전체적으로 볼 때 중국 지식인들의 일본 어문학에 대한 인식 정도는 '일본인이 한문으로 쓴 문헌으로 힘들이지 않고 일본과 일본 문학 전반을 엿볼 수 있다는 용이함'(《유력일본도경본문과 색인遊歴日本圖經本文と索引》의 서문, 와타나베 미쓰오渡辺三男 1975)이 있음에도 불구하고 빈약했던 것으로 보인다. 일본에 대한 기록이 중국에 처음 나타나는 것은 송나라 나대경羅大経의 《학림옥어鶴林玉語》(1252년 성립)부터이다. 《학림옥어》〈병편丙編〉 권4 '일본국승

5 일본어 번역은 實藤惠秀, 豊田穰(1968)에 따른다. 괄호 안은 번역자 주이다. 또 《籌海圖編》의 저자는 實藤惠秀가 주를 단 胡宗憲이 아니고 鄭若曾이다. 武安隆 외(1989:75) 참조.

日本國僧'조에는 일본 승려에게 들었다는 일본어 단어 20개가 기록되어 있다. 명대 이후에는 왜구 대책으로 일본 연구서가 많이 출현하였다. 아편 전쟁 때까지 중국에서 일본어 어휘를 기록한 저서로는 다음과 같은 것들이 있다.[6]

《화이역어華夷譯語》의 '일본관역어日本館譯語'	566단어
설준薛俊의 《일본고략日本考略》의 '기어략寄語略'	350여 단어
정약증鄭若曾의 《주해도편籌海圖編》의 '기어잡류寄語雜類'	358단어
후계고侯繼高의 《일본풍토기日本風土記》	1,186단어
정순공鄭舜功의 《일본일감日本一鑑》 권5 '기어란寄語欄'	3,404단어
위의 책 권1-4 '궁하화해窮河話海'의 명사어휘	2,868단어
옹해촌翁海村의 《오처경보吾妻鏡補》의 '해외기담海外奇談 · 국어해國語解'	1,223단어

그러나 이들 책에 기록된 일본어는 천문이나 지리, 신체, 기물, 의복, 음식, 식물, 숫자 등 기본 생활용어와 간단한 인사, 응답 표현에 한정되어 있고 이와 같은 식의 일본어 기록은 19세기 말까지 계속되었다. 예를 들면 뒤에서 다루는 엽경이葉慶頤의 《책오잡척策鰲雜摭》에 나오는 《사물이명事物異名》, 부운용傅雲龍의 《유력일본도경遊歷日本圖經》에 나오는 '방언方言', 일본어 학습서로 편찬된 왕연王燕의 《동어간요東語簡要》(1884), 진천기陳千麒의 《동어입문東語入門》(1895) 등이 그것이다. 수록 어휘는 일본의 각종 고사전, 예를 들면 《절용집節用集》《왜명초倭名抄》 등에서 뽑은 것(와타나베 미쓰오渡辺三男, 기무라 아키라木村晟의 일련의 논고를 참조)과 일본인이나 일본인과 직접 접촉했던 중국의 상인, 어부로부터 수집한 것이었을 것이다. 이렇게 한정된 범위 내의 언어 접촉으로 일본어의 전체상을 파악하는 것은 불가능하다. 설령 어휘의 차용이 이루어졌다고 해도 그것은 일본 특유의 고유 개념을 나타내

는 단어에 한정되었을 것이다.

일본을 알지 못하였고 또 알려고도 하지 않았던 상황은 황준헌의 언급 이후에도 오래 계속되었다.[7]

그러나 이렇게 정체된 국면이 변화하는 시기가 도래하였다. 유럽 문명이 노도와 같이 밀려왔기 때문이다. 서학동점西學東漸과 이를 섭취하려는 근대화 과정 속에서 일본에 대한 중국의 문화적 우위는 서서히 없어지고 마침내는 역전되고 말았던 것이다. 청일전쟁을 분수령으로 하여 그때까지 20여 년 동안은 양에서 질로의 축적 단계였다. 종래와 다른 반대 방향으로의 어휘 이동은 이와 같은 문화 문명 및 중국의 국력 쇠퇴로 인하여 일어난 현상이었다.

2. 나삼羅森의 《일본일기》와 그 속에 기록된 어휘

서양 문명의 거센 파도는 세계 각국의 거리를 좁혀 놓았다. 중국인들도 바다 저편에 있는 수수께끼 같은 이웃 나라 일본에 대하여 눈을 돌리기 시작하였다.

1854년 한 중국인이 우연한 기회에 페리M. C. Perry 제독이 이끄는 흑선을 타고 일본을 방문하였다. 그리고 일본에서 보고 들은 것을 일기로 써서 《하이관진遐邇貫珍》이라는 중국어 잡지에 발표하였다.[8] 이 중국인은 바로 《일본

6 이들 문헌에서도 알 수 있듯이 명 시대에 왜구 대책으로 일본 연구가 어느 정도 왕성하였으나 청 시대에는 쇄국정책을 취하였기 때문에 일본 연구가 급속하게 감소하였다.

7 《日本雜事詩》 초판(1887) 8년 후에 출판된 《日本國志·自序》, 《日本國志》의 公刊에 적은 薛福成의 서문에도 같은 취지가 기술되어 있다. 더욱이 黃遵憲의 《日本國志》는 결국 청일전쟁까지 일반에게 공개되지 않았다. § 6참조.

8 《遐邇貫珍》(Chinese Serial)은 香港英華書院(Anglo Chinese College)에서 출판된 중국어 월간지이다. 1853년 홍콩에서 창간, 1856년에 폐간되었다. 《日本日記》는 1854년 11월부터 1855년

일기日本日記》의 저자 나삼羅森이다.

개국 직전 일본을 가장 가까이에서 본 나삼에 대해서는 별로 알려진 것이 없으나 《일본일기》 내용 및 페리 내항 관련 일본 측 기록 속에 나오는 단편적인 정보를 종합하면 대략 다음과 같이 추측할 수 있다.[9]

나삼의 자字는 향교向喬, 광둥성 출신으로 친구(페리 제독의 통역으로 동행한 선교사 윌리엄S. W. Williams, 중국명衛三畏廉士甫)의 권유로 페리 함대에 동행하여 1854년 1월부터 7월까지(도쿄만 입항은 1854년 2월 11일, 홍콩 귀착은 동년 8월 7일) 일본을 방문하였다. 나삼은 당시 남중국해 연안 지방(광둥성 일대)에서 포교와 상업에 종사하던 서양인과 교류가 빈번한 지식인으로 생각되며 《일본일기》 외에 《남경기사南京紀事》라는 소책자를 남겼다. 이 책은 일본에서 《만청기사滿淸紀事》라는 제목으로 번역되어 일반에 널리 읽혔다.

페리가 내항했을 때 일본은 아직 쇄국정책하에 있었고 외부 정보 유입이 엄격히 통제되던 시대라서 일본인들에게 나삼의 내방은 태평천국의 난으로 격동하던 중국 정보를 직접 얻고 여러 가지 풍문을 확인하는 절호의 기회로 여겨져서 환영받았다. 나삼은 일본 측 교섭 대표와 필담을 하거나 한가할 때는 일본 문인들과 한시를 주고받고 또 휘호를 쓰는 등 폭넓게 교제를 하여 나삼 붐을 일으켰다.

나삼은 반년이라는 짧은 기간 동안 요코하마와 하코다테, 시모다 등 각지를 돌며 '포르투갈인들이 사건을 일으켜 법으로 접촉이 금지된 이래 200여 년간 외국인을 본 적이 없다'고 하는 외부 세계와 완전히 격리된 일본을 살펴보았는데 이것이 그 당시 에도 시대의 상황이었음을 쉽게 상상할 수가 있

1월까지 3회에 걸쳐 연재 되었다.

9 이하 두 단락의 기술은 增田涉(1983), 鍾叔河(1985), 王曉秋(1987)를 참조하였다. 단 王曉秋가 단정적인 기술 방법인 것에 대하여 增田涉은 《日本日記》과 그 저자에 대해서 면밀한 고증을 하였으나 결론은 어디까지나 추론에 그치고 있다. 羅森은 羅向喬와 동일인물로 《日本日記》의 저자라는 명시적인 증거가 없었기 때문이다.

다. 나삼의 짧은 《일본일기》 속에는 '부인은 출산하면 이를 검게 물들인다' 에서부터 '이곳 차는 꽤 단맛이 난다'에 이르기까지 중일 양국의 풍속과 습관의 차이, 물산과 기구의 특징 등을 흥미 깊게 관찰한 내용이 자세히 기록되어 있다. 일기 속 용어에서는 일본 고유의 문물과 기구, 관제를 나타내는 어휘가 사용되었다. '오방大判—무로마치 시대 말기부터 에도 시대 말기까지 통용된 큰 금화, 은화' '고방小判—에도 시대에 만든 타원형의 얇은 금화' '참의參議—관직명' '부교奉行—직명' 등이 그것이다.

이 부분은 기본적으로 일본의 지명과 관직명을 기록한 중국 명대 이후 전근대 자료와 같은 수준인 것으로 생각해도 좋을 것이다.

그러나 《일본일기》에는 서양 박래품에 대한 기술도 있는데 그는 페리 제독이 조약 담판 성공을 축하하여 막부에 헌상한[10] 서양의 최신 문물에 대하여 다음과 같이 적고 있다.

> '火輪車, 浮浪艇, 電理機, 日影像, 耕農具' 등을 막부 장군에게 선물로 보냈다. 또 요코하마 교외에 원형 선로를 만들어 시험적으로 기차를 달리게 하였다. 기차 속도가 매우 빨라서 사람들은 모두 신기하다고 하였다.

이어서 나삼은 '電理機', '日影像', '耕農具' 등에 대해서 더 자세히 용도와 용법을 소개하였는데 여기에서 말하는 '火輪車'와 '浮浪艇', '電理機', '日影像', '耕農具'는 각각 기차 모형과 구명정, 전보기, 사진기, 농기구를 가리키는 말로 이러한 단어는 일본인들뿐 아니라 나삼 본인에게도 신기한 것이었음을 알 수 있다.[11]

---

10 羅森의 기술은 시간적으로는 반드시 정확한 것 같지는 않다. 헌상품의 증정은 통상교섭의 최종합의 전이었다.

11 서양인과 밀접하게 교제하였던 羅森은 여기까지가 일본에 대한 지식의 한계였다고 본다. 그러나 실물을 본 것이 이보다 더 빠르다고는 생각하지 않는다. 또 막부에 대한 헌상품의 한문 목록

나삼은 이들에 대하여 현대 중국어와 다른 이름을 사용하였는데 이러한 명칭이 《일본일기》에서만 국한된 것이었는지 아니면 당시 어느 정도 일반성을 갖는 이름이었는지는 알 수가 없다. 한문 증정목록에는 '소화륜차小火輪車, 뇌전전신기雷電傳信機, 동보명정銅保命艇'으로 기재되어 있다. 이들 박래품에 대한 이름이 통일되지 않았던 점으로 미루어 보면 이러한 명칭은 아직 유동적이었던 것으로 보인다.

그러면 일본인들은 이들을 어떻게 기록하였을까? 한문 증정목록의 일본어 번역에는 위의 세 단어에 다음과 같은 번역어가 사용되었다.

> 雛型蒸氣車(모형 증기차)
>
> エレトル, テレガラーフ 但, 雷電氣ニテ事を告ル器械(전신기. 단 뇌전기로 정보를 알리는 기계)
>
> 銅製之端船(동으로 만든 조그만 배)

중국 경유 신문물 및 개념의 번역 명칭은 중국어 영향을 피할 수 없었지만(이러한 경향은 한문 증정목록의 농기구와 식물 명칭의 일본어역에 현저하다), 이 세 단어는 나삼의 용어와 유사성이 없는 것이어서 일본의 독자적 명명으로 생각된다.

위의 단어는 실물을 본 뒤 이에 맞게 명명했을 가능성이 있다. 그러나 실제로 보지 않은 것을 기록할 때 대역對譯사전에서는 어떻게 표시하였을까? 이를 알아보기 위해서 메드허스트의 《영한자전英漢字典》(1847-48)과 로브샤이트의 《영화자전英華字典》(1866-69)을 조사해 보았다.

이 누구의 손을 거친 것인지는 불명이나 羅森의 《日本日記》의 명칭과는 다르다. 예를 들면 목록에는 '日影像'이 없고 '電理機'도 '電氣電信機'로 되어 있다. '電理機'에 대해 羅森은 '以銅線通於遠處 能以此之音信立刻傳達於彼其應如響'라고 설명하고 있다. 鐘叔河(1985)는 이것을 "최초의 전화기"로 보고 있으나 漢文贈呈目錄의 일본어역에 'エレトルテレガ ラーフ'로 되어 있는 점에서 전화기가 아닌 'electro tetegraph', 즉 '電報機'라고 본다.

표제어	《영한자전》	《영화자전》
train	미수록	미수록(단, train-road: 鐵車路)
lifeboat	미수록	救命艇
electro telegraph	미수록	雷報
camera	미수록	미수록(단, camera obscura: 照物箱)

나삼의 일기보다 빠른 시기에 발간된 《영한자전》은 물론이고 나삼의 방일 후 십 수 년 뒤에 출판된 《영화자전》에도 이들 단어에 대한 개념 설명이나 번역어가 아직 확립되지 않았음을 알 수 있다.[12]

그렇다면 일본 측 자료는 어떠하였는지 보기로 하자. 페리의 교섭 상대역이었고 나삼의 《일본일기》에도 등장하는 호리 다쓰노스케堀達之助는 페리 내항 8년 후에 《영화대역수진사전英和對譯袖珍辭典》(1862)을 편찬하였다. 이 사전에서 위의 표제어를 살펴보면 다음과 같다.

train	蒸氣車ノ引テユク車(증기차가 끌고 가는 차)
lifeboat	救ヒ船(구명선)
electric telegraph	미수록
telegraph	傳信機(전신기)
camera	미수록

또 이 《영화대역수진사전》보다 늦게 나온 헵번의 《화영어림집성和英語林集成》(1867 초판)과 시바타 쇼키치柴田昌吉 · 고야스 다카시子安峻의 《부음삽도영화자휘附音挿圖英和字彙》(1873 초판)에는 이들이 각각 다음과 같이 나와 있다.

12 발명만이 아니라 실용화하는 데 드는 시간과도 관계가 있을 것이다. 예를 들면 카메라가 현재의 형태로 보급된 것은 19세기 후기였다.

표제어	《화영어림집성》	《부음삽도영화자휘》
train	Dozei, giyo-retsu	列車(증기차의)
lifeboat	미수록	救船 タスケブ子(구조선)
electrictelegraph	미수록	미수록
telegraph	미수록*	電信機
cameraobscura	Nozoki	照物筐

(*단, 1872년 2판에는 telegraph, n, Denshinki가 실려 있다)

위에서 본 것처럼 서양의 신문물 및 신개념에 대응되는 번역어를 고안하고 정비하는 대사업이 19세기 중엽까지는 중국과 일본 모두 미완성 단계였다. 바꾸어 말하면 그 시점에서 고유 문물이나 제도를 나타내는 단어 이외에는 일본어가 중국에 유입될 가능성이 적었으며 이와 반대로 아편전쟁 전부터 중국 연해지방에서 활동하던 선교사들이 편찬한 영중사전들이 메이지 유신 이후까지 일본의 근대 번역어에 계속해서 영향을 끼쳤던 것이다.

이처럼 근대 전기의 어휘 이동 상황을 파악하는 것은 일어 차용어의 어원을 생각하는 데 대단히 중요하다. 예를 들어 '영상影像'에 대하여 살펴보면 《중국어 외래어 사전》에서는 다음과 같이 영상을 일본어에서 온 차용어로 보고 있다.

影像 yingxiang 影子；印象. 源日 影像 eizo【意譯英語 image; shadow】

그러나 《일본일기》에도 '일영상日影像'이라는 단어가 쓰였고 이 '일영상'은 '거울을 태양으로 향하게 해서 영상을 만든다. 연필로 그릴 필요가 없고 시간이 지나도 변질되지 않는다'라고 설명하였고 여기에서는 빛으로 영상을 만들어 내는 장치를 의미하였다. 이것이 나삼이 만든 단어인지는 앞으로 검토해야 겠으나 나삼의 조어가 아닌 것은 분명하다. 메드허스트의《영한자전英漢字典》에는 영상이 다음과 같이 여러 원어의 번역어로 나와 있다.

effgy	影像
portrait	影像
resemblance	影像

그리고 로브샤이트의《영화자전》에도 다음과 같이 수록된 것으로 보아 영상은 어느 정도 통용되었던 단어로 생각된다.

Effigy, the likeness of a person, 像. 影像

Image, ... to take an image, as a photographer, 影相

Image, to, 影像. 影相. 影出樣子

즉 일본의 새로운 번역어가 중국에 유입될 가능성을 생각하기 전에 이미 '영상'이라는 단어가 중국어에 존재하였고 번역어로서 사용되었던 것이다.

이상을 요약하면 19세기 중엽(막부 말)까지는 일본 특유의 문물 제도를 나타내는 단어 외에 중국이 필요에 의해 차용했을 가능성은 극히 적었다고 볼 수 있다. 당시 중국인들은 일본에 대하여 무관심했고 일본 특유의 문물이나 제도를 나타내는 단어조차도 실제로 차용되는 일은 없었다. 그 후 일본에 대한 정보가 서서히 중국에 전해졌고 메이지 유신 후 일본의 급속한 변화로 인해 일본에 관한 정보가 중국에 빨리 전해지게 되었다. 다음 절에서는 개국 후 일본을 관찰한 중국인이 기록한 일본어 어휘에 대하여 살펴보기로 한다.

3. 하여장何如璋의 일본 탐방 기록과 그 어휘

앞 절에서는 나삼과 그가 쓴《일본일기》에 대하여 살펴보았다. 여기서는 하여장何如璋의《사동술략병잡영使東述略幷雜詠》을 비롯하여 장사계張斯桂의《사동시록使東詩錄》과 왕도王韜의《부상유기扶桑遊記》, 이소포李筱圃의《일본유기日本紀遊》, 황경징黃慶澄의《동유일기東遊日記》등 중국 문화인의 일본 방문기와 그 어휘에 대하여 살펴보기로 한다.

유럽 문명의 도입에서 중국과 일본은 메이지 유신 무렵까지는 같은 출발선상에 서 있었다. 광저우廣州와 상하이上海 등 연해 지방 도시에서는 아편전쟁을 경험한 중국이 어쩌면 일본보다 훨씬 앞섰을지도 모른다. 이러한 사실은 한역 양학서와 영중사전류의 종류를 보아도 확실하다.[13] 그러나 메이지 유신 이후 일본은 서양을 열심히 배우고 또 정치 제도와 경제 시스템, 공업 생산 기술을 적극 도입하여 짧은 기간 동안에 커다란 성과를 거두었다. 이에 비하여 중국에서는 강남제조국 번역관江南製造局翻譯館 중심이 되어 '중학위체中學爲体 서양위용西學爲用'이란 생각하에 서양 실학實學의 소개와 번역이 부분적으로 이루어졌다. 그러나 중국은 서양의 정치 경제 등 인문과학을 중시하지 않았기 때문에 근대 국가로 변신하지 못하고 답보상태에 머물러 있었다.[14] 이와 같이 '지리적으로는 아시아에 속하면서 정치, 경제, 사회, 문화가 급속하게 서양화된 일본은 근대 중국이 서양 문명을 흡수하고 서양 제국을 아는 데 중요한 경로가 된 것이다'(鐘叔河 1985).

중국의 서양 문명 섭취 성과가 크면 클수록 중국에 대한 일본의 영향도 커져갔다. 지리적 역사적 원인으로 1890년대 이전 일본을 방문한 중국 지

13 중국과 일본의 근대화 행보에 대한 비교에 대해서 사네토 케이슈(1970) 제1장을 참조.

14 근대 전기에 강남제조국 번역관의 역술 활동과 중국 근대화와의 관련성에 대해서는 '淸末西學輸入及其歷史敎訓'(魯軍 1985)를 참조.

식인은 서양에 유학한 사람보다 훨씬 많았다. 1870년대에 들어와서는 중·일 간의 이해관계가 오키나와와 대만臺灣, 한반도에서 충돌하면서 일본의 존재가 중국에 부각됨에 따라 중일 양국 간의 공식적인 교섭이 많아지게 되었다. 마침내 1871년 9월(메이지 4년)에 중일수호조약이 체결되었고 1875년 11월 일본 특명전권공사 모리 아리노리森有礼가 중국에 부임하였으며 1877년 11월에는 하여장이 초대 주일공사로서 부임하게 되었다.

나삼보다 23년 늦게 일본 땅을 밟은 하여장이 본 것은 나삼이 본 모습과는 달랐다. 하여장은 베이징 출발부터 일본 도착 후 한 달 남짓 동안 다음에 소개하는 글을 쓰게 되는데 이것이 《사동술략병잡영》(1977)이다.

> 지나 온 바다와 육지에서 보고 들은 정치와 풍토, 풍속 등 〔…〕 알게 된 내용을 대략 날짜에 따라 기록하고, 때로 느끼는 바가 있으면 이를 시로 읊고 〔…〕

이 책은 14,000여 자의 '술략述略'부와 한시(七言絶句) 67편이 실린 '잡영雜詠'부, 또 이들에 대한 간단한 주석으로 구성되어 있다.

하여장의 부사副使인 장사계도 《사동시록》을 저술하였다. 이 책은 《소방호재여지총초小方壺齋輿地叢鈔》의 편저자 왕석기王錫祺가 간행하였는데 한시 40편이 수록되어 있다.[15]

《사동술략》에 다음과 같은 기록이 있으며 이를 보면 하여장은 일본에 관한 서적을 접한 적이 있는 것 같다.

> 성은 라이(賴), 자字는 자성子成, 이름을 노보루(襄)라는 사람이 있었다. 그의 저서 《일본정기日本政記》, 《일본외사日本外史》 및 《신책新策》 등을 읽어 보았는데 내용이 웅대하고 견식은 넓었다.

15 이미 張斯桂의 사후에 공간(公刊)되었다. 어휘 차용과 유포에 대하여는 공간 시기도 고려해야 한다. § 6참조.

그러나 이때는 이미 라이 산요賴山陽가 죽은 지 60년이나 지났고 막부 말기 메이지 유신을 거친 일본에 커다란 변화가 일어난 것도 당연하였을 것이다. 하여장이 메이지 유신 후의 일본에 대해서 어떤 예비지식을 가지고 있었는지는 매우 의문이다. 그 이유는 《사동술략》의 내용에서 잘 알 수 있다. 그는 다음과 같이 일본 지리에 대하여 설명하며 중국 문헌에 보이는 종래의 '일본삼도日本三島'설을 수정하였다.[16]

> 일본의 국토는 4개의 섬으로 되어 있다. 서쪽에 큰 섬이 한 개, 서남에 큰 섬이 한 개, 중앙에 큰 섬이 한 개, 또 동북에 큰 섬이 한 개…

그러나 이는 '바다와 육지를 지난 곳'을 관찰한(하여장은 군함 해안호를 타고 상하이 우쑹커우吳淞口를 출발하여 도중에 나가사키와 나루토해협, 세토나이카이를 거쳐 고베와 오사카, 요코하마로 해서 도쿄로 들어갔다) 결과이거나 '고려에서 배를 타고 온 사람에게 들었다'라는 기록이 있는 것으로 보아 그가 주일 사절단의 최고 책임자로서 도일 전에는 일본 지리를 잘 이해하지 못했음을 알 수 있다.

그러나 예비지식의 유무에 관계없이 하여장은 일본 사회를 접하고 전통적 생활양식은 물론 '메이지 이후 각종 개혁이 이루어졌다', '요즘은 일본이 서구 풍속에 맞추어 위로는 관청, 아래로는 학교에 이르기까지 모든 제도와 기물器物, 언어, 문자 등에서 서양을 따라한다'라고 썼듯이, 특히 메이지 유신 후 일본 사회의 변화를 통하여 동서양의 차이를 민감하게 감지하였고, 이를 생생하게 기록하였다. '잡영'부에는 철도와 기차, 전보, 우편, 제지 등을 읊은 시도 있다.

그렇다면 하여장 일행이 보았던 일본의 여러 모습은 용어 면에 어떻게 반

16 鐘叔河(1985)에 의하면 명의 저술부터 청의 魏源의 《海國圖誌》, 徐繼畬의 《瀛環志略》까지 '日本三島'설이 반복되었다.

영되었을까? 주일 공사 하여장의《사동술략병잡영》과 부사 장사계의《사동시록》에서는 다음과 같은 단어를 추출할 수 있다(이하, 아래에 L이 붙은 단어는 류정탄이 편찬한《중국어 외래어 사전》(1984)에서 일어 차용어로 표시된 것이다. 그 밖에 다른 연구자가 일어 차용어로 인정한 것도 있으나 여기에서는 문제 삼지 않기로 한다).

① 大政院 大審院 元老院 外務省 大藏省 內務省 司法省…
理事$_{L}$ 裁判所 議員$_{L}$ 警視廳 常備兵$_{L}$ 師範 電氣
電信 鐵道 經費$_{L}$ 郵便 公園$_{L}$ 少佐 陸軍士官學校
師範學校 幼稚園 淡巴菰

② 出張所 隨員$_{L}$ 使者$_{L}$ 市場$_{L}$ 意匠$_{L}$ 神社 神宮

③ 瀨戶(瀨戶譯語海峽)
(다음은 장사계《사동시록》의 시 제목과 제목 주에 있는 단어이다)

釣道具(釣魚鉤鋪子 猶喬釣魚一道之器也)

八百屋(疏菜店 未詳何義)

御料理(御者 大也 料理 猶言善治庖也)

仙臺味噌(仙臺 地名 味噌者 醬鹽菜等類也)

荒物(荒物 草器也)

玉子場(玉子 鷄卵也 場 買處也)

古帳寅(古帳 破碎舊紙 用作還魂紙 其整張者分与各鋪包什物)

御入齒(配牙齒 亦西法也)

髮鋏處(鋏剪也 剪髮之匠也)

吾妻橋(吾妻 地名)

仕立處(成衣鋪也)

大安責(減価賤費 謂買者可安于心也)

小問物(細碎小物件也)

大問歷(大鋪子 不肯零星折賣他)

위에 든 단어들은 세 부류로 나누어 생각할 수 있다.

①은 서양에서 들어온 신문물과 개념 제도를 나타내는 단어로서 메이지 유신 이후에 만들어진 것으로 볼 수 있다. 이들의 특징은 문자열의 의미 투명도가 높다는 점이다. 즉 한자에 소양이 있는 사람이라면 누구나 의미를 유추할 수 있다는 점이다. 물론 이 의미의 투명도는 중국적 용자법을 따른 것으로 한자의 원래 의미에 맞게 신어와 역어를 만드는 방법(중국 고전어의 전용도 있으나)은 막부 말기 메이지기 일본 신한자어의 구조적 특색이기도 하였다.[17] 그러나 투명도가 모두 똑같이 높은 것은 아니었다. 예를 들면 '郵便, 出張所, 淡巴菰' 등은 반쯤 투명하거나 아주 불투명한 단어이다(이에 대해서는 뒤에 다시 기술하기로 한다).

②는 반드시 서양 문명을 배경으로 만들어진 것이 아니라는 점에서 ①과 구별되며 ③과 같은 것으로 볼 수 있으나 의미 투명도 면에서는 오히려 ①에 가깝다. 바꾸어 말하면 이들은 단어의 구성 면에서는 중국어와 비슷한 것이 실제로 《중국어 외래어 사전》에서 일어 차용어라고 한 '수원隨員'이나 '사자使者'는 영중사전들에 용례가 있으므로 어원 판정에 신중함이 요구된다. 또 ②에는 일본 특유의 풍속과 관습 및 문물제도 등 재래 개념을 나타내는 단어가 있는데 이들 중에는 '신사神社'처럼 이민족과의 접촉에 의해서 필연적으로 서로 차용하게 되는 등가번역이 불가능한 단어도 적지 않다.

③은 투명도가 낮은 단어로서 일상생활에 밀착된 어휘가 중심이 되어 있다. 이들은 일본식 용자법으로 훈訓을 사용하여 만들었고 또 일본 특유의 의미변화를 거친 것들이다. 이들 단어는 본래의 한자 지식으로는 정확하게 의미를 추측하는 것이 어렵다(~橋, ~物, ~屋과 같이 유별類別을 표시하는 요소가

17 단어 의미의 투명도는 통어적 방식보다 글자 구성의 파격에 더 좌우되는 것 같다. 張斯桂는 '古帳賣', '髮鋏處'와 같은 중국어의 통어적 방식에 반하는 것에 별다른 반응을 보이지 않았다(이해 가능과 조출 가능에 대해서는 제1장 참조).

있을 때는 막연하나마 개념 형성이 가능하다). 이들 단어는 모두 장사계가 수집한 것으로 얼핏 보고도 알 수 있듯이 대부분은 길거리 간판에서 볼 수 있는 것들이다. 장사계는 일본에 오자마자 거리에서 본 간판의 문구를 그대로 시로 읊었을 것이다. 장사계는 직접 인용의 형태를 취하면서 주석적 표현으로 의미를 전달하려 하였다(주석의 역할에 대해서는 다음 절에서 자세히 설명하기로 한다). ③은 의미 해석면에서 ② ③과 다르므로 상세한 것은 다음 절에서 엽경이葉慶頤의 용어와 함께 설명하기로 한다.

하여장과 장사계가 자신들의 저술에 당시 새롭고 익숙하지 않았던 단어와 표현을 사용할 수 있었던 것은 무엇보다도 일본어와 직접 접촉했기 때문일 것이다. 여기서 우리는 이들의 일어 차용이 음성 매체가 아닌 문자 매체로 이루어졌을 가능성에 주목하고자 한다. 특히 ①의 용례는 '도서圖書와 전적典籍을 바탕으로 정치와 풍속을 탐방'하는 과정에서 수집된 것이었을 것이다. 이처럼 문자 매체, 즉 '한자'를 매개로 하여 이루어진 일어 차용어는 당연히 다른 언어로부터 차용된 말과 다른 모습을 보이고 있다. 이 사실은 일어 차용어 문제를 생각할 때 매우 중요한 점이다.[18]

하여장은《사동술략》의 마지막 부분에 다음과 같이 적고 있다.

---

18 그중에는 '淡巴菰'와 같이 다소 특이한 성질의 단어도 있다. '客至席坐圍小爐淪茗 以紙卷淡巴菰相饗'이라는 표현에서 일본인 집을 방문하였을 때 담배를 접대받았다고 알 수 있다. 즉, 담배의 경우에는 '淡巴菰'라는 단어보다는 실물이 먼저 인지되었다고 생각한다. 그러나 何如璋은 어째서 '淡巴菰'라는 표기를 쓸 수 있었을까?

'淡巴菰'라는 표현에 관해서는 중국 어원설이 있다.《日本國語大辭典》에 중국에서 전해진 '日本釋名'으로 실려 있고 新村出도 '중국에서도 옛날에는 淡把姑 등 여러 가지 글자를 사용하고 [···] 지금은 煙草라던가 蔫이라는 글자나 명칭 쪽이 일반적으로 되어 버렸다'고 기술하고 있다(新村出全集 5).

그러나 중국에서 명·청 이후 '淡巴菰'라는 표기가 사용되지는 않았던 것 같다. 高名凱·劉正埮(1958)에 'tobaco 淡巴菰'가 영어에서 들어온 외래어라고 되어 있었는데 劉正埮 등이 편찬한《漢語外來詞事典》(1984)에서는 스페인에서 들어온 외래어라고 정정되었다. 그러나 어느 쪽도 표기의 문제 즉 'tobacco'의 어원이 아니라 '淡巴菰'라는 음역 한어가 어떻게 발생하였는가에 대해서는 별로 의식하지 않았던 것 같다. 19세기 중기의《英漢字典》,《英華字典》등에서는 'tobacco'의 번

혹은 관찰하였으나 이해할 수 없었고 혹은 질문하였으나 자세히 알지 못하였고 혹은 책을 찾아보았으나 기대한 만큼 알 수 없었다.

이러한 내용을 보면 그가 일본에 온 지 얼마 되지 않았으나 일본에 대하여 초보적 지식을 얻을 수 있었던 것은 확실하다. 하여장은 또 다음과 같은 술회에서 그의 강한 사명감을 표시하고 있다.

자연과 인간 사회의 소식 및 변화는 다른 것을 참조하고 널리 살피거나 실제로 체험해 보지 않으면 그 요령을 얻기 어렵다. 좀더 시간을 들여 열심히 탐구하고 근본적인 것을 규명하여 진위를 통찰한 후에 다시 자세하게 쓰고 싶다. 이것은 원래 사신의 당연한 직무이다.

이러한 기술은 주일 공사라는 공적인 입장과 관계가 없지는 않겠으나 자기 저술에 일어 어휘를 풍부하게 받아들일 수 있었던 것은 일본의 제반 사정에 대한 왕성한 호기심과 적극적인 태도에 의한 것으로 생각된다. 이 점에서 하여장은 황경징黃慶澄과 뒤에 언급하는 부운용과 상통하며 왕도王韜 및 이소포李筱圃와는 차이가 있다.

왕도, 이소포, 황경징은 모두 사적인 신분으로 일본에 온 문화인이다. 왕도는 그 유명한 《보법전기普法戰記》의 저자로 방일 기록 《부상유기扶桑遊記》

역어에 모두 '烟'을 사용하였고 '淡巴菰'은 사용되지 않았다. 그리고 일본의 중국어 어원설에 대하여 黃遵憲은 《日本雜事時》 등에 '呼烟日淡巴菰 鮚埼亭賦 《芝峰類脫》(朝鮮人署) 皆謂出日本 日本人乃謂出中土 盖皆自呂宋來(慶長10年 烟草始采日本) 淡巴菰 四人言也[단《日本國志·禮俗志》에 慶長14年 烟草始來日本…名日淡巴菰 沿西人語也]'라고 기술하였는데 여기서도 'tobacco'와 '淡巴菰'의 관계는 명확하지 않나.

1916년 출판된 *English Chinese Dictionary*(官話)(K. Hemeling)에는 'tobacco 淡巴姑(菰) 部定'이라고 기술되어 있으나 이 '部定'은 교육부 선정 학술용어의 의미이다. 이 학술용어를 정할 때 일본의 번역명을 참고하였다고 서문에 쓰고 있다(제4장 참조). '淡巴菰'에 대해서 새로운 표기의 (일본으로부터) 차용인지 아니면 중국 재래어의 (일본어 증개에 의한) 부활인지는 모르겠다. 향후 재고하고자 한다.

는 문장이 뛰어나 일본 신문에 연재된 적도 있다. 이소포는 상하이의 유명 상업계 인사의 소개로 일본에 왔다. 그러나 이들 두 사람은 메이지 이후 일본의 사회적 변동에 별다른 관심을 나타내지 않았다. 예를 들면 왕도의《부상유기》는 일본 문인(메이지 유신에 대해 불만을 품은 사람들)과의 주연이나 한시의 응답 등 교유에 지면을 할애하였고 이소포는 오히려 냉정한 시선으로 메이지 유신을 바라보았다. 왕도와 이소포의 기행문에 나오는 신문물, 신개념 단어는 다음에 드는 것처럼 얼마 되지 않는다.

化學　光學　人力車　電報　美術　博覽院　博物院　見物[19]

이에 비하여 시대는 후대에 속하나 황경징의《동유일기東遊日記》(1894)에서는 신어와 번역어가 많이 나온다.

衛生　應用化學　會議　化學　學會　學年　警察署　警視廳　控訴院
堅持　銀行　經費　國債　公立　工科　裁判所　常備兵　支局　私立
人力車　聰理　體操　哲學　電報　內閣　法科　法律　博物會　文科
文庫　物理　物理學　辯護士　郵便局　哩　豫備兵　理事 …

이상 외국 기행문류의 저술과 달리 엽경이의《책오잡척》은 전통적인 지리서 방식으로 쓰인 것이라서 메이지 유신 이후 일본의 변화에 대한 기록이 거의 없다. 다음 절에서는《책오잡척》의《사물이명》에 대하여 살펴보기로 한다.

19 '見物'은 외무성이 발행한 국내 여행 허가서문의 직접 인용이다. 직접 인용은 유사한 기록체계에서는 가능한데 이와 같은 현상과 어휘 차용과의 관계를 거듭 고찰할 필요가 있다.

4. 엽경이葉慶頤의 《사물이명》과 어휘

중국어가 모국어가 아닌 화자가 만든 한자어를 중국인들이 본격적으로 접하게 된 것은 근대 이후일 것이다. 예로부터 중국은 영토가 광대하여 지방 풍속이나 습관, 방언 때문에 사물의 이름과 사물을 나타내는 방식이 다르다는 것을 상식적으로 받아들였다. 중국에 풍토지와 지방지地方誌, 기행문 등에 방언에 대한 기록이 많은 것은 이러한 이유 때문이다. 그러나 이들 방언은, 구어는 지방마다 다르지만 문자는 모두 같은 한문을 사용하였고 공통의 고전을 가지고 있었다.

근대 전기 일본 땅을 밟은 중국의 문화인들은 처음 외국에서 한자를 만나게 된다. 그때까지 중국의 사대부들은 앞에서 쓴 대로 일본과 일어에 대한 지식이 부족했음에도 일본이 중국과 동문동종同文同種이라고 하는 풍문을 믿고 의심하지 않았다. 그러나 막상 일본을 방문하여 한자로 가득 차 있는 메이지 시대의 출판물과 길거리에 넘쳐 나는 한자 간판을 보았을 때 놀라움을 느꼈을 것이다. 어떤 이는 일본 한자어의 파격성을 접하고 아주 흥미를 느꼈음은 물론 그 의미를 이해하는 데 상당히 곤혹스러웠을 것이다. 앞 절에서 언급했던 하여장의 부사 장사계가 쓴 《사동시록》 해제에서는 이러한 면을 엿 볼 수 있다. 그러나 이 책은 단어 수가 적고 주석도 간단하다.

근대 전기 해석이 있는 방법으로 일어를 가장 많이 기록한 책은 엽경이의 《책오잡척》이다. 엽경이는 자字가 신농新儂이고 상하이 사람이다. 1880년대 중반까지 일본에 2년간 체재하였으며 하여장과 장사계보다는 시기적으로 약간 늦었으나 일본에 대한 지식에서는 앞에 든 중국인들과 별반 차이가 없었을 것이다. 《책오잡척》은 엽경이가 귀국 후 저술한 일본 견문록인데 1889년 상하이에서 출판되었다(1890년 상하이 고적서점에서 복각판이 나왔다). 그가 어떤 사람이었는지 왜 일본에 갔는지는 잘 알려지지 않았으나 《책오잡척》 권두 서문을 재일공관 참사관을 지냈던 요문동姚文棟(유명한 일본 연구자로 《일본지고日本志稿》와 《일본지리병요日本地理兵要》를 저술)이 근무지 베를린에서 쓴 것을 보면 요문동과 상당히 친분이 있었던 것으로 추측된다. 엽경이는 권말에 실은 자작시에서 '万里遊蹤汗漫行 征摭飛駕六鰲輕' '破浪飆輪指日辺抽毫風土寫蠻煙'라고 썼는데 이를 보면 그는 일본에 상당한 관심을 가지고 방문을 한 것 같다. 저서명 《책오잡척》은 신화 속 거북이(鰲)를 타고(策) 세계를 유람한 견문을 잡기雜記한다는 뜻으로[20] 내용은 모두 일본을 소개한 것이다. 전 8권으로 구성되어 있다.

卷首 各道地圖(지도 11장)	卷一 國名原委 附朝貢考
卷二 世系紀年	卷三 疆域徭賦
卷四 官制俸	卷五 兵額軍艦
卷六 山川關隘	卷七 歲時名勝 附栽參說
卷八 事物異名	卷末 音註日本字母正草二體

각 권 제목에도 나타나 있듯이 이 책은 본디 일본 사정을 소개하는 것이 중심으로 메이지 유신 이후 일본의 변화를 자세히 다루지 않았다. 또 다른 일본 관련 서적에 비하여 내용 면에 크게 주목할 만한 것도 없다. 용어 면에서도 하여장과 뒤에 언급하는 부운용, 황준헌 등과 달리 서양의 근대 개념을 반영하는 신어의 사용이 적고 관청명이나 관직명 소개에 그치고 있다.

그러나 이 책 8권 《사물이명》은 이색적이다. 《사물이명》에는 일본어 단어(연어를 포함) 130개가 수록되어 있고 각 단어의 의미 등이 자세히 나와 있어 주목된다.[21] 《책오잡척》이 간행될 무렵에 나온 수많은 책 가운데 이만큼 일

20 '鰲'는 《說文解字》에 '海中大鼇'으로 기록되어 있다. 상상 속의 큰 거북이로, 바닷 속에 살고 등에 삼선산(三仙山)을 지고 있다고 한다.

21 卷7 '歲時名勝'은 일본의 전통적 연중 행사와 명승 구적지(舊跡地)를 소개하고 있다. 명승에

본어 어휘를 기록 정리하여 의미를 상세히 설명한 자료는 없다.[22] 《사물이명》에 수록된 전 어휘를 들면 다음과 같다(올림말의 순서는 원자료 순).

假皇居	坊主	大黑天
圭庵	兩替屋	大問屋
八百問屋	御料理屋	諸見世物興行
國立銀行	佛師	時針師
龍吐水師	裱具師	屛風師
花火師	賣家	貸家
驛遞局貯金預所	乘合馬車溜所	諸路汽船乘客荷物取扱所
婦女待合所	奉公人口入所	雁皮紙賣捌所
郵便切手賣下所	御定宿所	羊肉賣捌所
酒類買(ママ)下所	御體處	髮鋏處
男雇人受宿	女雇人請宿	御泊宿
安泊處	一新講	波花講
質家	殿	樣
方	興亞會	支那
男子服色	女子粧束	白鼠
待客禮節	貴下	大工
支配人	左官	塗師
車職	御賄料	賄室
釣魚	令愛舍	御待合
於路之	大安責	貸本

지명(天滿宮, 後樂園, 吾妻橋 등)이 51항목, 세시풍속에는 일본의 풍속을 나타내는 단어(門松, 雛遊, 祇園會 등) 27항목이 수록되어 있다. 특히 세시 항목에서는 일본 사정이 자세히 소개되어 있다.

22 예를 들면 다음 절에서 고찰할 傅震龍의《遊歷日本圖經》에 기록된 일본어 어휘 수가 葉慶頤보다 훨씬 많다. 그러나 "月 謂之 都喜 語若 知格"과 같이 중국어에 일본어역(음역 한자)을 붙인 중일사전의 형태로 본다.

御歯黑	犢鼻褌	函氷館
海苔	亞爾箇保兒製造所	柔術運動稽古
佃煮	共同物揚場	西洋料理
大福帳	唐櫛物	萬種物
御德用	玉子	砂糖
金米糖	德利	安八餅
大福餅	荻乃餅	太太餅
紅梅燒	公債證書	誂
喜世留	仙臺味噌	奈良漬
萬漬物	各國銘茶	白玉飴
本家無類	山川白酒	初梅
四海波	西施	昆布
寒天	生蕎麥	天麩羅
本胡麻揚	燒芋	量
山鯨	海鼠	海鼠腸
海老	平貝	海虎皮
鰹節	大黑鮨	鯢魚
鰒魚	藝者	貸座敷
鵆	雪隱	塵溜
登女床	卸	文理顚倒
御息所	熨斗	官許
萬引	瓦斯燈	蒸氣車
燧木	骸炭	硝子
貫目		

위의 130항목 중 '男子服色'과 '女子粧束, 待客禮節, 文理顚倒' 등은 단어라기보다는 일본 사정을 소개한 항목이라고 하는 편이 나을 것이다.

제8권을 지은 동기에 대하여 권두 범례와 서언에서 다음과 같이 쓰고 있다.

> 사물의 이름은 각 나라마다 같을 필요가 없다. 중일 간에는 한자 표기는 같으면서 의미가 다른 단어가 있다. 그러한 단어들을 8권에 실어 일본을 찾는 사람들에게 도움을 주고 싶다.
>
> 일본과 중국은 같은 아시아 주에 속하고 같은 문자를 사용하므로 사물의 이름은 같지 않으면 안 된다. 그러나 '준복치렵樽伏鴟獵'이라는 말이 있듯이[23] 비슷비슷하나 같지 않아서 잘 모르는 것이 간혹 있다. 여기서는 우선 (저자가) 수집한 것을 기록해 둔다. 일본을 방문한 사람들이 그 풍속과 습관을 이해하는 데 기초적인 도움이 될지도 모른다.

하여장과 부운용의 '서양 사정을 고찰하기 위함'이라는 저술 동기와 달리 이 책에서는 '고향을 찾아 민속을 살피는 자'에게 도움을 주고 싶다는 것이 집필 이유인 것은 수록 단어를 보더라도 그 의도를 잘 알 수 있다. 수록 단어 130개 중 메이지 이후 발생된 신개념 어휘는 '國立銀行, 驛遞局貯金預所, 乘合馬車溜所, 郵便切手賣下所, 羊肉費捌所, 興亞會, 支那, 西洋料理, 金米糖, 公債證書, 瓦斯燈, 蒸氣車, 硝子' 등 십수 단어에 불과하고 오히려 앞 절에서 설명한 ③류, 즉 전통적 생활양식을 나타내는 어휘가 중심이 되어 있다. 이들 단어들은 책 속에서 채록한 것이 아니고 거리에서 곧잘 눈에 띄는 간판에서 적은 것으로 앞 절에서 설명한 장사계의 경우를 생각하면 쉽게 짐작이 간다.

단순히 일본 사정을 소개할 것이라면 1권부터 7권까지에 쓴 견문록풍의

---

23 [尊 → 樽, 隙:伏蠟 → 伏顖]와 같이 모두 어원을 모르기 때문에 정자 대신에 속자를 쓴 예이다. 단 원문은 '伏獵'으로 되어 있다. 잘못 새긴 것인지도 모른다.

체제로도 충분했을 것인데 외국어 용어집 형식을 띤 제8권《사물이명》을 편찬한 것은 그럴 만한 이유가 있었을 것이다. 이 점에 대해서는 범례와 8권의 서언에서 논리적 모순을 드러낸 점에서 알 수 있듯이 저자는 그 이유를 분명하게 밝히지 못했다. 즉 저자는 범례에서는 '사물의 이름이 서로 다른 나라에서 같을 필요는 없다'고 했으나 8권에서는 '일본과 중국은 사물의 이름이 같지 않으면 안 된다'고 주장하였는데 그 이유는 양국이 같은 아시아에 속한 나라로서 같은 문자를 쓰기 때문이라고 하였다. 외국어 일반론으로서 '같을 필요가 없다'(不必從同)고 했다가 중국과 일본이 '같은 아시아에 있고 같은 한자를 사용함'(地同洲書同文)으로 '같아야 한다'(應莫不從同)고 한 것이다. 이처럼 저자가 혼란에 빠진 이유는 말할 것도 없이 양 언어에 공통적으로 쓰이는 한자 때문이었을 것이다. 한자 표기에 기인하는 현상은 두 개의 다른 패턴으로 나눌 수 있다.

가) 사물이명事物異名: 같은 사물에 대한 중일어의 다른 명칭
나) 동문수해同文殊解: 같은 문자 표기에 대한 중일어의 다른 이해

요컨대 두 언어 간에 문자 표기가 같다 하더라도 간혹 달리 해석할 수 있고 이들이 다른 대상물을 지시할 수 있기 때문에 특별한 설명이 필요하다는 것이다. 그렇지 않으면 '비슷하지만 같지 않아서'(似是而非), '이해할 수가 없다'(令人索解不得)는 결과가 되므로 특수한 사정이 두 언어에 존재한다는 것이다. 엽경이는 수록 어휘가 중국인의 흥미를 끌기 쉬운 반면, 문자 표기로는 의미 파악이 어려우리라는 점도 예상했으므로 의미 해석의 과정에서 예측되는 장애를 없애야 한다고 생각하였다. 제8권의 집필 목적은 바로 이 때문이었을 것이다.

수록어에 대한 해석에는 제8권 서언의 '姑擧所習知者類'(배우는 것을 습

관으로 하는 자가 지적인 자이다)라는 표현에서 알 수 있듯이 저자 자신의 경험적 요소가 많이 포함되어 있고 또 여러 가지 시행착오를 겪은 결과일 것으로 생각된다. 그뿐 아니라 제8권에서는 1권부터 7권까지, 특히 제7권의 '歲時名勝'(세시와 명승) 부분과는 달리 수록어의 의미뿐 아니라 어떤 단어가 무엇 때문에 그러한 의미를 나타내는지 어원에 대해서도 많은 부분을 할애하여 설명하였다. 이 점은 시바타 세이조柴田省三(1975: 38)가 지적한 '인간은 일정 문화 수준에 도달하면 말에 대해서 되돌아보게 된다. 그리고 사물에 대한 명명에는 무엇인가 정당한 이유가 있을 것으로 생각하게 된다. 그리스풍으로 말한다면 명칭의 정당성이다'라는 일반론은 물론, 중국인의 전통적 언어 의식과도 밀접한 관련이 있다. 중국에는 예부터 전해 오는 사물과 그 명칭에 대해서 '名正言順'이라는 공자의 말로 대표되는 것처럼 '名實相符'(명칭은 지시 내용과 일치해야 한다)라는 명명론의 이상적인 모습을 추구하는 언어관이 있으며 '由名及義'(명칭으로 의미를 안다)라고 하는 사고 양식이 뿌리 깊게 존재한다. 이러한 경향은《책오잡척》에도 잘 나타나 있다(앞 장의 팽문조의 예도 참조할 것).

엽경이가 중국인이 모르는 이명異名과 중국과 같은 문자 표기를 다른 의미로 사용하는 일본 특유의 의미에 설명을 부여함으로써 생길지 모를 독자의 오해를 불식시키려고 한 점은 저자 자신의 일본어 의미 습득 과정뿐 아니라 중국인이 일상적인 한자어 의미 및 어원 해석 방법을 아는 데에도 유익한 좋은 시사를 주고 있다.

평소 익숙하지 않은 한자어에 접했을 때 중국인들은 어떠한 방법으로 대처할까? 여기에는 우선 한자어 이해에 대한 중국인들의 전통적 심적 태도와 메커니즘에 대하여 설명할 필요가 있다.

중국어에 '望文生意'라는 말이 있는데 이는 글자만으로 의미를 추측하여 단락적으로 이해한다는 것을 의미한다. 이것이 한자 문자열에 대한 중국인의 기본적인 태도라고 할 수 있을 것이다. 즉 문자열은 한자가 사용되는 이상 방언이라 할지라도 한자어 어휘여야만 하며, 모든 한자어가 '규칙', 즉 고전적 용법으로 구축되고 바른 의미가 부여되어야 한다는 생각이 중국인의 언어 의식 속에 강하게 남아 있다. 사람들은 미지의 한자어에 대해서 자신의 지식(전통적 교육 과정에서 얻은 한자 소양 및 그에 따라서 형성된 상상력)에 상응하는 해석을 내린다. 특히 지식인은 가능한 한 오래된 전적典籍에까지 거슬러 올라가 거기서 규범을 찾아 한자 문자열을 해석한다.

이러한 중국인들의 전통적 대처법은 근대 전기 일본 한자어를 접했을 때에도 그대로 적용되었다. 우선《사물이명》이라는 제목에서도 알 수 있듯이 당시 중국인들은 일본어를 외국어라고 보지 않고 한자로 표기된 다른 이름, 즉 방언의 일종에 불과하다고 쉽게 생각하는 것이 관례였다. 중일 두 언어 관계를 '서동문書同文'이라고 하거나 일본에 관한 많은 저서에서 일본어를 방언편에 다룬 것은 바로 이러한 생각이 나타난 것이다. 중국인들은 일본제 한자어도 중국어와 같은 방법으로 이해하려고 하였기 때문에 사물에 대한 일본어 명칭 속에 존재하는 일본 특유의 사정, 예를 들면 풍속, 습관 등의 문화적, 또는 언어 자체에서 오는 요인에 대하여 충분히 고려하지 않았다.

이러한 점은 중국인들의 일본제 한자어 의미 파악에 어떠한 문제를 초래했을까?

미지의 문자열을 어디까지 이해할 수 있을지는 개인의 한자 지식에 달린 것이겠으나 양 언어의 용자用字 면의 차이가 너무 커서 전체 또는 부분적인 의미 파악이 어려울 때는 개별 한자의 의미를 바탕으로 전체 의미를 파악하는 것이 어려워진다. 구체적으로는 다음 예를 보도록 하자.

> 諸路汽船乘客荷物取扱所 諸路各路也 汽船輪船也 乘客楚客也 荷物附裝貨物也 取扱代客提取一切也 蓋過載報稅行之類

(저자 역: 諸路는 중국어의 '各路'이고, 汽船은 '輪船'이고, 乘客은 '趁客'이고, 荷物은 쌓아 놓은 화물이고 取扱은 손님 대신에 물건을 수취하거나 교부하거나 하는 것으로 짐을 맡아 두거나 세금을 징수하는 곳이다.)

硝子 破璃之名 日人有硝子製造會社 卽造破璃器物威也

(저자 역: 유리의 이름. 일본에 硝子製造會社, 즉 유리 제품을 만드는 곳이 있다.)

여기에서 단순어는 등가等價 단어로, 복합어는 구성 요소에 각각 등가적 요소로 치환하여 의미를 설명하고 있다. 또 상세함에 차이는 있으나 '硝子' 처럼 해당 단어가 가리키는 사물에 내포된 일본 특유의 사정이 소개된 경우도 많다. 단어 해석은 사전적이거나 외국 사정을 소개하는 백과사전적 내용이라고 할 수 있다. 다음 단어 해석에도 같은 경향이 보인다.

驛遞局貯金預所	乘合馬車溜所	婦女待合所	奉公人口入所
雁皮紙賣捌所	御定宿所	男雇人受宿	女雇人請宿
支那	唐櫛物	塵溜	一新講
波花講	殿	樣	方
御待合	於路之	御齒黑	犢鼻褌
函氷館	共同物揚場	喜世留	仙臺味噌 奈良漬
萬漬物	天麩羅	貫目	鰹節
亞爾箇保兒製造所			

그 이외의 자료에서도 비슷한 예를 제시하면 다음과 같다.

荒物	荒物　草器也
玉子	玉子　鷄卵也　場　買處也
吾妻橋	吾妻　地名
仕立處	成衣舖也

小問物	細碎小物件也	(이상 張斯桂)
御料理者	卽酒樓之名	(李筱圃)
料理	日本謂授餐日　料理	(傅震龍)
人勉强	云格外減価也	(黃慶澄)
御料理	言爲人辨酒飯也	(黃慶澄)

그러나 중국의 문화인들은 이들 저자를 포함해서 위와 같은 의미 기술을 불안하게 생각한 것 같다. 예를 들면 다음에 드는 단어 해석에 '무슨 뜻인지 잘모르겠다'(不詳何義)라고 쓴 것이 그 예이다.

白鼠　日人稱人之忠於其主者 謂之白鼠 不腓其義

(일본인은 주인에게 충실한 사람을 白鼠라고 부른다. 왜 그렇게 부르는지는 모르겠다)

裱具師　裝裱書畵工也 亦有稱經師者 則未詳其名命之義

(책과 그림을 장식하는 직인으로 경사經師라고 부르는 사람도 있다. 왜 經師라 하는지는 잘 모른다)

左官　稱泥瓦匠爲左官 不知其義何居

('泥瓦匠'을 '左官'〔미장이〕이라고 부른다. 그 의미는 무엇을 근거로 했는지 모른다)

雪隱　厠室也.,.不詳其義

(화장실이다. 그 의미는 잘 모른다.)

熨斗　…名日熨斗 不詳其義

('熨斗紙'를 '熨斗'라고 한다. 그 의미는 잘 모른다)

八百屋　蔬菜店 未詳何義(張斯桂)

(야채가게. 의미는 잘 모른다.)

貸座　妓坊也 其義未詳(黃慶澄)

(유곽이다. 그 의미는 잘 모른다.)

물론 여기서 말하는 '不詳何義'(무슨 뜻인지 잘모르겠다)는 그 단어의 의미를 모른다는 뜻이 아니라 이들 문자열이 왜 그러한 의미를 나타내는지 알 수 없다는 뜻이다. 즉 단어의 의미뿐만이 아니라 어원의 정당성에도 깊은 관심을 나타낸 것이다. 엽경이에게 개별 한자가 어 구성 요소로서 복합어를 구축하는 "규정"—즉 어원적 이유를 잘 모른다는 것은 커다란 불안 요소였을 것이다. 바꾸어 말하면 엽경이에게는 납득할 수 있게 어원을 설명하는 것이 해당 단어의 존재를 정당화하는 작업이었을 것이다. 또 이것은 중국인 전체의 어원 의식이기도 하였다. 그러나 일본제 한자어의 어원, 즉 왜 그렇게 표현하는지를 알기 위해서는 중국 한자의 지식뿐만 아니라 일본 문화와 일본어에 대한 지식도 필요했을 것이다.

그런데 단어 의미를 이해하고 해석하는 데에 더 문제가 되는 것은 앞에서 설명한 '不詳何義'류가 아니라 오히려 문자열을 보고 어느 정도 해석이 가능한 단어들이었다. 이들 단어를 해석하는 데에는 다음과 같은 몇 가지 현상을 관찰할 수 있다.

a) 각 한자의 의미를 확대 해석하여 원어 의미에 근접하려는 경향.

假皇居	坊主	兩替屋	御料理屋
國立銀行	佛師	時計師	龍吐水師
裱具師	屛風師	花火師	賣家
貸家	酒類買下所	御休處	男雇人受宿
女雇人請宿	御泊宿	質家	車職
共同物揚場	大福帳	砂糖	金米糖
安八餅	大福餅	太太餅	紅梅燒
公債證書	本胡麻揚	疊	海鼠
海鼠腸	平貝	海虎皮	大黑鮨

藝者	貸座敷	鵺	御息所
官許	萬引	瓦斯燈	蒸氣車
燧木	骸炭		

좀더 예를 들어 구체적으로 살펴보기로 한다.

'假皇居 明治初年日王始遷東京...乃暫徙於城西赤坂町..故有是称蓋暫假之意也'

(임시 황궁. 메이지 초기 일왕이 도쿄로 천도했는데 〔…〕 잠시 에도성 서쪽 아카사카 쵸로 이동했다. 그래서 이런 이름을 얻게 되었다. '假'는 잠시 빌린다는 뜻이다.)

중국어에서는 황거皇居가 아니고 황궁皇宮인데 '居'와 '宮'이 바뀌어도 문제가 되지 않는 것 같다. 또 '假'는 '仮'의 정자인데 중국어에서는 이미 '거짓, 가짜'라는 의미로 변해 있었으므로 '假皇居'은 '가짜 황궁'이라는 의미가 되어 버렸다. 엽경이는 이러한 이상한 결과에 대하여 '잠가지의暫假之意'라는 고전을 가지고 설명하였다.

'御料理屋 御尊称 料理者 烹之謂 屋猶店也'

(《어요리옥御料理屋》〔요리집〕에서 '御'는 존칭을 나타낸다. '料理'는 음식을 만든다는 뜻이다. '屋'은 '가게'와 비슷하다.)

엽경이는 '御', '料理', '屋'에 대하여 각각 중국어에 없는 의미를 부여하였다. 다른 단어에도 마찬가지인데 엽경이는 이러한 방법으로 각 문자열로 짐작할 수 있는 의미와 실제의 의미 차이를 메우려 하였다. 또 다음 예처럼 고전과 관련지어 해석하는 데 타당성을 부여하려 한 예도 있다.

御賄料 爾雅釋言賄財也 疏日財帛總名 又左傳註賄贈送也 玆於官俸称賄 似不雅馴亦尙近理

(《이아爾雅》에서는 '賄'를 '財'로 해석하고 《소疏》에서는 '賄'를 '재산財産의 총

칭'이라 하였다. 또《좌전左傳》은 '賄'에 '선사하다, 선물하다'라는 주석을 달고 있다. 지금 관리 급료를 '어회료御賄料'라고 하는 것은 품위 있는 말투는 아니지만 중국 고전 용법에 가까운 의미이다)

즉 일본적 용자법에 불만은 있으나 일단 중국 고전에 근거하여 훈고訓詁 해석을 할 수 있다는 태도였다. 때로는 다음과 같이 중국적 발상에 따른 억지 해석을 내려 자신이 주저하는 예도 있다.

'銘茶 銘字不詳其義 或日取有名而価重兼金之謂 然太覺牽合 姑存其說可耳'

(銘茶. '銘'이란 한자 의미를 모르겠다. 유명하고 비싸서 이름에 '金'이란 한자를 붙였는지 모르겠다. 단 너무 억지를 부린 느낌이 난다. 우선 이 설은 보류해 둔다)

일본의 명명命名 의도를 무리하게 따진 나머지 반감을 나타낸 예도 있다.

'塗師 謂油漆匠也 豈爲東塗西抹而名之耶'

('塗師'는 페인트 장인이다. 여기저기 돌아다니면서 페인트칠을 하는 사람이기는 하지만 이렇게 이름을 붙여도 괜찮은 것일까?)

'海老 日人稱蝦曰海老 豈以其多髯而名之耶'

(일본인은 새우를 '海老'라고 한다. 아무리 수염이 많다고 해서 이렇게 이름을 붙여야 할 이유가 있을까?)

요컨대 어느 정도 의미 해석이 가능할 때 저자의 관심은 단어 자체의 의미보다 이름과 지시물 간의 관련성, 즉 일본인이 명명한 것이 중국어에서 얼마만큼 정당화될 수 있겠는가에 관심이 집중되어 있다.

b) 중국 고전 한자 용법으로 무리하게 일본 한자어의 의미를 해석하려고

하면 이해하기 어려운 예도 나올 것이다. 예를 들면 다음과 같다.

> 誂 : 誂字 … 說文謂相呼誘也 胡所取而用之 殊覺莫名其妙
> (《설문해자》에서는 '서로 부르다'라는 뜻인데 왜 여기서 인용했는지 참 이해가 안 된다.)
>
> 御 : … 不知何所取義
> (무슨 뜻을 취했는지 모르겠다.)
>
> 賄室 : … 工人聚食之所謂之賄室 則無從索解 … 莫念其命名之意
> (공인들이 모여서 식사하는 곳을 '賄室'이라 하는데 무슨 뜻인지 모르겠다. 왜 이런 명칭을 붙였는지 알 수 없다.)
>
> 寒天 : … 洋菜是也 但其命名之意 不得其詳
> (양식 요리다. 명명한 뜻은 잘 모르겠다.)
>
> 鯢魚 : … 鰒魚(복어)

'御'와 '寒天'은 중국어에서는 각기 다른 의미를 가지고 있는데 무엇을 근거로 이와 같은 의미로 사용했는지 모른다고 하였다. 또 '誂'도 《설문해자》의 용법과 달라서 무엇을 의미하는지 알 수가 없다고 하였다. 회실賄室은 '御賄料'와 같이 확대 해석을 하더라도 하급 노동자의 식당이란 의미가 될 수가 없다. 특히 '鯢魚'와 '魚'는 중국 고전 《이아爾雅》와 《설문說文》《주어周語》《후한서後漢書》에 기록된 유명한 생선이지만 일본에서는 다른 생선을 가리킨다고 하였다.[24]

c) 일본 한자어를 중국 전통 문화를 배경으로 종래 용자법에 따라 그 의미와 어원을 해석하려는 시도이다. 일본어가 중국어와 다른 언어라는 점을 무

---

24 鯢魚에 대해서 葉慶頤는 '《爾雅》〈釋魚疏〉에 바다 속에 있는 대어로 네 개의 다리가 있고 수컷은 고래라 하고 암컷은 鯢로 부른다고 기록되어 있는데 일본에서는 鯢魚의 길이가 1척이 되지 않는다. 일본의 경우 큰 것은 고래, 작은 것은 鯢魚라고 부르는가?'라고 신기하게 여겼다.

시하고 중국어 입장에서 의미를 해석하게 되면 의미 파악이 어려워지고 동시에 오해를 불러일으켜 정확하게 이해할 수 없게 된다. 다음이 그 전형적인 예이다.

大問屋…言大宗買賣可來問此屋中也

(큰 장사는 이 방에 와서 물어도 좋다)

八百問屋八百問屋 或稱八百屋 卽蔬菜行也 八百者 乃言其行中有瓜瓠蔬 果等類 有八百種之多耳

('八百問屋'는 야채 가게. '八百'이라고 한 것은 가게에 야채와 과일이 팔백 종 이상 있다는 의미이다.)

諸見世物興行 諸衆也 見觀覽也 世物則言凡飛潛動植以及家常日用一切所有之物也 興行列肆也,…'

('諸'는 무리이며 '見'은 구경하는 것이고 '世物'은 세상의 만물이다. '興行'은 행렬을 만들고 '市'를 벌이는 것으로 즉 시장을 말한다.)

郵便切手賣所 郵寄便捷謂之郵便 故日人稱信局日郵便局…

(우송하는 것은 빠르고 편리하므로 일본인은 우편국이라고 한다.)

髮鋏處 … 日人以剪易剃故日鋏

(일본인들은 깎는〔剃る〕 대신에 수염을 자르므로 가위〔鋏〕라고 한다.)

大工 … 工資亦較他業爲昂

(급료가 다른 업종보다 비싸므로 '大工'이라 한다.)

荻乃餅 餅以米粉所作 中包豆爲餡外裏荻葉而蒸食之故云

(싸리잎으로 싸서 쪄 먹으므로 '荻乃餅'이라고 한다.)

支配人 … 謂支派分配之人 猶中國之称掌櫃也

(지시하고 나누어 주는 사람을 지배인이라고 한다. 난 중국어의 '掌櫃'는 주인이라는 의미이다)

大安賣 減価賤費 謂買者可安于心也

(이하는 장사계張斯桂 자료의 예)(싸게 파는 것. 싸게 사서 마음이 편안해진다는 데서 옴)

御料理 御者 大也 料理 猶言善治庖也

('御'는 크다는 뜻이고 '料理'는 음식을 잘 만든다는 뜻이다.)

仙臺味噌 仙臺 地名 味噌者 醬鹽菜等類也

('仙臺'는 지명이고 '味噌'는 간장, 소금, 야채류이다.)

釣道具 釣魚鉤鋪子 猶言釣魚一道之器也

(낚시 도구 가게. 낚시 길의 그릇이라는 의미.)

여기에는 '諸見世物興行', '支配人'(지배인)처럼 어원설은 물론이고 의미조차 정확하게 이해하지 못한 것과, '大問屋'(큰 도매상)나 '大工'(목수)처럼 뜻은 대략 이해했으나 어원을 억지로 중국어식으로 설명한 것 등 두 가지 유형이 있다. 이들 단어의 의미 파악이 가능했던 것은 저자가 일본에서 생활하면서 직접 체험했기 때문인 것이다. 일본에 2년간 체류한 엽경이는 당연히 여러 가지를 보고 들었을 것이다. 그러나 이러한 직접 경험은 일본어의 의미를 이해하는 데는 도움이 되었을지라도 어원에 대한 무리한 해석을 막을 수는 없었을 뿐 아니라 한정된 직접 경험이 오히려 부정적으로 작용하여 다음과 같이 단락적으로 해석한 경우조차 있었다.

御德用: 日人稱蠟燭之別名

('御德用'은 일본인이 말하는 양초의 다른 이름이다)

이는 분명히 '御德用'를 어쩌다 염가로 판매할 때 팔았던 양초의 다른 이름이라고 착각한 것이다. 한편 자신이 본 적이 없거나 실물 지식이 없을 때는 한자 자체에만 의존했기 때문에 의미 파악이 안 되는 경우도 생긴다. 예를 들면 거리에서 자주 보는 간판 '貸本'(책 빌려주는 가게)의 경우 중국인들은 '本'을 '자본'이라는 뜻과 '책'이라는 두 가지 의미로 이해할 수 있기 때문에 '자본을 빌리는 곳'인지 '책을 빌리는 곳'인지 알 수 없다고 하였다. 또

'柔術運動稽古'(유도 연습)의 중국어 설명은 '柔'가 '揉'의 의미와 비슷하다는 데서 '導引'(안마)나 '按摩術'(안마술)로 소개되었다. 같은 항목에서 '維新以來競尙西法乃所謂稽古者豈有慨乎言之耶'라고 설명하여 메이지 유신 후 서양을 모방하는 데 열중하는 세상에 대하여 유도를 만든 사람이 분노하여 '稽古'(연습)라는 말에 자신의 기분을 담은 것이라고 분석한 것도 '계고稽古', 즉 '옛날의 도를 생각한다'라는《서경》의 의미를 근거로 한 해석한 것이다.

수록 단어 중에는 '登女床'와 같이 실제 존재하지 않는 단어도 들어 있다. 저자는 이 단어를 여자가 이발하는 것으로 해석하였는데 아마 '登女라고 부르는 이발관'의 착오일 것이다.[25] 엽경이는 이와 같이 자신의 한자 지식을 가지고 일본 한자어를 해석하였으며 일본인의 설명에 귀를 기울이려 하지 않는다. 다음 예를 보기로 하자.

> 佃煮 (下級勞働者等) 不自設庖廚者 咸寄膳于斯名日佃煮 殆猶俗稱包飯歟
> (자기가 밥을 짓지 않고 거기서 먹는 것을 '佃煮'라 한다. 식사가 딸려 있다는 것과 같은 의미이다)

여기서 '佃煮'(쓰쿠다니. 어패, 해초, 채소 등을 설탕, 간장으로 달작지근하게 조린 반찬을 말한다—옮긴이 주)를 소작농이나 하급 노동자에게 식사를 제공하는 것으로 생각하고 있다. 이는 중국어에서 소작농을 의미하는 '전佃'을 가지고 추측한 것으로 생각된다. 이와 같은 오해에 대하여 '와카시和歌氏'라는 일본인이 사실과 다르다고 말해 주었지만 엽경이는 와카시의 설명을 받아들이지 않고 할주割註에다 '和歌氏云佃煮乃食物也'(와카시는'佃煮'가 먹는 음식이라고 하였다)라고 써 놓았을 뿐 자신의 잘못을 고치려 들지 않았다. 이

25 前田富祺 교수의 가르침에 따른다.

책 8권에는 '和歌氏云'과 같은 할주가 많이 있는데 예를 들면 '登女床' 항목에도 '和歌氏云此乃依字面解說耳'라고 하여 한자의 표면적 의미만 가지고 엽경이가 이해한 것이라고 그 오류를 지적하였다. 그러나 엽경이는 처음부터 끝까지 '고존기설姑存其說'(우선 그 설이 남아 있다)라는 태도로 일관하였다.

이상 제8권《사물이명》에 나오는 단어에 대해서 저자의 설명과 이해 과정, 이에 따른 문제점을 분석해 보았다. 잠시 여기서 다시 한 번 일본어의 차용이라는 관점으로 되돌아가 생각해 보고자 한다. 제8권에 수록된 어휘들처럼 그 문화의 독자적 문물제도를 나타내는 어휘는 다른 언어와 접촉했을 때 가장 차용되기 쉬운 부류일 것이다. 그러나 '국립은행國立銀行'과 '와사등瓦斯燈' 등 몇 단어를 제외하고는 무슨 이유인지 현대 중국어에 받아들여지지 않았다.[26] 그 이유는 무엇으로 설명할 수 있을까? 이들은 단어 형성을 분석하면 알 수 있듯이 앞 절에서 설명한 ③의 부류, 즉 문자열 투명도가 낮고 일본적 용자법인 자훈字訓을 가지고 만들었기 때문이다. 이러한 단어들, 예를 들면 '八百屋'(야채가게)가 중국어에 도입되려면 〔八〕〔百〕〔屋〕의 각 한자가 갖는 원래의 의미를 제거하고 '八百屋'에다가 '야채가게'라는 의미를 새롭게 부여해야 한다. 다시 말하면 한자로 표기된 일본어 어휘가 들어오게 되면 중국어의 이형동의어異形同義語synonym, 즉 사물이명事物異名과 동형이의어同形異義語homonym의 문제가 발생한다. 동의어와 동형어가 느는 것을 억제하는 언어 체계의 압력을 견뎌 내려면 단어가 갖는 의미의 참신성이 필요하며 그러한 참신성을 가지게 하는 것이 서양 전래의 근대 개념

26 '國立銀行', '瓦斯燈'도 일본의 고유 개념을 나타내는 단어는 아니다. 王力(1958)의 '일본 고유어를 차용할 필요는 없다'라고 한 발언은 재고의 여지가 있으나 일반적으로 일본어를 직접 차용의 형태로 사용한다고는 말할 수 없겠다.

이다. 따라서 근대 이후 중국어에 들어온 일본 특유의 개념어는 일반적으로 번역을 통해서 도입되었으며(이러한 방법은 지금까지도 계속되고 있다.'驛傳 → 接力馬拉松'〔직역하면 릴레이마라톤〕 등이 그 전형적인 예이다), 직접 차용은 '人力車, 茶道, 和服, 和歌'와 같이 중국인들이 문자열 자체를 이해할 수 있는 어휘에 한정되어 있다.

지금까지 중국인들이 일본제 한자어를 이해할 때 한자 표기가 오히려 방해가 되는 측면을 살펴보았다. 물론 늘 이러한 부정적인 면만 있는 것은 아니다. 전통적 교양에 바탕을 둔 해석력은 의미를 유추하는 과정에서 잘 모르는 한자어에 대하여 적극적으로 기존 단어나 표현과 관련지어서 해석하는 수도 있다. 즉 일본 한자어의 의미적 모순이나 결함, 일본 특유의 용법 때문에 이해가 어려운 경우는 한자에 대한 해석력으로 상당 부분 해결되거나 극복할 수 있다 (이 경우는'일본인만큼 이해하였다'가 아닌 대충 '의미를 알았다'는 정도이다). 이것은 사람들이 평소 접하지 않던 문장과 표현을 보았을 때 그것이 격식이 어긋난 문장이든 난센스이든 모두 올바른 문장으로 생각하고 이를 이해하려 하는 것과 똑같은 사고 작용이다.

이러한 해석력 때문에 일부 일본어는 더욱 자연스럽게 받아들여진 경우도 있다. 예를 들면 '시장市場'은 하여장의 기록에는 '互市之場'(서로 사고 파는 곳) '鬧市之場'(떠들썩한 매매 장소)라는 뜻으로 사용되었다. 옌푸의 자료와《청의보》용례를 보면 이와 같은 이해 방법이 당시에는 상당히 일반적이었던 방법임을 알 수 있다.[27] 이러한 해석에 의해서 시장이 갖는 근대적인 의미가 도외시되지만 그 대신에 〔市〕와 〔場〕의 조합이라는 파격이 완화되어[28] 중국어 문장에 수용되기 쉬워졌다.

---

27 이 시기의 문헌에는 '互市之場', '鬧市鳩', '鬧市之場'이라는 표현이 많이 사용되었다. 일본어 단어의 사용을 계속 거부해 온 옌푸의 번역서에는 '市場'의 사용례만 있다. 芝田稔·鳥井克之(1986)를 참조.

28 중국의 고전에서는 '市'는 시, 사다, 팔다 등의 의미가 있고 '場'은 集, 集市의 의미가 있다.

마지막으로 당시의 서적에서 자주 볼 수 있는 주석적 표현(보통은 할주割註 형태)에 대해서 약간 설명하기로 한다.

일반적으로 다른 언어 요소를 자국어에 받아들일 때에는 그 의미 개념을 번역하거나 자국어 표기로 선사轉寫하는 과정을 거친다. 그러나 지금까지 보아 온 것처럼 중국어와 일본어 사이에 표기 기호를 그대로 가져왔을 때 이를 자국어로 인식하려는 과정이 생략된다. 의미 도입은 초기 단계에서는 문장 중의 주석적 표현에 의해 완성되는 경우가 많다. 주석적인 표현은 의미의 공백을 메우고 오해를 방지하며 독해를 돕는 유효한 방법으로, 문자열 자체가 중국인의 이해 가능 범위를 넘을 때에 자주 사용된다. 예를 들면 '우편郵便'에 '東人公私文報 設局經理 名曰郵便'(일본인들은 공사公私 문서를 전달하고 관리하는 기구를 설립하고 이를 우편이라 하였다)라는 주석이 달려 있다. 중국인들은 '郵'의 의미는 이해할 수 있으나 중국에 아직 우편제도가 도입되지 않았고 우편의 '便'의 의미가 이해되지 않았으므로 주석이 필요했을 것이다.

덧붙이자면 '우편郵便'은 중국에서 한때 사용되기도 하였으나 지금은 쓰이지 않는다. 현대 중국어에서는 '郵電(局)' 또는 郵政(局)'이라 한다.

이 시기의 주석은 '釋字中心', 즉 한 자 이상의 복합어를 그대로 받아들여서 이해하는 것이 아니라 개개 한자의 의미를 분석적으로 설명하여 단어 전체의 의미를 파악하려는 경향이 있다.[29] 이러한 방법은 앞에서 설명한 중국의 전통적 사고 방법과 일치한다.

'市'는 명사로서 해석할 때 '場'의 의미와 중복하고 동사로 해석할 때는 '場'과의 결합은 비통어적인 방법이다. 鈴木修次(1978), 沈國威(1990) 참조.

29 이와 같은 경향은 20세기에 들어와서 예를 들면 梁啓超의 《譯書彙編》 등에서 변화하였다. 즉 복합어로 파악하여 전체적으로 의미의 주석이나 규정을 달게 되었다. 또 사네토 게이슈(1970)는 일본 번역서의 번역주를 집대성하면 일본 어휘가 중국어로 동화된 사실이 상세하게 정리되어 나타날 것이다(p. 341)고 지적하였는데 근대 전기의 자료도 시야에 넣어서 계속적으로 파악해 나갈 필요가 있을 것이다. 앞으로의 과제라 하겠다.

5. 부운용傅雲龍의 《유력각국도경여기》와 그 어휘

청 왕조 관리였던 부운용傅雲龍은 1887년부터 1889년까지 중국 정부의 파견으로 외국 사정을 시찰하기 위해 일본을 시작으로 미국, 캐나다, 페루, 쿠바, 브라질 등 여러 나라를 방문하였다. 부운용은 자신의 시찰 내용을 《유력각국도경遊歷各國圖經》(총 86권. 일본 30권, 미국 32권, 캐나다 8권, 페루 4권, 쿠바 2권, 브라질 10권)이란 이름으로 보고서를 작성하였다. 이 보고서에는 그림과 표를 곁들여 각국의 역사와 관제, 정치, 외교, 경제, 문물제도 등 정보를 정부(총리각국사무아문)에 보고하고 아울러 여행 일정과 견문, 감상 등을 날짜별로 기록하였다.

부운용이 일본을 방문한 것은 외국 순방 처음과 귀국 시 두 차례였으며 체류 기간은 1년 이상이었다. 일본 여행 보고서도 일본에서 완성되고 출판되었다. 일본에 대해서는 《유력일본도경遊歷日本圖經》(이하 《도경》) 30권과 《유력일본도경여기遊歷日本圖經餘記》(이하 《여기》) 3권이 있으며 이들은 《유력미리가도경遊歷美利加圖經》에 이은 방대한 자료집이다. 부운용은 하여장이나 장사계 같은 직업 외교관이 아니고 왕도, 이소포, 황경징과 같이 관광 목적으로 방일했던 사람과 달리 정보 수집을 목적으로 일본에 왔던 사람으로 근대 중국인 중 일본을 가장 면밀히 고찰하고 체계적으로 소개한 사람이었다.

《도경》은 천문, 지리, 하거지河渠志, 국기國紀, 풍속, 식화食貨, 고공攷工, 병제, 관직, 외교, 정사, 문학, 예문지藝文志, 금석지金石志, 문징文徵의 15개 부분으로 구성되어 있는데 그 항목 수는 169개에 달한다. 메이지 유신 이후 새로 생긴 제도를 소개하는 항목 제목에는 다음과 같이 제목에 신한자어新漢語와 번역어가 포함되어 있다.

銀行表　商標表　鐵道資本表　淡巴菰工商表　保險表　國債表

予備後備兵分數表　憲兵表　幼稚園表　書籍館表 …

《도경》에 나오는 용어를 조사 분석하여 과거의 언어 체계와 비교한다든지 다른 나라편 유력도경遊歷圖經 용어와 비교 대조한다면 근세에서 근대로 넘어가는 과정에서 중국어가 일본어로부터 영향을 받은 것 등 여러 사실을 밝힐 수 있겠으나 이들 연구는 후일을 기하기로 하고 여기서는 부운용이 두 차례 일본에 머무를 때 경험한 견문과 감상을 쓴《여기》(전 3권, 총 약 6만 자)에 나오는 용어를 대상으로 하여 일본어와 이들과의 관련성을 살펴보고자 한다.《여기》만을 고찰 대상으로 한 것은《유력일본도경》이 수십만 자가 넘기 때문에 이 책에서 전부 다루기 어렵다는 점도 있지만《여기》가 자료의 초록抄錄이면서도 창작적 성격을 띠고 있기 때문이다.

5.1 부운용과 일본어

부운용이 일본을 방문하기 전 일본에 대하여 어느 정도 알고 있었는지는 알려진 바 없다.[30] 그러나 그가 첫 번째 일본 체류를 마치고 미국으로 떠날 때, 당나라 이후 1,200여 년간 '事事以中國爲宗'(모두 중국을 스승으로 삼는다)이라던 일본이 메이지 유신 후 '서양에서 배울 것을 서둘러 배웠고, 바꾸어야 할 것을 바꾸었고, 바꿔서는 안 되는 것도 바꿨다'라고 쓴 것을 보면 그가 반년 남짓한 사이에 일본 역사와 사정에 대하여 많은 지식을 얻었음을 짐작할 수 있다. 사정이야 어떻든 부운용은 일본에 대한 지식을 습득하는 과정에서 일본어와 접했음이 틀림없다. 그러면 부운용에게 일본어란 어떤 것이었을까?

우선 부운용은 일본어가 한자를 사용하지만 발음이 중국어와 다르다는

30　시찰관 선발 시험에 '海防邊防論', '通商口岸論', '鐵道論', '記明代以來与西洋各國交涉大略'이 출제되어 傅雲龍이 뒤의 2題를 선택하여 1등을 하였다. 당시의 국제정세와 중국이 놓인 환경에 대해서 일정의 견식을 갖고 있었다고 생각된다.

것을 알게 되었다. 그래서 '문자는 모두 중국과 같으나 일본어로 발음한다'고 쓰고 일본어 음을 '방음方音'이라고 불렀다. 예를 들면 '横浜丸'를 일본어로 '犹戈哈麻麥魯'라고 발음한다고 표기한 것이 그 예이다('上輪船 曰横浜丸 方音語若 犹戈哈麻麥魯〔배를 탔는데 '横浜丸'라고 하였다. 방음方音은 '戈哈麻麥魯'이다〕). 그 밖에 다음의 지명 등 고유명사를 기록한 예도 있다.

東京丸(托角麥書) 丸山(馬書鴉麻) 大工町浴(福那台古馬芝)
長崎(納額沙客) 櫻馬町(薩沾拉巴巴) 浴堂(尤牙) 神戸(克貝)
上野(維諾) 東臺(土臺) 東照宮(土少澳)[31]

위의 예에 나타난 일본어 음의 전사 방법과《도경》권20 상 '文學一'의 '日本文表'에 게재된 가나(히라가나와 가타카나)의 음역 한자를 보면 절강성 덕청浙江德清 출신 부운용이 일본어 단어를 음역할 때 어떤 방법과 글자를 택했는지 중국어사 측면에서 고찰할 수 있을 것이다. 그러나 이보다 더 지적하고 싶은 것은 부운용이 어느 정도까지 일본어를 외국어로 보았는가이다. 위의 설명에서 알 수 있듯이 부운용은 다른 중국 지식인들과 마찬가지로 일본어를 외국어로 보기보다는 한자로 표기된 방언의 한 종류라고 잘못 생각했던 것 같다. 이러한 태도는《도경》권10 풍속편에 수록된 '방언'에 일본어 단어 421개가 수록된 것으로도 짐작할 수가 있다. 이러한 착각은 일본어가 한자로 표기되었다는 데에서 온 것이다. 그러나 일본어와 중국어는 그 차이가 방언 이상이고 발음과 문법 등은 차치하더라도 동일 한자 표기 단어일지라도 의미 차이가 크기도 하다. 부운용은 이전에 중국 각지를 돌아다니면서 여러 방언을 접한 경험이 있는데 이들 방언은 문어 차원에서는 공통된 중국어 전적典籍을 가지고 있었다. 이 때문에 그는 일본에서나 일본책에서 중국

31 大工町浴(福那臺古馬芝)과 櫻馬町(薩沾拉巴巴)에는 탈자 衍字(船, 場, 浴)가 있다고 생각된다.《吾妻鏡補》'國語解'에 舶大工町 乎尼帝扛馬市라고 되어 있다(15オ).

어와 다른 한자어를 보았을 때 정말 당혹스러웠을 것이다. 다음 예를 보면 그가 일본어를 이해한 과정을 엿볼 수 있다.

未決者　　犹言未定 亦曰日濟
(‘未定’과 같다. ‘未濟’라고도 한다)

裁判所支廳　　支之言分也
(‘支’는 ‘分’의 의미이다)

日本人稱借用者曰借　　稱借与人者曰貸
(일본인은 차용하는 것을 ‘借’라고 하고 타인에게 빌려주는 것은 ‘貸’라고 한다)

美術　　言術美也
(‘美術’이라는 것은 ‘術’이 아름다운 것이다)

取扱　　有辨意 亦有管意
(‘取扱’은 처리한다는 의미가 있으며 또 관리한다는 의미도 있다)

吾妻　　日本 吾妻 云者 有東意
(일본에서는 ‘吾妻’라고 하는 말은 ‘東’의 의미이다)

組織學　　組織云者 顯極微物之謂
(‘組織’이라고 하는 것은 매우 미세한 것을 드러낸다는 의미이다)

東溜間　　溜有言溜意 有當進而不停意
(‘溜’는 잠시 머문다는 의미로 나아갈 때 멈추지 않는다는 의미가 있다)

料理　　日本謂授餐 曰料理
(일본에서는 식사 시중 드는 것을 ‘料理’라고 한다)

畠　　与畑同 犹言旱田也 畠畑字 中國倂無
(‘畠’는 ‘畑’와 마찬가지로 ‘旱田’이라는 의미이다. ‘畠’와 ‘畑’는 중국에 없는 한자이다)

惠比壽　　日本語曰蛭子爲 惠比壽
(일본어는 거머리를 ‘惠比壽’라고 한다)

瓦斯　　謂煤油曰瓦斯也
(석탄 기름을 ‘瓦斯’라고 한다)

化粧間　將見而整衣處也

(알현하기 전에 복장을 고치는 곳이다)

麥酒　卽泰西人所謂碧兒酒

(즉 서양인이 말하는 맥주이다)

投影　所謂投影者 臨畵法也

('投影'이라고 하는 것은 그대로 베끼는 화법이다)

그가 일본어 단어를 이해한 방식은 앞에서 들은 엽경이의 방식과 비슷하다. 예를 들면 畑(畠) → 旱田, 瓦斯 → 煤油, 吾妻 → 東, 麥酒 → 碧兒酒, 惠比簿 → 蛭子 등이 같은 한자를 사용하므로 동의어同義語synonym로 처리된 것이다.

未決 → 未定, 取扱 → 處理 · 管理, 支(廳) → 分, 料理 → 授餐, 貸 → 借 등은 두 언어 사이의 의미가 다르므로 일본어와 등가로 이해하기 위해서는 어떻게든 확대 해석을 해야 한다. '조직학組織學'이나 '화장간化粧間', '투영投影' 같은 단어들은 부운용에게 생소한 단어 또는 개념이어서 의미 파악이 가장 어려웠을 것이고 직접 경험을 하고 나서야 그 의미를 알았을 것이다. 예를 들자면 조직학組織學을 '매우 미세한 것이다'로, 화장간化粧間을 '알현하기 전에 복장을 고치는 곳이다'로 이해한 것은 학교 시찰과 천황 궁궐에 들어갈 때의 체험에서 온 것일 것이다. 여기에도 앞에서 설명한 명목名目을 분석하고 개념을 파악한다는 중국적 사변법思辨法이 작용하였다.

'東溜間 溜有暫溜意 有當進而不停意'('溜'는 잠시 머무른다는 의미로, 나아갈 때 멈추지 않는다는 의미가 있다)라는 해석은 이와 같은 사변법의 결과일 것이다. 《도경》과 《여기》는 전체적으로 원어를 존중하는 경향이 보인다. 예를 들면 부운용은 '회사를 공사公司라 하는 것은 중국인의 번역어로, 원래의 명칭이 아니다. 혹자는 외국인 회사를 공사公司라 하나 이는 모두 옳지 않다.

지금 회사라고 부르지만 실제 사용하는 것을 그대로 기록하는 것이다'라고 기술하였다. 즉 원어로부터의 의미가 멀어지는 것을 방지하기 위해서 실제 사용되는 어휘를 채록하였기 때문이다.[32] 이러한 연유로 일본에서 발생한 서양 문명을 나타내는 많은 신어와 번역어가 부운용의 보고서에 실릴 수 있었던 것이다.

5.2 신개념을 나타내는 단어

부운용은 신어와 번역어를 주저하지 않고 자신의 책에 수록하였는데 그 이유는《도경》편찬 과정에 일본 자료를 많이 사용했기 때문이다. 그리고 이때 익힌 용어가 자연스럽게《여기》쪽에 반영된 것으로 보이나 동시에 일본에서 쓰는 단어는 그대로 적는다는 태도가 크게 작용하였음을 잊어서는 안 된다. 다음 단어는《여기》에 사용된 신어들이다. 이 중에는 '인력거人力車'와 '지장地藏', '청주淸酒' 등 일본에만 있는 단어도 있으나 대부분은 서양에서 들어온 사물 및 개념들이다.

暗室	醫科	運動會	衛生$_L$	化學$_L$	學位記
學年	學科	學期	幹事$_L$	議員$_L$	協會$_L$
教授$_L$	銀行$_L$	公園$_L$	工業場	工科	(盲啞院)
感覺練習場	光學	國債$_L$	解剖	金庫$_L$	技師
建築	軍曹	課長	教頭	教論	警察$_L$
(署)	憲兵$_L$	工兵	化粧$_L$	金牌$_L$	瓦斯$_L$
金屬$_L$	苛性曹達$_L$	組織$_L$(學)	植物學	人力車$_L$	植物試驗場
總長	總理$_L$	總裁	支局	支社	寫眞
淸酒	裁判所	助教授	主任	商業$_L$	少佐

32 현대 중국어에서도 '株式會社, 本社, 支店'처럼 고유명사는 '있는 그대로 적는다'는 경향이 현저하게 나타난다. 제1장의 주 6 참조.

精米所	曹達$_{L}$	體操$_{L}$	淡巴菰	食物	動物學
動物試驗場	大審院	圖書館$_{L}$	噸$_{L}$	統計$_{L}$	楕圓
中將	大尉	大佐	投影$_{L}$	電灯	電話機$_{L}$
定員	手洗所	土藏	反射$_{L}$	風琴$_{L}$	麥酒$_{L}$
保險$_{L}$	郵船	郵便	幼稚園	內閣$_{L}$	美術$_{L}$
美術品$_{L}$	非金屬	物理$_{L}$	文科	文學$_{L}$	文學博士
法科	卷揚機	理科	理事$_{L}$		

위의 단어 중 오른쪽에 L이 붙은 것은 류정탄 편《중국어 외래어 사전》에 일어 차용어로 나와 있는 것들이다. 실제 사용례를 좀더 제시하면 다음과 같다.

圖書館	遊圖書館; 圖書館有元本漢書
教授	遊大學 勅任者日總長; 奏任者曰學長; 曰教授, 曰助教授
	訪榎本武揚　同飮者大學教授中村正直
卷揚機	覽三菱會社石炭鑛 掘煤者, 卷揚機也, 凡五
體操	是日, 視體操: 體操爲學校通例; 適見體操鈴, 棍二法
金牌	帝國大學運動會, 觀競渡, 勝著之金牌
人力車	由火車而人力車, 訪神奈川知事
解剖	遊醫學校; 有解剖室, 剖視恙根, 目不忍視

이를 보면 중국인 저술에 청일전쟁 이전부터 이같이 많은 일본제 신어와 번역어가 사용되었음을 알 수 있다. 그리고 이들 단어는 지금도 거의 그대로 중국어에서 사용되고 있다.

5.3 위생

앞에서 저자는 중국적 사변법思辨法, 즉 주어진 문자열에 대하여 한자 본래의 용법에 따라 각각의 한자를 분석적으로 해석한 다음 전체 의미에 근접하려고 하는 방법을 설명한 바 있다. 이러한 사변법은 새롭게 구성된 문자열뿐만 아니라 새로운 의미가 부여된 기존어에도 똑같이 작용한다. 즉 기존 단어가 신개념을 나타내는 번역어로 사용될 때 거기서 생겨난 의미 비약을 종래의 해석 가능한 범위 내에서 설명하고 처리하려고 하는 것이다. 이러한 예가 잘 나타난 것이 《여기》에 나오는 〈위생론衛生論〉이다. 이 〈위생론〉은 부운용이 1887년 12월 13일 내무성 위생국을 방문했을 때의 일을 적은 것으로 그 내용은 다음과 같다.

> 위생국 국장이자 원로원 의원 나가요 센사이長與專齊 씨가 부운용을 위생시험소에 안내했을 때 술잔을 들고 위생이란 용어가 적절한지 의견을 물었기에 이를 위해서 〈위생론〉을 지었다.

> '위衛'와 '의醫'는 어느 쪽이든 생명을 다루는 방법이나 그 뜻은 같지 않다. '의醫'는 항상 병을 얻은 후에 시행하는 것이나 '위衛'는 병을 얻기 전에 대비하는 것이다. 일본은 1875년 처음으로 사약장司藥場을 설치하였는데 이것이 의학의 일부분이 되었다. 1883년 사약장은 위생시험소로 이름이 바뀌었고 음식을 비교 연구하거나 약품의 효과를 시험하거나 하였다. 화학과 산학算學, 의학, 물리학을 합쳐서 위생학을 만든 것이다. 나가요 센사이는 명목名目과 실제가 일치하지 않는 것을 우려하여 재삼 부운용에게 물었다. 《설문해자》에 의하면 '위衛'는 '宿衛'이고 '韋'와 '帀'에 따르고 '行'에 따른다. '行'은 지키는 것이며 '帀'는 돈다는 뜻이다. 《사기》에서는 '위령衛令'을 '주로周廬'라고 한 것이 이에 근거한 것이다. 따라서 '위생衛生'이란 단어는 안을 보호하는 의미가 있고 밖을 방어한다는 뜻이다. 생명에 좋은 것이 밖으로 나가거나 또 생명을 해

> 치는 것이 기회를 타고 안으로 들어오지 못하도록 한다. 더러움은 청결의 적으로 더러움을 제거하는 것은 즉 청결을 지키는 것이다. '위僞'는 '진眞'의 적이고 '위僞'를 식별하는 것은 즉 '진眞'을 지키는 것이다. 지나치거나 부족한 것도 중용에 대한 폐이다. 지나친 것을 그만두고 부족한 것은 늘리는 것은 중간을 지키는 것이다. 청결과 진실, 적당한 정도는 모두 생명의 근원이다. '의醫'만으로 할 말을 다 할 수 있을까? 혹은 왜 '양養'이라고 하지 않는지 의문을 가질지도 모르나 '양養'은 말하기 어렵기 때문이다. 마음으로써 하고 기氣를 가지고 하면 '양養'이라고 하고, 이것이 자연의 도리이다. 힘이나 물질을 사용하면 '위衛'라고 하며 이것은 인위적인 노력이다. 여기서 말하는 인위적인 노력은 자연의 도리와 모순되는 것은 아니지만 학문 용어로 고귀한 '양養'을 사용할 필요는 없다. 위생이라고 명명하는 것을 누가 좋지 않다고 말할 수 있겠는가?

여기서 우리는 〈위생론〉의 집필 계기가 위생국장 나가요 센사이의 의문을 풀어 주기 위함인 것을 알 수 있다. 막부 말기 메이지 초 서양에서 온 새로운 사물 개념을 일본어로 옮길 때 중국 고전에서 유서 깊은 단어를 찾아내어 번역어를 만드는 방법이 널리 사용되었는데[33] 위생도 예외는 아니었다. 나가요 센사이가 위생을 행정기관의 명칭에 사용한 것은 1876년인데 소고 마사아키惣郷正明(1982: 73-76)는 위생의 사용 경위에 대하여 다음과 같이 지적하였다.[34]

---

33 막부 말기 메이지기의 새로운 한자어, 번역어에 대한 논고는 많다. 명명과 신어 형성의 관점의 연구는 森岡健二 · 山口仲美(1985), 米川明彦(1989)을 참조하기 바란다. 또 森岡 · 山口(1985)에 따르면 인문과학 분야에서는 중국 고전어를 전용해서 새로운 번역어를 많이 만들어 냈다고 한다.

34 衛生局의 성립 연도에 대해서 半澤洋子(1983)는 메이지 9년이라고 주장했다. 메이지 10년은 아마도 惣郷正明의 실수라고 본다. 단《現行法御話の史的考察》(渡部万藏 1930)에 '메이지 8년 6월 위생사무를 내무성으로 이관하고 동년 8월 위생국을 설치하게 되었다'라고 기록되어 있다.

또한 半澤洋子(1983)는 위생에 관해서 고찰하였는데 이를 요약하면 다음과 같다.

· 중국의 고전인 '莊子'에 '衛生'의 출전이 있는데 '養生'과 같이 '생명을 보전한다'는 의미이다.

> 의무국이 1875년 내무성에 이관될 때 의학교육 분야는 문부성에 남고 건강 보호 분야는 내무성의 한 국局이 되어 나가요 센사이가 그 국장이 되었다.
>
> 나가요 센사이는 위생국이란 이름을 지을 때 원어를 직역해서 '건강健康'이니 '보건保健'으로 하면 너무 '노골적이고 재미없다'고 생각하였다. 그래서 좋은 이름을 이리저리 생각하다가 중국 고전《장자莊子》〈경상초편庚桑楚篇〉에 '위생'이란 말이 있음을 알고 이것이 의미가 좀 다르지만 '글자 뜻도 좋고 부르기도 나쁘지 않아서' 이를 가져다가 1877년 국의 이름을 위생국이라고 하고 국장에 취임하였다.

그런데 늘 지적하듯이 이런 방법으로 중국 고전어에 나오는 단어를 가져다가 번역을 하게 되면 새로운 번역어가 원래 의미와 달라진다는 문제가 발생한다. 예를 들면 새로운 의미가 고전적 의미와 충돌하는 문제 혹은 고전에 나오는 말이 새로운 의미를 잘 나타낼 수 있을까 하는 문제이다. 더욱이 일본 번역자들에게 이러한 참신한 용법은 한자 본가인 중국에서 허용되는 범위인지 아닌지 신경이 쓰이는 부분이었을 것이다.

'위생衛生'이라는 단어는 위생국이라는 명칭에서 시작되어 1887년에는 사회 전반에서 널리 사용되었다. 그러나 외국어 사전에도 등재되어 어느 정

· '莊子'는 헤이안 초기에 이미 일본에 전해졌으나 일본 문헌에서 '衛生'의 용례는 훨씬 늦다.
· 중세부터 메이지 10년까지 '衛生'은 성생활의 완곡한 표현으로 사용되었다.
· 근세 후기가 되어 현대의 용법과 비슷해져서 병 예방과 관계된 의미를 갖는 '衛生'이 출현하게 된다. 그러나 같은 의미를 갖는 '養生'에 비하면 아직도 열세에 있었다.
· 메이지 9년 행정기관 명칭에 '衛生'이 사용되었다. '衛生'이 번역어로서 정착한 것은 거의 메이지 20년 이후였다.

단 지금까지의 연구는 중국의 송, 명 이래의 문헌을 언급하지 않았다. 예를 들면 원의 羅天益의 '衛生宝鑑', 명의 胡笙의《衛生易簡方》등이 중국뿐만 아니라 일본에서도 널리 유포되어 번각되었다.

청대에도 '衛生'을 서명으로 사용한 의학서가 몇 종류 있고 선교사들의 번역서에 '衛生'이라고 제목을 붙인 것도 있다. 예를 들면 傅蘭雅(John Fryer)의《化學衛生論》(1881),《孩童衛生論》(1893),《幼童衛生篇》등이 있다. 근대 번역어 '衛生'과 이들 서적과의 관계에 대해서 상세히 조사할 필요가 있겠다.

도 일반에 정착되었음에도 불구하고 '위생'은 여전히 그 의미가 확실하게 이해되지 않은 상태였다. 이 무렵 한자 종주국의 사신 부운용이 일본에 오자 가요 센사이는 자신이 명명한 위생에 대하여 정당성을 확인하는 기회를 얻은 것이다. 그래서 그는 재삼 '위생지권당부衛生之圈當否'를 물었고 부운용은 위생이라는 용어가 괜찮다는 보증을 해 주었던 것이다. 부운용이 해야 할 일은 서양의 근대 이념에 기초하여 설립된 위생국이라는 용어를 어떻게 해서 고전적 명목인 위생에 결부시켜 그것을 '명실상부名實相符'하게 설명하는 것이었다.[35] 부운용은 중국 고전에 근거하여 한자 각 글자의 의미를 설명한 다음 '目以衛生 誰日不宜'이라고 '위생衛生'이란 용어의 정당성을 보증하였는데 이것은 동시에 부운용 자신이 서양의 신개념을 획득한 위생이라고 하는 단어를 받아들이는 과정이었다고 할 수 있다. 그러면 부운용이 어떻게 자신의 역할을 완수하였는지를 살펴보기로 하자.

부운용은 '위衛'와 '의醫'는 생명을 다루는 수단인 점에서는 같지만 '醫'는 이미 병이 걸린 후에 시행하고(醫恒施于已疾), '衛'는 병의 예방 수단(衛則在于未疾)으로, '衛'와 '醫'의 의미상의 차이를 파악하고 있었으나 나가요 센사이의 배경 설명을 감안해서 이러한 해석을 한 것이라 생각된다. 하지만 이 해석이 결코 옳다고만은 볼 수 없다. 왜냐하면 '위衛'는 병에 걸리지 않도록 생명을 지키는 것뿐만이 아니라 이미 병에 걸린 생명을 지킨다는 의미도 있기 때문이다. 즉 '위衛'는 '已'(이미)와 '未'(아직) 양쪽으로 해석할 수 있는 의미 범위를 가지고 있어서 '衛生'의 '생명을 보전한다'라는 고전적 의미에 '병의 예방'이라는 근대적 의미로 변화할 가능성이 잠재되어 있었다고 본다.

---

35 《衛生論》에 위생시험소의 전신인 도쿄 사약장의 설립, 개칭개정의 시기, 업무내용 등에 대한 단락이 있어서 傅雲龍은 長與專齊에게서 상당히 자세한 설명을 들었다고 생각된다. 이것은 이미 습득한 지식으로서 글자의 의미를 해석할 때에 어떻게 작용하는가에 대해서도 고려하지 않으면 안 될 것이다.

의미와 단어 구성 면에 위생과 비슷한 단어에 '후생厚生'이 있다. 이는 일본에서 복지와 위생 전반을 총괄하는 행정 기관 이름으로 사용되고 있다. '후생'은 1930년대 이전 중국에도 도입된 일이 있는데 쓰이지 않게 되었다. 후생의 도태 이유는 고전에 사용된 예가 없고 의미 범위도 위생처럼 넓지 않았기 때문일 것이다.

부운용은 '위생衛生'이 처음 쓰인 《장자莊子》에 대해서는 언급하지 않았으나[36] 《설문해자》와 《사기》에서 그 근거(특히 전자)를 구한 것은 정통적인 절차라 할 수 있다. 단 위생이 '중中', '결潔', '진眞' 등 생명의 기본을 지킨다고 하는 의미추론과 연역적 언사는 억지로 꿰어 맞춘 듯한 느낌을 들게 한다. 앞에서 말한 엽경이나 일어 차용어에 거부감을 보인 펑원쭈(彰文祖, 1915)의 예를 생각해 보면(沈國威, 1983을 참조) 부운용이 신어를 이해하는 데 의미 해석을 항상 무리한 범위까지 확대시킨 경향이 있다고 하겠다.

부운용은 위생 대신 '양생養生'이라는 용어를 사용하지 않은 것을 '양養'은 마음과 기氣를 사용하는 자연의 이치임에 비하여 '위衛'는 힘과 물질을 사용하는 인위적 노력이기 때문이라고 설명하였다. 이 설명이 그럴듯하기는 하나 '위생'이란 용어를 만드는 단계에서 이를 고려하였다기보다는 소고 마사아키(1982)의 인용에서도 알 수 있듯이 단어의 품위가 우선시된 결과라고 생각할 수 있다(한자와 요코半澤洋子(1983)가 지적한 바와 같이 '위생衛生'이 중세부터 메이지 초기까지 성생활의 의미를 완곡하게 표현하는 경우가 있었다는 것을 나가요 센사이가 알고 있었다면 이 용어를 피하였을 것이다).

어찌 되었든 '위생'이란 용어는 부운용과 그 당시 사람들에게는 아직 분석적 방법을 통하여 이해되던 단어였다고 하겠다. 이러한 사실은 다음에 드는 메드허스트 《영한자전英漢字典》(1847-48)과 로브샤이트 《영화자전英華字

---

36 長與專齊에게서 위생국의 명명은 '莊子'에 의한 것이라는 설명을 들었으므로 중복을 피하기 위한 것이라고 생각된다.

典》(1866-69), 20세기 초 량치차오의 기록에서 그 증거를 찾을 수 있다. 이들 자료에는 다음과 같이 위생이 축자적으로 번역되어 있다.

to protect one's life　　衛生

life protecting pills　　衛生丸

日本 … 設衛生潔淨諸局. 以衛民生.　　《淸議報》41 1900. 4

또 '위생'은 평원쭈의 《맹인할마지신명사》가 가장 지면을 많이 사용해서 설명한 단어 중의 하나인데 여기서 그는 주로 중국의 위생 사정과 입욕 습관을 이야기하고 위생의 의미에 대해서는 '위생이란 생명과 생활을 보위保衛하는 의미로 한자의 용법은 모두 옳다'고 한 것도 눈여겨볼 만한 일이다.

현대 중국어에서 '복위생復衛生'(아주 위생적이다), '비상위생非常衛生'(상당히 위생적이다)과 같은 형용사적인 용법의 발생한 것은 글자에 대한 분석 의식이 약해진 결과이다.

이상 부용운의 《여기》에 쓰인 용어에 대해서 살펴보았다. 이 장에서는 근대 전기 중국어와 일본어와의 접촉에 대하여 살펴보았는데 《여기》가 당시 중일어의 접촉 문제를 파악하는 데 주목할 만한 자료라는 점을 지적하였다. 그러나 일본어 차용과 그 전파 과정에서 《도경》과 《여기》가 한 역할에는 다음과 같은 문제가 있음을 지적할 필요가 있다.

① 《도경》과 《여기》는 전에 볼 수 없었던 일본 소개 자료이기는 하나 내용 면에서는 앞에서 설명한 대로 고전적 지리서 형태를 벗어나지 못했고 실용 분야에 편중되어 정치와 철학, 법률 같은 인문과학 분야 등 최신 분야에 관한 기록이 적다. 따라서 당시 중국이 가장 필요로 하였던 인문과학의 용어와 전문 학술용어의 형성에 그다지 기여하지 못했을 것이다.[37]

37 여기에는 어떤 종류의 분야 분담이 있었을 것으로 생각된다. 마찬가지로 시찰 관리로 뽑힌 顧

② 《도경》과 《여기》는 부운용의 귀국 후(1889)에 일본에서 인쇄된 뒤 총리아문에 제출되었다. 그러나 총리아문의 높은 평가를 받은 이 보고서가 《소방호제여지총초小方壺齋輿地叢鈔》에 실린 것은 1893년의 일이며 그것도 일부분만 수록되었다. 이러한 연유로 그의 저서가 전집으로 모두 간행된 것은 20세기에 들어와서이다. 즉 그의 저서가 청일전쟁 직전까지는 중국인들에게 널리 읽히지 않았다는 것이다.

6. 황준헌黃遵憲의 일본 관찰과 그 어휘

일본에 대한 단순한 소개가 아닌, 일본 역사와 실정을 파악함으로써 필요한 경험과 교훈을 이끌어 내고 근대 국가를 지향할 목적으로 일본을 소개한 것은 초대 주일 공사인 하여장何如璋의 참사관 황준헌黃遵憲이다. 이 때문에 황준헌의 일본 기록은 특별한 의미를 갖는다. 그가 쓴 《일본국지日本國志》(전 40권)와 《일본잡사시日本雜事詩》(초판본 1879 154편, 定本 1990 200편)은 지금까지 여러 분야에서 중국 근대사와 사상사, 중일 근대 교류사 등의 주요 연구 자료로 사용되었다. 그러나 과문한 탓인지 이들 자료에 대량 수록된 일본 한자어와 일본제 한자어가 근대 이후 중국어에 끼친 영향 등에 대하여 언급한 논고는 별로 보지 못했다. 필자는 아직 《일본국지》와 《일본잡사시》(이하 각각 《국지》 《잡사시》로 약기한다)에 수록된 전 어휘에 대하여 고찰할 준비는 되어 있지 않다. 그러나 이 장을 끝맺는 의미에서 근대 전기 황준헌을 비롯한 중국 지식인들이 일본어를 차용하였을 가능성에 대하여 간단히 살펴보기로 한다.

厚龍과 같은 시기에 일본과 미국을 방문하였다. 그리고 고찰의 중심은 정치 분야이다. 顧厚龍는 《日本新政考》(1888)를 저술하였다.

6.1 황준헌의 용어

《일본국지》는 일찍이 유례가 없을 정도로 일본 역사와 메이지 이후 사회 변동을 체계적이고 광범위하게 관찰 및 소개하였다. 《잡사시》는 《일본국지》의 시가판詩歌版이라고 볼 수 있다. 여기서는 《잡사시》의 시와 주注에서 《일본국지》 관련 부분을 대조하면서 외래 개념을 나타내는 어휘를 채록하였다 (어원이 일본제 한자어가 아닌 것도 포함됨).

印刷局　印紙　衛生$_L$　共和$_L$　國會　國體$_L$　政党　議院$_L$　共和黨
改進黨　會計$_L$　幹事$_L$　解放$_L$　藝術$_L$　銀行$_L$　公園$_L$　汽船$_L$　議員$_L$
議長　會議　改選　會社$_L$　後備　國民軍　憲法$_L$　刑法$_L$　公判$_L$　權限$_L$
警視　警部　警視廳　警察$_L$　交番　金屬$_L$　建築$_L$　經費$_L$　金額$_L$　規模
化學$_L$　課目　學科　公立$_L$　教員　訓導　仮名$_L$　國旗(半懸國旗)　記者$_L$
競馬　小說　士官學校　師範學校　社會$_L$　寫眞　宗教$_L$　消防$_L$　出張所
巡査　常備兵$_L$　消防局　私立$_L$　神道　政治學　生物學　生理學
石屬(化學煉造之物)　証券$_L$　製造所　造幣場　製造物　綿織物　中將$_L$
操練場　常備　選擧$_L$　自由$_L$　自由黨　總理$_L$　主義$_L$　參觀$_L$　進步
裁判所　紙幣　徵兵令　總裁　市場$_L$　移民　體操$_L$　知識$_L$　定員　統計$_L$
統計表　投票　內閣$_L$　煉化石　博物館　麥酒$_L$　物件　物理學　蒲團
封建制　保釋　紡績所　法廷$_L$　法律$_L$　民主$_L$　民主黨　民權　民法$_L$
郵便局　幼稚囲　豫算$_L$　豫備　豫審　洋服　立憲政體　立憲黨　理事$_L$
揚弓店　稻荷祭　賣捌所　大安賣　雅樂$_L$　鏡餅　貸座敷　加追澳　門松
祇園祭　小間物屋　昆布$_L$　權妻　猿樂$_L$　島田髻　三味線$_L$　人力車$_L$
數奇屋　相撲　雜煮　大問屋　淡巴菰　疊(踏踏美)　旦那　無神髻　能
飛脚屋　廣場$_L$　落語　兩替屋　料理屋　和歌$_L$

(오른쪽에 L이 붙어 있는 것은 류정탄 편《중국어 외래어 사전》에 일어 차용어로 나와 있는 것임)

위의 예를 보면《잡사시》에는 일본 특유의 재래 어휘로부터 메이지 이후 생겨난 신어 번역어 등까지 폭넓게 사용된 것임을 알 수 있다. 이들 어휘는 하여장과 엽경이, 부운용 등과 같이 중국어에 외래 언어 요소를 차용하는 관점에서 여러 문제점을 지적할 수 있겠으나[38] 이들에 대한 자세한 연구는 다음을 기약한다. 여기서는 앞에 거론한 단어 대부분이《중국어 외래어 사전》에 수록된 일어 차용어와 일치한다는 점을 지적하는 데 그치고자 한다. 요컨대 근대 중국어의 일본어 차용은 황준헌 등에서부터 이미 시작되었다고 볼 수 있다는 것이다. 황준헌과 그 전후의 다른 저술들은 다음에 언급하는 이유로 일본어 차용을 가져오게 할 만한 사회적인 영향력이 없었다.

7. 마치면서

결론부터 말하자면 본 장에서 제시한 자료를 통해서 중국어로 유입된 일어 차용어는 오늘날 중국에서 사용하는 일어 차용어의 일부에 불과하다. 1870년대와 80년대에 저술된 일본 관련 저서에 사용된 일본어 어휘와 오늘날 중국에서 사용되는 일어 차용어 사이에는 단층이 존재하며 발생적으로 보면 비연속적이다. 그렇다면 황준헌 등이 개인적으로 일어를 차용한 것이 사회적 언어 현상이 되지 못한 것은 무엇 때문일까? 일반적으로 언어 차용은 접촉이라고 하는 물리적 전제와 문화적 동기 부여라고 하는 심리적 요인이 작용한다. 이하 이 두 가지 점에 대해서 근대 전기의 경우를 조금 더 상세하게

38 예를 들면 黃遵憲은 '社會'를 '결사'(집회결사), '給理'를 '회장'으로 해석하였는데 이러한 해석은 의미에서 일본어와 상당히 불일치한다. 특히 '奥さん'이라는 단어에 대한 흥미로운 해석이 있어 아래에 인용한다.

(呼夫日檀那) 呼婦日奧姑 他人亦用此称《遼史國語解》凡納后
卽族中選尊者一人 当奧而坐 以主其礼 謂之奧姑 襲遼人語也

보기로 한다.

우선 접촉 문제를 살펴보자. 이것은 언어의 유입 경로와 관련된 문제로, 일반적으로는 사람의 접촉과 서적의 전래가 주요 접촉 수단이 된다. 그러나 청일전쟁 때까지 중·일 간의 인적 접촉 및 교류는 아주 제한된 범위에서만 이루어졌다. 예를 들면 일본에 유학생을 파견한 시기는 1896년으로 그 전까지 주로 외교관과 상인이 양국을 왕래할 뿐이었다. 이 장에서 소개한 하여장, 엽경이, 부운용, 황준헌 등이 그 대표적인 인물이다. 단 여기에서 특기할 사항은 유럽 각국 주재 중국 사절도 부임지로 가는 도중 배에서 만난 일본인이나 부임지의 일본인들로부터 일본에 관한 지식을 흡수하려고 적극 노력하였다는 점이다. 예를 들면 곽숭도郭嵩燾는 부임지 런던에서 주영 일본 공사 우에노 가게노리上野景範와 친교를 맺고 일본 관련 정보와 자료를 적지 않게 입수하였다. 그의 일기에는 메이지 정부의 조직기구와 관리 이름, 호적표, 역체료제오차연보驛遞寮第五次年報, 내국권업박람회출품목록內國勸業博覽會出品目錄, 역체료우편규칙驛遞寮郵便規則, 도쿄개성학교일람 등이 자세히 기록되어 있어 당시 일본 정부기관의 이름과 관직명을 비롯해서 많은 신생 한자어와 번역어가 기록되어 있다. 곽숭도의 통역을 맡은 장덕명張德明(德鼻)의 일기에도 일본어에 관한 기술과 일본 한자어가 많이 보인다.

그러나 위와 같은 접촉이 있었다 하더라도 직접적인 인적 교류가 많지 않았음은 변함이 없다. 이것은 일본인과 직접 접촉할 기회가 없는 사람들에게 차용의 첫 걸음인 일본어와의 접촉은 서적 등의 문자 자료를 통할 수밖에 없었음을 의미한다. 하지만 청일전쟁 전까지는 일본 소개 책자나 번역서가 매우 적었고(사네토 케이슈[1970], 탄루첸譚汝謙[1980]을 참조) 일본어 교육과 학습이 거의 이루어지지 않았다. 상하이 동문관同文館에서는 개관 초기 일본어과를 개설하였으나 희망자가 적어 폐지되었다. 베이징 동문관은 일본어 과정 개설이 더 늦어 1896년에나 이루어졌다.[39] 청일전쟁 전에는 이처럼 일본어 차용이 물리적으로 제한되어 있었던 것이다.

메이지 유신 이후 일본이 점차 중요한 나라로 변해 가자 중국에서는 일본에 대한 관심이 높아져 일본 관련 서적이 점차 늘었다. 본 장에서 살펴 본 것 이외에 청일전쟁 이전 출판된 자료로는《소방호재간여지총조》(정편 10실부터 12질까지)가 있는데 이에 수록된 일본 관계 도서로는 다음과 같은 것들이 있다(일본인이 저술한 것이나 번역한 것은 제외함).

使琉球記	張學禮	使琉球記	李調元
琉球實錄	錢…	琉球形勢略	姚文枏
琉球向歸日本辯	王韜	東洋記	陳倫炯
日本考略	龔柴	日本近事記	陳其光
日本通中國考	王韜	袖海編	汪鵬
東遊日記	王之春	東洋瑣記	王之春
東槎雜著	姚文棟	東槎見聞錄	陳家麟
遊日光山記	黎庶昌	東行日記	李圭

그 밖에 저자 이름 미상 5종

이들 서적, 특히 메이지 유신 이후 일본을 소개한 책에는 일본 신한자어와 번역어가 다수 사용되고 있다. 그러한 점에서 일본어 어휘가 차용되었을 가능성은 확실하나 사회적 풍조와 인쇄 사정, 서적의 성격(예를 들면 정부에 제출하는 보고서가 많았다) 등으로 볼 때 일반인들이 접할 수 있는 것은 아니었고 따라서 서적을 통한 어휘 유입은 불가능했을 것이다.

---

39 《中國近代出版史料》에 同治2年(1863) '李上疏請設上海 廣州同文館 奏准 遂設 後曾開東文 因願學者少 罷'(同治2年, 李鴻章이 상하이, 광저우에 同文館에 설립하려고 上奏하여 허가를 받아 설립하였다. 후에 일본어 과정을 열었으나 배우고 싶어 하는 사람이 적어서 취소하였다)라는 기록이 있다.

《일본국지》는 쓰여진 시기가 1887년이지만 8년 뒤인 1895년에 출판되었다. 원창袁昶의 기록에는 황준헌이 '만약 이 책이 빨리 출판되었더라면 일본에 대한 전쟁 배상은 없었을 것이다'(《인경려시초人境廬詩草》 권10, 〈삼애시三哀詩〉)라고 한 말을 전하면서 《일본국지》의 출판이 늦어진 점을 아쉬워했는데 이를 보면 그 동안의 사정을 짐작할 수 있다.

언어를 차용하는 동기를 유발시키는 것은 상대 언어로 대표되는 문화에 대한 동경심이다. 그러나 근대 전기 중국인들이 일본 문화를 동경한 적은 없었다. 그 이유는 중국이 일본에 대하여 역사적 우위를 점했고 일본이 서양 문명의 원조가 아니라는 점이었을 것이다. 그리고 무엇보다도 중화사상 숭배와 봉건적 폐쇄성 때문에 중국인들은 소수 선각자를 제외하고는 일본의 근대적 발전과 자국의 낙후를 인식하지 못하였을 것이다.[40] 부운용이 《유력일본도경여기》의 서두에서, 보수 세력이 '일본은 (조그만) 섬나라이다'라고 공격을 해 올 것을 예상하여 '지리는 중국과 상반되나 일본은 진정 중국과 비슷한 곳이 있어서 관찰한 것이다'(詎知地背以相反而鑒 日本正以相因以觀)라고 쓴 것만으로도 당시의 중국 내의 분위기와 일본에 대한 인식 부족을 짐작케 한다.

이와 같이 중국은 시간을 들여 서양 문명을 음미하고 소화할 여유를 결국 잃었고 직접적으로 서양을 배울 기회를 상실하였다. 1889년 미국 등 서구 제국 시찰을 마치고 세계정세를 직접 목격한 부운용은 귀국 도중에 일본에 들러 '일본을 세계로 나가는 문으로 삼아야 할 것'이라는 견해를 나타냈다. 부운용의 날카로운 통찰이 청일전쟁 후에야 겨우 일반인들에게 받아들여졌고 근대 국가를 지향하던 중국은 우선 일본을 배워야 한다고 생각하게 되

40 주일 외교관들은 당연히 일본의 일진일보의 변화와 중국의 정체를 실제로 보고 있었다. 다른 나라에 주재한 외교관 중에서도 일본인과 교류하는 동안에 일본의 진보를 감지한 사람도 있었다. 예를 들면 곽숭도는 일본인 외교관의 활동을 보고 '日本勇于取効西洋如此 吾甚愧之' '日本晩出汲汲倣而効之 日進無窮'이라고 일기에서 감탄하고 있다.

었다. 그때까지 막혀 있던 문명의 흐름은 둑을 무너뜨리는 거친 파도와 같이 중국으로 흘러 들어왔고 이것은 또한 순식간에 일본의 신생 한자어와 번역어를 역유입시키는 사회적 언어현상을 불러일으켰다.

제4장 서학동점西學東漸과 일어 차용어

— 19세기 영중사전들을 중심으로

앞 장에서는 근대 전기 중국인이 저술한 일본 관련 서적에 사용된 어휘를 살펴보았다. 이들 저서의 저자들은 모두 고전 교육을 받은 사람들로, 이 저서들은 전통적 학문의 연장선상에 있다고 볼 수 있다. 한편 이러한 전통적 학문 흐름과 달리 명나라 말에 도래한 서양 선교사들이 구축한 양학洋學이 존재하였다. 양학은 수隋, 당唐의 불교 경전 번역 이래 중국어가 가장 직접적으로 그리고 다른 언어로부터 크게 영향을 받은 학문 분야로 서양 선교사들은 전도에 필요한 기독교 교의과 세계 지리, 자연과학 등 당시 중국인들이 알지 못했던 지식을 전하였고 많은 번역서와 저서를 남겼다. 일본어 어휘 차용의 문제도 중국 전통 학문과 양학이라는 두 줄기 흐름 속에서 근대 중국어 어휘 체계에 편입된 형태로 형성된 것이라 하겠다.

중국 양학서 어휘가 일본 근세와 근대의 한자어에 끼친 영향에 대해서는 일찍이 야마다 요시오山田孝雄(1944)의 선구적인 연구가 있고 후루타 토사쿠古田東朔(1963) 등의 양학서를 자료로 조사한 실증적 연구가 있다. 모리오카 켄지森岡健二(1969)는 19세기 영중사전의 번역어와 근대 한자 번역어와의 관계에 대해서 훌륭한 연구 성과를 냈다. 근년의 연구로는 사토 토루佐藤亨

(1983, 1986) 등을 들 수 있다.

이 장에서는 일본의 국어학적 연구와 반대 방향, 즉 중국 근대 어휘사의 각도에서 양학의 한 측면인 19세기 영중사전들의 번역어와 일어 차용어와의 관련성을 고찰함으로써 서양 인이를 둘러싼 중 · 일 간의 어휘 교류에 대하여 살펴보기로 하겠다.

1. 19세기의 영중사전들

근세 동서 문명 접촉은 16세기 말 기독교 선교사들이 동아시아에 오면서부터 시작되었다. 중국에 맨 처음 온 선교사 마테오 리치P. Matteo Ricci(중국명 利瑪竇)가 중국 내륙에 들어오기 전에 마카오에서 중국어를 공부하고 왔다는 점에서 알 수 있듯이 서양인들이 중국에서 포교를 하기 위해서는 먼저 언어라는 장애를 극복하지 않으면 안 되었다. 여기서 언어 사전들의 존재가 특별한 의미를 가지게 된다. 바꾸어 말하면 외국어를 신속히 습득할 필요성에서 외국어 사전을 편찬해야 했던 것이다.[1] 외국과의 교섭이 빈번해진 명나라 시대에 편찬된 사이관四夷館의 《화이역어華夷譯語》도 외국어 사전의 성격을 띤 사전인데, 17세기 초부터는 선교사들이 편찬한 사전, 예를 들면 알바루스 드 세메도Alvarus de Semedo謝務祿(포르투칼인, 1613년에 중국에 옴)의 《자고字考》나 니콜라 트리고Nicolas Trigault金尼閣(프랑스인)의 《서유이목자西儒耳目資》(1626, 정확히 말하면 일종의 발음사전) 등이 출현하기 시작하였다.

그런데 본격적인 외국어 사전의 출현은 로버트 모리슨Robert Morrison馬禮遜의 중영자전(제1권 《자전字典》 1815, 제2권 《오차운부五車韻府》 1819-20, 제3권 《영한

1 대부분의 외국어 사전 서문에 이와 같은 취지가 편찬 동기로서 기술되어 있다. 예를 들면 로브샤이트의 《英華字典》의 〈Preface〉, 장옥당(張玉堂)의 서문 등. 다음 절 참조.

자전英漢字典》 1822)부터일 것이다. 그 후 선교사들이 수많은 영중·중영사전을 출판하였는데, 이러한 사전 편찬은 20세기에 들어서도 계속되었다. 《근대내화외국인명사전近代來華外國人名辭典》에 간략히 나온 내용만 보더라도 5·4운동이 발발한 1919년까지 외국인이 편찬한 외국어 사전은 영어, 프랑스어, 독일어, 러시아어, 라틴어 등 수십 종류 이상에 달하였다. 이들 가운데는 백과사전과 같은 것에서부터 단어장과 같이 간단하고 조잡한 것도 있지만 외국어 사전 편찬 사업은 전체적으로 유례가 없었던 대사업이라고 평할 수 있다. 이 연구에 사용된 영중·중영사전 중에 주요한 것을 들면 다음과 같다.

《화영자전華英字典》(*A Dictionary of the Chinese Language*, 3권 6책, 1815-23, by Robert Morrison)

《광주성토화자휘廣州省土話字彙》(*A Vocabulary of the Canton Dialect*, 1828, by Robert Morrison)

《영화운부력계英華韻府歷階》(*An English and Chinese Vocabulary in Court Dialect*, 1844, by S. Wells Williams)

English and Chinese Dictionary(2권, 1847-48, by W. H. Medhurst)

《영화자전英華字典》(*English and Chinese Dictionary*, 4권 1866-69, by W. Lobschied)

《한영운부漢英韻府》(*Syllabic Dictionary of the Chinese Language Arranged according to the Wu-fang Yuan Yin*. 1874 제1판, 1906 재판 by S. Wells Williams)

《한영수진자전漢英袖珍字典》(*A Chinese and English Pocket Dictionary*, 1874, by G. C. Stent)

《자어휘해字語彙解》(*An Anglo-Chinese Vocabulary of the Ningpo Dialect*, 1876, by Rev. W. Morrison, 羅馬係寧波士話 睦礼遜惠理, 前駐寧波伝教士)

《한영합벽상련자전漢英合璧相連字典》(*A Chinese and English Vocabulary in the Pekinese Dialect*, 1898, by G. C. Stent)

《광주방언한영사전廣州方言漢英辭典》(*A Chinese Dictionary in the Cantonese Dialect*, 1877, by Eitel, Ernest John)

《화영자전華英字典》(*Chinese-English Dictionary* 1892 제1판, 1912 증정판, by Herbert. A. Giles)

《화영음운자전집성華英音韻字典集成》(*English and Chinese Pronouncing Dictionary*, 1902, 羅布存德原著, 企英譯書館增訂

English-Chinese Dictionary of the Standard Chinese Spoken Language(官話) *and Handbook for Translations*, including Scientific, Technical Modern, and Documentary Terms. 1916, by K. Hemeling, PH. D.

이들 사전은 편찬자가 속한 종파와 포교 지역에 따라 계통별로 나눌 수 있는데 대략적으로 광둥廣東방언 계통과 닝보寧波방언 계통, 북방관화北方官話 계통 등으로 나눌 수 있다. 이들 사전에서는 중국어와 영어의 대역 관계를 명확하게 하기 위하여 외래 개념을 나타내는 번역어가 고안되었고 외국인 사용자를 위하여 일부 사전에는 로마자로 중국어 발음을 표기하는 방법도 시도되었다. 수록어수의 분량이나 용어 해석의 간결함, 번역어 고안 등에 차이가 있으나, 이들 사전은 대부분 편찬 초기부터 중국인 문인文人이 조수로서 참가했기 때문에 당시의 중국어가 상당히 정확하게 반영되어서 근대 중국어의 음운과 어휘, 번역어의 고안과 확립 과정 등 여러 가지 역사적 사실을 파악할 수 있는 귀중한 자료이다. 즉 영중사전류는 선교사들이 편찬한 수많은 중국어 문법서, 학습서와 함께 외부인의 시점에서 중국어를 재관찰하고자 한 최초의 시도로 볼 수 있다.

그러나 오늘날까지 중국 학계에서는 근대 어휘사 연구에 필요한 19세기 영중사전류의 가치를 인식하지 못하고 있는 실정이다. 영중사전류에서 자료를 인용하기는커녕 그 존재조차 언급한 것이 거의 없었다. 일어 차용어에 관한 연구 분야에서도 사정은 다를 바가 없었다. 중·일 양국의 근대 어휘 교류 실상에 뛰어난 통찰력을 가진 정뎬鄭奠조차 영중사전의 존재를 간과해 버렸기 때문에 일어 차용어의 어원을 말할 때 오류를 범하는 결과로 이어졌다. 예를 들어《중국어 외래어 사전》에서는 다음 단어를 청일전쟁 이후 일본어에서 차용된 것으로 보고 있다(일부는 단어 형태와 의미 모두를 차용, 일부는 의미만 차용).

A

偶然 審判 副官 侵犯 蛋白質 陽極 使徒 交際 銀行 麥酒
公報 內閣 加非 炭酸 陰極 基督 克服 總領事(官) 批評 金剛石
消化 敎養 白旗 半旗 園藝 影像 想像 保險 知識 水準 自由
文學 法律 天主 元帥 物質 醫學 必要 (大)風琴 原罪 受難
鉛筆 白金 演習 原理 特權 宣傳 反射 黙示 右翼 法則 記號
比重 精神 隨員 同情 寒帶 熱帶 噸 單位 作者 碼

B

統計 基地 經費 記錄 傳染病 關係 公判 電報 本質 運動
資本 審問 創作 民法 接吻 綱領 氣體 審美 現金 原動力
陪審(官) 人權 悲劇 動力 電流 運轉(手) 敎育(學) 牽引(車)
常備(兵) 國事(犯)

C

相對 理論 索引 保障 發明 條件 光線 總理 時間 選擧 科目
看守 軍籍 生産 衛生 登記 反感 反響 反應 反動 幹事 思想
成員 任命 階級 記者 信託 工業 記錄 平面 機關 分子 學士
博士 解放 經濟 身分 敎授 投機

이들 단어는 메드허스트의《영한자전》(1847-48)과 로브샤이트의《영화자전》(1866-69)에서 이미 동형이거나 일부 동형어가 번역어로 사용되었다.

여기서는 이와 같이 《영화자전》(1866-69)에는 영어로 대표되는 외국어 개념과의 관련성이 이미 나타난다는 사실을 언급하는 선에서 그치기로 하고 번역어와 원어의 대응관계 등을 포함한 의미, 용법상의 문제는 본장 §3 이하에서 설명하기로 한다. 다음 절에서는 본 연구에서 가장 많이 이용한 《영화자전》에 대하여 개관하겠다.

2. 《영화자전》(1866-69)

로브샤이트의 《영화자전英華字典》은 19세기 영중사전들이 목표로 했던 최고 수준의 사전으로 수많은 영중사전들 중에서 특히 주목되는 사전이다. 이 사전은 중국어뿐만 아니라 일본의 영일사전 성립과 근대 번역어 형성에도 커다란 영향을 미쳤다는 점에서 일찍이 일본 연구자들의 관심을 끌어 왔는데 모리오카 켄지森岡健二(1969)는 근대 번역어 관점에서 《영화자전》에 대해 가장 상세히 논하였다. 그러나 편찬자 로브샤이트에 관한 기술과 사전 편찬, 출판 및 발행 사정 등 관련 자료 부족으로 인해 로브샤이트의 《영화자전》에 대해서 밝혀지지 않은 부분이 아직까지도 많이 남아 있다.

저자는 오사카외대 도서관에 소장된 《영화자전》을 조사한 적이 있는데 사전에 수록된 번역어와 일어 차용어를 조사해 보니 오사카외대본과 일본 국립국어연구소 등의 소장본 사이에 몇 가지 차이가 있음을 알았다. 여기서는 제3절의 내용에 들어가기 전에 우선 《영화자전》에 대하여 간단히 알아보기로 한다.

2.1 로브샤이트

로브샤이트William Lobscheid라는 인물에 대해서는 모리오카 켄지(1969)가 중

국에 왔던 개신교 선교사라는 정도로만 언급하였고, 《일본 영학사 연구日本の英學史の研究》에 실린 사전 속표지에는 "Knight of Francis Joseph : C. M. 1. R. G. S. A : M. Z. B. S. V., & c., &c., &c."라는 애매한 직함으로 기록되어 있어 로브샤이트가 어떠한 인물이었는가를 알 수 없다. 로브샤이트에 대한 기록은 중국 기독교 포교사와 그 밖의 중국 근대사 자료에서 나타나는데 사에키 요시로佐伯好郎의 저서 《중국 기독교 연구 3支那基督教の研究 3》(1944)에서 로브샤이트에 대하여 다음과 같이 언급되어 있다.

> 로브샤이트는 후일 홍수전洪秀全의 비서와 선전계장이 되어 1864년에 골든 장군을 정면으로 비난한 인물이다. 일본에서는 1883년 가을 문학박사 이노우에 테츠지로井上哲次郎가 편찬한 《영화자전英華字典》 증보판에서 원저자로 기록되어 알려졌으며, 이 책에서는 그가 의학 전도를 위해서 독일 발멘 본부에서 중국에 파견한 선교사라고 나와 있다.

또한 《청조기독교 연구清朝基督教の研究》(1949)에는 아래와 같이 나와 있다.

> 로브샤이트에 대해서는 유감스럽게도 전해진 것이 없으나 1883년 이노우에 테츠지로井上哲次郎 박사가 증보하여 도쿄에서 출판한 《영화자전》의 원저자라는 점과 이 사전에 이름이 나포존덕羅布存德이라고 기록한 점으로 보아 로브샤이트는 청국에 있던 선교사임이 분명하다. 로브샤이트는 태평천국의 난을 목격한 후 태평천국을 종교 단체나 혁신 단체로 생각하였으며 새로운 문명을 중국에 전파하는 사도단으로 인식하였다.

그러나 사에키 요시로의 기술에는 부정확한 점이 있다. 예를 들면 로브샤이트가 '홍수전의 비서 또는 선전계장이 되었다'는 점을 다른 자료에서 확인할 수 없었으며 《영화자전》 원본에 '나포존덕羅布存德'이라는 서명도 없었다(골든에 대한 비난도 1864년이 아니라 1863년이었다). 린드레이Augustus F. Lindley는 저서《태평천국》에서 로브샤이트와 태평천국과의 관계에 관해서 상세히 기술하였는데[2] 기술 내용을 종합하면 대략 다음과 같다.

로브샤이트는 당시 중국 남방에 수재한 선교사인 그리피스 존Griffith John 楊篤信, 조지프 에드킨스Joseph Edkins艾約瑟, 윌리엄 뮤어헤드William Muirhead慕維廉 등과 함께 태평천국 활동에 대하여 동정심을 가지고 유심히 지켜보았다. 1863년 5월 로브샤이트는 태평천국의 수도인 남경을 방문하여 태평천국 수령들의 따뜻한 환대를 받았는데, 린드레이는 그 환영 모습으로 미루어 보아 많은 태평천국인들이 일찍이 광저우廣州에서 로브샤이트를 알고 있었고 로브샤이트로부터 기독교를 배웠다고 추측하였다. 로브샤이트는 난징南京에 머물러 달라는 태평천국 측의 요청을 거절하고 수일간 체재 후 광저우로 돌아갔는데 그는 린드레이에게 광저우에 약속이 있다고 말했다고 한다. 로브샤이트는 광저우에 돌아가자마자《홍콩 데일리 프레스*The Daily Press*》(1863년 6월 10일자)에 투고하여 여행 견문과 난징의 진실을 전하고 태평천국의 정의로운 행동을 칭송함과 동시에 영국을 비롯한 여러 외국의 무장 간섭을 비난하였다. 린드레이는 로브샤이트가 난징에 그대로 머물었다면 이 '고명한 목사'의 소리에 세계의 여론이 집중되어 영국 정부가 중립을 지킬 수 있었을 것이라고 한탄하였다. 이러한 사실을 놓고 볼 때 로브샤이트는 영향력 있는 선교사 중의 한 사람이었음을 알 수 있다.《영화자전》은 로브샤이트가 광저우에 돌아간 다음 해 1864년 11월부터 편찬되었다. 다만 지금으로서는 로브샤이트가 린드레이에게 말한 광저우에서의 약속이 도대체 무엇이었는지 알 도리가 없다.

---

2 원서는 Augustus F. Lindley(Lin-le)의 *Ti-Ping Tien-Kwoh: The History of the Ti-Ping Revolution*, including a Narrative of the Author's Personal Adventures 2 vols London : Day & Son, 1866이다. 동양문고판 일본어 번역이 있다. 본서는 자료적 가치가 높은 반면 픽션 부분도 있다고 한다.

그러나 중국 측 자료에는 '나포존덕羅布存德'이라는 이름이 나오지 않는다(앞서 든《화영음운자전집성華英音韻字典集成》의 판권장에 '원저자 나포존덕原著者 羅布存德'이라고 되어 있고 권두에 옌푸가 작성한 서문에는 나존덕羅存德으로 되어 있다. 나포존덕이라는 이름은 이노우에 테츠지로井上哲次郎의《증정영화자전訂增英華字典》의 영향으로 추측된다). 1981년에 중국에서 출판된《근대내화외국인명사전近代來華外國人名辭典》에는 다음과 같이 기술되어 있다.[3]

> Lobscheid, Wilhelm羅存德, 영국인으로 독일 예현회禮賢會(Rhenish Missionary Society)의 선교사이다. 1848년 중국에 와서 처음에는 홍콩, 그 후 광저우에서 포교하고 의술을 베풀었고 여러 종류의 의학서를 저술하였다.

한편《영화자전》에는 안 표지(각 부Part의 앞에)와 두 곳의 〈Preface〉 편찬자 서명이 모두 'W. Lobscheid'로만 되어 있고 성姓 표시와 한자명이 쓰여 있지 않다. 그러나 뒤에 나오는 '2.4 장옥당張玉堂의 서문'에는 '서유 나존덕西儒羅存德'이라고 한자로 표기되어 있다. 중국 관습에 따라 선교사들이 세 글자로 이름을 짓던 관습을 생각하면 '나존덕羅存德'은 로브샤이트 자신이 선택한 관용명慣用名이라고 생각할 수 있다. 일본에서 출판된《증정영화자전訂增英華字典》(井上哲次郎, 1884)은 표제에 '나포존덕', 서문에 '서유 나존덕'이라고 각각 다른 한자명을 사용하였다. 여기서 왜 각기 다른 한자 이름이 사용되었는지 확실하지 않으나 이노우에 테츠지로井上哲次郎가 집필에 사용한《영화자전英華字典》의 원본이 원래 장옥당張玉堂의 서문이 있던 책이었기 때문인

3 《近代來華外國人名辭典》이《英華字典》을 언급하지 않았던 것은 이 자전이 고가인 점, 중국 근대 교육의 후발성 및 그 후 계속된 전란으로 인해서 중국에서 유포되거나 보존하기가 아주 어려웠던 탓이 아닌가 사료된다. 상하이도서관, 베이징도서관 장서목록에서 이 사전을 확인하지 못하였지만(井上哲次郎의《訂增英華字典》은 있다), 那須雅之에 의하면 베이징도서관에 있다고 한다.

지도 모른다. 또한 권말의 판권면에 있는 '원저자 영국인 로브스치드ロブスチード'라는 표기는 'Lobscheid'를 영어식으로 음역한 것으로 보인다.

로브샤이트는 국적이 영국으로 알려져 있으나 'Wilhelm Lobscheid'라는 이름, 독일 예현회禮賢會 소속 선교사라는 섬, 그리고 예현회 소속의 다른 독일선교사와 친분이 있었다는 점(§2.3을 참조), 그리고 사전의 안 표지에 있는 아래의 독일어 격언으로 보아 게르만계 후손이었을 것으로 짐작된다.

> Willst du in das Heiligthum eines Uolkes dringen, so lerne dessen Sprache
> (그 국민의 성스러운 자에 들어가고 싶으면 그 언어를 배워라)

다만 현재 자료만으로는 로브샤이트가 영어 모국어 화자, 즉 로브샤이트가 독일에서 영국에 이주하여 이민자로 교육을 받았는지, 아니면 독일에서 영어를 습득한 것인지는 분명하지 않다. 로브샤이트의 저서는《영화자전》이외에도《화영자전華英字典》(*A Chinese and English Dictionary*, 1871, by W. Lobschied, HongKong),《영화자전》권두의 자필〈Introduction〉(p. 38)에 기술된 'Grammar of Chinese Language 2 parts, Chinese and English Grammar 2 parts'가 있다. 이들 저서는 앞서 말한 의학서와 함께 대영도서관 등에 소장되어 있다.

2.2 일본에 남아 있는《영화자전》

《영화자전》은 출판 후에 몇 부가 일본에 들어왔는지 정확한 수를 알기 어렵다. 필자가 알고 있는 것만도 국립국어연구소와 도쿄도립도서관, 와세다대, 도호쿠대, 나고야대, 교토대, 교토외대, 오사카외대, 오사카시 나카노시마中之島本도서관 등 많은 대학 도서관과 연구기관, 공공도서관에 소장되어 있고 또 민간 장서까지 포함시킨다면 그 수는 적지 않을 것으로 생각된다.

필자가 실제로 본《영화자전》의 형태는 다음의 두 가지이다.

a. 네 권본(국립국어연구소 소장)

b. 두 권본(도쿄도립도서관, 나카노시마도서관 등, 이하 나카노시마본中之島本 이라고 약칭한다)

모리오카 켄지(1969)가 연구한 책은 a의 네 권 본인 것 같다. 지금까지의 연구에서는 네 권본과 두 권본의 차이는 문제시되지 않았고 단지 제본상의 차이로만 파악된 듯하다. 그러나 같은 두 권본이라고 하더라도 오사카외대본은 다르다. 〈표 I〉은 오사카외대본과 국립국어연구소본, 나카노시마도서관본의 차이를 살펴본 것이다.

	오사카외대본	국립국어연구소본	나카노시마도서관본
외관	상하 두 권 담녹색천의 하드커버 32×22.5cm	네 권 녹색 하드커버 32×22.5cm	상하 두 권 감색문양이 인쇄된 종이 하드커버 32×22.5cm
Publisher's Notice	1866년 10월 15일	없음	없음
안 표지[4]	서명, 편자명, 출판사, 간행일자	왼쪽과 같음	왼쪽과 같음
편자의 〈Preface〉	2쪽, 1886년 4월 28일	없음	없음
장옥당張玉堂의 서문	1쪽, 同治丙寅夏四月 (1866년 5월-6월자)	없음	없음
Introduction	38쪽	38쪽	38쪽
본문 Part I	A-C 1-551쪽 1866년	A-C 1-551쪽 1866년	A-C 1-551쪽 1866년
본문 Part II	D-H 553-980쪽 1869년	D-H 553-980쪽 1867년	D-H 553-980쪽 1867년
ADDENDA AND CORRIGENDA	9쪽	9쪽	9쪽
본문 Part III	I-Q 981-1418쪽 1869년	I-Q 981-1418쪽 1868년	I-Q 981-1418쪽 1868년

ADDENDA	7쪽	7쪽	7쪽
편자의〈Preface〉	1쪽 반, 1869년 2월자	없음	없음
본문 Part IV	R-Z 1419-2013쪽 1869년	R-Z 1419-2013쪽 1869년	R-Z 1419-2013쪽 1869년
보유補遺	1쪽	1쪽	1쪽
CORRECTIONS	15쪽	15쪽	15쪽

〈표 I〉에서 알 수 있듯이 오사카외대본이 다른 판본과 다른 점은 자전의 내용이 아니라 권두의 세 개의 서문과 〈Publisher's Notice〉의 유무, 각 부의 인쇄 시기이고, 이를 통해서 《영화자전》의 편찬과 출판, 발행에 관해서 지금까지 알려지지 않았던 점을 비롯해 로브샤이트가 번역어를 고안하는 방식이 밝혀졌다. 이하에서 더 구체적으로 기술하기로 한다.

2.3 상권 권두의 서문

로브샤이트의 〈서문Preface〉은 영어로 작성된 국배판 2쪽에 이르는 장문으로, 날짜는 1866년 4월 28일로 되어 있다. 〈Publisher's Notice〉의 날짜가 같은 해인 10월 15일이므로 'Part I'은 원고를 탈고하고 나서 인쇄가 완성되기까지 6개월이 경과된 셈이 된다. 서문 내용은 다음과 같다.

> 중국과 다른 나라와의 관계는 20년 전에는 생각할 수 없을 정도로 급격히 발전하였다. 최근 20여 년간 서양에서는 과학기술과 특히 해운, 전쟁 도구-무기, 화학제조업이 괄목할 성장을 하였다. 이러한 서양문명이 중국에 전래되어 중국을 크게 변화시켰다.[5]

4 《英華字典》은 각 'Part'의 앞에 있는 안 겉표지에 제목, 편찬자, 출판사, 출판 시기 등이 기재되어 있고, 안 겉표지에 공자의 어록 '辭達而已矣'(말은 알면 된다)가 인용되어 있다.

5 로브샤이트가 《英華字典》에 착수한 시기부터 20년 전으로 거슬러 올라가면 아편전쟁(1840)의 시기이다. 영국을 비롯해 서양열강이 군함과 대포를 앞세워 굳게 닫혀 있었던 청제국의 국문을 깨뜨리고 거침없이 들어왔다. 열강의 견선이포(堅船利砲)에 대면한 중국인은 공포를 느꼈을 뿐

중국에서는 이렇게 급변하는 세계정세 속에서 서양을 배우고 그들의 과학기술을 받아들이려는 분위기가 무르익었다. 아편전쟁 후 불과 십수 년 사이에 수많은 새로운 학문 지식과 공업 기술이 중국에 도입되었다. 서양 제국과 교섭하려면 우선 언어 장벽을 극복해야 한다고 인식한 당시의 중국 정부는 외국어(특히 영어)와 서양 과학기술을 가르치는 공공 기관 설립에 나섰다.[6] 그러나 중국어에는 신개념을 나타내는 어휘가 극단적으로 부족해서 대량의 신어를 도입할 필요성이 절실하였다. 그러나 지금까지 출판된 수많은 사전에는 외국과의 급속한 관계 변화와 눈부신 과학기술의 진보가 반영되지 않아 이들 사전은 사회적 요청에 부응할 수 없게 되었다.

이와 같은 현실에 직면한 로브샤이트는 새로운 사전을 편찬할 필요성을 느꼈으며 사전 편찬이 지식 보급과 문명동점文明東漸의 촉진이라는 사업의 일환이라는 점을 인식하고 있었다.

로브샤이트는《영화자전》을 편찬할 때 앞서 발행된 사전들을 상세히 비교, 검토하여 적지 않은 도움을 받았고 표제어를 선정할 때에는 웹스터Webster의 사전을 참고로 하였다(§6.1 참조). 로브샤이트는 자신의 학습 경험에 비추어 단어의 일반적 용법과 의미 설명에 특히 힘쓴 결과, 로브샤이트의《영화자전》은 양과 질 모두에서 다른 영중사전을 능가하게 되었다. 중국어 발음에 대하여 로브샤이트는《영화자전》에서 다음과 같이 기술하였다.[7]

번역어에 Punti本地와 Mandarin官話 양쪽 발음과 성조를 표기하였으며 Mandarin 발음은 Dr. Williams의 체계를 따랐다.

만 아니라 선교사인 로브샤이트의 눈에도 이문화의 정복으로 비쳤을 것이다.

6 예를 들면 張玉堂의 서문에 언급된 廣州同文館(1864), 上海廣方言館(1863), 北京同文館(1862) 등이다.

7 Dr. Williams는 미국인 선교사 Williams, Samuel Wells(衛三畏, 1812-84)를 말한다고 본다. 페리의 통역으로서 흑선(黑船)을 타고 내항하여 일본과의 개국교섭에 참가한 것으로 유명하다(제

또한 로브샤이트는 서문에서 사전 편찬 시 조언과 원조를 해준 사람들에게 감사의 마음을 표했는데 특히 게네르F. Genähr의 중국인 학생 호 아트시크Ho Atsik(何阿錫?《英華字典》 권두의 음절 대응표에 따라서 복원)의 이름을 들었다.[8] 그 이외에 졸업생 한 명이 각 전문 분야에 필요한 정보를 수집해 주었다고 한다.《영화자전》과 같은 대규모 사전의 경우 모국어 화자의 도움이 없이는 성립할 수가 없는데 이 사전에서 처음으로 중국인 조수를 구체적으로 거명하였다.

2.4 장옥당의 서문

로브샤이트의 서문 뒤에는 중국인 관리 장옥당張玉堂이 쓴 '동치同治 병인丙寅 여름 4월에 구룡관서九龍官署 서쪽 서재에서'라는 한문 서문이 있다. 이 서문에 장옥당은 한생翰生이라는 이름으로 서명하였고 무공장군武功將軍이라는 도장을 찍었다. 여기서 '무공장군'이란 청의 무관 이름으로 종2품에 해당된다. 무관이름으로 보아 장옥당은 현지 행정과 군사를 담당하는 관리였을 것으로 추정된다. 장옥당이 영어를 할 줄 알았는지는 알 수 없으나 서양인과 교제했다고 하는 당시 일반적이지 않았던 행동에서 서양에 대하여 관심을 가졌고 서양 사정에도 어느 정도 지식이 있었던 것으로 보인다. 중국에서는 유명인이 타인의 저서에 서문을 써 주는 것이 관습이었는데 서문이 흔히 그렇듯 상투적인 문구를 썼을지 모르나 여기서는 다음의 두 가지 사실에 주목하고자 한다.

3장 § 2 참조). 1833년에 중국에 와서 광저우 일대에서 포교활동을 시작하여 후에 외교관이 되었다. 1877년 베이징 주재 미국 공사관 직을 사임하고 귀국하여 예일대학 교수가 되었다. *Easy Lessons in Chinese*(1842),《英華韻府歷階》(*An English and Chinese Vocabulary in Court Dialect*, 1844),《英漢韻府》(*A Syllabic Dictionary of the Chinese Language*, 1874) 등을 저술하였다.

8 Ferdinand Genähr(葉納淸, -1864, 독일인 선교사)은 1847년 중국에 와서 광저우에서 예현회(禮賢會, Rhenish Missionary Society)를 창설하였다.

① 장옥당은 서문에서 다음과 같이 《영화자전》의 번역어에 높은 찬사를 보냈다.

> 번역어에는 속어와 문어가 전부 수록되어 있다. 이전 영중사전을 편찬한 사람들이 간략하게 기술한 부분을 이 사전의 편자는 상세히 설명하고 번거로움을 마다하지 않고 장황하게 설명된 곳을 삭제하여 간결하게 만들었다. 문어와 속어를 망라해서 옛 의미를 가져다가 새로운 해석을 부여하였고 용례를 광범하게 수집, 다른 책과 대조 확인하였다

즉 로브샤이트는 번역어를 고안할 때 새로 단어를 만드는 것보다는 전부터 있던 단어를 그대로 쓰거나(重抽舊緖) 또는 그 의미를 바꾸거나 하는(別出新詮) 방법에 중점을 두었음을 알 수 있다.[9] 리치(1977:39)에 의하면 새로운 개념을 도입할 때 '신조어Neologism(새로운 단어, 더 정확히 말하면 새로운 어휘항목lexical items의 발명)' 방법과 의미의 전이Transfer of meaning(확립된 단어에서 새로운 의미를 파생시키는 것) 방법이 있다고 한다. 그런데 로브샤이트가 '의미의 전이'에만 의존하였다는 사실에서 《영화자전》에 신개념을 도입할 때에 양적으로는 아직 '의미의 이전'으로 표현할 수 있었음을 뜻하는 것으로 볼 수 있다. 하지만 19세기가 되면 '의미의 이전'만으로는 정치, 경제, 자연, 인문과학 전반에 걸친 분야에서 새로운 개념을 도입하는 것이 어려워져 새로운 번역어를 고안해야 하는 상태에 직면하게 된다.

② '한가할 때 늘 九龍을 방문해 주었다'(無事常到九龍過訪)라는 표현에서 《영화자전》의 편찬 작업이 홍콩이나 광저우에서 진행되었을 것으로 추측

9 표의문자인 중국어는 신조어라고 해도 (재래의) 한자를 사용해서 새로운 문자 조합을 만들 뿐으로, 서양 언어 등에 비하면 신어 의식이 훨씬 희박하다고 하겠다. 그러나 《영화자전》에 신조어가 있었다고 하더라도 양적으로 적어서 중국 지식인들에게 위화감을 느끼게 할 정도는 아니었을 것이다.

된다. 이는《근대내화외국인명사전》에서 말하는 광저우 일대에서 포교 운운하는 기술과 일치하며 Punti本地의 발음은 광저우 방언으로 본다.

2.5 Part IV의 서문

이 서문은 'Part IV'의 권두에 있는 것으로 날짜가 1869년 2월로 되어 있는데, 이때는《영화자전》전 4권이 완성되고 인쇄 직전이라서《영화자전》전 4권의 '발문epilogue'으로도 볼 수 있다.〈서문〉에는《영화자전》전반에 관한 로브샤이트의 회고가 기술되어 있는데 이에 의하면《영화자전》에는 5만 이상의 영어 단어가 수록되었고 번역어에 총 60만 자 이상의 한자가 사용되었다고 한다. 단순히 등가의 단어를 제시해서는 학습자에게 도움이 되지 않는다는 로브샤이트의 일관된 방침에 따라 실제 단어를 사용하는 데에 필요한 다양한 용법이 상세히 제시되어 있다. 또한 동사는 전치사와 함께 표시하여 동사와 형용사, 명사별로 구분해서 어형 변화가 없는 중국어 단어를 형식상 구별하려고 시도하였다.

또한 로브샤이트는 화학용어를 번역(정확히 말하면 새로운 글자를 만드는)하는 다음과 같은 원칙을 제안하였다.

> 원소를 표시하는 중국의 한자 '오행五行'(金, 木, 水, 火, 土의 오행설을 기반으로 함)을 좌우로 나누고 화학원소의 의미와 관련 있는 한자를 중간에 넣어서 새로운 자를 합성하는 방법이다. 예를 들면 다음과 같다.
>
> 彳+水+テ= hydrogen　　彳+光+テ=phosphorus
>
> 彳+炭+テ=carbon　　彳+綠+テ=chlor

로브샤이트는 이와 같은 간단한 명명법을 전문가들이 보급시켜서 화학을 공부하는 중국인 학생들이 서양의 과학기술을 이해하는 데 도움이 되기를

기대하였다.[10]

2.6 판본의 문제점

여기서 내용이 똑같은《영화자전》이 어째서 서문 없는 네 권본과 서문 없는 두 권본, 서문 있는 두 권본이라는 3가지 형태로 출판되었는가라는 의문이 여전히 남는다. 이 의문을 푸는 단서는 오사카외대본 상권에 있는 〈Publisher's Notice〉에 있다. 이 〈Notice〉는 세로 가로 15×8cm 크기의 조그만 쪽지에 작성하였고 하드커버 안쪽에 붙어 있다. 이 〈Notice〉에 의하면《영화자전》 편찬은 1864년 11월부터 시작되었고, 처음에는 2년에 걸쳐 1,400쪽으로 완성할 계획이었으나 인쇄상의 이유 등으로 완성이 상당히 늦

---

10 로브샤이트의 이러한 기대는 보기 좋게 빗나갔다. 같은 시기에 上海江南製造局飜譯館(上海廣方言館)의 John Fryer(傅蘭雅)와 徐壽가 한자의 형태와 음을 결합해서 새로운 원소의 명명법을 제안하였다. 즉 원어의 제1음절을 한자 하나로 음역하여 거기에 偏旁을 붙여서 금속과 비금속을 구별하도록 하는 방법인데 예를 들면 다음과 같다.

金+辛 →鋅=亞鉛(Zn) 石+典 →碘=沃素(I)

Fryer와 徐壽의 방법은 江南製造局飜譯館의 번역서를 중심으로 널리 사용되어 결국 1932년에 중국 정부가 제정 공포한《化學命名原則》에 채용되었다. 로브샤이트가 제안한 명명법이 일반에게 받아들여지지 않은 이유를 들면 다음과 같다.

a. 오행설은 현대의 과학정신과 역행하는 것으로 新學 지향의 지식인에게는 부적합했을 것이다.

b. 로브샤이트의 번역어는 오행설을 실제로 응용한 화학 번역서의 지지를 얻을 수 없었다. 이에 비해서 Fryer와 徐壽의 방법은 실제 번역작업 중에 고안된 것으로 이를 활용해서 수많은 화학 서적을 번역하였다. 이 점이 로브샤이트와 현격히 다르다. 또한 이들이 작성한《化學材料中西名目表》등도 번역어를 통일하는 데에 커다란 영향력을 발휘하였다.

c. 가장 중요한 이유는 Fryer와 徐壽에 비해서 로브샤이트의 방법이 "음"은 차치하더라도 "형태"를 연상시켜서 의미를 이해하기가 어렵다는 점이다. 예로 원소명의 意符(의미의 부호)로써 Fryer와 徐壽가 '金'(금속), '石'(비금속), '氣'(기체. Fryer와 徐壽의 경우, 기체는 淡氣, 養氣의 형태를 취했으나 현재는 氮는 질소[N], 氧는 산소[0]이다)의 3종류를 준비한 것에 대해서(이것은 중국재래의 글자와 상통한다. 참고로 은, 동, 황, 수은), 로브샤이트에는 金, 木, 水, 火, 土의 총 대표격인 '行'밖에 없다.

그렇다고 하더라도 로브샤이트의 노력은 특필할 만한 것으로 반대 방향에서 글자를 만들어서 신개념에 대응하는 가능성과 한계를 보여 주었다.

어졌다고 한다. 또한 내용이 방대해져서 편찬 시간도 배로 늘어 'Part I'은 1866년 10월에 가서야 겨우 간행되게 되었다.

《영화자전》의 값은 전 권全卷 30달러로 책정되었는데, 4부part로 나누어서 출판되었으므로 책 한 권당 값이 7.5달러가 된다. 이 가격의 사전은 당시에는 고가였을 것이다.[11] 〈Notice〉에 따르면 'Part I' 혹은 'Part II'를 사고 나서 도중에 구매를 중단하는 방지하기 위해 예약 판매 또는 선불로 받는 방식을 취하였다고 한다. 〈Notice〉의 내용으로 추측해 보건대, 국립국어연구소의 서문 없는 네 권본은 각 'Part'가 완성될 때마다 주문 예약을 받아 판매한 것이고, 나카노시마 도서관의 서문 없는 두 권본은 각 'Part'가 완성된 시점에서 인쇄는 되었지만 발매되지 않다가 두 개의 'Parts'를 한 권으로 제본해서 1867년에 상권(상권만인지 또는 하권이 나오는 것을 기다렸다가 함께 발매한 것인지는 불명하다), 1869년에 하권이 발매된 것으로 추측된다. 즉 당시는 인쇄가 끝났더라도 제본하지 않고 두었다가 매출 상황에 따라 제본을 하여 간행하는 습관이 있었던 것으로 보인다. 한편 오사카외대본은 'Part I'만이 완성된 후에 바로 인쇄되었으나 'Part II, III, IV'는 전 권이 완성될 때까지는 인쇄되지 않았던 것이 된다.

그러나 왜 오사카외대본 이외의 판본에 세 개의 서문과 〈Publisher's Notice〉가 없는지 여전히 의문이다. 향후 출판될 분량과 발매 과정으로 본다면 1866년 10월의 〈Publisher's Notice〉는 확실히 1866년에 발매된 'Part I'에 있어야 했다. 바꾸어 말하면 전체 4부part가 전부 완성된 시점에서는 〈Publisher's Notice〉를 붙일 필요가 이미 없어져 버린 것이다. 한편 중국 출판물은 서문이 있는 것이 상식인데 다른 십수 종의 영중사전을 조사해 보면 분량 차이는 있으나 서문이 없는 것은 없었다. 즉 서문이 없는 판본은 그만

11 井上哲次郎도《訂增英華字典》의 서문에 '此書乏坊間 而価極貴 學者憾其離得'(이 사전은 아주 고가라서 시중에서 구하기 힘들며 학자들도 구하기 어렵다)고 기술하였다.

큼 정식 출판물로서의 성격이 떨어진다는 것이다. 이것은 당시 중·일 간의 문물 교류 등의 사정과 관련된 문제라고 생각하는데 앞으로 이와 관련된 연구와 새로운 자료가 발견되기를 기대한다.

3.《영화자전》의 번역어와 일어 차용어

일어 차용어의 대부분이 근대 번역 한자어였다는 것은 제1장에서 지적한 바 있다. 그런데 일어 차용어 문제를 근대 번역어에 초점을 맞추어 생각하다 보면 일본 근대 번역어 성립에 크게 공헌한 19세기 영중사전류의 존재가 저절로 부각된다. 3.1에서는《중국어 외래어 사전漢語外來詞詞典》에서 일어 차용어로 인정하는 단어와 형태가 같은《영화자전》의 번역어를 제시하였다. 여기서는 잠시 이들 형태가 같은 동형어가 서로 어떠한 관련이 있는지 살펴보기로 한다.

3.1의 목록에서 제시했듯이 문제가 되는 번역어는 다음과 같이 대략 세 종류로 나눌 수 있다

A) 현대 일본어의 표준 번역과 일치하는 단어이다. 이 경우 번역어는 형태뿐 아니라 원어와의 대응 관계도 현재의 표준 번역과 일치한다.
B) 현대 일본어의 표준 번역과 완전히 일치하지는 않으나 어느 정도 관련성이 인정되는 단어
C) 현대 일본어의 표준 번역과 일치하지 않은 단어. 즉 글자는 같지만 원어와의 대응 관계에서 현재의 표준 번역(중·일 양 언어와도)과 다른 단어

아래에서는 위의 세 종류에 속하는 번역어를 순차적으로 설명하기로 한다.

3.1 현대 일본어의 표준번역과 일치하는 단어(A)

63단어로 가장 일치하는 것이 가장 많다.

〈표 I〉[12]

Accidental	偶然c	(독일어 Zufall, accidental, chance)
Adjudge, judge	審判	(judge, adjudge)
Adjutancy	副官	(adjutancy, aide-de-camp)
Aggression, Attack	侵犯c	(invasion, violation)
Albumen, Protein	蛋白質	(albumen, protein)
Anode	陽極	(anode)
Apostle	使徒	(apostle)
Association, intercourse	交際c	(association social intercourse)
Bank	銀行	(bank)
Beer	麥酒c	(네덜란드어 bier)
Bulletin	公報	(bulletin, communiqué)
Cabinet	內閣c	(cabinet)
Cafe	加非	(네덜란드어 koffie)
Carbonic, carbonic acid	炭酸	(carbonic acid gas)
Cathode	陰極	(cathode)
Christ	基督	(포르투칼어 Christo)

12　표 중의 일부 단어를 들어 간략히 설명하면 다음과 같다.

· 加非:《英華字典》에서는 '加非' 이외에 '喋啡','咖啡' 등의 표기가 사용되었는데 동시대 중국인이 저술한 유럽 기행문에는 '咖啡'가 일반적인 표기였다.《漢語外來詞詞典》에는 '加非'가 일본어의 네덜란드어 음역어로 중국어가 이것을 차용하였고, '咖啡'는 영어의 'coffee'의 음역어라고 기술되어 있다.

· 銀行, 保險: 齋藤毅(1977) 등을 참조.

· 基督: 松田裕(1982)를 참조.

· 自由, 文學: 鈴木修次(1981), 柳父章(1982)를 참조.

· 熱帶: 荒川清秀의 일련의 논고를 참조.

Christianism	基督之敎	(Christiainism)
Conquer	克服	(conquer, surmount)
Consul-general	總領事官	(consul general)
Criticise	批評	(criticize)
(Animadvert,	批評)	
Diamond	金剛石	(diamond)
Digest	消化c	(digest)
Educate	敎養c	(education, culture)
flag of truce	白旗	(flag of truce)
hang the flag half mast	半旗	([a flag at] half-mast)
Horticulture	園藝	(gardening)
Image, Effigy	影像	(image, shadow)
Image. Imagination	想像c	(imagination)
insurance	保險c	(insurance)
Knowledge	知識c	(knowledge)
law	法律c	(law)
Level, water level	水準c	(level)
Liberty, freedom	自由c	(freedom, liberty)
Literature	文學c	(literature)
Belles-letters	純文學	
the Lord	天主c	(라틴어 Deus)
Catholicism	天主敎	(Catholicism)
Marshal	元帥c	(marshal)
Matter	物質	(matter, substance)
medical science	醫學c	(medicine, medical science)
Necessity	必要	(necessity)
Organ	大風琴	(organ)

Original sin	原罪	(original sin)
Passion	受難	(the Passion)
Pencil, a lead penci	鉛筆c	(pencil)
Platinum	白金c	(Platinum)
Practise(tice)	演習c	(practice, exercise, sham battle, military manoeuvre)
Principle	原理	(principle, theory)
Privilege	特權	(privilege)
Propagate	宣傳c	(propaganda)
Reflect	反射	(reflection)
Revelation	黙示	(revelation)
Right, the right wing	右翼c	(the right wing)
Rule	法則c	(law, rule)
Sign, mark, symbol	記號	(sign, mark, symbol)
Specific gravity	比重	(specific gravity)
Spirit	情神c	(spirit, mind)
Suite	隨員	(suite)
Sympathetic(ize)	同情c	(sympathy)
the frigid zone	寒帶	(the frigid zone, the arctic regions)
the Tropics	熱帶	(the Tropics)
Ton	噸	(ton)
Unit	單位	(unit)
Writer	作者	(author, writer)
Yard	碼	(yard)

메드허스트의 《영한자전》에는 로브샤이트의 《영중사전》에 수록되지 않는 다음의 한 예가 있다.

Essence 本質 (essence)

위의 〈표 I〉 왼쪽은《영한자전》의 원 표제어이고(대문자는 표제어, 소문자는 관련 해석어구), 가운데 한자 표기(c가 붙은 단어는《중국어 외래어 사전》에서 중국 고전어로 나와 있는 것)는 왼쪽 원어에 대한 로브샤이트의 번역어이고, 괄호 안은 그 번역어에 대한《중국어 외래어 사전》이 제시한 어원이다.[13] 말할 필요도 없이 이들 한자어는《영화자전》의 편찬 단계에서 새로 번역된 단어라기보다는 당시 번역(저)서에 사용된 번역어를 로브샤이트가 집약, 정리한 한자였을 가능성이 아주 크다. 이들 번역어 대부분은 메드허스트의《영한자전》에 이미 수록되어 있고 일부 단어는 명말 청초 양학서에까지 거슬러 올라갈 수가 있다. 이와 같이 위 한자어는 일찍이 19세기 중반에 번역어로서 존재한 것으로 보아도 무방하다.

그러나《중국어 외래어 사전》에서는 이들 한자어가 일어 차용어, 즉 괄호 안의 서양 원어에 대해서 일본인이 고안한 번역어가 청일전쟁 후에 중국으로 들어왔다고 보고 있다.《중국어 외래어 사전》에는 다음과 같이 기술되어 있다.

銀行…… 발생 어원 일본 銀行 ginkŏ【의역 영어 bank】

더욱이《중국어 외래어 사전》의 편자는 위의 단어가 번역어 차용이라는

13 《漢語外來詞詞典》에서는 표제어를 [의역 영어], [음역 불어]와 같이 어원을 제시하였다. 그러나 이 사전은 번역어를 고인힐 때의 본래 어원이 아니라 어떤 개념을 최초로 언어화하는 발생 어원을 찾는 경향이 있다. 예를 들면 '加非'를 다음과 같이 기술하였다.

발생 어원 일본 加非 kŏhĭ【음역 네덜란드어 koffie〈이탈리아어 caffé〈터키어 qahwe〈아라비아어 qahwa. 원래 뜻은 '葡萄酒'】

그러나 발생 어원은 본래 어원이 아닌 경우가 많아서 음의 모사가 존재하지 않은 근대 한자 번역어 및 이언어(異言語) 간의 이동을 생각할 때에는 거의 의미가 없다.

점에서 이들이 원래 중국 고전어에 있었다 하더라도 일본인이 원어와의 대역 관계를 확립시킨 것이라면 일어 차용어로 인정해야 한다고 주장하였다.

그러나 《영화자전》에서 이미 이들 번역어가 수록되어 있어서(신조어와 고전어의 의미 갱신 양쪽을 포함함), 《중국어 외래어 사전》의 주장이 상당히 의심스러워졌다. 따라서 반복해서 말했듯이 영중사전류 번역어가 일본으로부터 영향을 받았다고 볼 수 없다. 《영화자전》 전후 출판된 일본의 영일사전을 대상으로 〈표 I〉의 번역어 성립을 추적하면 명백해진다. 예를 들어 《영화자전》보다 4년 먼저 출판된 《영화대역수진사서英和對譯袖珍辭書》(堀達之助, 1862)에는 〈표 I〉의 영어 원어 중에서 《영화자전》과 동일한 한자 번역어가 다음의 14단어에 불과하다.

副官　使徒　交際　麥酒　批評　金剛石　消化　水準　自由　必要
風琴　白金　記號　精神

위의 단어 중에는 중국 고전어가 다수 포함되어 있고, 《영화자전》 표제어 중에서 《영화대역수진사서》에 수록되지 않은 단어는 115개나 된다. 또 번역어에 한자어를 사용하지 않은 것은 '우연偶然, 심판審判, 침범侵犯, 은행銀行' 등의 35항목에 이른다. 그런데 《영화자전》보다 4년 늦게 나온 《부음삽도영화자휘附音挿圖英和字彙》(1873, 柴田昌吉 · 子安峻)에는 《영화자전》과 동일한 한자 번역어가 다음의 36단어로 늘었다.

偶然　副官　蛋白　麥酒　內閣　加非　領事　批評　金剛石　消化
白旗　園藝　想像　保險　知識　水準　自由　文學　元帥　物質　必要
大風琴　白金　特權　反射　黙示　記號　精神　隨員　同情　寒帶
熱帶　噸　單位　作者　碼

모리오카 켄지(1969)는 《영화자전》과 일치하는 번역어가 증가한 이유를 《영화자휘英和字彙》가 《영화자전》에서 번역어를 대량으로 차용한 결과라고 지적하였다. 그러나 《영화자휘》에도 〈표 I〉의 원어가 표제어로 등록되지 않았거나(양극陽極, 음극陰極, 의학醫學 등), 《영화자전》의 번역어와도 현재 용어와도 다른 어휘가 사용되었다. 예를 들면 '은행銀行'은 '위체좌爲替座, 위체회사爲替會社', '반기半旗'는 '상중지호喪中之號', '법률法律'은 '법法, 헌憲, 율령律令', '연필鉛筆'은 '석필石筆', '비중比重'은 '비량比量'과 같은 단어이다. 《영화자휘》의 단계에서는 이들 단어가 아직 번역어로서 성립하지 않았던 것이다. 영중사전들에 사용된 번역어가 오늘날 일어 차용어와 동형이라면(우연의 일치를 제외하면) 적어도 단어 형태 면에서는 영중사전들의 쪽을 더 오래된 루트로 생각해야 하며 그 반대 경우는 있을 수 없다는 결론에 이르게 된다.[14]

《영화자전》에 나오는 단어와 현대 중국어 단어가 똑같은 것이라고 단언하는 것은 위험한 발상이며 특히 추상적 개념을 나타내는 단어의 경우는 더더욱 위험하다. '자유自由, 문학文學, 법률法律, 물질物質' 등은 오늘날 일반적으로 쓰이는 의미와 다르며 '은행銀行, 보험保險, 우익右翼, 작자作者' 등도 연상적 이미지를 포함한 여러 가지 면에서 오늘날의 의미와 일치하지 않을 것이다. 그러나 이러한 의미 변화는 외래 사물의 인식 심화와 외연의 변동에 따른 의미의 자동 조정으로 생각할 수 있어서 일본어가 관여하지 않더라도 일어날 수 있는 현상이다. 《영화자전》의 번역어와 현대 중국어의 차이에 대해서는 §6에서 언급하기로 한다.

또한 〈표 I〉 단어를 의미 분야별로 나누어 보면 기독교 관계 용어가 많다

14 이러한 결론을 명말 청초의 양학서 및 중국인의 저작에서도 입증할 수가 있다. 佐藤亨(1983, 1986) 등 참조. 단 이들 자료의 출전을 갖고 특정 번역어의 성립을 논하는 것은 가능하기는 하나 아주 어려운 일이다. 이 장에서는 19세기 영중사전류의 번역어를 중심으로 고찰한다.

는 것을 알 수 있는데 이는 편찬자 로브샤이트가 개신교 선교사였음을 생각한다면 당연한 일이다. 《중국어 외래어 사전》에서는 이들 단어를 일어 차용어로 보았는데 이는 잘못이었다고 말할 수밖에 없다. 이에 대하여는 §4에서 다시 자세히 고찰하기로 한다.

그 밖의 단어도 선교사가 전래한 세계 지리 관련 지식이나 서양 문물을 나타내는 영역에 집중되어 있는데, 이러한 단어들은 로브샤이트 및 그 전후의 영중사전류에서 이미 어느 정도 정비되었던 것으로 생각되나 이들 단어에 산업혁명이나 근대의 자연과학, 인문과학의 발전을 반영하는 신어는 많지 않다.

이와 같이 〈표 I〉에 있는 단어들은 전부 중국의 독자적인 번역어로 인정하여 《중국어 외래어 사전》의 일어 차용어 목록에서 제외시켜야 할 것이다(반대하는 확실한 이유가 몇 가지 있다. §6 참조). 이들 단어 중 일부는 이미 일본 학자들이 어원을 상세히 조사하였으며 앞으로 다른 단어들에 대해서도 상세한 어원 조사 연구가 나오기를 기대한다.

3.2 현대 일본어의 표준 번역과 완전히 일치하지는 않으나 어느 정도 관련성이 있는 단어(B)

전체 단어를 들면 다음과 같다.

〈표 II〉

〔B1〕

Amount	統計	(statistics)
Basis	基地	(a base)
Budget, current expenses	經費c	(expenses, expenditure)
Chronicle, to record in history	記錄c	(record)
Communicate a disease	傳染病	(contagious disease)

Consequence	關係	(relation, connection)
distributive justice	公判	(public trial)
Electro-telegraph	電報	(telegram)
Element, Quality	本質	(essence)
Exercise, bodily exercise	運動c	(athletics, sports, games)
Fund, a stock or capital	資本c	(capital)
Inquire, investigate	審問c	(interrogate, question)
Invent	創作	(creation, production)
Law, municipal law	民法c	(civil law)
Salute, to salute by kiss	接吻	(kiss)
a ruling principle, the main scope	綱領c	(programme)

〔B2〕

Aerometry	度氣體之理一氣體	(gas)
Aesthetics: philosophy	佳美之理, 審美之理 →審美	(aesthetic of taste)
Cash	現銀 →現金	(cash)
first mover	原動者 →原動力	(motive power)
Grand-jury, Jury	陪審官 →陪審員	(serve on a jury, a juryman an assessor)
mortal-power	人之權 →人權	(human right, rights of human)
Tragedy	悲戲 →悲劇	(tragedy)
Virtual velocity	所動之力 →動力	(motive power)
voltaic electricity	流的電氣 →電流	(electric current) (voltameter 流電氣針)

〔B3〕

Educate	教育c(學)	(pedagogy)

Circulate	運轉c(手)	(operation)
government affairs	國事(犯)	(state criminal)
Pull	牽引c(車)	(tractor)
to be ready at a call	常備(兵)	(regular troops)

(위의 표에서 왼쪽은《영화자전》의 원어, 가운데 한자어는 로브샤이트의 번역어이고 오른쪽 괄호 안의 영어는 번역어에 대해서 현재 일반적으로 생각되는 본래 어원이다.《중국어 외래어 사전》 등을 참조하였음)

위의 단어는 원어와 번역어의 대역 관계가 앞에서 기술한 §3.1(A)처럼 중국어와 일본어 모두 오늘날 표준 번역과 일치하지 않으며 뒤에서 언급할 §3.3(C)와 같이 전혀 관계가 없지 않다는 점에서 구별된다. 즉 〈표 II〉 단어는 어떠한 형태로든 수정이 되어 현재의 번역어로 바뀌었다고 본다. 이들 단어는 수정 방법 등에 따라서 다음과 같이 세 가지 유형으로 세분할 수 있다.

〔B1〕는 번역어의 글자는 그대로이나 대역 관계만이 조정된 그룹이다.

〔B2〕는 대역관계를 포함해 번역어의 글자도 수정된 그룹으로, 예를 들면 '심리지리審美之理 → 심미審美', '인지권人之權 → 인권人權', '비희悲戲 → 비극悲劇'과 같이 단축, 생략, 문자 교체가 이루어진 단어이다.

〔B3〕는 세 글자로 된 한자어이다. 중심이 되는 두 자 부분은 중국의 고전에서부터 근대 전기의 영중사전류에 이르기까지 사용례가 있으나 접사 요소를 붙이는 것은 '학學' 외에는 드물었다(《영화자전》에는 '생리학生理學', '격물학格物學'과 같이 '~학'의 용례가 있다).

물론 우리의 관심사는 이렇게 번역어가 변화한 데에 일본어가 어떤 역할을 했는가이다. 개별 단어에 대해서는 더 상세한 연구가 필요하나 대략 〔B1〕은 의미의 자연 확장 면에서 가장 수정되기 쉬운 것이므로 일본어의 간섭을 받을 여지가 적다고 하겠다. 그러나 일본어의 간섭 여지가 전혀 없는 것은 아니다. 그 예로 '관계關係'의 의미 영역은 일본어에서 영향을 받았음이 확인되었다(제5장 참조). 〔B1〕류 단어의 특징은 새 의미 첨가에 유연하게 대응할 수 있는 의미 기반을 가지고 있다는 점일지 모른다. 그중에서 일부 단어를 들면 '경비經費, 기록記錄, 전보電報, 접문接吻' 등은 원어와 관계없이 근대 전기 중국인의 저술에 빈번하게 사용되었고 현대어 의미와 큰 차이가 없다. 한편 〔B2〕는 원래 영중사전류의 번역어였던 것이 일본의 영일사전에 차용되어 일본에서 오늘날의 형태로 정립된 단어들이다. 모리오카 켄지(1969)는 '현은現銀, 인지권人之權, 비희悲戲' 등이[15] 《부음삽도영화자휘》에서 수정된 단어라고 지적하였다. 또 〔B3〕는 접사가 붙은 번역어 구성법과 관련된 문제이다. 중국어 어휘체계에서 접사 요소의 발생은 일본어와 마찬가지로 근대화의 한 지표로 볼 수 있다. 명·송 이후에 일부 요소의 접사화가 서서히 진행되었고 근대에는 서양 언어의 자극 등 외적 요인으로 접사를 이용한 조어법이 확대되었다. 그리고 접사 조어법의 완성 과정에 일본어 영향이 크다는 것이 지금까지의 연구에서 종종 지적되었다(왕리다 1958a, 《5·4》, §7 참조).

이상과 같은 여러 가지를 고려하면 §3.2의 단어를 일어 차용어로 보는 것은 현 단계로는 인정하기 어렵다. 그러나 이것은 오히려 기술 방식의 문제이고 실질적 문제는 영중사전류의 번역어가 현대 어휘로 변신하는 과정에서 일본어가 어느 정도 관여했는가라는 점일 것이다. 이 문제를 연구하면 중·일 근대 번역어의 역사와 조어법상의 특징이 밝혀질 것이다.

15 단 '現銀'은 재고할 필요가 있다. 《和英語林集成》(초판, 1867)에서는 '現金 Ready money, money paid down on delivery of goods Gen-kin kake-ne nashi, ready money and but one price'라고 기술되어 있어 '現銀' → '現金'이라는 어형 변화에 중국어가 영향을 주었다고 하더라도(예로 Hepburn이 중국에서의 포교경험으로 얻은 중국어 지식을 고려하면), 《英華字典》에서의 출전이라고는 단정하기 어렵다.

3.3 현대 일본어의 표준 번역과 일치하지 않는 단어(C)

여기에 속하는 단어는 다음의 38개이다.

〈표 III〉

Accordance, contrast, Collate	相對c	(relativity)
Accredit	信託	(trust)
Agree	投機c	(speculation)
Argue, Bolt, Reason	理論c	(theory)
Art profession	工業	(industry)
Ascent, Degree, Grade, Scale	階級c	(class)
Attraction	索引c	(index)
Barricade	保障c	(guarantee)
Brighten	發明c	(invention)
Catalogue, List	條件c	(condition)
Collimation, the line	光線	(light of collimation)
Command, inspector-general	總理	(prime minister)
During, Interim	時間	(time)
Flatwise, a flush deck	平面	(plane)
gentlemen recommenders of persons	選擧c(郎)	(election for office)
index or rank	科目c	(subject, course, item)
Intention	機關c	(organ)
Keep, Ward, Guard	看守	(gaoler, jailer)
Military classes	軍籍c	([be on] the military list)
Part	分子c	(numerator, molecule)
Produce, to generate and produce	生產c	(production)
Professor	學士c	(bachelor)
Professor	博士c	(doctor)

Protect one's life	衛生c	(hygiene, sanitation)
Record	登記c	(registration)
Reflex	反感	(antipathy)
Release	解放	(liberate, emancipate)
Reply, Resonance, Re-echo, Echo	反響	(response, reaction)
Resonance, Echo	反應	(reaction, response)
Reverse	反動	(reaction)
Statesmanship	經濟c	(economy, economics)
Station, Situation	身分c	(position, status)
to take ones chance	任命	(appoint)
Teacher	教授c	(professor)
Think	思想c	(thought, ideology)
transact	幹事c	(manager, secretary)
whole dollars	成員	(a member)

(위의 표에서 왼쪽은《영화자전》원어, 가운데 한자어는 로브샤이트의 번역어이고 오른 쪽의 괄호 안의 영어는 번역어에 대해서 현재 일반적으로 생각되는 본래 어원이다.

〈표 III〉의 한자어는《영화자전》에서는 왼쪽에 제시한 원어의 번역어였지만 지금은 중·일 두 언어 모두 오른쪽 원어의 번역어로 바뀌었다. 즉 글자로는 같은 형태이나 실제로는 관계가 없는 별개 번역어이다. 〈표 III〉의 한자어는 중국 고전어가 다수를 차지하는 점이 특징으로 c가 붙은 단어는《중국어 외래어 사전》에서 중국 고전어로 본 것이다. 그 밖의 단어에 대해서《대한화사전大漢和辭典》등을 조사한 결과 다음과 같이 중국 고대 문헌에 나오는 것이 있었다.

총리總理	《稱謂錄》	시간時間	《漢書 · 曹參傳》
창작創作	《墨子 · 所染》	간수看守	《福惠全書》
임명任命	《執虞 · 思游賦》	평면平面	《幾何要法》
해방解放	《魏志》		

이들 단어는 로브샤이트가 중국의 고전어를 사용하여 서양의 문물과 개념을 나타내려고 한 증거(§2 참조)로 볼 수 있을 것이다. 그 구체적인 증거로 다음의 사실을 들 수 있다. 즉 한자 본래의 의미, 용법에 따라 축자적으로 번역어를 구성한다. 거기에는 개개 한자가 아직 '글자字' 단위로 살아 있어서 번역어 전체가 하나의 복합어라기보다 '구句'적인 존재이다. 《영화자전》 번역어의 이러한 성격에 대해서는 §6에서 다시 고찰하기로 한다. 따라서 이들 단어를 일어 차용어 목록에서 제외시킬 이유가 없다. 오른쪽 원어와의 대응 관계 확립이 일본에서 독자적으로 완성된 것이므로 중국 고전의 의미는 말할 필요도 없고 영중사전류의 번역어와도 무관하기 때문이다. 일본어 입장에서는 이들 단어의 번역어로서의 성립 과정에 대하여 통시적으로 기술해야 하겠지만 중국어의 일어 차용어 연구에서는 차용의 경로나 시기, 정착까지의 여러 가지 사정도 밝혀야 한다.

그러나 제1장에서도 이미 지적했듯이 가장 오래된 중국 고전어의 용례를 제시하는 것만으로는 충분하지 않다. 근세와 근대 용례를 살피는 것은 물론이고 고전 문헌에서 《영화자전》를 비롯한 다른 영중사전류와 양학서 등 근대 전기 문헌에 이르기까지 의미와 용법이 일관되게 유지되어 왔는가를 확인할 필요가 있다. 이와 같은 작업을 통해서 근대 어휘사의 시점에서 비로소 단어의 의미 변화를 초래한 내면적, 외면적 요인을 연속적으로 파악할 수가 있는 것이다.

4. 기독교 용어와 일어 차용어

앞 절에서는《영화자전》번역어와 일어 차용어와의 관계를 개관하여《영화자전》번역어가 일본어에서 영향을 받지 않고 독자적으로 만들어졌다는 결론에 도달하였다. 그런데《중국어 외래어 사전》에서는 다음의 12단어가 일본어로부터 차용된 것으로 보고 있다.

審判　基督　使徒　牧師　天主c　大風琴　原罪　受難　原理　特權　宣傳　默示

(c가 붙은 '天主'는 중국 고전어로 보는데 이에 대해서는 아래에서 설명하겠다)

앞 절의 결론으로 볼 때 위에 든 단어들은《중국어 외래어 사전》이 잘못 판단한 것으로 보인다. 특히 위와 같은 종교 용어는 중국의 기독교 포교사를 보아도 중국 어원임을 간접적으로 입증할 수 있다.

가톨릭 선교사들이 해로로 중국에 들어와 포교 활동을 한 것이 16세기 말이며 그 대표적인 인물이 마테오 리치이다. 그 후 18세기 초 예의지쟁禮儀之爭을 발단으로 강희제康熙帝가 금교령을 내리고 선교사들을 추방하기까지 백년간 서양 선교사들은 정력적으로 전도 활동을 하였고 이때 많은 종교 관련 서적이 번역되고 저술되었다. 종교 용어는 그 과정에서 상당 부분이 정비되었는데, 예를 들면 '천주天主'에 대하여《중국어 외래어 사전》에 다음과 기술되어 있다.

天主　基督教称耶和華爲上帝或天主. 源 日 天主 tenshu【〈古代漢語《史記 · 封禪書》: '八神:一曰天主, 祠天齋....' 音譯拉丁語 Deus】

즉 중국 고전에 '천주天主'라는 용어가 이미 있었고 이에 반해 가톨릭 용어 '천주天主'는 라틴어의 'Deus'의 음역어(어째서 음역했는가는 불명)로서 일본어에서 차용된 것이라는 주장이다. 그러나 '천주'는 일본어에서 온 것이 아니라 중국에서 고안된 번역어 중의 하나이다. 제일 먼저 중국에 온 루기에리P. Michel Ruggieri羅明堅의 《천주성교실록天主聖教實錄》(1584년, 광저우 각본廣州刻本)을 비롯한 초기 가톨릭 관련 번역서와 저서 이름에 '천주'가 붙는 것만도 수십 종에 이른다. 청나라 조정과 로마교회 사이에 벌어진 예의지쟁禮儀之爭 문제도 이 명칭과 관련 있는 사건인데, 1704년 로마교황이 선포한 금약禁約 제1조는 중국어로 다음과 같이 번역되었다.

> 서양에서는 천지만물의 주인을 '데우스'〔鬪斯라는 한자로 표기함〕라 부른다. 그러나 중국어에서는 이 '鬪斯'가 아무런 의미가 없는 글자라서 중국에 온 서양인과 중국 신자들은 오랫동안 이를 '천주天主'로 불렀다. 앞으로는 '천天'을 사용하지 말아야 하며 '상제上帝'도 사용해서는 안 된다. 오직 천지만물의 주主라고 불러야 한다.
>
> (《강희제와 로마 사절관계문서康熙与羅馬使節關係文書》 14通 故宮博物院編 影印本)

위 내용을 보면 로마교회가 '천天'이 아니라 어디까지나 '천주天主', '천지만물의 주主'라는 용어에 집착했음을 알 수 있다.

가톨릭은 청 조정의 금교령과 쇄국령으로 백 년 가까이 중국에서 포교가 엄금되었으며 중국 남부 바다와 홍콩, 마카오를 거점으로 한 연해 지방과 오지 일부에서 포교 활동이 비밀리에 계속되었다. 1807년에 개신교 선교사 모리슨Robert Morrison이 중국에 온 것은 대규모 포교 활동이 재개됨을 의미하는 것으로 그 역사적 의미가 크다. 로버트 모리슨은 중국에 온 이듬해부터 성서를 중국어로 번역하고 영중사전을 편찬하는 일을 시작했다. 1814

년 신약성서가, 1819년에는 구약성서가 완역되어(《화영자전》 전 6권의 완성은 1823년), 기독교의 기본 교의가 비로소 체계적으로 중국에 소개되게 되었다. 그 후 미션 계통 인쇄소(예를 들면 홍콩 영화서원英華書院, 상하이의 묵해서원墨海書院, 미화서원美華書院 등)에서 기독교 관계 서적과 잡지 등이 다수 출판되었고 개신교 선교사들의 열성적 활동으로 기독교 교의와 함께 종교 용어도 더욱 충실해지고 널리 보급되게 되었다. 이렇게 중국에서 만들어진 기독교 용어가 일본 개국 후에 일본으로 들어오게 된 것이다. 기독교 용어의 일본 유입 통로에 대해서는 다음의 두 가지를 생각할 수 있다.

a 중국 포교 경험이 있는 선교사의 일본 활동. 예를 들면 브라운S. R. Brown이나 헵번J. C. Hepburn 등
b 한역 종교서적과 영중사전류의 일본 전래

중국의 종교 용어가 일본어에 들어왔다는 것은 근대 번역어 역사의 한 사건으로, 여러 선행 연구에서 이미 밝혀진 바 있다. 예를 들면 모리오카 켄지(1969:107, 156-157)는 다음과 같이 언급하였다.

> 언어는 보통 고도로 발달된 문화로부터 발달이 덜 된 문화로 전해진다. 수학과 기독교, 정치·법률 등 전문용어가 잘 구비되지 않았던 분야에서는 일본보다 더 일찍 정비된 중국어 번역어에서 차용할 필요가 있었다. (이 때문에 일본어의) 기독교 용어는 거의가 중국어 번역어를 받아들이게 되었다.

마츠다 유타카松田裕(1982)는 이에 대한 구체적 고증 작업의 하나로 '기독基督'이란 단어가 중국 음역어 '기리사독基利斯督'을 줄여서 차용한 것이라고 입증하였다.

여기서는 일어 차용어와 기독교 용어와의 관련성에 대하여 다음 세 가지

로 나누어 살펴보기로 한다.

1) 영중사전류의 번역어로서의 기독교 용어 성립

2) 일본 영일사전의 중국 기독교 용어 차용

3) 일부 용어의 탈종교화 과정 중의 일본어 영향의 유무

우선 《영화자전》에서 기독교 관계 번역어를 앞에 든 12단어를 포함해서 다음의 32어를 선정하였다(이들 번역어는 모두 두 자 한자어이고 중·일에서 사용되는 단어들이다).

修道院　審判　天使　默示　使徒　聖灰日　洗禮　聖歌　基督
基督(之)教　(周)割(之)禮　天主c　十字架　門徒　上帝　聖　福音　默想
大風琴　原罪　(極)樂園　受難　牧師　原理　祭司　特權　宣傳　聖詩
祈禱　安息日　三位一體　眞理

그 다음에는 영중사전들과 일본의 영일사전의 번역어를 각기 대조 확인하였다. 조사 방법은 《영화자전》보다 20년 앞선 중국의 《영한자전英漢字典》(1847-48)에서 번역어의 원류를 찾아보고 또 《영화자전》 간행 전후에 일본에서 출판된 《영화대역수진사서》(1862)와 《부음삽도영화자휘》(1873)를 대상으로 각 번역어의 이동과 차용을 관찰하였다. 《영화대역수진사서》는 영중사전류와 관계가 없는 데 비하여 《부음삽도영화자휘》는 영중사전 중에서도 특히 《영화자전》의 영향을 많이 받았다는 것은 이미 알려진 사실이다.

마지막으로 헵번의 《화영어림집성和英語林集成》을 대상으로 동일한 조사를 실시하였다. 이 사전은 네덜란드·일어사전蘭日辭典과 영중사전 어디에도 속하지 않는 독특한 성격의 사전이지만, 중국 포교 경험이 있는 헵번의 이력으로 인해 성서 용어에 관한 한 중국어 번역어의 영향이 있었을 것으로

추측된다(森岡健二, 1969:81).

《화영어림집성》 초판(1867)의 '일·영편和英の部'과 '영·일편英和の部'을 조사한 결과를 정리하여 다음 〈표IV〉와 〈표 V〉에 제시하였다.

〈표 IV〉

No	원어	《英漢字典》	《英華字典》	《袖珍辭書》	《英和字彙》
1	abbey	修道堂	修道院	僧ノ支配ノ境內	寺院
2	adjudge, judge	審判	審判	罪ヲ言ヒ付ル,判斷スル	裁判スル
3	angel	天使	天使	神ノ使者	天使
4	apocalypse	天啓之書	天啓, 黙示	미수록	黙示
5	apostle	使徒	使徒	宗徒, 使徒	耶蘇ノ徒弟
6	ash Wednesday	聖灰日	聖灰日	祭日名	聖灰日(祭日)
7	baptism	洗禮	洗禮	沐浴名ヲ付ル時ニ	洗禮
8	chant	唱歌	聖歌	歌	聖歌
9	Christ	基督	基督	西教	基督
10	Christianity	耶蘇教門	耶蘇教, 基督之教	西教	西教
11	circumcision	損割之禮	周割之禮	陰莖ノ先ノ皮ヲ切ルコト	陰莖ノ皮ヲ截ルコト
12	the Lord	天主c	天主	미수록	미수록
13	Catholicism	미수록	天主教	羅馬宗旨ノ人	羅馬教
14	cross	十字架	十字架	十字形	十字形
15	disciple	門徒	門徒	弟子	門人
16	Deity	上帝	上帝, 天主	神ノ緣起神	神, 天主
17	holy	聖	聖	神聖ナル	神聖ナル
18	Gospel	福音	福音	經文ノ名	經典ノ名, 教祖傳
19	meditation	參禪	黙想	思ヒ計ルコト	黙想
20	organ	風琴	大風琴	風琴	大風琴
21	original sin	原罪	原罪	미수록	미수록
22	paradise	極樂園	樂園, 極樂園	樂土	樂園
23	passion	怒, 性情	受難	教祖ノ受タル難	耶蘇ノ苦難

24	pastor	牧師	牧師	牧育者, 教師	法教師
25	prayer	經呪	祈禱	神拜, 祈念, 願ヒ	請求, 祈禱, 神拜
26	principle	道理	原理	支配, 肝要ナルコト	根源, 道理
27	prioct	祭主, 僧	祭司	僧	僧
28	privilege	自由之理, 特恩	特權	我一人受テ居ル免許	特權
29	propagate	傳教	宣傳	弘メル	弘ル, 博ル
30	psalm	聖詩	聖詩	經典	聖詩
31	revelation	天啓	黙示, 天啓	打チ明スコト	黙示
32	sabbath days	安息日	安息日	休息日	安息日
33	spirit	精神	精神	精神	精神
34	Trinity	三位一體	三位一體	法教ノ語	三位一體
35	truth	眞理	眞理	信義, 信實	信實, 信義

〈표 V〉

영 · 일편和英の部

수록된 단어　　天主教　門徒　安息日

수록되지 않은 단어　　修道院　審判　天使　黙示　使徒　聖灰日　洗禮　聖歌　基督耶蘇教　割禮　天主c　十字架　上帝　聖　福音　黙想　大風琴　原罪　樂園　受難　牧師　原理　祭司　特權　宣傳　聖詩　祈禱　三位一體　眞理

일 · 영편英和の部

원어	번역어
abbey	미수록
adjudge, judge	미수록
angel	Tennin
apocalypse	미수록
apostle	미수록

ash Wednesday	미수록
baptism	미수록
chant	Utau; tonayeru; gindzru
Christ	Kirish'to
Christianity	미수록
circumcission	미수록
the Lord	Shu; shu-jin; nushi; aruji
Catholicism	미수록
cross	Jumonji; jujika
disciple	Deshi; monto; montei; monjin
Deity	Kami; shin
holy	Isagiyoi; kiyoi; seii-naru
gospel	미수록
meditation	Zazen; kagaye
organ	Dogu
original sin	미수록
paradise	Gokuraku; tendo; jodo
passion	Jo; iji ikiji; ki
pastor	미수록
prayer	Inori; kito; negai
principle	Ri: dori; kotowari; michi
priest	Bodz; osho; juji
privilege	미수록
propagate	Tsztayeru; hiromeru
psalm	wasan; shomiyo
revelation	kami no tszge; kami no shirasei
sabbath days	Zontaku; ansoku-nichi; yaszmibi

trinity	미수록
truth	Makoto; jitsz; honto

위의 단어 목록에서 메드허스트와 로브샤이트 사전에는 일치하는 것이 많아서 번역어의 계승 관계를 확실하게 알 수 있다. 이에 비해서《영화대역수진사서》와《영화자전》이 일치하는 것은 '풍금風琴'과 '정신精神' 두 단어뿐이다.《부음삽도영화자휘》는《영화자전》에서 번역어를 직접 차용했기 때문에 일치하는 단어 수가 많아졌지만[16] 일치하는 단어가 늘었어도 번역어 차용률이 절반 이하이고 '복음福音'이나 '목사牧師' 등 기본적인 기독교 용어조차 현재의 형태와 다르다.

한편 헵번의《화영어림집성》'일·영편'에는 중국어역 기독교 용어가 거의 사용되지 않았고 '영·일편'에는《영화자전》과 동일한 번역어가 '十字架, 門徒, 聖, 祈禱, 安息日'의 다섯 단어에 불과하다. 이를 보면 헵번의 공헌은 사전의 번역어와 관련된 것이 아니라 성서 번역과 관련이 있으며 이 성서 번역은 중국어역 기독교 용어와 관련이 있다고 말할 수 있다.

그러나 위에 든 단어 중에 '審判, 原理, 特權, 宣傳, 眞理, 風琴' 등은 오늘날 중·일 양국에서 특수한 문맥 이외에는 종교적 의미로 사용되지 않는다. 이것은 세례洗禮와 같이 비종교적인 의미가 첨가된 경우와도 다르다. 이들 단어의 의미 변화, 즉 두 나라 말에 똑같이 종교적 의미가 약해졌다는 사실은 한쪽이 다른 쪽으로부터 영향을 받았을 가능성이 크다는 점을 시사한다. 19세기 말까지의 중국 문헌, 예를 들면 선교사 번역서와 저서, 정부 파

16 永嶋大典(1970:86-88)는《英和字彙》와《英華字典》이 서로 번역어가 완전히 일치한 것으로 '全能ノ上帝 天使 黙示 背教者 洗禮 監督者 基督 聖餐 造物主 教會執事 樂園 上帝 天主 偶像 偶像禮拜 耶蘇 救世者 預言者 清教ノ信者 安息日 聖晩餐 救主 上等ノ天使 三位一體'를 들었고, 그 후 일본어에 정착한 번역어로《英華字典》에는 있으나《英和字彙》에는 없는 것으로 '使徒 聖書 祝福 天主教 耶蘇教 基督ノ教 十字架 耶蘇復活節 異邦ノ人 福音 恩寵 異端 僞善者 祭司 牧師 神父 煉獄 復活'를 들었다(후리가나 생략).

견의 유럽사절단, 관리의 시찰 저술 등에는 위의 단어들 대부분이 분명히 종교 이외의 문맥에 사용되지 않았다.[17] 그렇다고 해도 20세기 이후의 의미 변화가 일본어로부터 영향을 받았기 때문이라고 보는 것은 다음의 몇 가지 이유에서 무리가 있다고 생각한다.

우선 이들 번역어가 원어의 의미 변화와 함께 스스로 의미 영역을 변화시켰다는 점이다. 즉 이들 번역어는 원어에서도 의미가 일반화되어 더 이상 종교에 국한된 전문용어로만 사용되지 않게 되었다. 번역어도 이와 보조를 맞추어 그 의미가 바뀐 것이다. 단 이러한 시각은 본고의 의도에 벗어나는 것이므로 더 이상 깊이 논하지 않기로 하고 번역어 자체의 문제로 돌아가겠다.

이 절의 첫 부분에 든 단어들은 발생 계기가 같은 것으로 보인다. 즉 기독교의 개념을 도입하기 위하여 만들어진 신생 번역어일지도 모른다. 그러나 개별적으로 보면 '원죄原罪'와 '세례洗禮', '기독基督', '복음福音' 등은 기독교 특유의 개념을 나타내기 위해서 특별히 고안된 것이고, '심판審判'이나 '원리原理', '진리眞理' 등은 이미 고문헌에 존재했던 것을 기독교 용어로 전용한 것이다. 전자는 일반적으로 각 글자가 독립적으로 의미를 이루는 것이 아니라 복합어 전체가 종교적 의미를 나타내기 때문에 종교적 의미에서 벗어나기가 어렵다. 이에 비하여 후자는 항상 축자 해석이 가능해 종교적 의미 이외에도 일반 의미로도 사용할 수 있다. 여기서 종교적 의미 용법이 유지되면서 일반 의미로도 사용될 수 있는 '세례洗禮'를 상기하기 바란다. '혁명의 세례를 받다'라고 할 수 있는 것은 바로 한자 '세洗'의 의미가 강하게 의식되기 때문이다. 이와 같은 축자 해석의 가능성은 조어 단계에서부터 존재하는 경우가 있다. 예를 들면 '선전宣傳'의 경우 《영화자전》에서는 다음과

17 구체적으로는 제3장에서 사용한 자료군이다.

같이 여러 원어와 대응하고 있다.

Propagate; Preach; to hold forth; Proclaim

즉 이들 번역어는 처음부터 종교적 의미와 유리될 가능성이 있다고 해도 무방할 것이다. 물론 여기서는 단지 문제를 제기할 뿐으로 이들 번역어의 의미 변천에 대해서는 어휘사 연구에서 밝혀질 일이다. 앞으로의 과제로 삼고자 한다. 다음 절에서는 중국어의 일어 차용어와 관련하여 영중사전들의 중요성에 대해서 살펴보겠다.

5. 근대 번역어 '연필鉛筆'

어휘 항목을 늘리는 한 가지 방법은 기존 어휘를 가지고 외래의 신개념을 표현하는 것이다. 이러한 조어법으로 만들어진 단어는 지시 대상의 특성에 따라서 다음과 같이 두 가지로 나누어 생각할 수 있다.

I. 외국에서 들어온 추상적 개념을 나타내는데 사용되는 기존 어휘. 서양의 정치·경제·사회제도에 관한 용어와 철학, 문학과 같은 인문과학 분야의 전문어가 이에 해당된다.

II. 외국에서 들어온 물건이나 도구, 제품명에 사용되는 기존 어휘. 서양 각 국의 독특한 물건이나 도구를 비롯해서 근대 과학기술의 성과와 제품명이 이에 속한다.

어휘 체계의 변화가 다른 언어와 접촉 결과로 일어났을 때 I과 II의 경우는 다음과 같은 특징을 갖는다. I의 기존 어휘는 원래 전통 문화와 관계가 깊은 개념어가 많아서(예를 들면 '혁명革命, 민주民主, 공화共和, 자유自由' 등) 외래의 신개념을 나타내게 되더라도 옛 의미를 완전히 버리지 못하고(옛 의미를 버리는 데 시간이 많이 걸린다) 신구 의미가 같이 쓰이게 되어 동형 충돌이 일어나는 등 새로운 어휘 항목으로 수용되는 과정에서 복잡한 사정이 생긴다. 이에 비해서 II는 보통 신·구 의미가 같이 쓰이지 않는다.[18] 즉 기존 어휘가 지시하는 물건이나 기구가 있다고 하더라도 외국에서 들어온 물건에 그 이름을 그대로 사용하는 일은 적다. 왜냐하면 II류가 실제로 사용된다고 하는 것은 적어도 언어 의식에서 옛 지시 대상이 소실되는 것이 전제가 되기 때문이다. 바꾸어 말하면 새 물건의 수용으로 옛 물건이 도태됨과 동시에 그 이름이 지시하는 실물이 저절로 바뀌어서 신어로 수용될 때 그다지 큰 어려움이 없다는 것이다.

근대 이후 중국과 일본에서는 서양 문명의 전래에 대처하기 위하여 기존 어휘에 새로운 의미를 부여하는 방법으로 신어와 번역어를 대량으로 창출하였다. 이 경우에 만약 해당 단어가 중국 고전에 있었고 이 중국 고전 한자어를 일본인이 신개념으로 처음 도입한 뒤에 이 단어가 다시 현대 중국어에 수용되었다면 양 언어의 어휘 교섭은 의미의 굴절 차용(서양의 개념이 일본어를 통해서 중국어에 반입됨. 제1장 참조)이라는 문제가 발생한다.

그러나 이를 구체적으로 살펴보면 I류의 경우 서양 전래의 신개념이 중국 고전어로 도입되는 시기와 이를 도입한 사람을 밝히는 것은 근대어 연구자의 주요 관심사가 아니다. 근대어 연구자의 주요 관심사는 재래 어휘의 신개념의 정착과, 원어와 번역어의 대응 관계, 신구 개념과의 경합으로 인한 의미 변화 등이라 할 수 있다. 한 단어의 역사는 종종 문화 문명의 수용사이

18 이러한 타입은 지금까지 제시한 일어 차용어 목록 중에서 '神經, 白金, 麥酒, 風琴, 列車' 등의 몇 단어에 불과하다. 단 '白金, 麥酒, 風琴'은《英華字典》에 이미 수록되어 있어서 일본어와 관계가 없다는 것이 증명되었다(본 장의 § 3을 참조).

기도 하기에 그 수용 과정에서 발생된 일본어의 간섭 사실을 밝혀야 하는 것이다. 지금까지 스즈키 슈지鈴木修次와 야나부 아키라柳父章 등의 많은 연구가 이와 같은 성격을 잘 보여 주고 있다. 한편 II의 경우는 발명사와 문물 전파사와 관련이 있고 실물이 존재하므로 개념 파악이 어렵지 않다.

제3장에서 살펴본 '위생衛生'은 I류의 단어에 속한다. 다음 절에서는 II류 단어의 한 예로서 현재 중·일 양국에서 사용되는 '연필鉛筆'에 대한 고찰을 통하여 근대 번역어사를 연구하는 데 근대 전기의 영중사전이 얼마나 중요한지를 생각해 보기로 한다.

5.1 《현대 중국어 외래어 연구》에 나온 '연필'의 어원

연필의 어원을 처음 언급한 것은 《현대 중국어 외래어 연구現代漢語外來詞研究》이다. 이 책에는 '연필鉛筆'이 일본어 어원으로 나와 있는데 이는 후일 류정탄劉正埮(1984)에게도 계승되어서 현재까지 통설이 된 듯하다. 일어 차용어 문제를 논할 때 '연필'은 일본인들이 중국의 고전어를 개조하여 근대 번역어로 만든 전형적인 예로도 자주 거론된다.[19] 원문이 좀 길지만 '연필'에 관해 기술한 부분을 간략하게 설명하면 다음과 같다.

> '연필'은 원래 중국 고대 한자어이다. 고대인들이 납〔鉛〕으로 글씨를 썼으므로 연필鉛筆이라 하였다. 예를 들면 《동관한기東觀漢記》에 '조포曹褒는 잘 때는 연필을 품고 자고 길을 걸을 때는 책을 읽었다(曹褒 寢則懷鉛筆 行則誦讀書)'는 용례가 나오고, 《임방표任昉表》에도 '사람은 기름을 비축하고 집에는 연필이 있어야 한다(人蓄油素 家懷鉛筆)'는 용례가 있다. 이들 자료에 나오는 연필은 고대인들이 글씨를 쓰는 데 사용한 납으로 만든 필기도구를 말한다. 그러나 오늘날 우리가 말하는 연필은 납으로 만든 것이 아니라 흑연으로 만들어진다.

---

19 高名凱·劉正埮(1958), 劉正埮 등(1984)을 참조. 일본에서도 중국어에 관한 지식으로서 자주 인용된다. 相浦杲 편 'NHK 中國語入門' 등을 참조.

그런데 왜 연필이라고 부를까?

동양인들이 서양과 교류하면서 서양에서 탄소로 만들어진 필기구가 있고 이것을 영어로 'pencil'이라 부른다는 것을 알게 되었다. 이 진귀한 물건을 본 일본인들은 이 물건에 일본어 이름을 붙여야 했는데 'pencil'을 음역하는 대신에 중국 고전에 있는 '鉛筆'이라는 한자어를 가져다가 〔enpitsu〕라고 부르기로 하였다. 후에 중국인이 이 필기구를 만났을 때 일본어의 연필을 차용하였고 일본어 발음 〔enpitsu〕를 중국어 발음〔qian-bi〕로 바꾸었다.[20] 〔enpitsu〕와 〔qian-bi〕는 같은 단어에 대한 두 언어의 다른 발음이며 양쪽 다 영어의 'pencil'이 가진 의미 즉 일종의 필기구를 가리킨다. 현재의 연필은 중국인이 영어의 'pencil'을 번역한 것이 아니라 일본어의 〔enpitsu〕의 음과 뜻을 가져와 중국어로 개조한 것으로, 결국은 일어 차용어이다. 따라서 연필은 더 이상 고대 중국어가 아니며 현대 중국어에서는 외래어로 간주된다(p. 81).

《현대 중국어 외래어 연구》의 견해는 다음과 같이 정리할 수가 있다.

1) 연필은 중국 고대 문헌에 나오는 단어이다.
2) 고대 문헌에 나오는 연필의 지시 대상은 현재의 연필과 다르다.
3) 일본인이 중국인보다 먼저 서양의 연필을 접했고 그것을 중국 고전어 연필로 명명하였다.
4) 일본인보다 늦게 연필을 알게 된 중국인은 독자적으로 명명할 노력을 포기하고 일본에서 명명한 것을 차용하였다. 이것이 우연히 중국의 고전에도 나오는 연필이었다.

위의 2)-4)의 견해가《현대 중국어 외래어 연구》에서 연필을 일어 차용어라고 인정하는 근거였다. 이를 더욱 일반화시켜서 말하면 어떤 단어가 위

20 원문은 음성기호를 사용하고 있지만 편의상 중국어 로마자 표기로 바꾸었다.

와 같은 과정을 거쳐 성립되었다고 하면 그 단어가 중국의 고전어라고 할지라도 일어 차용어(의미의 차용)로 인정할 수 있게 된다.[21] 발음 개조설이 결코 합당하지 않다는 것은 이미 제1장에서 지적하였다. 실물에 대한 명명과 번역어의 고안(즉 연필이라는 것을 보고 그것을 명명하는 것과 'pencil'이라는 타 언어를 자국어로 번역하는 것)이 동일하게 논해져서는 안 되는데, 다만 여기서 유의해야 하는 점은《현대 중국어 외래어 연구》가 '연필'을 일본의 번역어라고 단정하려면 위의 3)과 4)에 관한 입증자료를 제시해야 했었다는 점이다. 이를 제시하지 않았기 때문에 일본 번역어라고 확증할 수가 없다. 이 문제는 근대 전기 문헌에 대한 고찰이 결여된 것에 기인한다고 볼 수 있다. 다음 절에서는 19세기 영중사전들을 비롯해 중국 근대 전기 문헌을 고찰하여《현대 중국어 외래어 연구》의 결론이 옳은지에 대해서 자세히 살펴보기로 한다.

5.2 '연필'의 출전과 그 지시 대상

먼저 중국 고대 문헌에 사용된 '연필'과 그 지시 대상을 확인해 두고자 한다.《현대 중국어 외래어 연구》는《동관한기》와《임방표》에 나오는 용례를 인용했는데(이하 각각 예 1, 예 2로 한다), 이 두 가지 용례는 이미《패문운부》에 나와 있다.《패문운부》에는 이 밖에도 다음의 예가 보인다.

> 예 3. 宜迴職于版圖 佇擅聲于鉛筆 (蘇頲授賀知章起居郎制)
> (판도에 관직을 다시 올라 연필〔납으로 만든 필기도구〕로 명성을 오래 남도록 기록하는 것이 마땅하다.)

---

21 여기서 말하는 일반화는《현대 중국어 외래어 연구》의 견해에 따른 것이다. 일어 차용어연구의 실제 문제로서 3), 4)에서 말한 양국의 어느 쪽이 먼저 서양의 물품을 접했는가는 큰 문제가 되지 않는다. 왜냐하면 명칭이 물품과 함께 전래되어 정착한 경우도 있고 이미 사용하기 시작한 한쪽의 명칭이 나중에 또 한쪽의 다른 명명에 통합된 경우도 있기 때문이다.

1915년 간행된《사원辭源》에 위의 용례가 실려 있고 또 중국과 일본의 사전이 거의 예외 없이 이들 용례를 인용하고 있는 것을 보면《패문운부》를 '연필'의 최초 출전으로 간주해도 무방할 것이다.

그런데 위의 예문에 나오는 연필은 무엇을 가리킨 것이었을까?《현대 중국어 외래어 연구》에서는 두 가지 예가 모두 납으로 만든 필기도구를 가리키는 것이라고 생각했지만 실은 다른 것을 가리켰을 가능성도 배제하기 어렵다. 요한 베크만에 따르면 연필은 고대 그리스와 로마에서 납으로 된 작은 원판 모습으로, 양이나 사슴 가죽 등에 금을 긋거나 기호를 표시하는 데 사용하였다고 한다(《서양사물기원西洋事物起原》 특허청 내 기술사연구회역, 1982). 이것이 예 1의 연필에 해당한다고 본다. 실제로 고대 중국에서는 '연참鉛槧'이라는 단어가 존재했는데 '연鉛'은 납으로 만든 필기구, '참槧'은 목판을 말한다. 고대 중국에서는 종이가 아직 일반화되지 않아서 사람들이 납으로 목판에 새기는 것처럼 글씨를 썼을 것이다. 예를 들면《사원》에 다음과 같은 용례가 있다.

예 4. 揚之雲(雄)好事 常懷鉛提槧 從諸計吏 訪殊方絶域四方之語

《西京雜記》

(양지운은 호사가이다. 항상 납을 품에 넣고서 목판에 끼워 계리計吏와 동행해서 여러 지역의 언어를 찾아다녔다.)

그러나 예 2는 사정이 좀 다르다. '가회연필家懷鉛筆'에 관해서 당나라 이주한李周翰은 '납가루로 만든 붓으로 글씨를 쓰는 데 사용된다'(鉛粉筆也 所以理書也)고 주석을 달았다. 이 설명을 보면 모필毛筆에 납 가루를 찍던지 혹은 납 가루를 고형화해서 글씨를 쓰는 데 사용했던 것으로 추측된다. 전자는 필기구뿐만이 아니라 화장 도구로도 사용되었음을 원호문元好問의 시〈荊棘

中杏花〉"天眞不到鉛粉筆 富艶自是宮闈花"(그 천연의 본질은 연분필로 표현 못 하고, 화려함이 당연히 궁중의 꽃을 능가한다)에서도 알 수 있다. 후자는 14세기 이탈리아에서 납과 주석을 혼합한 심을 목축木軸에 장착해서 만든(요한 버크만, 《평범사 대백과사전》) 사례가 있어 이미 먹을 발명한 중국에서도 납과 다른 재료를 혼합해서 분필粉筆을 만들었을 수도 있었다고 본다. 어찌하였든 이들이 오늘날의 연필과 다른 것은 분명하다.[22]

5.3 연필의 동아시아 전래

동양에서는 붓이 주요 필기도구로 세력을 떨쳤던 탓인지 고대 이후 '연필'에 관해 기록한 문헌이 없어서 옛 형태의 연필이 언제까지 사용되었는지 불분명하다. 《평범사 대백과사전平凡社大百科事典》에 따르면 '유럽에서는 1564년 영국에서 양질의 흑연이 발견되어 실로 감거나 나무에 끼워서 사용하게 되었다. 르네상스의 화가들 사이에서 인기가 있었는데 이것을 연필의 기원으로 본다'라고 기술되어 있는데, 그렇다면 서양의 연필은 누구에 의해서, 언제, 어떻게, 동양에 전래되었을까? 《현대 중국어 외래어 연구》에 쓰여 있듯이 일본에 먼저 전해진 것일까?

문방구로서의 연필은 문화인들이 전래했을 가능성이 크고 그 시기를 대항해시대 이후로 보는 것이 자연스러울 것이다. 그런데 1601년 많은 서양 문물을 가지고 중국에 온 이탈리아인 선교사 마테오 리치의 경우, 1605년 12월 1일자 《술문述文》 마지막 부분에 '유럽의 마테오 리치가 깃털 펜으로

---

22 고대에는 '연필'이라고 칭한 필기구가 적어도 2종 이상 있었음이 틀림없다. 그러나 문헌에서 말하는 '鉛筆'이 구체적으로 어느 종류를 지칭하는지 분명치 않다. 예로 예 1의 '鉛筆'이나 예 4의 '鉛'에 대해서 납가루(鉛粉)로 보는 설도 있다(전자는《大辭典》, 平凡祉, 후자는《辭源》). 또한 예 2의 '鉛粉筆'의 경우는《辭源》(1983 개정판)에 '鉛, 粉筆也'(납, 분필이다)라고 鉛과 粉 사이를 띄어서 설명하고 있는 것에 대해서,《大漢和辭典》(諸橋轍次)에서는 '鉛粉筆也'(납가루의 붓)이라고 기술되어 있다. 그러나 어느 쪽이든 여기서의 논점에 영향은 없다.

글을 썼다'(歐羅巴 利瑪竇撰並羽筆)고 기록하여 마치 연필이 아닌 깃털 펜(羽筆)임을 강조한 것 같기도 하다. 물론 이것만으로는 결론을 내릴 수 없으나 마테오 리치의 시대에는 연필이 본격적으로 전해지지 않았고 또 선교사가 상용하는 필기구가 아니었다고 생각된다.

한편《평범사 대백과사전》의 '연필'이 일본에 처음 전해진 시기는 에도 시대 초기로, 시즈오카현 쿠노잔토쇼구久能山東照宮 박물관에 네덜란드인이 도쿠가와 이에야스德川家康에게 헌상한 연필이 유품으로 보존되어 있다. 그 모습은 '가늘고 긴 막대 형태의 흑연(멕시코산)을 나무에 끼워 넣은 길이 114mm 정도의 연필'이라고 하는 기술 내용으로 보아 당시 연필은 아주 귀한 물품이었음을 알 수 있다. 참고로 페리가 도쿠가와 막부에 헌상한 물품 목록에 연필은 없었다.

18세기 후반 혼합 흑연이 유럽에서 제조되었고 19세기 초에 현재의 연필 제조법이 개발되어 대량 생산이 시작된다. 마침 이 무렵은 서양과 동양의 관계가 긴밀해지고 무역이 크게 신장된 시기이다. 또한 개신교 선교사가 대거 동아시아로 오게 되고 사람·물건 양면에 동서 교류가 빈번해졌다. 서양에서 실용성 있는 필기구가 된 연필은 그때까지와는 다른 용도(그림의 도구만이 아니라 필기구로)로 동양에 전해진 것이다. 그러나 일본인이 먼저 서양 연필을 접하였다는《현대 중국어 외래어 연구》의 견해를 뒷받침하는 확증이 없다. 당시 중국과 일본을 둘러싼 세계 무역 환경을 생각한다면 연필 전래 시기는 큰 차이가 없었고 연필은 중·일 각국에 각기 다른 경로를 통해서 들어왔을 가능성이 크다. 이는 양국에서 연필을 각기 다른 이름으로 명명했고 이에 따라 다른 이름으로 불렸을 가능성이 있음을 의미한다. 실제로도 그러했을 것이다. 또한 문화 교류로 인하여 외국어 지식이 증가된 결과 실물을 보고서 명명하는 것이 아니라 다른 언어의 명칭을 자국어에 있는 말로 표현하는 번역어의 문제에 직면한 것도 그 전후였다.

5.4 '석필'과 '연필'

근대 이전의 일본 문헌에서 '연필'이란 명칭은 찾아볼 수 없다. 일본에서는 메이지 초까지 연필 모양을 한 것을 '석필石筆'이라 불렀다. 《메이지 사물기원明治事物起原》에는 이에 대하여 다음과 같이 기술하고 있다.

> 메이지 유신 전에 석필石筆이라 불리던 것은 오늘날의 연필에 속하는 것이다. 석필은 연필의 옛 이름이다. 메이지 초에는 그저 폿트로드라 불렀고 연필이란 이름이 없었다.

또 석필에 대해서 《화영오체이려파和英五体伊呂波》(渡爲常, 1872)의 용례를 인용하여 설명했는데 이는 근대의 공산품 연필로 보아도 틀림없을 것이다.

> 일본 붓의 축과 같이 된 나무 속에 바늘과 같이 가늘게 만든 철심을 넣고 그 철로 쓴다. 철심이 닳으면 주위 나무를 깍아서 사용한다

그런데 '석필'이란 단어는 그리 오랜 단어가 아니다. 《화한삼재도회和漢三才圖會》에 다음과 같은 기록이 있다.

> 석필: 자흑색 돌을 깎아서 붓 모양으로 만들어 관축管軸에 끼워서 사용하는데 먹을 사용하지 않고도 글씨를 쓸 수 있다. 끝이 닳기 쉽다. 이는 (생각한 것을) 잊어버리지 않도록 대비하기 위한 것이다. 《광박물지廣博物志》에 소위 여산廬山에 석묵石墨이 있어 글자를 쓸 수 있다고 한 것은 이를 가리킨다. (권15)

한방서적 본초류에 '羽州秋田の白石脂, 遠州の赤石筆'(오슈 아키다의 석고기름, 엔슈〔오늘날의 시즈오카현 하마마쓰시 부근〕의 붉은 석필)이라고 산지가 명기되어 있는데 이는 《화영오체이려파》의 '석필'과 같은 것으로 볼 수 없

다. 중국의 《광박물지》에 '석묵石墨'과 동일하다고 지적한 점과, 정식 필기구는 아니지만 잊지 않도록 일시적으로 메모해 두는 데에 사용된다고 한 점은 중국 고대의 연필 사용법과 일치하나 중국에서는 이러한 필기구를 '석필'이라고 부르지 않았다.

그런데 일본에서는 근세 중기부터 '석필'을 네덜란드에서 전래된 필기구를 가리키는 데에도 사용하였다. 《가도카와 고어사전角川古語大辭典》에는 이에 대하여 다음과 같이 자세히 인용하고 있다.

> 로트 알드, 일본 이름 석필. 홍모인紅毛人은 붉은 색을 로트라고 부른다. 알드는 흙이다. 이것을 깎아서 붓과 같이 만들어 글자를 쓰는데 벼루와 먹을 사용하지 않아 아주 편리하다. 〔…〕 폿트로트, 일본명 흑석필黑石筆. 홍모인紅毛人이 전래함. 일본산 없음(물류품척物類品隲 · 二)

특히 폿트로트(폿트로드)에 대해서는 '일본산 없음'이라는 표현에서 옛부터 일본에 있던 석필(예를 들면 《화한삼재도회》의 석필)과 달리 서양의 연필 또는 그 초기의 것으로 짐작할 수 있다. 석필은 근대 이전 문헌에 '세키히츠(セキヒツ)', '이시후데(イシフデ)', '폿트로드(ポツトロード)'의 세 가지로 읽혔음이 확인되었다. '세키히츠(セキヒツ)'와 '이시후데(イシフデ)'는 한자어와 고유 일본어라는 차이가 있으나, 옛부터 일본에 존재했던 석필이 그 지시 대상에 포함되어 있다고 본다. 이에 비하여 '폿트로드(ポツトロード)'는 해외 수입품과 함께 들어온 신어이다. 《메이지 사물기원》에 '메이지 초기에는 폿트로드라고 불렀다. 연필이라는 이름은 없었나'고 씌어져 있듯이 막부 말기부터는 '폿트로드'라는 지칭이 우세를 보였다. 석필에 때로는 '폿트로드(ポツトロード)'라는 후리가나가 달려 있어 그 지시 대상을 석필의 의미 범위에 수용시킨 형태로 성립해 가는 과정을 네덜란드 · 일본어계 사전에서 확인할 수 있다.

《역건譯鍵》1810	Pen	石筆, 鵝筆
	Potloot	黑ノ石筆
《난어역선蘭語譯撰》1810(用器)	Potloot	黑ノ石筆 セキヒッ
《화란지휘和蘭字彙》1855	Potloot	石筆
	Roodaarde	赤土, 赤石筆ヲ云フ

막부 말기 메이지 초기부터 중기까지 출판된 영중사전에는 '석필'이 'Pencil'의 번역어로 수록되어 있다.

《英和對譯袖珍辭書》1862	Pencil	畵工ノ用エル日本筆, 石筆
《和英語林集成》1867	Pencil	Seki-hitsz; Fude.
	Seki-hitsz	セキヒツ, 石筆, n. A lead-pencil
《英和字典》1872	Pencil	畵工ノ用ル日本筆ノ如キ物, 石筆, 筆
《英和對譯辭書》1872	Pencil	畵工ノ用ユル日本筆ノ如キ物. 石筆
《英和字彙》1873	Pencil n,	畵(エ)筆, 石筆(セキヒツ)
An English-Japanese Dictionary of Spoken Language, 1876		
		Pencil(lead) sekihitsu(c).
《英和字彙》(2版) 1882	Pencil	筆, 畵筆, 石筆
《英和字彙 》(增補 2版) 1887	Pencil	筆, 面筆ヱフデ, 石筆セキヒツ

이 무렵 일본의 외국어 사전에는 '석필'이 대세였다. 그중에서도 특히 로브샤이트 《영화자전》의 영향을 많이 받은 《영화자휘英和字彙》(2판, 증보 2판)에서조차 로브샤이트의 번역어를 채용하지 않았다[23]는 점에서 이 시기에

23 森岡健二(1969:105)는 "《英華字典》에서 차용된 중국어 중에 '증함수(增函數)', '대수곡선(對數曲線)' 등의 술어(術語)에서부터 '牛乳', '鉛筆' 등의 일상어에 이르기까지 광범위에 걸쳐서

'석필'의 사용이 얼마나 우세했는지를 알 수 있다. 다만 흥미로운 것은《영화자휘》에 '연필'이 단 한 번 사용되었다는 점이다.

Lead, n. 鉛, 測量錘, 薄鉛板(活版用), 鉛筆
Lead-pencil, n. 石筆

그러나 표제어 'Lead'와 'Lead-pencil'을 비교해 볼 때 '연필'이 근세 이후에 석묵石墨으로 만들어진 연필을 지칭하지는 않았다. 한편 후쿠자와 유키치福澤諭吉의 《증정화영통어增訂華英通語》는 《영화자휘》보다 13년이나 일찍 '연필'을 수록하였는데, 이 사전은 중국인 하자정何紫庭이 편찬한《화영통어華英通語》(1855)의 한자 번역어에 후쿠자와 유키치가 일본어의 훈을 단 것으로, 다음과 같이 여러 가지 필기도구명이 나온다.

Pen	鵝毛筆(フデ)	通商貨類
Pencil	筆(フデ)	字房物類
Steel pen	銅筆(ハガ子フデ)	위와 같음
Lead pencil	鉛筆(ナマリフデ。ホットロート)	위와 같음
Slate pencil	石筆(イシフデ)	위와 같음

다양한 분야의 어휘가 사용되었다"고 기술하였다. 이에 대해서 佐藤亨(1986:211)는 "森岡健二가《近代語の成立》에서 '鉛筆'을 로브샤이트의《英華字典》에서 차용했다고 보고 있다.《英和字彙》등의 사전에서는 그렇다고 말할 수 있으나 단어 자체의 성립은 다른 문제이다"고 지적하였다.

이와 같은 차용설에 대해서 樺島忠夫(1977)는 '새롭게 수입된 물품의 기능이나 형상을 한자어로 의역한' 것으로 '鉛筆'을 들었고, '납과 같은 심의 붓=鉛筆'이라는 조어 과정이 존재한다고 주장하였다. 의역해서 '鉛筆'이라고 명명한 것이 중국인인가 일본인인가에 대해서는 언급하지 않았으나, 일본인의 한자 조어 능력과 태도를 문제시한 것으로 '鉛筆'을 일본 번역어로 생각한 것으로 보인다. 그러나 주 25에서 지적했듯이 일본인은 언어의식에서 연필의 심을 '鉛'이 아닌 '石'으로 생각했기 때문에 樺島忠夫가 지적한 조어 과정은 존재할 수 없다.

이 중 '연필'에는 'ナマリフデ'(나미리후데)와 'ホットロート'(폿트로트)라는 두 가지 읽는 방법이 적혀 있다. 'ナマリフデ'는 한자 표기의 의미를 한자 각 글자별로 풀어서 표시한 결과이지 지시 대상을 인식하고 표시한 것은 아닌 것 같다. 이에 비하여 'ホットロート'는 이해하기 쉬운 표기이다. '연필'이라고 하는 중국 고전에 존재하는 어형에다 석필, 즉 '폿트로드(ポットロード)'라고 읽어서 연필과 석필을 관련지은 것이다. 이와 같이 연필을 석필에 준해서 이해한 사용례는 《서국입지편西國立志編》의 '鉛筆'(セキヒツ)과 《영씨경제론英氏經濟論》의 '鉛筆'(イシフデ) 등 메이지 초기 문헌에 적지 않게 나타난다(佐藤亨, 1986 참조).

그러나 '연필'의 사용례가 전혀 없었던 것은 아니다. 막부 말기와 메이지 초기에 활약한 구리모토 죠운栗本鋤雲은 하코다테函館 근무 중에 알게 된 프랑스인 통역 메르메 드 카숑Mermet de Cachon을 통해 들은 서양 사정을 메모해서 1861년에 《연필기문鉛筆紀聞》이란 책을 지었다. 이 책의 서문에서 구리모토는 '내가 물어보면 그가 반드시 대답해 줬다. 그것을 연필로 조목조목 기록하였다'(余問フ所アレハ彼必ス答フ則鉛筆條記シ)고 썼다. 유일한 예이기는 하나 구리모토栗本가 왜 '연필'이라는 용어를 썼는가에 대해서 앞으로 더 조사할 필요가 있다.

5.5 '석필'에서 '연필'로

《평범사 대백과사전》에 의하면 연필이 1877년 독일에서 수입되어 외국 물품을 파는 가게에 진열되었고 처음에는 '목필木筆'(원래는 앞부분을 태워서 쓸 수 있도록 고안된 나무막대기)로 불리었다고 한다. 일본에서는 1886년에 미쓰비시연필의 창시자인 마사키 니로쿠眞崎仁六가 최초로 양산에 성공한 이래 점차 보급되었다. 그 과정에서 '목필'이라는 이름은 사라지고 '석필'도 '연필'로 이름이 바뀌었다. 영일사전에서는 다음 예에서 보는 것처럼 '석필'과

'연필'이 혼재되다가(실제로는 석필이 더 많이 쓰였음) 점차 '연필'이 사용되게 되었다.

《英和和英字彙大全》1885 Pencil 畵筆, 石筆. A Lead Pencil 鉛筆

《附音挿畵英和玉篇》1886 Pencil 筆, 鉛筆, 石筆

《漢英對照いろは辭典》1888 えんぴつ (名) 鉛筆, なまりのふで(石筆の類) A Lead-pencil.

'연필'이 일본어 사전에 등재된 것은 오츠키 후미히코大槻文彦의 《언해言海》(1891)가 아니라 야마다 비묘山田美妙의 《일본대사서日本大辭書》(1892)부터이다. 야마다 비묘는 《언해》에서 '연필'을 '납으로 된 먹을 심에 넣은 일종의 붓 … 묵필, 펜실(鉛ノ墨ヲ心ニ入レタ一種ノ筆. … ボクヒツ. ペンシル)'이라고 기술하였다. 이에 대하여 석필을 '옛날에 일종의 흑색 점토를 관에 넣어 글씨를 쓰는 기구'라고 기술한 이하라 사이카쿠井原西鶴의 용례를 인용하여 '펜실', 즉 '연필'을 '석필'이라고 지칭한 것은 잘못이라고 지적하였다.

그러나 오용의 극복, 즉 석필에서 연필로 이름이 바뀌게 된 연유는 무엇일까?[24] 그 원인으로 우선 중국의 한역 양학서나 19세기 영중사전으로부터의 영향을 생각할 수 있다. 실제로 다음 절에서 설명하겠지만 양학서와 영중사전류에서는 '연필'이 이미 'pencil'의 번역어로서 사용되었다. 그러나 이 가설에 의문이 없는 것은 아니다. 메이지 10년대의 명칭 변경이 메이지 초기 영중사전류의 번역어의 영향이라고 가정하더라도 반응이 너무 늦었기 때문이다. 그렇다면 이러한 번역어의 변화를 초래한 계기가 따로 있었다고 생각할 수밖에 없다. 여기서 필자는 영일사전보다 일찍 연필을 대역어로

24 '石筆'이라는 명명에 대해서 그것이 부적절하다는 의견이 《明治事物起原》에서도 다음과 같이 소개되어 있다.

'포츠토로오도, 또한 펜실이라고도 한다. 석필이라고 부르는 것은 부적절하다'(ぽつとろおど, またぺんしるともいふ, 石筆といふはわろし)《智慧の環・初編》(古川正雄, 1870)

채택한 독·일(일·독)사전의 번역어에 주목하고자 한다. 예를 들면 메이지 10년(1877)까지 발간된 독·일사전에는 대역어로서 '연필'이 이미 수록되어 있다.

《孛和袖珍字書》1872	Bleiftift	セキヒツ 石筆
《和譯獨逸辭典》1872	Bieistift	石筆
《獨和字典》1873	Bleistift	石筆 鉛筆
《和獨對譯字林》1877	YEM-PITSU,	エンピツ, 鉛筆, S. BIeistift, m., Bleifeder, f,
	SEKI-HITSU,	セキヒツ, 石筆, S. Schieferstift, Griflel, m.; auch: Bleistift, m.

독일어 'Bleistift'의 대역어로서 '연필'이 사용된 것은 그전까지의 중국 문헌의 영향임을 충분히 고려해야 한다. 특히 'Bleistift'에 'Blei 鉛'의 어근이 포함되어 있는 점에 유의할 필요가 있다.[25] 타 언어를 모사模寫calque 방법으로 정확히 축어역逐語譯할 경우에 '鉛+筆'이라는 식의 어근 대응 형식의 번역어가 고안되기 쉽기 때문이다(제1장 §3.1 참조). 이와 대조적으로 당시 영어에서는 'pencil'은 이미 'lead pencil'의 대용형代用形으로 사용되게 되어서 어근 분석이 불가능하였다(이 점에 관해서 앞에서 언급한 《영일일영자휘대전英和和英字彙大全》과 《한영대조이로하사전》이 시사하는 바가 크다). 이러한 언어적 요

25 오늘날의 연필의 원료에 대해서 《研究》는 '一種純炭質鑛物'이라고 해서 현재의 광물학에서 말하는 '石墨(黑鉛) graphite'을 말한다. 이 광물이 언제부터 필기에 사용되었는가는 불분명하다(요한 베르크만). 이 종류의 광물을 금속의 납으로 인식하는가 아니면 돌의 일종으로 인식하는가는 언어에 따라 다른 것 같다. 중국에서는 석묵도 검은 납(black lead)도 '黑鉛'으로 불리는 점에서도 기본적으로 이 광물을 '鉛'으로 생각하고 있었다고 본다. 영국, 독일도 동일한 인식이라서, 영어, 독일어, 중국어의 '鉛筆'에는 '鉛'의 어근이 포함되어 있다. 이에 대해서 네덜란드어(Roodaarde, 단 Potloot는 도공의 납이라는 의미), 러시아어(карандаш), 일본어는 '鉛'이 아니라 '石(土)'의 어근이 포함되어 있다. 이와 같은 객관세계에 대한 인식 방식의 차이가 당연히 명명에 반영되어 온 것이다.

인이외에도 일본의 연필 공업은 수입에서 공장 제조법이 도입되기까지 독일의 영향이 컸다는 사실을 간과해서는 안 된다. 즉 '연필'은 일본에서 독일어의 영향이 있었을 것이라고 생각되며, 공장에서 대량으로 생산됨으로써 연필이 급속히 보급, 정착되어 갔다고 생각된다.

연필의 출현으로 인해 석필도 자체 의미가 바뀌었다. 《언해》(1891)에는 석필의 새로운 지시 대상을 다음과 같이 설명하였다.

> 현재 또 한 종류의 돌을 젓가락처럼 만든 것, 필기도구로서 돌판에 글씨를 쓰는 데 사용한다. 글씨가 하얀 색으로 써진다.

물론 '석필'에서 '연필'로 이름이 바뀐 것은 '석필'에 비하여 일반적으로 덜 알려진 새로운 이름, 즉 '연필'이란 이름으로 이미지 변신을 꾀하려는 단순한 상업적 동기에 의한 것일 수도 있다. 번역어 '연필'의 발생과 연혁에 대해서는 명칭의 변화(セキヒツ → ペンシル → エンピツ)를 포함하여 앞으로 더 연구할 필요를 느낀다.[26]

5.6 중국의 연필

중국 당唐 이후의 문헌에서는 '연필'이 나오지 않는데,[27] 그 이유는 붓을 비롯한 전통적 문방구가 주로 사용된 것과 관련이 있는 것 같다. 연필이 중국 문헌에 다시 등장한 시기는 청대 후기이며 주로 양학서와 19세기 영중사전류, 중국인의 유럽 기행문에서 그 용례를 확인할 수 있다. 사토 토루佐藤亨(1986)에 의하면 양학서로는 《독일학교논략德國學校論略》(1873)과 《서학고략

---

26 여기에서는 '鉛筆'이 보급, 정착하는 데에 중국어의 영향이 주요인인가, 독일어의 영향이 주요인이가에 대해서는 결론을 내리지 못하나 양 방면이 서로 작용하고 있었다는 점은 틀림없다.

27 '鉛粉', '鉛筆', '鉛槧' 등은 문학적 표현으로써 산문, 시에 사용되어서 '鉛筆' 부활의 복선이라고도 말할 수 있다.

西學考略》(1883)에 용례가 있고 사전류로는 앞에 든 《화영통어華英通語》(1855)가 가장 이르다. 그러나 《화영통어》에 사용된 연필은 "lead pencil → 鉛 + 筆"이라고 기술한 점에서 알 수 있듯이 직역 가능성이 커서 중국 고전에 나오는 '연필'과 바로 연관성을 찾기 어렵다. 즉 'pencil'의 번역어 '연필'이 중국 고전에 나오는 연필이라고 보기는 어렵다는 것이다.

그런데 로브샤이트의 《영화자전》에는 아래와 같이 표제어 'pencil'의 대역어로서 연필을 사용하였다. 이것은 'pencil'이 '연필'이라는 대응관계가 성립되고 있음을 나타낸다.

Lead, 鉛 ; ⋯ a lead pencil, 鉛筆

Pencil, 筆 ; ⋯ a led pencil, 鉛筆

로브샤이트 이후의 영중사전들도 로브샤이트의 번역어를 그대로 사용하고 있다.

《字語彙解》(1876)	Lead-pencil	鉛筆
	Pencil	鉛筆
《英華字典》(1882)	Pencil	鉛筆
	a lead pencil	鉛筆

또한 영중사전들과 함께 중국인의 서양 기행문에서도 '연필'로 쓴 예가 많이 있다. 잠시 그 용례를 몇 가지 더 들기로 한다.

5. 有新埠新聞紙使來此, 挽明同其入厨, 看華人造飯, 將所用刀勺, 菜疏, 悉以鉛筆約略繪之, 詢以何名? 如何用法?

장덕명張德明《합중국유기合衆國遊記》1868

(신문사 기자가 찾아와서 명씨〔저자〕를 재촉해서 부엌에 들어가 중국인이 요

리를 하는 것을 보려 하였다. 그리고 식칼과 국자, 야채 등을 모두 연필로 간략하게 그리고 이름과 용법을 물었다)

6. (畵像)先以石粉勾描, 繼以鉛筆勒之, 再塗顔料…

장덕명張德明《법랑서유기法郎西遊記》1869

(그림은 우선 돌가루로 윤곽을 잡은 후 연필로 선을 그리고 나서 색을 칠한다)

7. 遂以鉛筆書俗語二十句, 告其音義…

장덕명張德明《수사법국기隨使法國記》1871

(〔저자는〕 연필로 일상 용어를 20단어 정도 쓰고 발음과 의미를 가르쳤다)

8. (記錄儀)鉛筆就紙作圈… 곽숭도郭嵩燾《윤돈여파여일기倫敦与巴黎日記》1878

(연필로 종이에 원을 그렸다…)

9. (速度記錄儀)鉛筆畵于柱上紙面而成痕… 위의 책

(연필이 종이 원통 위에다 그린다)

이상에서 볼 수 있듯이 로브샤이트 등이 번역어로 사용한 '연필'은 당시 어느 정도 중국에 침투되어 있던 것으로 생각된다. 또한 중국 문화인의 연필이란 용어의 사용에는 고전적 지식이 그 바탕에 깔려 있었음을 다음의 곽숭도郭嵩燾의 용례를 보아도 알 수 있다.

10. 敎師爲臺坐講, 講生操鉛槧錄其言… 위의 책

(교사는 단상에 앉아서 강의하고 학생은 그가 말하는 것을 필기구로 기록한다)

다음의 서건인徐建寅《구유잡록歐遊雜錄》(1879)의 예는 단어의 사용뿐만 아니라 연필의 재질, 제조 방법에 대해서도 어느 정도의 지식이 있었음을 보여준다.

11. 鋼廠用罐鑄鋼. (中略) 含炭多者, 用火泥罐. 含炭少者, 用筆鉛罐.

(제강장에서는 도가니에서 강철을 만든다. 〔…〕 탄소를 많이 포함한 것은 내화점토耐火粘土의 도가니를 사용하고 탄소가 적은 것은 (연필을 만드는) 흑연의 도가니를 사용한다)

12. 見罐鑄鋼, 罐用紫黑火泥, 而非筆鉛.

(도가니에서 철강을 주조하는 것을 보았다. 도가니는 자흑紫黑의 내화점토耐火粘土를 사용하고 (연필을 만드는) 흑연은 아니다)

13. (刻石之筆) 用鋼絲外包木如鉛筆, 而磨尖筆端,

(철사를 나무로 감싸서 연필과 같은 형태로 만들어 끝을 뾰족하게 간다)

예 11, 12에서 현재 용광로의 내화재로 쓰는 '석묵石墨'을 '필연筆鉛'이라고 한 것에서 그것이 연필심의 재료였다는 것과 그리고 예 13에서 연필 형상으로 다른 붓의 형상을 묘사한 점 등을 보면 어느 것이나 연필에 관한 기본 지식을 필요로 한다. 참고로 상하이 강남제조국 번역관上海江南製造局翻譯館 편編의 《화학재료중서명목표化學材料中西名目表》(1885. 1)에서는 'Plumbago石墨'가 '필연筆鉛'으로 번역되어 있다.

이와 같이 중국 고전어 '연필'은 지시대상이 변화되고 의미가 수정됨으로써 'pencil'의 번역어로서 다시 태어났다. 다만 '연필'이 단어로서 보급되려면 양산을 바탕으로 초등교육 현장에 침투되어야 하는데 그 점에서는 중국이 일본보다 크게 뒤진다. 중국의 연필 보급은 20세기 이후이다(이 때문에 일부 지역에서는 일본제 연필을 사용했고 이를 통하여 연필이라는 단어를 알게 되었을 가능성도 생각할 수 있다).

위와 같은 점으로 미루어 보아 《현대 중국어 외래어 연구》가 '연필'을 일어 차용어라고 하고 다음의 3, 4와 같은 근거를 제시한 것은 사실에 반하는 것임이 분명해졌다.

3) 일본인이 중국인보다 먼저 서양의 연필을 접했고 이를 중국 고전어 '鉛筆'을 가져다 명명하였다.

4) 일본인보다 늦게 연필을 안 중국인이 독자적으로 이를 명명하려는 노력을 포기하고 일본의 명칭을 차용하였다.

중국 고전어 '연필'은 근대 이후 양학 관계 저서에 다시 등장하였고 다음과 같은 과정을 거쳐서 근대 번역어로 변신하였다. 앞 절에서 지적했듯이 일본어에서는 독일어 직역과 관련이 있을 수도 있으나 중국어에서는 근대 전기에 의미 내용 조정이 일본어와 관계없이 독자적으로 완성된 것이다. 이와 같은 사실을 확인하기 위해서는 중국 근대 문헌 자료, 특히 양학서와 영중사전류의 중요성을 재인식할 필요가 있다.

6. 19세기 영중사전의 한계

앞 절까지는 19세기 영중사전, 주로 《영화자전》의 번역어와 중국어에 차용된 일어와의 관련성에 대하여 살펴보았다. 그리고 일어 차용어라고 생각했던 것 중에 일부(§3. 1, 및 §3. 2의 일부)가 《영화자전》에 이미 번역어로 나와 있어 발생 면에서 일본어와 관련이 없다는 결론을 얻었다. 그런데 19세기 영중사전 번역어는 20세기 중국어, 즉 현대 중국어 어휘와 어떤 관계가 있을까? 좁혀서 말하면 근대 어휘 형성이라는 관점에서 《영화자전》의 번역어를 어떻게 평가할 수 있을 것인가? 이는 일본어로부터 신어와 번역어를 차용했던 것이 우발적 또는 개별적 문세였던가 아니면 필연적이고도 피할 수 없었던 문제였던가와 관련된다. 결론을 먼저 말하자면 대부분 영중사전류의 번역어는 아직 근대어적인 성격을 띠지 않았고 일본어의 중개(19세기 말 20세기 초의 일본어 차용)가 없었더라면 자연스럽게 근대어로 비약할 수 없었다는 것이다. 이 절에는《영화자전》을 예로 들어 19세기 영중사전류 번역어의 전근대적 성격을 분석하고 다음 절에서는 이들 번역어가 중국어의 근대 어휘로서 형성되어 가는 과정에서 영일사전이 어떠한 역할을 하였는가에 대하여 살펴보기로 한다.

6.1 로브샤이트의 한계

《영화자전》의 번역어가 전근대적인 성격을 띠게 된 원인으로는 편찬자 로브샤이트 개인적 문제와 당시 중국어 사정, 즉 시대적 제약을 들 수 있다.

대사전의 완성도는 편찬자의 개인적 요인에 크게 좌우된다. 로브샤이트를 통하여 이 문제를 살펴보면 그는 중국어 지식(특히 '영어 → 중국어'와 같이 편찬자로서 외국어를 구사하고 번역어를 고안할 때는 광범위하고도 고도의 중국어 지식이 필요하다)이나 사전 편찬 경험(여기서는 사무적 경험이 아닌, 표제어의 수록과 번역어 선정 등을 포함한 그때까지 나왔던 사전의 축적 계승을 지칭한다) 등에 불리한 점이 있었다.《근대내화외국인명사전近代來華外國人名辭典》에 의하면 로브샤이트가 중국에 온 것은 1848년으로,《영화자전》 편찬을 시작하기까지 15년 이상 중국에서 살았으므로 중국어에 상당히 조예가 있었을 것으로 생각된다. 그러나 중국어에 전혀 문제가 없었던 것은 아니었다. 그중 하나가 방언 어휘였다.

《영화자전》의 번역어는 광둥 방언과 베이징 관화 양쪽으로 되어 있는데 방언 부분에는 공통어에 적합하지 않는 한자와 단어가 적지 않게 사용되었을 뿐 아니라 관화 부분에도 방언색이 짙게 나타나 있다. 모리오카 켄지(1969:70)는 로브샤이트의《영화자전》을 충실하게 번역한《영화화역자전英華和譯字典》(津田仙, 柳澤信大, 大井鎌吉, 1879)이 '중국어역 전부를 수록한 것이 아니고 어떤 형태의 선택 방법이 있었을 것'이라고 지적하였다.《영화화역자전》에 빠진 단어의 대부분은 방언적 접사나 어휘들이다. 예를 들면 '唔,

冇, 嘅, 龜婆' 등으로 이들은 중국 공통어의 어휘가 아니라서 다른 사전에 계승될 가능성이 없다.[28]

또한 당시 양무洋務 관계 관리나 지식인들 간에 일반적으로 사용되던 양학 관련 어휘 중에는《영화자전》에 수록되지 않은 것이 있다. '화학化學'을 예로 들어 보면《중국어 외래어 사전》에는 '화학'이 일어 차용어로 나와 있고 더욱이 중국어 출전이 제시되지 않아서 순수한 일본 근대 신조어로 되어 있다.[29] 화학은《일본국어대사전日本國語大辭典》등에 의하면 막부 말기 메이지 초기 양학 관계의 서적과《서양견문록西洋見聞錄》,《서양사정西洋事情》,《미구회람실기米歐回覽實記》에 용례가 있는 것으로 나와 있고 영일사전에 등재된 것은《영화자휘英和字彙》가 최초인 것 같다.

Chemic	化學ノ
Chemist	化學者
Chemistry	化學

이 사전에는 '화학'이 단독으로 사용되거나 접사 성분이 첨가되어 높은 완성도를 보였다. 이에 비하여《영화자전》에는 'Chemistry'라는 표제어가 없고 그 대신 'Chemical'이 있지만 '化學'이 번역어로 사용되지 않았다.

pertaining to chemistry　煉法的, 煉的, 製煉的

《영화자전》보다 늦게 출판된 *English and Chinese Dictionary*(1874)에는 다음과 같이 번역되었다.

28 《英華字典》의 전체 어휘를 근대어의 관점에서 고찰하는 것은 의미 있는 일이라고 하겠으나 (예를 들면 번역어의 잔존율, 변천 등). 본서의 주지(主旨)에서 벗어나므로 더 이상 언급하지 않겠다. 향후 해명되어야 할 문제로 생각한다.

29 王立達(1957), 高名凱·劉正埮(1957), 史存直(1989) 등에 '化學'이 수록되어 있다.

Chemical　　製煉之類, 化學工夫

Chemist　　製煉物者, 製藥人, 精化學之人

Chemistry　　製煉之法, 化學方法

그리고 *An Anglo-Chinese Vocabulary*(1876)에도 'Analysis'의 번역어로 '화학'이 나와 있어서 사전의 번역어로서 확립되었다고는 말할 수 없다.

Analysis, chemical　化學

이와 같이 영중사전류의 번역어를 보면 '화학'은 일본어일 가능성이 크다.

그러나 지금까지의 연구에서 '화학'은 당시 중국의 다른 양학 관계 문헌에 사용된 것으로 판명되었다. 후루타 토사쿠古田東朔(1963)는 마틴W. P. A. Martin丁韙良의 《격물입문格物入門》(1868)에 화학이 사용되었음을 지적하였고 사토 토루佐藤亨(1986)도 《육합총담六合叢談》(1857-58) 및 에른스트Faber Ernst花之安의 《독일학교논략德國學校論略》(1873), 마틴의 《서학고략西學考略》(1883)에 '화학'이 쓰였음을 밝혔다.[30] 여기서 주목할 점은 사카데 요시노부坂出祥伸의 일련의 논고이다.

〈청말의 화학자 서수徐壽에 관한 메모清末の化學者・徐壽についての覺書〉(1968)

〈《육합총담六合叢談》에 수록된 화학기사《六合叢談》に見える化學記事〉(1970)

〈청말민국초기 화학사의 한 측면清末民國初化學史の一側面〉(1982)

이들 일련의 논고는 후일 《중국 근대의 사상과 과학中国近代の思想と科学》(同

30 《六合叢談》의 저자(주요 편찬자)에 관해서 佐藤亨(1986)는 Muirhead, William(慕維廉)으로 보고 있으나, 坂出祥伸(1983)는 Alexander, Wylie(偉烈亞力)로 보고 있다. 偉烈亞力가 맞다.

朋舍, 1983)의 제4장에 수록되었는데 이 고증을 종합하면 다음과 같다.

> '화학化學'이라는 단어는 《육합총담》에 최초의 용례가 있다. 《육합총담》은 이듬해 일본에서 번각되었는데 '化學'이란 단어 위에 'セミイ'라는 독법(후리가나)이 달려 있다. 《육합총담》의 번각에 관여했던 것으로 보이는 가와모토 코민川本幸民은 1860년에, 시바 료카이司馬凌海는 1862년에 각각 자신의 저술에 화학이란 단어를 사용하였다.

즉 화학이라는 용어는 《육합총담》을 통하여 일본에 전래된 것으로 추측된다.

그런데 원한칭袁翰青(1987)이 새 자료를 제시함으로써 처음 용례가 밝혀졌다. 1856년 영국 선교사 윌리엄슨Alexander Williamson威廉森(일명 韋廉臣)의 저서 《격물탐원格物探原》 3권 제1장 '논원질論元質'의 1항목에 '讀化學一書可悉其事'라고 나와 있어 이것이 중국 문헌으로는 최초 용례라는 것이다.[31] 이들 근대 과학 계몽서 외에 화학에 관한 전문적인 입문서와 교과서가 수많이 번역 출판되었는데 1870년대까지 발간된 책이름에 '화학'이 쓰인 것을 들면 다음과 같다. 이 중에서 서수徐壽와 부란아傅蘭雅가 공동으로 번역한 세 책은 본격적인 화학전문서이다(《중국과학기술사》 참조).

《화학초계化學初階》(1870)　John Glasgow Kerr嘉約翰 역
《화학분원化學分原》(1871)　Fryer John傅蘭雅 역

31 W. P. A. Martin(丁韙良)은 《重增格物入門自序》(1900)에서 '至化學一卷, 当是編之初創也, 中國唯有丹家之論, 尙無化學之名, 其名創於是編, 流伝至今(화학이라는 편을 최초로 저술할 때에 중국에 오직 단가(丹家)의 논만이 있고 화학이라는 명칭은 아직 없었다. 화학이라는 명칭은 이 편에서 만들어져 오늘날까지 전해져 내려오고 있는 것이다)'고 기술했으나 사실이 아니다. 또한 중국인의 용례로는 憑桂芳의 《採西學議》(1860경)에 수록된 '重學, 視學, 光學, 化學等, 皆格物至理'가 빠르다.

《화학지남化學指南》(1873) Anatole Adrien Billequin畢利幹 역
《화학감원化學鑑原》(1872) 부란아傅蘭雅 · 서수徐壽 공역
《화학고질化學考質》(1883) 부란아傅蘭雅 · 서수徐壽 공역
《화학구수化學求數》(1884) 부란아傅蘭雅 · 서수徐壽 공역
(傅蘭雅, 徐壽의 화학용어에 관해서 §2와 주 10 참조)

이와 같이 화학은 선교사가 관계한 번역서뿐만 아니라 중국인 저술에도 빈번히 등장하였는데, 양무洋務 관련 관리나 지식인들에게 '格物＝物理'과 함께(격물格物의 주요한 내용이라고 생각한 사람도 있다) 서양 학문의 대표적인 존재로 생각되었다. 앞 절까지 언급한 장덕명과 곽숭도, 곽숭도의 후임 증기택, 서수의 아들 서건인 등은 기행문과 일기에 화학에 관한 기술을 많이 남겼다.[32] 여기서 외국어의 지식이 전혀 없는 영국과 프랑스 공사였던 곽숭도를 통하여 화학의 유포 과정을 살펴보겠다(장덕명과 증기택은 영어 등 외국어에 능통하였다). 곽숭도의 일기(1876-1879)에는 여덟 곳에서 화학을 비교적 상세하게 언급하였다. 1876년 7월 6일 일기에는 다음과 같이 쓰여 있다.

隱庄交到《格物探原》一部 韋廉臣所著
(은장隱庄이 《격물탐원格物探原》을 한 부 가지고 왔다. 윌리엄스韋廉臣의 저서이다)[33]

이 내용을 보면 '화학'이 처음 사용된 책이 출판된 지 20년이 지난 후에도 관리들과 지식인들 사이에 읽혀지고 있었다는 것을 알 수 있다. 더욱이 1877년 12월 2일자 일기에는 다음과 같은 내용이 기록되어 있다.

32 徐壽의 사후, 徐建寅은 당시 중국의 최고 수준을 대표하는 화학 분야의 전문 지식인이다.
33 隱庄은 謝隱庄을 가리키며, 郭嵩燾의 신하(僕臣)이다. 韋廉臣은 Alexander Williamson을 말한다.

凡言化學者名曰鏗密斯脫利 日爾曼于此種學問最爲擅長 英人不能及也

(화학은 ケンミストリchemistry라고 한다. 이 학문은 독일이 가장 뛰어나고 영국은 이에 미치지 못한다)

또 다른 날짜에는 '鏗密斯德 譯言化學'이라고 쓰여 있다. 이를 보면 '화학'은 'Chemistry'의 번역어로서 중국에 상당히 보급되어 있었던 것으로 보인다.

한편 일본에서는 앞에서 설명한 한역서 계통이나 《영화자휘》의 용례가 특별한 예였을 것이다. 왜냐하면 막부 말기에 출간된 《영화대역수진사서》와 《화영어림집성》의 경우 전자는 'Chemistry'를 '분리술分離術'이라 하였고, 후자에는 수록되지도 않았다. 1873년 출간된 화학 관련 술어집 《의어유취医語類聚》에서도 'Chemistry'가 '舍密學'으로 나와 있어 네덜란드학계의 용어가 계속 사용되었기 때문이다. 일반적으로 사전에 신어가 실리거나 사용되는 것은 그 용어의 실제 사용 시기보다 약간 늦다. 이 점을 고려한다 해도 당시에 '화학'이 번역어로 사용되었다고는 보기 어렵다.

그렇다면 《영화자휘》는 어떻게 《영화자전》에 나오지 않은 '화학'을 번역어로 수록할 수 있었을까? '화학'은 어떻게 일본에 전해졌고 또 어떤 방법으로 유포되었는가? 이에 대해서 아직 밝혀진 것이 없다. 그러나 19세기 중반 중국 문헌에 나타난 화학은 일본어와 관계없이 중국에서 고안된 번역어임에 틀림없다(다만 최초의 일본 전래 문헌은 《격물탐원》이 아니고 《육합총담》일 가능성이 크다).

이와 같이 실제로 각 분야에서 쓰이면서도 《영화자전》에 수록되지 않은 용어는 그 밖에도 많이 있을 것으로 생각되는데 그 원인은 다음과 같은 두 가지로 생각된다.[34] 첫 번째는 로브샤이트의 중국어 어휘 습득량 문제이

34 종파에 따른 용어의 차이도 생각할 수 있다. Alexander Williamson(韋廉臣), John Fryer(傅蘭

다. 로브샤이트가 중국어에 조예가 깊었다고 하지만 외국인이 중국어 어휘를 습득할 경우 특정 분야에 편중되거나 그 단어를 이해했더라도 번역어로 사용하지 못할 가능성도 있다. 두 번째는 사전 등재어의 선정 기준과 관련이 있다. 로브샤이트는 'Part I'의 'Preface'에서 다음과 같이 양해를 구하고 있다.

> Great difficulty has been experienced in the selection and rejection of the English words. Though all those words marked as obsolete and "little used" in Webster have been omitted, there are still some, which a missionary, and others which a merchant may not require. As this is a matter of opinion and perhaps of professional convenience, the author does not think it necessary to say more on this subject
> (영어 단어의 취사 선택에 어려움이 많았다. 웹스터 사전에 사어死語 또는 거의 사용되지 않는다고 표시된 단어들을 제외시켰으나 선교사와 상인들에게는 필요 없는 단어가 여전히 있었다. 이것은 견해상과 직업상의 문제라서 저자는 이 문제에 대해서는 더 이상 논할 필요가 없다고 생각한다—옮긴이).

그리고 실제로 《영화자전》에는 기독교 관련 용어와 지리 용어가 비교적 많이 수록된 데 비하여 서양의 정치, 경제, 산업혁명의 현황을 반영하는 어휘는 많지 않다(§3.1 참조). 이 점은 편찬자가 선교사인 점과 선교사 학문의 계보를 고려하면 납득이 갈 것이다. 모리오카 켄지(1969:82-90)는 《영화자전》이 의학, 약학, 무역, 병학, 물리 등의 분야에서 일본의 영일사전에 미친 영향이 적었다고 하였다. 바꾸어 말하면 이들 분야는 중국어의 경우도 번역어의 정비가 늦어서 일본에 전파할 수 없었던 것이다. 물론 이것은 단순히 로브샤이트의 어휘량 문제만이 아니라 전반적으로 근대 중국어 어휘 사정

雅) 등은 모두 미국 교회계이나 로브샤이트는 독일계의 예현회(禮賢會) 소속이다. 또한 지금까지의 중국 연구에서는 서양 선교사가 최신 지식의 전래를 의도적으로 방해하였다는 논조가 많다.

과 관련이 있다.

《영화자전》이 지닌 또 하나의 한계는 번역어의 미숙함에 있다. 예를 들면 다음과 같은 동사성 명사에 대하여 동일 어근을 가진 동사와 다른 번역어를 사용하려 했는데 이는 현대의 영중사전의 번역어와 명백한 차이가 있다.

《영화자전英華字典》	《신영한사전新英漢辭典》
Propagate 宣傳; Propaganda 傳敎, 傳敎會名	Propaganda 宣傳
Invent 創作 ; Invention 創作之事	Invention 創作
Digest 消化 ; Digestion 消化者	Digestion 消化
Insure 買保險 ; Insurance 買保險之事	Insurance 保險
Reflect 反射 ; Reflection 反者	Reflection 反射
Educate 敎養 : Education 敎者, 養者	Education 敎養

이것은 일반적으로 형태적 구별이 없는 중국어 명사와 동사(형용사와 부사도 포함)에 로브샤이트가 영어처럼 형태적 표식을 부여하려고 한 시도로 볼 수 있다. 하지만《영화자전》에서는 '宣傳, 創作, 保險, 反射, 敎養' 등 외래 개념을 하나의 과정으로서 표현할 수가 있었다고 하더라도 그것을 하나의 사항으로 추상화하고 한 단어로 표현하지는 않았다. 즉 외래 개념을 수용할 때《영화자전》은 아직 '구에서 단어'로 넘어가는 전 단계에서 멈추어 있었던 것이다. 이것은 얼핏 보면 번역어 처리 기술의 문제처럼 보이나 실은 당시 중국어에서 동명사화動名詞化가 아직 진행되지 않았던 점과도 관련이 있다. 이와 같이《영화자전》은 편찬자 자신의 문제와 함께 중국 근대어의 현실이 반영되어 있어 시대적 제약을 받을 수밖에 없었던 것이다.

6.2 시대적 제약

로브샤이트의《영화자전》은 19세기 영중사전류의 최고 도달점을 보여 주는 한 예이다. 로브샤이트는 외래 개념을 이해하고 부단히 그 개념을 중국어로 표현하는 노력을 하여 근대 중국어 어휘 형성에 크게 공헌하였나. 그러나 이와 동시에 시대적 제약도 받지 않을 수 없었다. 그렇다면《영화자전》에는 당시의 중국어 어휘 사정이 어떻게 반영되어 있을까?

현대 중국어 어휘의 특징은 근대 이전에 비하여 접사 요소가 발달하고 두 자 복합어二字複合語가 증가되었다는 점에 있다. 이 두 가지 특징을 중심으로《영화자전》을 관찰하면 로브샤이트 번역어의 특징이 저절로 부각되는데, 접사 문제는 다음 절로 미루고 여기서는 두 자 복합어에 대해서 살펴보기로 한다.

송대宋代 이후 중국어에는 두 자 복합어가 많이 늘었다. 두 자 복합어가 증가한 배경으로는 여러 다양한 개념을 구분해서 표현하려는 필요에 따른 현상이라고 할 수 있다. 근대에 들어오면 서양 문명의 전래로 두 자 복합어 증가가 가속화되는데 특히 영중사전류에는 두 자 복합어가 많이 만들어졌다. 그러나 당시의 복합어는 아직 글자 간 결합이 느슨하여 자순이 고정되지 않은 것이 많았고 의미 표현도 글자 단위로 이루어졌다. 이 때문에 두 자 단어의 의미 범위는 현대어보다 훨씬 넓었다. 예를 들면 '내각內閣'이라는 단어는 'Cabinet', 'Cabinet Council', 'Inner Cabinet', 'Privy Council'의 번역어로서 사용되었는데, 현재 중·일 양국에서는 'Cabinet'만을 '내각'으로 번역한다. 즉 'Inner Council'이 내각이라는 글자 단위의 의미가 이미 소멸된 것이다(《新英漢詞典》(1985)과《岩波英和大辭典》(1970) 모두 미수록). 그리고 'Cabinet Council'은 '내각회의內閣會議', 'Privy Council'은 (英國) '추밀원樞密院'으로 번역하였다.

또한《영화자전》에서는 '소화消化'가 대상물과 관계없이 'Assimilalion,

Concoct, Digest, Melt'의 번역어로 사용되었지만 지금은 'Digest'의 번역어로 의미가 축소되었다. 이와 같은 단어들을 몇 가지 더 들면 다음과 같다(단어의 대응 관계만을 제시한다. §7 참조).

기호記號	Character, Badge, Mark, Sign, Symbol
작자作者	Doer, Editor, Inventor, Publisher, Writer
법칙法則	Form, Design, Method, Pattern, Rule
지식知識	Insight, ken, Knowledge
자유自由	Liberty, Freedom, Immunity, Livery, Privilege, Scope
특권特權	Privilege, Supremacy
선전宣傳	Propagate, Preach, to hold forth, Proclaim

복합어의 구성 성분인 개별 글자는 각각 그 의미가 살아 있었으며 두 글자의 의미를 합한 것이 번역어의 의미이다. 다음의 두 가지 예는 이러한 경향을 단적으로 나타낸다.

1. Necessary：必要
   determined to have：必要, 硬要, 死要
   Strict necessity：必要
   must write：必要寫字
2. Unit：單位
   unit: 奇, 單, 獨一, 單位
   units occupy the first place：單爲一位
   units occupy the first place, tens the second, hundreds the third：單爲一位, 十爲二位, 百爲三位

즉 '필요必要'와 '단위單位'는 각기 '반드시 필요하다'와 '하나의 지위, 위치'라는 각 글자의 의미를 바탕으로 합성된 것이다. §3.3에서 제시한 다음의 단어는 중국 문헌에 나오는 것인데 이들 모두 이와 같은 분석적 이해를 바탕으로 번역어로 재합성된 것들이다(원어와의 대응관계는 §3. 3 참조).

상대相對 신탁信託 투기投機 이론理論 계급階級 조건條件 시간時間 생산生產 위생衛生 반응反應 반동反動 경제經濟 임명任命

두 자 복합어가 근대 이후에 의미 범위가 축소되고 전용화 경향이 두드러졌다는 사실은 이미 여러 연구에서 지적된 대로이다.[35] 《영화자전》 및 그 후의 영중사전류에는 이러한 변화 조짐이 보였으나 의미가 완성되기까지는 오랜 시간이 걸렸다.

7. 영일사전의 역할

19세기 영중사전류는 풍부한 어휘량과 견실한 기반으로 중국어가 근대적 변신을 꾀하는 데 큰 공헌을 하였지만 동시에 전근대적 요소도 많았음을 앞 절의 《영화자전》의 분석으로 확인할 수 있었다. 로브샤이트 이후 오랫동안 창의적인 사전이 나타나지 않아서 19세기 영중사전류의 근대 번역어 성립은 이어지지 못했다. 그런데 이러한 문제는 20세기에 들어와 바로 극복되었고 19세기 영중사전은 20세기 영중사전으로 다시 태어났다.[36] 우리들의 최대 관심사는 말할 것도 없이 이러한 과정에 타 언어, 구체적으로 말하면

35 松井利彦(1981) 참조.

36 여기서는 편의상 사전 중에서 '영화(英華)'가 붙은 서명은 19세기 선교사가 편찬한 사전류를 지칭하고 '영한(英漢)'은 20세기에 들어서 출판된 사전류를 지칭하기로 한다.

일본어가 어떻게 관여되어 있는가 하는 문제이다.

일반적으로 어휘 차용은 사람이나 서적의 교류로 이루어진다. 중국어의 일어 차용도 예외는 아니라서 사람 즉 유학생과 일본 책의 번역, 번안이 큰 역할을 하였다. 그러나 동시에 일본어 어휘가 중국어에 수용 정착되는 과정에서 영일사전류의 존재를 무시할 수는 없다. 왜냐하면 근대 중국의 번역어 차용이 영일사전류와 밀접히 관련되어 있기 때문이다(제1절 참조).

중국의 일어 차용과 영일사전이 관련되어 있음을 처음 언급한 사람은 둥추쓰董秋斯(1956)였다. 둥추쓰는 중국어 문자개혁운동 중에 중국어 근대화의 일환으로 번역어 통일 문제를 들었는데, 당시 번역어의 혼란은 제대로 된 영중사전(英漢辭書)이 없었던 탓이고, 사전 편찬자들이 번역어 하나하나를 제대로 음미하지 않고 영일사전의 번역어를 무분별하게 도입한 탓이라고 지적했다. 또한 '번역자들이 가장 많이 사용한 사전은 상무인서관商務印書館의 《종합영한대사전綜合英漢大辭典》이다. 그러나 이 사전은 일본인의 사전을 표절한 것으로 주석 중에는 무슨 말인지 알 수 없는 일본어가 다수 섞여 있다. 예를 들면 '條懸木과 같은 부류이다'라고 언급하였다.

왕리王力(1958:528)도 일본어 번역어의 무분별한 차용에 대해서 '당시 중국의 서양 언어(특히 영어) 사전 편찬자들은 편리함을 추구한 나머지 일본인이 만든 서양어 사전의 번역어를 그대로 베꼈다'고 지적하였다.

둥추쓰와 왕리는 '초습抄襲'(필요한 단어만 받아들임)과 '조초照抄'(그대로 받아들임)라고까지 표현한 단어에 대해서 구체적인 고증을 하지 않았지만, 중국의 영중사전이 영일사전 번역어를 차용하였다는 사실을 증명하는 것은 그다지 어렵지 않다. §6.2에서 원어와 번역어의 대응 관계가 현대어와 다른 《영화자전》의 일부 단어를 다음과 같이 들었다.

내각內閣 : Cabine Council *Cabinet *Inner Cabinet *Privy Council

소화消化 : Digest *Assimilation *Concoct *Melt

기호記號 : Mark, Sign *Character *Badge *Symbol

작자作者 : Writer *Doer *Editor *Inventor *Publisher

법칙法則 . Rule *Form *Design *Method *Pattern

지식知識 : Knowledge *Insight *ken

자유自由 : Liberty, Freedom *Immunity *Livery *Privilege *Scope

특권特權 : Privilege *Supremaey

선전宣傳 : Propagate, Preach *to hold forth *Proclaim

그러나 나중에는 위에 제시한 원어와 번역어와의 대응 관계가 조정되어 * 표시가 붙은 영어 원어가 제외되었는데 이는 근대 이후 한자 어휘의 의미 범위 축소와 의미의 전용화專用化에 따른 변화로 이해할 수가 있다. 이러한 현상은 일본의 근대 한자 번역어에서도 발견된다(松井利彦, 1981 참조). 여기서 유의할 점은 조정된 결과가 중국어와 일본어가 완전히 일치한다는 점이다.[37] 즉 한자 어휘의 의미 변화가 근대 어휘 체계 형성의 필요에 의한 것이라고 하더라도 이와 같은 작용이 언제나 양 언어에 동일한 결과를 가져오지는 않는데 그 이유는 중국어 화자와 일본어 화자의 한자에 대한 이해에 본질적 차이가 있기 때문이다. 그러므로 위와 같이 번역어와 영어 원어의 대응 관계가 두 언어에서 정연하게 일치되었다면 한쪽에서 다른 쪽으로 영향을 준 결과로 보는 것이 자연스럽다. 이 현상에 관해서는 다음의 두 가지 가능성을 들 수 있다.

① 로브샤이트 이후 중국인들이 번역어를 어느 정도 독자적으로 조정하여 정

37 이 책에서는《岩波英和大辭典》(1970)과《新英漢詞典》(1985)을 통해 확인하였다. 이와 같은 대응 관계가 중국에서는《綜合》시기부터 이미 존재했고 그 후 약간의 조정이 있었으나 커다란 변동은 없었다. 沈國威(1988) 참조.

착시켰고 오늘날에 이르렀다. 그리고 일본어에게도 영향을 주었다.

② 일본인들은《영화자전》과 기타 양학서로부터 번역어를 차용한 뒤에 이를 새로운 번역어로 바꾸었다. 이 조정된 번역어가 다시 중국에 역유입되었고 일어 차용어의 일부가 되었다.

①은 지금까지의 연구에서 부정되었다. 그 이유는 19세기 영중사전에서 이와 같은 번역어 조정 흔적이 발견되지 않았기 때문이다(후술함, 41 참조). 그렇다면 남겨진 유일한 가능성은 이들 번역어가 일본에서 한 발 먼저 의미 변화 과정을 마쳐 현대 어휘로 성립된 뒤에 중국어에 역유입되어 로브샤이트의 번역어로 사용되었다는 것인데, 여기서 영일사전이 구체적으로 어떤 형태로 중국 어휘에 영향을 주었는지, 즉 어느 사전이 언제 어떻게 중국의 영중사전에 영향을 주었고 번역어에 어떠한 변동을 불러일으켰는가를 밝히는 것은 결코 쉬운 일이 아니다. 이 문제는 어쩌면 중국 영어사전 발달사에서 큰 과제이자 일어 차용어의 보급과 정착을 고찰하는 데에도 아주 중요한 문제이다.

둥추쓰는 영일사전에서 번역어를 '초습抄襲'(필요한 단어만 받아들임)한 사전이《종합영한대사전綜合英漢大辭典》이라 하였다.《종합영한대사전》이 처음 출판된 것은 1928년이다. 이 시기는 마침 중국인의 일본 유학과 유학생의 번역 활동에 의한 일본어 차용이 진정기에 들어섰고 1919년 5·4 신문화운동 전개로 근대 중국어 어휘와 문체가 완성기에 들어서려는 단계였다. 따라서《종합영한대사전》의 일본어 차용은 출발점으로 보기보다는 오히려 종점에 가까운 것으로 보아야 할 것이다. 예를 들면 중국 최초의 근대적 국어사전《사원辭源》(正編, 1915)은 영일사전을 비롯하여 여러 일본 사전을 참고로 했을 것이라는 증거가 있다(譚汝謙, 1977 참조).

중국어 사전은 차치하고 영중사전에도 다음의 두 사전은《종합영한대사전》보다 일찍 출판되었다.

- 《영화대사전英華大辭典》 顔惠慶編 1908 上海商務印書館 2卷 2706쪽(이하 《대사전大辭典》이라 줄여 부르기로 한다)
- English-Chinese Dictionary of the Standard Chinese Spoken Language (官話) and handbook for translation, including Scientific, Technical, Modern and Documentary Terms 1916, by K, Hemeling, PH. D. 1726쪽(이하 《관화官話》 라고 줄여 부른다)

《영화대사전》은 역학진사譯學進士 안혜경顔惠慶(Dr. W. W. Yen)을 필두로 홍콩과 상하이의 미션계 대학 중국인 교수들이 편찬한 사전이다.[38]

《관화》는 구 중국 세관위원을 역임한 헤멜링K. Hemeling赫美玲(1878-1925)이라는 독일인이 중심이 되어 편찬한 사전으로, 옌푸 등 당시 서양에서 유학하고 귀국한 학자들도 편찬에 참여하였다.[39]

위의 두 사전 모두가 전문前文에서 일본의 영일사전에서 번역어를 차용했다고 밝혔다. 예를 들면 《영화대사전》 권두의 예언例言 8칙에는 다음과 같이 쓰여 있다.

> 편찬 시에 인용하고 참고한 책은 백수십 종에 이른다. 중국 교육회 출판물과 강남제조국 출판물, 옌푸의 저서, 영일사전 등이 그것이다.

또한 《관화》의 〈Preface〉에서는 다음과 같이 기술되어 있다.

---

38 顔惠慶은 1877년 상하이 주재의 목사 가정에 태어나 1895년에 미국 유학, 1900년에 버지니아 대학(University of Virginia)을 졸업하였다. 1906년에 譯科進士가 된 후에 외교계에 들어가 미국, 러시아, 독일 각국의 대사 등을 역임한 후에 외무대신을 지냈다.

39 K. Hemelling(赫美玲, 1878-1925)은 구 중국 세관위원을 역임한 독일인이다. 《官話》 이외에 《南京官話(The Nanking Kuan Hua)》(1903) 등의 저서가 있다.

(c) modern terms—largely drawn from old Chinese and the Japanese language—with the character 新(hsin). It should be noted that many of these are now in common colloquial use.

즉 신어 대부분을 고전 중국어와 일본어에서 가져왔다고 쓰여 있는데 전자는 고전어의 의미가 갱신된 것이고(일본에서 갱신된 것도 포함), 후자는 일본에서 새로 만들어진 것이라고 보는 것이 타당할 것이다.

두 사전 모두 구체적으로 어떤 영일사전을 참조했는가에 대해서 자세히 설명하지 않았지만(《관화》의 참고 자료 목록에 그때까지 출판된 선교사가 저술한 각종 사전 17종류와 顏惠慶 · 陳芷蘭의 *Translations of Dixon's Dictionary of Idiomatic English Phrases*, 《辭源》 등이 적혀 있다), 《종합영한대사전》은 최초로 《일본모범신영화대사전日本模範新英和大辭典》(《大增補模範英和辭典》 1916, 神田乃武 외 편)과 《이노우에 영화대사전井上英和大辭典》(《井上英和大辭典》 1915, 井上十吉), 《사이토 영화중사전齋藤英和中辭典》(《熟語本位英和中辭典》 1915, 齋藤秀三郎)을 참조하였다고 명시하였다.

영일사전을 참조하고 특히 영일사전에 있는 단어를 그대로 가져온 결과, 무슨 말인지 잘 모르는 단어가 섞여서 번역어의 혼란을 가져왔다는 사실은 이미 둥추쓰가 '條懸木'를 예로 들어 지적한 대로이다. 그러나 반면에 영일사전의 존재가 19세기 영중사전에서 20세기의 영중사전으로의 전환을 가속화시켜 중국 번역어의 창출과 정비 및 통일에 기여한 사실도 간과해서는 안 된다.

우선 〈표 VI〉와 〈표 VII〉을 예를 들어 번역어의 창출과 정비 면을 살펴보기로 한다.

〈표 VI〉

	《大辭典》	《官話》	《綜合》
相對c(relativity)	相關, 相對	對待B	相對性
信託(trust)	信仟, 信託	信任, 信託	信任, 保管
投機(speculation)	投機	投機B	投機
理論c(speculation)	空論, 理論	學說, 理論, 理說B	理論, 學理, 學銳
工業(industry)	工業, 工藝	實業B, 工藝, 工業	農工業, 實業
階級c(class)	種類, 級, 等	種, 等, 種類	等, 級, 社會
索引c(index)	目錄, 索引	目錄, 條目	(書之)索引
保障c(guarantee)	保, 保結	保証	保証, 擔保
發明c(invention)	創作, 發明	發明, 新創B, 發明品	發明, 創作
條件c(condition)	條件, 立約	形勢, 情勢, 條規	(必要之)條件
記錄c(record)	記錄	記錄	記錄
光線(light)	光, 亮, 光線	光線B	光線
總理(prime minister)	首相	首相B, 國務總理	內閣緣理, 總理大臣
時間(time)	時, 時間	時間	時間
平面(plane)	面, 平面	平面B	平面
選擧c(election)	挑選, 選擧	選擧B	選擧, 選任
科目c(subject) (course) (item)	題目, 事件 課程 條目	科目 科, 學科, 課程 一條, 一項	科目 課程, 科 條目, 項目
機關c(organ)	機關	機關S	機關
創作(creation) (production)	創造, 創造之物 生産物, 製作物	創造, 創作 殖産B, 著作, 文藝	創作, 創成 製作, 著作
看守(jailer)	司獄官, 獄吏	司獄, 獄吏	獄卒, 典獄
民法c(civil law)	民法	民法B	民法
軍籍c((be on) the military list)	미수록(단, military classes: 軍籍)	미수록	미수록
分子c(numerator) (molecule)	分子 微塵, 分子	分子, 學分B 分子B, 質点S, 微體S	(分數之〉分子 分子
生産c(production)	生, 産, 出産	殖産B, 出産	生産, 産出
學士c(bachelor)	大學初等卒業生 (近人譯称學士)	秀才	學士, 文學士
博士c(doctor)	博士	博士, 進士, 進士學位S	博士, 學者
衛生c(hygiene) (sanitation)	保身學, 衛生學 衛生, 養生	保身學S, 衛生學B 衛生法S, 衛生B	衛生學, 健全學 養生(法), 衛生(法)

登記c(registration)	登記, 登錄	登記	記錄, 登錄
反感(antipathy)	厭惡之心	嫌, 反情B	厭惡心, 反對性
解放(liberate) (emancipate)	放, 釋放 釋放, 除籍	放, 釋放 釋放, 使…自由	釋放, 解放 令自由, 解放
反響(response) (repercussion)	答應, 答 反響	미수록 미수록	應答 反響
反應(reaction) (response)	反應 答應	反應 미수록	反應 感應, 響應
反動(reactionary)	反動的	反動的	反動的
經濟c(economy) (economics)	家政, 經濟, 理財 家政學, 經濟學	家政S, 家務 經濟學S, 理財學S, 計學B	經濟, 理財 經濟學, 理財學
身分c(position) (status)	身分, 品級 情形, 境遇, 境地	地位, 身分 狀	身分 身分
任命(appoint)	定, 任, 命定, 派定	委任…充S, 派	指定, 任命, 選定
敎授c(professor)	大學敎授	敎員, 敎習, 敎授	(大學校之)敎授
思想c(thought) (ideology)	思慮, 思想 觀念學, 思想學	思考, 思想B 觀念學S	思考, 思想 觀念學, 理想學
幹事c(manager) (secretary)	幹事員 書記員	理事S, 經理人, 支配人S 書記, 幹事員	幹事 幹事
成員(a member)	會友, 社友, 會員	會友, 社友, 會員	一員, 會員, 社員

〈표 VII〉

		《英華字典》	《大辭典》	《官話》	《綜合》
科學	science	學	學, 智, 專門學, 科學	科學S	科學
革命	revolution	變, 亂, 叛逆	變革, 革命, 內變	革命, 變革B	革命
觀念	1. sense 2. idea 3. concept	覺 意思 稿	知覺, 意義 觀念, 想像 槪念, 意像	覺B 觀念B (logic)槪念B	感覺 觀念 觀念
幹部	cadre	미수록	連隊之編制	幹部S	[陸] 連隊之幹部
空間	space	地方, 間	空間, 空處	空間	空間
具體	1. concrete 2. specific 3. particular	包體 特 詳細	凝結而成實體 特種的, 逐一記得 單個的, 詳細的	實體的 特種的S 詳細	具體 詳細 詳細

經驗	experience	經, 受	經練, 歷見, 經驗	經驗B	經驗
元素	element	元質, 本質	物之元質, 元素	原質B, 元素S	元素
憲法	1. constitution 2. charter	國法 証書, 勅書	典章, 憲法 憲章, 特許証	憲法, 憲典B 册B	憲法 憲章
時間	time	時侯	時, 時間	時間	時間
市場	1. market 2. bazaar	市 市	市, 市買場, 市場市, 市場	市場B 市場B	市場 商品陳列所
社會	society	會, 結社	交際, 會, 社會	社會B	社會
主義	1. principle 2. doctrine 3. -ism	原, 理, 道理道, 道理 미수록	主義 所教, 主義 ~~主義	主義 主義B 미수록	主義 主義 主義
世紀	century	一百年	一百年	一百年, 世紀	一世紀
纖維	1. fiber 2. staple	糸 綿	纖糸, 糸, 纖維 纖韓, 絨糸	纖糸B, 纖維 大宗貨物	纖維 纖維, 糸筋
代表	1. deputy 2. delegate 3. representative	代者 委託理事者 替理者	委員, 代表 使臣, 代表 代表者, 代表人	代表S 代表S 代表B	代理人 代表 代表
抽象	abstract	禪, 虛心	理論的, 抽象的	懸想B	抽象
哲學	philosophy	理學	愛智, 哲學	哲學	哲學
手續	1. procedures 2. formalities	法 禮法	法, 秩序, 次第 成法, 常例	手續S 手續	手續 手續
電話	telephone	미수록	電話機	電話B	電話

(표 VI, VII에서 《관화》 번역어의 오른쪽 위에 표시한 S와 B는 각 각 신어와 부정어部定語를 표시한 것이다. p. 204, 211 참조)

〈표 VI〉의 맨 앞에 있는 한자어는 §3.3에서 예시한 로브샤이트 《영화자전》에도 수록된 번역어이다. §3.3에서 이미 본 것처럼 이들 단어는 로브샤이트 사전에 번역어로서 사용되기는 했지만 원어와의 대역 관계에서 알 수 있듯이 현재 보통 사용되는 동형어同形語와 다른 단어가 많다. 바꾸어 말하자면 《영화자전》에서는 오늘날과 같은 근대적 의미가 부여되지 않았던 것이다(《영화자전》의 원어와의 대역 관계는 §3.3을 참조). 현대 중국어는 로브샤이트와 그 밖의 19세기 영중사전에서 번역어를 계승한 것이 아니라 일본어로

부터 원어와의 새로운 대역 관계와 의미 등을 도입한 것이다.[40]

이들 단어에 대하여 《신한영사전新漢英詞典》(外硏社, 1988)에서 현재 일반적으로 생각할 수 있는 본래 원어를 찾아서 한자어와 함께 왼쪽 난에 병기해 두었다. 이 대역 관계는 일본어와 거의 일치한다(《연구사 신화영중사전》 등

---

40 예를 들면 19세기 영중사전류 후기의 것으로 길레스Giles의 《華英字典》(1892)에서는 번역어에 거의 변화가 없다. 이 사전과 표 VI, VII의 표제어 등록, 의미해석을 대조비교하면 다음과 같다.
미수록어:

創作 民法 生産 反感 解放 反響 反應 工業 光線 時間 平面 科目 反動 任命 成員 條件 索引 保障

수록어:

相對 to agree with : to tally ; mutually
信託(미수록. 단 信託者 : a trustee)
投機 to coincide ; to agree
理論 to discuss
階級 an official grade
發明 to make clear ; to dawn
紀錄 honourably recorded,-as a deserving official by the Board of Civil Office
總理 to have the general management of ; to superintend
選擧 to elect,-as a candidate
機關 the power, or spring in the machine
看守 to guard
軍籍 the roll of convicts upon which the names of new arrivals are entered
分子 a share ; a contribution of money sent to friends on the occasion of a wedding or death
學士 Sub-Chancellor of the Grad Secretariat, Also. a scholar a student
博士 a wide-read scholar; a professor; a doctor of the Academy of Learning-Also, a master-tradesman
衛生(or 衛身) to take care of one's health
衛生丸 life-proserving pills
登記 make a note or entry
經濟 political economy
身分 quality; general moral and intellectual standing distinguished as 高, or 低. according to circumstances
敎授 Director of studies, attached to a prefecture
思想 to think
幹事 to manage matters to attend to business
社會 Sacrificial festivals, as above → [社日 Sacrificial days occurring once in spring and once in autumn]

에 의함). 왼쪽 영어 원어를 대상으로《영화대사전》과《관화》,《종합영한대사전》의 번역어와 대조 확인하여 어떠한 번역어가 사용되었는가를 조사하였다.

한편 〈표 VII〉에 예시한 20단어는 〈표 VI〉 단어와 달리 19세기 영중사전에서 번역어로 사용되지 않은 대표적인 일어 차용어로서, 20세기 초 일본어에서 도입된 번역어이다. 〈표 VII〉에서는 우선 왼쪽의 번역어에서 〈표 VI〉과 동일한 방식으로 표준 번역의 영어를 제시하고 이 영어와 대응하는 한자 번역어를 상기의 사전에서 조사하였다. 참고로《영화자전》번역어도 함께 제시해 두었다.[41]

위의 표에서 번역어의 변동을 분석하면《영화대사전》에는 이미 많은 새로운 번역어가 수록되었고 지금의 표준 번역과 일치되는 비율이 높다. 한편《영화대사전》보다 10년 늦게 출판된《관화》에는《영화대사전》에 비하여 번역어의 변동이 그다지 많지 않으나《종합영한대사전》이 되면 번역어는 거의 현재와 같은 형태로 정돈된다. 여기서 이에 대해서 좀더 자세히 설명하겠다.

《영화대사전》은 1905년 여름에 편찬 작업이 시작되었는데 당시는 일본 거주 중국인 유학생을 중심으로 서양 문명과 지식을 소개하는 번역 활동이 매우 활발했고 번역서 등에 신어와 번역어가 범람하던 시기이다. 그러나 이들 신어와 번역어는 일본어에서 그대로 반입된 경우가 많아서 그 개념의 원출처인 유럽 언어와 직접 결부시킬 수가 없다. 한편 유럽 언어에서 직접 번

41 1902년에 로브샤이트의《英華字典》을 저본(底本)으로 하는《華英音韻字典集成》(商務印書館, Kwong Ki-Chiu)이 출판되었다. 번역어는 '大抵以羅氏爲宗博採前賢以補之新增字義間取諸日本字典(대체로 로브샤이트에 따르나 넓게 선학 연구자들의 저술도 참고로 하였다. 새로 증보된 의미는 일본 사전에서 채집하였다)'고 〈예언(例言)〉에서 말하고 있으나 실제로 〈표 VII〉에서 증보된 단어는 'market 市場', 'socialist 社會論的', 'sociology 社會學'의 몇 가지 단어에 한정된다. 즉 1902년의 단계에서는 19세기 영중사전류의 번역어에 현저한 변화가 아직 나타나지 않았다고 할 수 있다.

역어를 고안한 서양 유학생 출신 학자들(대표적으로 옌푸를 들 수 있다)은 일본 번역어에 강력히 반발하여 독자적인 번역어를 만들 것을 계속 주장하였다. 그러나 〈표 VI〉와 〈표 VII〉에서 알 수 있듯이 이와 같은 상황하에서도 서양 유학생 출신 편찬자들이 주축이 된 서양계 《영화대사전》은 상당수의 일본제 번역어를 채택하고 있다.

그렇다면 3년 남짓한 단기간에 완성된 《영화대사전》의 번역어는 어디에서 온 것일까? 이 사전의 전문前文에는 편찬 시에 인용하거나 참고로 한 책이 백수십 종을 넘으며, 이들 자료는 중국교육회 출판물과 강남제조국 출판물, 옌푸의 저서, 영일사전 등이었다고 나와 있다. 중국교육회의 출판물이란 교과서류를 가리키는 것으로 보이나 그 당시 교과서는 거의 일본 것을 직역한 것이 대부분이었다고 한다(사네토 케이슈(1970)를 참조). 강남제조국 번역관도 많은 번역서를 출판했지만 병학, 공학 등의 실용 학문에 편중되어 있어서 이 책에서 문제시하는 추상적 개념 중심의 번역어는 적었다. 이에 대해서는 이미 많은 연구자들이 지적한 바 있다. 옌푸의 저서에서도 번역어를 채택하였다고 하나 옌푸가 고안한 번역어는 철학과 윤리학 등 소수 분야에 한정되었고 또한 번역서의 출판 시기 등을 고려하면, 《영화대사전》에 큰 영향을 주었다고는 보기 어려울 것이다. 한편 위의 표에 나오는 번역어는 메이지 말까지 편찬된 영일사전에 거의 수록되어 있다(沈國威(1989)를 참조). 물론 이들 번역어는 일본 책을 번역하는 과정에서 이미 중국에 들어와 널리 사용된 것도 있겠으나 영어 원어와의 대역 관계를 확인할 수 있다는 의미에서 영일사전이 《영화대사전》의 주요한 번역어를 제공했다는 사실은 틀림없다고 하겠다. 이 사실은 영일사전의 직역으로 보이는 《영화대사전》의 일부 기술에서도 알 수 있다('어지편' 참조). 다만 《영화대사전》에서는 이들 번역어가 주요한 번역어가 아니라 대부분 부수적인 존재라는 점에 유의할 필요가 있다. '조건條件'과 '경제經濟'의 예를 살펴보기로 하자.

Condition 1. 光景, 形勢, 境遇, 地位; 2. 品質, 德性; 3. 心境; 4. 待然之事; 5. 條件, 立約

Economics 1. 家政學, 治家學 : 2. 理財學, 經濟學

다음은《관화》번역어 쪽으로 눈을 돌려 보자. 앞 표의 번역어 오른쪽에 붙인 S와 B는 신어 또는 부정어部定語(교육부 선정 어휘)이다. 신어에 대한 설명은 앞에 든 인용 부분을 참조하기 바라며, 여기에서는 이 사전의 〈서문(Preface)〉에 쓰인 '부정어' 부분을 소개하겠다.

(d) the standard scientific terms(some 30,000) selected for the use of Chinese universities and schools by a commission of Chinese Ministry of Education(教育部) in 1912 under the renowned Anglo-Chinese scholar, Dr. Yen Fu(嚴復) with the character 部定(puting).

(1912년 저명한 영국 유학생 출신 중국인 옌푸를 중심으로 구성된 중국교육부는 대학과 각종 학교에서 사용할 목적으로 표준과학용어 약 3만 단어를 선정하였다—역자 옮김)

다만 이 부정어는 다음 설명에서 보듯이《관화》에서 최초로 공개된 것이다.

Owing to the intervening political and financial difficulties, these terms have at the time of printing not been officially promulgated by the Government

(정부는 정치적 문제와 재정난으로 이러한 부정어를《관화》가 간행되기까지는 공식적으로 보급시키지 못하였다—역자 옮김)

위의 설명은 부정어의 영향력을 생각할 때 고려해야 할 사정이라고 하겠다.《관화》는 1905년 중국세관에서 출판된 스텐트G. C. Stent의 사전을 바탕으로 만들어졌고,[42] 19세기 선교사들이 편찬한 영중사전도 다수 참고했으므로 본질적으로는 이전 중국 계통에 속한다고 말할 수 있다. 이 사실은 접사 등의 기술 방식을 보더라도 확연히 알 수 있다(뒤에 기술할 것임). 그러나 포교를 위한 목적이 아니고 세관에서 사용한 점, 옌푸 등 서양 유학 경험자가 참가하여 예를 들면 부정어의 채용 등 새로운 사전으로 이행된 점도 알 수 있다. 당시 상황은 청 왕조가 붕괴되고 중화민국 정부의 수립으로 서양문명의 전파와 보급이 급속히 이루어진 시기였다. 《관화》에 나오는 다음의 기술은 이러한 사실을 잘 나타낸다.

many of these (新語) are now common colloquial use

그러나 동시에 《맹인할마지신명사》(1915)가 통렬하게 비판하였던 일어 차용어의 범람도 이 시기의 전후이다. 중국은 서양의 근대적 개념을 나타내는 신어, 번역어를 무분별하게 채용하는 상황에서 벗어나 번역어를 선정하거나 정리하지 않을 수 없게 되었다. 옌푸가 중심이 되어 작성한 표준학술용어部定語는 당시의 상황에 부응하고자 한 노력의 일부라고 볼 수 있다. 그러나 《관화》에는 옌푸 등이 선정한 표준 번역어와 이미 중국어에 유입되어 널리 사용되고 있던 일어 차용어가 충돌하는 현상이 나타났다. 예를 들면 〈표 VI〉와 〈표 VII〉에서 표준학술용어(부정어)와 현재의 표준 번역(즉 일본어에서 유입된 번역어로 괄호 안에 표시)이 일치하지 않는 것을 들면 다음과 같다.

對待(相對)　理說(理論)　實業(工業)　新創(發明)　首相(總理)

42 G. C. Stent(司登得, 1833-1884)는 영국인으로, 《英漢合璧相連字典》(A Chinese and English Vocabulary in the Pekinnese Dalect, 1871), 《英漢袖珍字典》(A Chinese and English Pocket Dictionary, 1874) 의 저서가 있다. 스텐트Stent의 사후, 1905년에 헤멜링Hemelling이 《英漢合璧相連字典》의 개정판을 출판하였다.

殖産(生産) [分數の]擧分(分子) 反情(反感) 計學(經濟學) 變革(革命)
覺(觀念) 概念(觀念) 原質(元素) 憲典(憲法) 纖糸(纖維) 懸想(抽象)

그러나《종합영한대사전》에서는 이와 같은 불일치가 해소되고 부정어가 전부 삭제되었다. 옌푸가 행정기관의 힘을 빌려서까지 보급시키려고 했던 표준학술용어(부정어)는 결국 일본제 번역어를 이기지 못하고 일본제 번역어에 통합된 것이다.

이와 같이 영일사전의 중개로 중국 영한사전英漢辭典의 번역어로서 채택된 일어 차용어는 중국어의 새로운 어휘 체계에 편입되어 정착되었던 것이다.

영일사전은 완성된 번역어뿐만 아니라 규칙적으로 번역어를 양산하는 방법도 제공하였다. 그중에서도 가장 중요한 것은 접사 성분에 의한 조어의 패러다임을 확립시킨 점이다.

접사 성분의 왕성한 조어력이 서양 언어에서 자극을 받았다는 설에 이의를 제기할 사람은 없을 것이다. 그러나 이것을 서구 어법에서 직접 영향을 받은 것인지 일본제 번역어 차용에 따른 간접적인 결과인지는 의견이 엇갈린다. 전자의 대표적 학자는 왕리王力(1944, 1958)이고, 후자는 왕리다王立達(1958)이다. 특히《5·4 이후 중국 문장어의 변화와 발전》(1958:108)은 다음과 같이 일본어의 관여를 강력히 주장하였다.

> ~手, ~師, ~者, ~員, ~家, ~非 등은 중국 고유의 단어 또는 어소語素이지만 서양 언어의 접사 번역에 사용되었다. 이들 가운데 다수는 일본 번역어의 영향을 받은 것이다. '~主義, ~性, ~化, ~反, ~超, ~汎' 등은 모두 일본어가 먼저 번역에 사용한 것으로 중국어는 이들을 받아들여서 더욱 발전시켰다.

즉 '~手, ~師, ~者, ~員, ~家, ~非' 등 중국어의 접사화는 확실히 일본 번역어의 유입으로 가속되었지만 거기에는 또한 중국인의 독자적인 노력도 포함되어 있었다. 그러나 '~主義, ~性, ~化, ~反, ~超, ~汎' 등은 완전히 일본어에서 차용한 것으로 인정해야 할 것이다.

이러한 견해 차이는 접사의 확립 시기를 언제로 봐야 하는지와도 관련이 있다. 왕리는 위에 든 접사 요소를 5 · 4운동(1919) 이후에 새롭게 생긴 '기호記號'로 보는 데 비하여 《5·4 이후 중국 문장어의 변화와 발전》(1958:113)은 다음과 같이 반론을 제기한다.[43]

> 왕리王力는 ~化를 1919년 5 · 4운동 이후 새롭게 출현한 동사 어미로 생각하였고 또 ~化와 ~性의 두 가지는 접사 성분 가운데 가장 늦게 생긴 것이라고 하였다. 그러나 ~化와 ~性은 늦어도 무술 · 신해년 무렵(1898-1911)에 일본어로부터 빌려온 것이다.

이들 주장은 논점을 벗어나 있다. 왜냐하면 왕리는 5·4운동까지의 영중사전은 위에 든 접사 성분이 아직 번역어 조어에 사용되지 않았다고 말한 데 비해서,[44] 《5·4 이후 중국 문장어의 변화와 발전》은 '~化'와 '~性'으로 구성된 단어가 그 이전에 이미 일본어에서 차용되었고 실제로 사용되고 있었다고 주장하고 있기 때문이다. 우리들은 개별어의 존재 및 사용과 규칙적으로 번역어를 만드는 조어법의 패러다임 성립을 구분해서 생각해야 한다.

영어 접사 파생어와 관련하여 19세기 선교사들이 편찬한 영중사전류에

---

43 이 반론은 p.113의 각주이지만 앞의 p.108에서는 王力과 같은 취지의 단락이 있어서 공동 집필에 따른 기술의 불일치가 나타나고 있다.

44 王力은《英華合解辭彙》(商務印書館 1915, 翁良 외 合編)에서 idealize, standardize, generalize; possibility, importance, mysteriousness 등의 접미사 -ize, -ity. -ce, -ness의 번역어로서 '化'나 '性'을 사용하지 않았다고 지적하였다.

는 '~者'와 '~家' 이외에는 거의 나오지 않는다.[45] 20세기에 들어서 *Nuttall's Dictionary*(Standard edition)을 기반으로 한《영화대사전》에 비로소 접두사 'anti-, non-, pan-, super-', 접미사 '-ity, -ify, -ize, -ism, -er' 등이 단독의 표제어로 제시되고 적절한 설명이 덧붙여졌다.《영화대사전》과 기타 영중사전에서 이들 접사를 포함한 파생어에 어떤 번역어가 사용되었는지 살펴보자. 여기서는 '~化'와 '~性' 두 가지 접미사에 초점을 맞추어 이 문제를 살펴보겠다. 아래의 〈표 VIII〉을 보기로 하자.

〈표 VIII〉

원어	《大辭典》	《官話》	《綜合》	표준 번역
actuality	眞實, 實事, 實在	眞實, 實有, 眞情	實在, 實事, 現實	現實性
combustibility	燃燒之勢, 之質, 之性	미수록	燃燒性, 可燃性	易燃性, 可燃性
continuity	未定之勢, 不料之事	能有, 能有之事	偶然之事	偶然性
continuance	相續不絕, 連續, 恒久	接二連三	連續, 継續	連續性
creativity	恒久, 常久, 連連不斷	長久, 常遠	永續, 永存	
importance	미수록, 단 creativeness는 創造力	미수록	미수록	創造性
importance	緊要關係, 重要	重要, 緊要, 關係	重要, 重大	重要性
initiative	敎導的, 啓蒙的	미수록	進取之氣性	積極性
Necessity	必然, 必定	必用的物	必然之原理	必要性
inevitability	不能免, 難逃	미수록	不能逃避, 不能免	必然性
objectivity	非我, 屬于物界, 客觀地位	미수록	客觀性	客觀性
originality	同上之性質	創始才S	創作力, 創意	
orthodoxy	固守正信, 正信, 正敎, 正統派	正道, 正統派S	正統性, 正敎	正統性

45 로브샤이트는《英華字典》에서 의식적으로 '者'를 사용해서 번역어를 만들려고 시도하였다. § 2 참조.

particularity	單個, 各個, 特別, 特性, 特質	特色, 特性, 特質S	特別, 特殊, 特性	特殊性
periodicity	循時, 週期	循時, 週期	定時, 定期, 週期性	週期性
possibility	能有, 可有物, 可有事	可能性S	可能, 可能性	可態性
positiveness	同上之情形	미수록	積極	
radioactivity	미수록	미수록	放射能, 輻射能	放射性
relativity	相關, 相對, 比較	對待例B	相對性	相對性
susceptibility	易感納, 易感受 단 sensibility는 易感覺, 感受性	感受性S	感受性, 感染性	感受性
subjectivity	主觀, 獨見, 主觀物	主觀S	圭觀性, 主觀力	主觀性
university	普通, 偏及, 一般, 普及	普遍態S	普遍(的性質或狀態)	普遍性
democratize	미수록	미수록	使成民主, 使化爲民主	民主化
democratize	使爲共和, 使近民主政體之性質			
generalize	自偏推至全, 歸集一類	概括, 類化	普通化, 一般化	概念化
idealize	作非非想, 設想完全之觀念	化醇, 想化, 把…付以高尙的命題	使成理想, 理想化	理想化
industrialize	미수록	미수록	使成工業化	工業化
internationalize	미수록	미수록	使成世界的, 化成國際的	國際化
justify	証其爲正	称義, 辯白	今成爲正當	正當化
legalize	使合于法	便…合于法	法律上認爲正當	合法化
militarize	미수록	미수록	使成軍國主義狀態	軍事化
modernize	改革, 維新, 使合干時款	改新, 維新	現代化	現代化
nationalize	使從某國, 化成某國人性質	把…歸爲國有	國民化, 使…歸國有	國有化
normalize	미수록	미수록	使爲標準, 使爲模範	正常化
personify	擬物爲人	人格化S, 是某某的化身	視爲人, 擬爲人	人格化

popularize	使宜民俗, 弘布民間, 使普及	使…普及民間	令成通俗的, 通俗化	通俗化
rationalize	使合唯理論之說	미수록	使合于道理	合理化
simplify	使之平易單簡	簡易, 簡便, 簡携	使單純, 使簡單	單純化
unify	合一, 合成一體, 使一致	統一	使成 様, 使一致	一元化

〈표 VIII〉은 현대 중영사전과 일영사전에서 일반적으로 '~性'과 '~化'로 번역되는 원어를 각각 20개 정도 골라서 《영화대사전》 및 《관화》, 《종합영한대사전》과 대조 확인한 결과이다. 위의 표를 보면 《영화대사전》에서 '~性'으로 번역된 단어는 감수성感受性과 특성特性뿐이고('感受性'은 원어와의 대응 관계가 현재와 다르고 '特性' 두 자 한자어라서 '性'을 접미사로 보지 않는 것이 타당하다), '~化'가 붙는 파생어는 하나도 없었다. 《관화》에서 《종합영한대사전》까지는 접사 파생어가 조금 늘어났으나 기본적으로 큰 변화가 없다고 보아도 된다. 특히 '~化'가 붙는 단어는 그 증가 속도가 느리고 단어라기보다는 주로 구句로 번역된 것이 많다. 즉 《영화대사전》은 말할 것도 없고 《관화》(1916년)를 거쳐서 5 · 4운동 발생 후 10년 뒤에 발간된 《종합영한대사전》까지도 아직 '~化'와 '~性'은 중국어에서 번역어를 생산적으로 구성하는 패러다임을 구축하지 못했던 것이다.

《5 · 4 이후 중국 문장어의 변화와 발전》에서 지적했듯이 '~化'와 '~性'은 1910년대까지 적지 않은 용례가 나타나지만 이들이 영중사전류에 수록된 것은 훨씬 뒤의 일이며 하나의 단어 구성 패러다임으로 정연하게 확립된 시기는 더욱 늦다(이는 중국 대륙이 전란에 휩싸여 영중사전 편찬이 정체된 것과 관련이 있다). 이러한 사정은 중국의 영중사전이 전적으로 일본의 영일사전에 의지하여 만들어졌고 영일사전과 연동되어 있었다는 사실을 말해 준다(사전에 어휘가 등재되는 것은 보통 언어의 실제 사용보다 늦다는 점도 고려할 필요가 있다). 노무라 마사아키野村雅昭(1981)에 의하면 일본어 접미사 '~性'과 '~化'는 대정시대大正時代부터 영일사전에 사용되기 시작하여 현대에 가까워질수록 많아진다고 한다. 현대에 들어서 '~性'과 '~化'를 붙이는 조어법이 가장 활발하다는 것이다. 또한 '~性'과 '~化'가 붙는 세 자 단어 샘플을 조사한 결과 그 절반 가까이가 1927년 이후부터 사전에 등재되었음을 밝혔다. 따라서 중국에서 1928년 간행된 《종합영한대사전》에 이들 번역어가 발견되지 않은 것은 오히려 당연한 결과이다.

접사 요소의 발달은 서양 언어가 그 원인을 제공한 것이지만 접사가 붙은 다량의 일본 신어가 중국어에 유입됨으로써 중국에서 접사를 사용한 단어 조어 환경이 갖추어지게 되었다. 그리고 이들 단어는 영일사전으로 원어와의 대응 관계가 확인되고 접사 패러다임에 편입되어 생산적인 조어법으로써 확립될 수 있었다.

8. 맺음말

이 장에서는 근대 중국의 외국어 사전에 수록된 번역어와 일어 차용어의 관계를 중심으로 고찰하였다. 고찰 내용을 요약하면 일찍이 일본에 대량의 한자 번역어를 제공하여 중·일 양국어의 근대 어휘 형성에 공헌한 것은 영중사전류이지만, 메이지 후기 일본제 번역어가 중국어로 역유입된 배경에는 근대에 완성된 영일사전이 중요한 역할을 하였다는 점이다. 여기서는 제4장을 끝맺으며 왜 영일사전이 이와 같은 역할을 할 수 있었는지에 대하여 간단히 언급하고자 한다.

거듭 지적했듯이 현대 중국어에 들어온 일어 어휘는 주로 근대 번역어이다. 중국은 오랜 기간 사회적 정체를 겪었기 때문에 자력으로 서양 문명을 소화하고 흡수할 수 있는 여력을 상실하였다. 청일전쟁에 패한 뒤에는 개혁 지향 지사志士와 양무 관료洋務官僚들이 일어를 배우고 일본의 서양서 번역물을 읽도록 국민들에게 활발히 권유하였다. 여기에는 일본 번역어를 통하여 신속하게 서양 문명을 도입하려는 목적이 있었음은 말할 것도 없으며 그 실례로서 20세기 초 대규모의 일본 서적 번역 붐을 들 수 있다. 이러한 현상은 당시의 시대적 요구에 부응한 결과였다. 또한 서적 번역과 함께 수많은 신어 사전과 외국어 사전도 출판되었다. 사전류는 일어의 영향을 많이 받은 출판물이지만 사전류가 일반 번역서보다 일본어를 받아들이기 쉬웠던 이유로는 다음과 같은 것을 지적할 수 있다.

I. 사전류는 번역서나 용어집처럼 각 학문 분야에 따른 어휘의 편중이 없고 한꺼번에 많은 번역어를 차용할 수가 있다.
II. 원어와 번역어 간의 대응 관계를 확인할 수 있다.

I은 상식적인 내용이기 때문에 여기서는 II에 대해서 좀더 자세히 살피기로 한다. 외래 신개념을 흡수하기 위해서는 자국어 어휘가 외래 문명의 매체, 즉 개개의 단어에 대해서 대등한 번역 관계를 수립할 수 있도록 체계적으로 재편성되지 않으면 안 된다. 그 과정에서 재래 어휘 체계의 공백을 메우기 위해서 많은 새로운 번역어가 만들어지게 되는데, 외래 개념이 완전히 정착하기까지는 원어와의 번역어와의 대역 관계가 늘 확인되어야 한다. 이 때문에 당시 신어 사전이나 용어집은 말할 것도 없고 《사원辭源》과 같은 중국어 사전에도 다음과 같이 원어를 명시해 두는 것이 일반적이었다.

哲學, 日本譯名, 譯英語 philosophy
(철학, 일본 번역명, 영어 philosophy를 번역한 것)

왜냐하면 중국의 근대 어휘 성립에서 항상 기준으로 요구되는 것은 일본어가 아니라 영어였기 때문이다. 이 점에 대하여 왕리(1958:528)는 다음과 같이 언급하였다.

> 우리들은 중국어가 일어에서 번역어를 차용하였다고 생각해서는 안 된다. 이들 번역어는 원래부터 일본어에 있던 것이 아니라 서양에서 받아들인 것에 불과하다. 일반적으로 일본 고유어는 우리가 차용할 필요가 없다. 왜냐하면 중국어에는 신개념만 필요했지 그 밖의 신어는 필요로 하지 않았기 때문이다. 원래부터 일본어에 있던 단어로는 신개념을 나타낼 수 없다. 이 때문에 일본인들은 서양에서 전해진 신개념을 표현하는 데 새로운 번역어를 만들어 낸 것이다. 우리들은 단지 일본이 완성시킨 번역어를 이용해서 수고를 덜었을 뿐이다

일본 번역어가 원래부터 있었던 것이 아니므로 빌려서 사용한다고 하더라도 차용어로 인정할 수 없다는 왕리의 주장에는 동의할 수 없으나, 서양 원어와 동정관계同定關係가 없는 일어 어휘는 중국어에서 살아남을 가능성이 그만큼 적어진다는 점은 사실이라 하겠다.

물론 이 장에서 고찰한 것은 기초적인 내용에 불과하며 아직 많은 과제가 남아 있다. 예를 들면 근대 전기에 출판된 수많은 영중사전을 고찰하여 번역어와 중국 현대어와의 관계를 밝히는 것은 중국의 영학사英學史뿐만 아니라 근대 어휘사 연구의 중요 과제이기도 하다. 또한 일어 유래 신어와 번역어가 유입·수용되는 과정에서 영일사전과 20세기 영중사전이 어떠한 역할을 하였고 일어의 차용 과정, 특히 번역어의 변화를 통해서 20세기 초 영중사전이 어떻게 일어 어휘를 차용하고 자국의 번역어로 받아들였는가에 대한 고찰은 아직도 체계적으로 이루어지지 않고 않다.

예를 들면 미션 계열에 속한《관화》는 본문에 수록하지 못한 다수의 번역어를 권말 68쪽의 'Supplement'에 싣고 있다. 신어 표시가 붙은 번역어 일부

를 소개하면 다음과 같다.

自然發生論　変態心理學　絶對　絶對概念　抽象　抽象的一元論　貸方　借方　優點　探險　美學　審美學　辯護士　見習　見習生　藝術衝動觀　法律觀　聯想　質點　出席　著作家　手荷物　保證金　生物化學法人　出張　出張所　健兒　强權　履行　市民法　文明義務　常識　支配人　觀念　概念　意識流　料理人　通信員　世界觀　美育　德育　體育　債券　債務　退化　表決　演繹　変質者　支配…

이들 신어는《관화》편찬 작업이 번역어의 변화 및 증가를 따라가지 못하여 최종 단계에서 보완된 것인데, 이들 중에는 '수하물手荷物, 견습見習, 견습생見習生, 출장出張, 출장소出張所, 요리인料理人' 등 일어 어휘도 포함되어 있다. 이와 같이 근대 영한사전英漢辭典은 끊임없이 일본어에서 번역어를 흡수하여 자신들의 체제를 완성시켰다고 말할 수 있다. 이들 문제는 금후 중국 근대 어휘사라는 관점에서 연구가 필요할 것으로 보인다. 이 밖에도 메이지기에 완성된 일본의 수많은 용어집과 전문어 사전 번역어가 중국어에 끼친 영향에 대하여 다루지 못했는데, 이들 문제에 대해서는 앞으로의 과제로 삼고자 한다.

제5장 중국어의 일본어 어휘 수용

우리들이 신어를 필요로 하는 이유는 무엇 때문인가? 새로운 개념을 나타내는 데 새 단어가 필요하다는 주장이 늘 옳은 것은 아니다. 그러나 근대 중국어는 서양에서 전해진 신개념을 표현하기 위하여 일본에서 만든 번역어를 필요로 했고 그것을 차용했다. 바꾸어 말하면 근대 중국어는 서양의 신개념을 표현하는 데 충분한 어휘를 가지고 있지 못했다는 말이 된다. 새로운 어휘의 확충은 이와 같은 어휘 체계의 공백을 채워 가는 것이다.

그런데 구체적으로 살펴보면 중국어에 차용된 일어 어휘는 상당 부분이 근대 일본에서 새로운 의미를 획득한 중국 고전어였다. 그러므로 중국어가 차용한 것은 새로운 의미와 용법뿐이었지 단어 형태는 아니었다. 이런 경우, 필연적으로 과거의 의미와 새로운 의미 사이에 충돌이 일어난다. 이러한 충돌은 개별어의 내부 문제에 그치는 것이 아니라 어휘 체계 내부 조직에 영향을 주게 되고 특히 유의어군類義語群에 연쇄적으로 변화를 일으키는 경우가 많다. 와인라이히는 이와 관련하여《언어 간 접촉—그 사태와 문제점》(간도리 타케히코神鳥武彦 譯 1976:1-2)이라는 책에서 다음과 같이 지적하였다.

이와 같은 '참가'를 단순히 차용borrowing이나 단순한 목록inventory 추가라고 하는 것은 너무 단순한 표현이다. 보그트Vogt는 다음과 같이 말했다. 즉 '하나의 체계System에서 무엇을 추가하고 삭제하면 기존 체계의 시차적示差的 대립 구조가 바뀌게 된다. 한 가지 요소가 수용된 체계에 어떤 영향도 없이 그 요소가 추가된다고 하는 것은 체계라는 개념 그 자체를 성립시키지 못하게 한다'는 것이다.

이 장에서는 중국어가 일어 어휘를 어떻게 수용했고 그것이 중국어 어휘 체계에 어떤 변화를 가져오게 했는가라는 문제를 중심으로 고찰하기로 한다. 고증 자료는 '관계關係'라는 단어인데 이 관계와 의미적으로 가까운 '영향影響, 관섭關涉, 간계干係, 간섭干涉, 교섭交涉' 등에 대하여도 함께 살피기로 한다. 먼저 '관계'의 어원과 의미 차용에 대하여 살펴본 다음 의미 변화와 연동된 다른 단어의 변화 모습을 보기로 한다.

1. '관계關係'

한자어 '관계關係'는 현대 중일 양국어에서 문체와 장르를 초월하여 널리 사용되는 일상 용어이다.[1] 이해를 돕기 위해서 먼저 중영사전과 일영사전에 나타난 '관계'의 의미 기술을 보기로 한다.

關係 1. relation; relationship

2. bearing; impact; significance

3. 원인, 조건 일반을 나타낸다(대응하는 번역어가 없지만 다음과 같은 용법을 나타낸다 : 시간 관계상; 지면 관계상)

---

1 중국어에서 '關係'는 '關繫' '關係'를 거쳐 현재는 간체자 '关系'로 표기한다. 이 책에서는 '關係'로 표기한다.

4. concern ; affect ; have a bearing on ; have to do with

5. credentials showing membership in or connection with an organization

《현대한영사전現代漢英辭典》1988

關係 1. relation; relationship; connection

2. concernment

3. influence; an effect

4. connetion; (sexual) relation

《신화영대사전新和英大辭典》1974

지금까지 중국의 연구에서는 '관계'를 일어 차용어로 보아 왔다. 이러한 주장을 처음 제시한 것은《현대 중국어 외래어 연구現代漢語外來詞研究》와《현대 한어 중 일본어에서 차용한 어휘現代漢語中從日語借來的語彙》이다. 또 왕리의《한어사고漢語史稿》와《5 · 4 이후 중국 문장어의 변화와 발전五四以來漢語書面語言的變遷和發展》에 수록된 일어 차용어 목록에도 이 '관계'가 들어 있다. 1984년 출판된《중국어 외래어 사전漢語外來詞詞典》에는 '관계'에 대하여 다음과 같이 적고 있다.

關系(guānxi) ① 事物之間相互作用, 相互影響的狀態. ② 人和人或人和事物之間的某種性質的聯系.〔源〕日 關係 kankei【意譯英語 relation, connection】

(① 사물 간의 상호 작용, 상호 영향을 미치는 상태 ② 사람과 사람 또는 사람과 사물 간에 존재하는 성질의 관련성, relation, connection의 번역어로 일본에서 차용한 단어)

즉 '관계'가 중국 고전에 나오지 않는 순수한 일본제 한자어로 중국어에 유입된 일어 차용어라는 주장이다. 그러나 이에 대해서는 애초부터 반론이 있었다. 사오룽펀邵榮芬은《현대 중국어 외래어 연구》의 서평에서(《中國語文》 73호) '관계'는 중국 고유어로《이문충공전서李文忠公全書》(20권, 이홍장李鴻章 1823-1901)에 다음과 같은 용례가 있음을 지적하였다.

1. 復丁稚璜宮保 : 此身關係至重, 衰年病後, 以培補元氣爲要

(몸은 조정에서 매우 소중하므로 병을 앓으신 후에는 원기를 돋우고 체력을 보補하는 것이 중요하다.)

1950년대 중국의 일어 차용어 연구 성과를 모두 참고한《중국어 외래어 사전》(1984)을 편찬할 때 당연히 사오룽펀의 서평을 보았을 것이다(사전 편찬자인 류정탄劉正埮은 서평을 수록한 책의 저자 중 하나이다). 그럼에도 불구하고 사오룽펀의 주장이 받아들여지지 않은 점은 우연한 실수라기보다 의식적으로 그것을 부정한 것으로 보이는데 그 이유를 밝히지는 않았다.

그런데 '관계'를 정말 일본제 한자어로 보아도 될까? 중국의 사전들, 예를 들면 근대 이전의《패문운부佩文韻府》와《강희자전康熙字典》, 근대 이후의《사원辭源》《사해辭海》에는 모두 '관계'가 수록되지 않았다.[2] 그러나 일본에서 발행된《대한화사전大漢和辭典》과《일본국어대사전日本國語大辭典》에서는 청대 중기의 문헌《청회전·사례淸會典·事例》(1764)에 나오는 다음 용례를 싣고 있다.

2. 但此處係外國交易之地, 關繫緊要

(단 이곳은 외국과 교역하는 곳으로 매우 중요하다)

3. 於歲入權賦殊有關繫

(수세稅收에 특히 중요하다)

2 단《辭源》(초판 1915)에는 표제어 '關涉'에 '猶關係'라고 쓰여 있다. 그 개정판(1936)에 '關係値', '關係作用', 또한《辭海》(초판 1936)에 '關係値' '關係詞'가 각각 수록되어 있다.

일본 학자 사토 키요지佐藤喜代治(1971, 1979)는 '관계'가 《학림옥로鶴林玉露》(1252 성립) 및 《복혜전서福惠全書》(1694)에 사용되었음을 지적하였다. 《학림옥로》에 나오는 용례는 가장 이른 시기의 예일 것이다(후술하는 예 4, 5, 6). 필자가 조사한 바로는 명·청 이후 중국 고전 백화소설 《금병매사화金瓶梅詞話》《수호전전水滸全傳》《유림외사儒林外史》《아여영웅전兒女英雄傳》 등에도 용례가 있고 근대 전기 양학 자료와 《만국공법萬國公法》(1864, 정위량丁韙良), 중국 문인들의 지리서, 외국 기행문, 19세기의 영중사전류에도 '관계'가 수록된 것을 확인할 수 있었다. 이렇게 볼 때 '관계'를 일본제 한자어로 보는 것은 이들 문헌의 용례로 보아 사실이 아닌 것같다.

그러나 글자 자체가 중국에서 유래했다는 이유만으로 'relation'의 번역어 '관계'가 일어와 관련 없다고 단정 짓기는 어렵다. 중국의 일어 차용어에는 '철학哲學'과 '추상抽象'처럼 단어 형태와 의미를 동시에 차용한 예도 있으나 '민주民主'나 '연역演繹'과 같이 중국 고전어의 의미만을 차용한 예도 있기 때문이다. 실제로 사오룽펀은 《이문충공전집》에 보이는 '관계'가 현재 의미(정확히 말하면 'relation', 'connection'의 번역어로서의 의미)와 차이가 있다는 사실을 지적하고 '관계는 일본인이 새롭게 만든 것이 아니고 중국 고유어를 전용한 번역어이다'라고 기술하였다(인용은 위와 같다). 확실히 위의 세 가지 예를 보면 '관계'는 《중국어 외래어 사전》에 보이는 'relation, connection'으로 이해하기는 어렵다. 그러나 '관계'가 어떻게 새로운 의미를 갖게 되었고 또 그 과정에서 일본어가 관여되었을 경우 어떤 형태로 관여된 것인가에 대해서는 아직까지 확실히 알려지지 않았다. 이것은 이 장에서 우리들이 밝혀야 할 일이다. 검토 순서는 먼저 중일 두 언어에서 '관계'가 어떻게 사용되었는지를 살펴보고 그 다음 중일 간의 교섭을 살펴본 뒤 마지막으로 그 교섭에 의하여 발생한 부수적 현상에 대해서도 언급하고자 한다.

1.1 중국 고유어로서의 '관계'

이미 설명한 것처럼 '관계'는 중국 사전들에 수록되지 않았으며 근대 전기까지 주로 구어체 문헌에 사용되었다. 먼저 앞에 든 1-3 용례 이외에 필자가 발견한 용례를 소개하면서 중국 고유어로서의 '관계'의 의미·용법을 정리해 두기로 한다.

4. 是褫祖龍之魂 倡群雄之心 皆子房一擊之力也 其關繫豈小哉 (《鶴林玉露》乙編卷三)

   (모두 자방의(진시황제에 대한) 일격의 덕분이다. 그 영향이 얼마나 큰가!)

5. 某縣有母訴其子者 此關繫風教 不可不施行 (同丙編卷二)

   (어느 현에 어머니가 자식을 고소한 안건이 있다. 이것은 풍속, 교화에 악영향을 초래하기 때문에 심리하지 않을 수 없다.)

6. 此雖小事 然摧壞小官氣節 關繫却大 (同丙編卷二)

   (이것은 사소한 일이라고는 하나 소생의 자존심을 상하게 했기 때문에 하찮은 일이라고는 할 수 없습니다.)

7. 今至堂能言之而高宗能受之 已爲盛德事矣 中興以來至堂澹庵二書關繫最大 (同丙 編卷三)

   (두 권의 책이 가장 커다란 영향을 초래하였다.)

8. 孔明死 則爲五胡亂中華 爲六朝幅裂 其所關係大矣 (同丙編卷四)

   (공명의 죽음은 …라고 하는 중대한 결과를 초래하였다.)

9. 故凡入仕當官有所關係之事 雖屬細微末節 亦必指陳其要 (《福惠全書》凡例)

   (관직에 오르는 일과 관계되는 모든 것은 사소한 것이라도 그 요점을 지적해야 한다.)

   ホンノヒトゴロシハタシタノカケオチビト　カカハルソノトチタイ ジ　ナンドキニテモ　フタウツタエル

10. 倘有眞正人命盜賊逃人 及<u>關係</u>地方重大事情 許不時抱牌 告 (同卷二)

   (지방에 관한 중대한 사태가 발생했을 때에는 수시로 고할 수 있다.)

11. 城池 爲倉庫囹圄在內 關係甚重 宜周遭詳視(同卷三)

(성에는 창고나 감옥 등이 있기 때문에 매우 중요하다.)

12. 僉 押 關係 惟在標 用印 吏書作弊 亦惟在騙得一硃(同卷四)

(…인감의 중요성은…)

13. 凶仗或有血痕 亦未可定也 須試看 然關係不在此(同卷一四)

(…중대한 것은 여기 있는 것이 아니다.)

14. 今日檢驗 關係死生性命 汝須從公用心細檢(同卷一四)

(오늘 검사는 생명에 관계되기 때문에 세심한 주의를 기울여해야 한다.)

15. 凡解逃之差 苦而且 有 關 係 雖在外稍有私貼(同卷一九)

(범인을 호송하는 일에는 중대한 책임이 있다.)

16. 勿出枯澁 以阻遏少年文機 然正考關係進取 人懷僥倖之心(同卷二四)

(정식 시험은 과거의 합격 여부에 관계하기 때문에…)

17. 官長體尊位重 且乘慣好馬 (略) 馬或驚奔而乘者傷墜 關係豈小耶(同卷之二八)

(장관이 낙마라도 해서 부상을 입었다면 그 책임은 중대하다.)

18. 不知道 這一位如夫人關係你家三代(《儒林外史》第五回)

(이와 같이 부인은 당신 일가 부자 삼대에 걸쳐 중요한 사람이다.)

19. 但這個關係朝廷體統 小的斷然不敢(同第二四回)

(이것은 조정의 체재에 관한 문제로 소생은 결코 할 수 없습니다.)

20. 關係朝廷體統 他如何敢…(同第四三回)

(이것은 조정의 체재에 관한 문제인데 그는 어째서 할 수 있는 것인가.)

21. 我若沒有還他 這件事就要破! 身家生命關係 我所以和老哥商議(同第三二回)

(…나의 생명에 관한 중대 문제로…)

22. 哥別人不知你心. 自我略知一二. 哥教唱此詞. 關係心間之事. 莫非想起過世嫂子來(《金瓶梅詞話》六五回)

(형님이 이 곡을 부르게 한 것은 심중에 생각하고 있는 일과 관계있다.)

위의 용례들은 유형별로 다음과 같이 정리할 수 있을 것이다.

a. … 關係＋형용사(至重, 緊要, 豈小, 却大, 最大, 甚重, 豈小耶, 예 1, 2, 4, 6, 7, 8, 11, 17)

의미: 〔X(라고 하는 것)는 Y(라고 하는 것)에게〕 매우 중요하다. 혹은 영향이 크다.

b. … (有) 關係(예 3, 12, 13, 15)

의미: 중요한 점, 중대한 영향, 책임(존재한다)

c. … 關係＋보족어(風教, 事, 重大事情, 進取, 你家三代, 朝廷體統, 朝廷體 統, 身家性命, 心間之事, 예 5, 9, 10, 14, 16, 18, 19, 20, 21, 22)

의미: 〔X(라고 하는 것)는 Y(라고 하는 것)에〕 중대한 영향을 미친다. 혹은 관련된다.

a, b는 '관계'의 명사적 용법으로[3] 사물 간의 상호 관련성(RELATIONSHIP) 그 자체보다도 관련에 의해 생긴 영향 내지는 그 결과에 의미의 중점이 놓여 있다. 또한 그 영향 · 결과는 바람직하지 않은 것이라는 의미를 내포하고 있는 것이 보통이다. 이러한 의미로 쓰인 관계는 일반적으로 '중대한 책임, 영향'으로 바꾸어 말할 수 있다.

c는 '관계'의 동사적 용법이다. '관계'는 이 용법에서 두 가지 사물이 관련이 있을 뿐 아니라 한쪽이 다른 쪽에 강하게 작용하여 그 상태의 악화에 관여하는 것을 의미한다. 여기서의 관여는 일방적인 형태를 취하며 관여에 의해 더욱 중대한 영향, 결과가 발생한다. 예를 들면 예 5에서는 어머니한테 소송당한 자녀의 행동은 풍속, 교화와 관련을 가질 뿐 아니라 그 행동은 풍속, 교화에 악영향을 초래하기 때문에 어머니의 소송 제기를 신속히 심리

3 예 8의 '其所關係大矣'(그 관계하는 바가 크다)는 형태상으로는 동사이지만 의미 면에서 명사적 용법에 준하여 생각하기로 한다.

해야 한다고 주장하는 것이다. 하지만 동사적 용법 관계는 드물게 관여성이 약해지고 (명사의 경우에는 이런 현상이 일어나지 않는다) 예 22와 같이 사물 간의 관련성만이 느껴지는 경우도 있는 것 같다. 그러나 이것도 일종의 '인과관계'라고 생각할 수 있을 것이다. 즉 마음 속에서 생각하는 일(죽은 아내에 대한 추억)이 이 특별한 곡을 부르게 하는 형태로 행동을 불러일으킨 것이다. 중국 고유어 '관계'에 나타난 사고 양식은 대략 사물을 상호 관련시키려는 것이 아니라 하나의 연속된 사건으로 인과적으로 파악하는 것이다. 이것이 중국 고전에 나타난 '관계'의 의미 특징이라 할 수 있다.

한편 '관계'의 구문상 특징으로는 '갑과 을과의 관계, 갑을의 관계'에서와 같은 단순히 사물 사이 또는 인간과 인간, 인간과 사물과의 상호 관련성만을 문제로 하는 문형이 아니기 때문에 상대격 전치사 '和, 同, 與' 등과 같이 사용되지 않는다. 관련 있는 사물은 구문적으로 대등한 위치가 될 수 없고 주어-목적어의 형태를 취해야 한다.

이상을 종합해 보면 '관계'는 '관련 있는 사물의 한쪽이 다른 한쪽에 영향을 주어 중대한 결과를 발생시키는 것 또는 그 영향, 결과'라는 것이 중국 고유어로서의 중요한 의미·용법이라고 귀납적으로 생각하는 것이 타당할 것이다.[4] 그리고 이러한 의미·용법은 근대 일본어와 접촉하기까지 유지되었다.

---

4 중국 고전어의 '관계(關係)'의 의미에 관해《鶴林玉露》의 용례가 가장 오래된 용례라고 단정할 수 없다. 또한 일본에서는 무로마치(室町)시대의 초물(抄物)에 보이는 '관계'가 반드시 '영향을 미치다'라는 의미라고 인정하기 어렵다(뒤에 제시될 예 31 참조). 따라서 '관련을 가진다'는 '관계'의 원의(原義)로, '영향을 미치다'등은 파생된 의미일 가능성이 여전히 존재한다는 지적도 있다(본고의 요지를 1987년 가을 일본어학회(일본)에서 발표했을 때의 질문).

이 점에 대해 개인적인 의견을 피력한다.

가) 용례를 보아, 중국 고전에 보이는 '관계'가 '관련성'만을 나타내는 예는 극히 적다.《鶴林玉露》에 보이는 '관계'가 가장 오래된 예가 아니라고 해도 상당히 초기의 용례인 것은 부정할 수 없다. 이러한 단계에서 파생된 의미가 주류를 이룬다고 생각하기 어렵다.

나) 발생적으로 보면, '관계'의 원형이 '干係'일 가능성이 크다고 생각한다. '干係'는 당, 송 이후에 나타난 남방 방언의 구어 어휘로 고전 백화소설과 희곡에 많이 보이며 '뭔가의 관련에 의해 발

1.2 'Consequences'의 번역어로서의 '관계'

'관계'는 19세기부터 영중사전들의 번역어로 사용되기 시작했다. 이들 사전에 보이는 '관계'는 종래의 의미 용법에 따라 주로 'consequence(effect, result)'의 번역어로 나와 있다. 먼저 근대 전기의 주요 영중사전에서 '관계'가 사용된 항목을 찾아 소개한다.

《오차운부五車韻府》(Robert Morrison 1819-20)

關係: consequences; the evils which follow any given proceeding, or single act.

English and Chinese Dictionary(W. H. Medhurst 1847-48)

Belong 關係, 干涉, This affair does not belong to me 與我無干涉

To Concem …; it does concern me 有關係於我

Consequence 關係, 干係, serious ~ 大關係, the ~ are not trivial, 干係不輕

Effect 結果, Consequence 關係

Issue, result, 干係, 關係

Result 關係, 干係

Sequel 關係

《영화자전英華字典》(W. Lobscheid 1866-69)

Consequence, that which follows from any act, cause, principle, or series of opinion,

關係, 干係 …; of great consequence, 大關係;of serious consequences, 關係甚重

Consequent, that which follows a cause, 關係

Dread, to be in dread of consequences, 怕關係

생한 중대한 영향, 책임'이라는 의미를 가지고 있었다. '干係'는 의미의 근사성에 의해 '관계'로 표기되게 된다. 이때 '關 = 관련'이라는 의미가 부수적으로 발생하였다고 생각된다. 즉 '관계'의 '관련이 있다'라는 의미는 파생된 의미로 보는 것이 타당할 것이다.

Effect …; consequences, 關係; no effect, 無セ關係(廣東方言=無關 係)

Formidable …; tremendous, 關係的

Heinous …; enormous, 大關係

Importance 關係

Issue …; result, 關係, 干係

Matter …; no matter, of no consequence, 無關係; it matters much, 有關係; what does it matter? 有何關係?

Result … ; to result from. 關係

Result, consequence, 關係, 干係

Sequel, consequence, 關係, 干係

Signify … : to have consequence, 有關係; it signifies nothing 無關係; it signifies much 好關係

Take, to take effect 有關係

Terribly, 關係

《한영운부漢英韻府》(S. W. Williams 1874)

關係 or 關繫 consequences, results; what comes of a act.

《자어휘해字語彙解》(W. T. Morrison 1876)

consequences 關係

《광주방언한영사전廣州方言漢英辭典》(Eitel, Ernest John 1877)

關係 or 關繫 result

《영화자전英華字典》(I. M. Condit 1882)

consequences 關係

《화영사전華英字典》(Herbert. A. Giles 1892)

關係 or 關繫 to involve; to concern; consequences; results

위의 예에서 주목할 점은 '관계'가 'to connect; connection; to relate;

relation'의 번역어로 사용되지 않았다는 점이다. 예를 들면 로브샤이트의 《영화자전》에는 다음과 같이 수록되어 있다.

to connect	接續, 相連, 相續
connection	相連者, 家屬
to relate	屬, 關, 論, 論及
relation	屬, 關, 有關, 有關涉, 有干涉

이들 영중사전의 수록 경향은 다음과 같다. 'consequence, effect, result'와 같은 일방적인 작용, 영향, 결과를 의미하는 원어의 번역어에는 '係'(繫累의 繫와 상통한다)를 포함한 숙어가 사용되었고 'relate, relation'과 같은 상호 관련성을 나타내는 원어의 번역어에는 '涉'을 포함한 숙어가 사용되었다.

물론 영중사전들의 의미 해석은 편찬자 개인의 중국어 이해와도 관련이 있겠지만 앞 장에서 기술한 것처럼 이들 사전은 당시 중국어의 실제를 정확히 반영하고 있는 것이다.

'관계'는 영중사전 이외에 근대 전기의 양학서洋學書에도 사용되었다. 예를 들면 마틴W. A. P. Martin(중국명 丁韙良)의 《만국공법》(1864)에는 '관계'와 '관섭關涉' 두 가지가 다 사용되고 있다.[5]

23. 韙惟因事急地近 與國事有危險關係 徒以西有此國法英卽 有此裨益

《萬國公法》卷二 1章

5 丁韙良의 중국어역《万國公法》은 완전한 대역이 아니라 소위 역술(譯述)이기 때문에 원문과의 대조는 어렵지만 대조시켜 본 범위에 한해서는 다음과 같이 대응시킬 수 있다.

關係: conseqllenee, interested (예 24, 25)

關涉: in respect to, relate to (예 26, 27)

關涉은 예로부터 서로 관여하다는 의미로 사용되고(예를 들면, 《史記》《索隱》《南史》《北史》 모두 당 이전의 문헌), 청 이후도 각종 용어집, 사전 《恒言錄》《恒言廣證》《辭源》《辭海》《辭通》 등에 수록되어 있는데 현재는 거의 사용되지 않는다.

24. 故國君與他國或有關係甚重之事 卷二 2章

25. 二國文字皆同 言語亦同 此事關係 較他國更重 卷二 2章

26. 有時亦同歸公法審判 蓋有權利 與他國君民有關涉也 卷一 1章

27. 以變通律法不合之爭端 無論關涉人民產業之事 卷二 2章

위의 예를 비교해 보면 '관계'는 역시 '관섭'과 달리 중대한 영향, 결과로 해석해야 할 것이다.

1.3《중서관계약론》의 용례

중국 거주 미국인 선교사 알렌Y. J. Allen(중국명: 林樂知, 알렌은 300종류 이상의 번역서를 출판하였으며 유명한《만국공보万國公報》의 편집장이었다)은 1876년에《중서관계약론中西關係略論》이라는 논설집을 출간하였다. 이 책은 모두 4권이며 중국 고관 상소문 초록과 알렌의 논설, 총세무사 로버트Hart Sir Robert(중국명 赫德), 영국 공사 프랜시스Wade Sir Thomas Francis(중국명 威妥瑪) 등의 서간문(알렌이 중국어로 번역하였다) 이 수록되어 있다. 상소문 초록 내용은 외국에 사절을 파견하고 양무洋務 인재를 육성하는 등 외교 문제가 중심이 되어 있고, 로버트와 프랜시스의 서한에는 중국과 외국과의 외교 문제와 동양 정세에 관한 것이 들어 있다. 한편 알렌의 논설은 당시 세계 정세와 서양 여러 나라의 중국 진출에 따른 기독교 포교 문제, 중국 서북부 이슬람교 지역에서의 러시아와의 국경 분쟁 등을 주제로 하고 있다. 과거《만국공보》에 게재했던 글들을《중서관계약론》이라는 책으로 출판한 알렌의 의도는 이러한 국제 환경에 놓인 중국이 외국에 문호를 개방할 필요가 있다는 것을 역설하려는 데 있었으며, 적극적으로 평론 활동을 전개하여 중국의 변혁과 기독교화에 관여하려는 속셈을 드러냈다. 중국 고관의 상소문을 인용한 것도 그러한 설득력을 높이기 위한 것이다.《중서관계약론》은 일본에서도 상소문 일부를 생략한 채 출판되었다(廣部精 훈점, 東京青山淸吉, 1879-1880). 일본어판 권두에는 나카무라 마사나오中村正直의 제사題詞가 있다.

이 책은 책 제목에도 있듯이 '관계'가 자주 사용되는데(그러나 '영향影響'의 용례는 없다) 필자는 전부 40개의 용례를 찾아낼 수 있었다. 이 자료는 번역물이 아니고 알렌 자신이 저술했다는 점에서 당시 '관계'라는 단어가 어떻게 사용되었는지 파악하는 데 좋은 자료이다. 그렇다면 '관계'가 이 책에서 어떻게 사용되었는지 아래 예문에서 보기로 하자.

28. 時事艱難 日甚一日 且交涉事務 關係至重 권1, 3 뒷면

(정국이 날로 어렵게 되고 이와 동시에 〔외국과의〕 교섭은 매우 중요하다)

29. 中外交接 關係匪輕 宜如何聯絡 如何維持 권1, 5 앞면.

(중국과 외국과의 관계는 중요한데 어떻게 연락하고 어떻게 유지하면 좋을까.)

30. 通商各國中 有英俄兩國 爲中原接壤之國 其關係不有更重者哉 권1, 7 뒷면.

(통상하는 각국 가운데 영국, 러시아는 중국과 국경을 접하는 나라로 이해관계가 중요하다.)

31. 英俄兩國之在中國 所關係者 惟通商交界之事耳 권1, 9 앞면.

(영, 러 양국과 중국 사이에서 중요한 것은 통상, 국경 문제만이다)

32. 尙有傳敎一事 亦中西關係之最重者 권2, 17 앞면.

(또한 포교도 중국과 외국 간에 중요한 문제이다)

33. 非但攬敎中之權 而於國政之權 亦大有關係 권2, 23 뒷면.

(종교상의 권력뿐만 아니라 국가 정치 권력에 대해서도 큰 영향력이 있다.)

34. 終其身不改旧章 亦終其身而居人下 其關係豈日小哉 권2, 27 앞면.

(언제까지나 오래된 습관을 바꾸지 않으면 언제까지고 남의 수하에 있게 된다. 어째서 상관없다고 할 수 있을 것인가.)

35. 本館歷次所論中西關係 皆從源頭上說起 권2, 30 뒷면.

(필자가 지금까지 중국과 서양과의 이해 관계에 대해 논했을 때 모두 근원부터 설명하고 있다.)

36. 玆之論回教者 緣喀什葛爾與中國大有關係 권2, 30 뒷면.

(여기서 회교에 대해 논하는 것은 카슈가르〔중국 신강 위그르자치구 서부의 도시—옮긴이〕와 중국에 큰 관련이 있기 때문이다.)

37. 前總論中西關係情形矣 而關係之見於外可知 關係之蓄於中者難言也 권3, 44 앞면.

(지금까지 중국과 서양의 이해관계에 대해 논하였다. 표면에 나타난 경우는 알 수 있지만 배후에 숨겨진 경우는 이해하기 어렵다.)

예 28은 중국 고관 상소문에 나온 용례로 《학림옥로》와 《복혜전서》등 명청明淸 이후 문헌의 용법와 완전히 일치한다. 예 28 이하는 알렌의 문장에 있는 용례인데 전체적으로는 중국 고전 및 19세기 영중사전들의 의미, 용법을 이어받고 있다고 할 수 있다. 즉 알렌이 자주 사용한 '관계'는 현재와 같은 'RELATIONSHIP'이라는 양국 간의 관계를 의미하는 것이 아니라 굳이 의역하면 상호 간의 '이해 관계' 또는 그러한 관계에 의하여 발생한 '중대한 영향, 결과'가 될 것이다.

이상 송과 명, 청 시대의 서적과 19세기 영중사전들, 선교사의 번역서와 저술에 보이는 '관계'의 의미와 용법에 대하여 살펴보았다. 결론적으로 말하면 관계는 송나라 때부터 사용된 중국 전통 단어로, 근대 이후에 번역어로도 사용되지만 그 의미는 시종 일관 변화되지 않았다고 할 수 있다.

1.4 '관계'의 일본 전래 및 유포

《학림옥로》에 쓰인 '관계'는 일본에서 초기에 사용된 예로 생각되나 이 '관계'가 언제쯤 일본에 전래되었는지 확실하지 않다. 그러나 《사기초史記抄》에 용례가 있는 것을 보면[6] 늦어도 무로마치 시대室町時代에는 중국 문헌을 통하여 일본에 전해진 것으로 판단된다. 에도 시대에는 《등수선생문집藤樹先生文集》과 《수업편授業編》《명초名抄 · 箋注》 등에 사용된 예가 보이며[7] 당시 널리 퍼졌던 중국어 단어집唐話辭典에도 수록되어 있다. 또한 에도 중기부터 후기까지는 라이 산요賴山陽와 하시모토 사나이橋本左內, 요시다 쇼인吉田松陰 등의 서간문에 사용되었고,[8] 중화 사상과 중국어를 배척했던 국학자 히라타 아쓰타네平田篤胤까지 사용한 것을 보면 '관계'는 일본어 속에 상당히 깊게 침투되었던 것 같다. 그러나 중국 문헌에 쓰인 '관계'가 구어체 어휘 성격을 띠고 있었던 데에 비하여(《패문운부》와 《강희자전》이 '관계'를 수록하지 않은 큰 이유가 이것이다) 일어에서 쓰인 예는 근세 이후 사용된 다른 한자어와 마찬가지로 딱딱한 문어적 성격이 짙다. 메이지 유신 전후 '관계'는 번역어로 사용되었으며 《삼병답고지기三兵答古知幾》(1850경)와 《건전학健全學》(1863), 《모씨병론慕氏兵論》(1863), 《병가수지兵家須知》(1867), 《생리발몽生理發蒙》(1866), 《만국공법萬國公法》(니시 아마네西周 역, 1866), 오쓰키大築 역 (1876)[9] 《태서국법론泰西國法論》(1868), 《서양사정西洋事情》(1867) 등의 번역서 및 계몽서에 널리 쓰였다.[10] 이런 점에서 볼 때 '관계'는 막부 말 등장한 새로운 한자어적 성격을 가진 것으로 보인다.

1.5 일본인들이 이해한 '관계'

당시 일본인들은 중국에서 유입된 '관계'를 어떻게 이해했을까? 근세 일본

6 鈴木博에 의함.

7 《日本國語大辭典》의 '關係' 항목에 의함.

8 佐藤喜代治(1971:260) 이하를 참조.

9 松井利彦에 의함.

10 佐藤享(1986) 참조.

어 사전에는 '관계'라는 단어가 수록되지 않았기 때문에 사전적 의미 파악은 쉽지 않다. 그러나 근세 중기에 널리 유포된 중국어 단어집〔唐話辭典〕과 중국 서적의 훈역물訓譯物을 보면 일본인들이 '관계'라는 단어를 어떤 식으로 이해했는지를 살펴볼 수 있다.

중국어 단어집〔唐話辭典〕이란 송·명 시대의 백화소설 등 구어체 문헌에서 어휘를 수집 해석하여 중국어 학습에 도움을 주게 한 자료이다. 이러한 자료가 집대성된 《당화사서류집唐話辭書類集》에 '관계'(동의어 '간계干係'도 포함)의 용례를 조사하였더니 다음과 같은 예가 발견되었다.

干係	アブナヒ(위험)	《唐話類纂》(1716-1736)
干係	アフナイモカヽリアヒト云 ニモ(위험, 관계라고 하기도 함)	《怯里馬赤》
干係	アブナヒ(위험)	《唐話纂要》(1716)
關係大	方々ニカヽル(많이 관련하다)	위와 같음
大干係	大ニアフナヒ(큰 위험)	위와 같음
關係	アツカリ, カヽリ(관여, 관계)	《唐話便用》(1735)
大干係	大ニアブナイ(큰 위험)	위와 같음
干係	アブナヒ(위험)	《徒杠字彙》(1860)
關聯	カヽリアヒ(관계)	위와 같음
關係	同上	위와 같음
干係	カヽリアイ(관계)	《俗語解》(1804-1815)
關係大	方々ヘカヽル(많이 관련하다)	《譯通類略》(1716-1736)
大干係	ケツクアブナイ(매우 위험)	위와 같음

위의 예를 바탕으로 중국어 단어집에 쓰인 '관계'를 검토하면 다음과 같은 점을 말할 수 있다.

(1) 우선 지적할 것은 두 자 단어 항목에서는 '관계'보다 '간계干係'를 사용한 예가 훨씬 많다는 점이다. 이는 어쩌면 원전原典의 실제 용법을 반영한 것일지 모른다. 이 '간계'에는 '위험하다(アブナヒ)'와 '서로 관련하다(カヽリアヒ)'라는 두 가지 의미가 적혀 있나. 이 두 가지 의미는 실은 '관계'의 동의어인 고전 중국어 '간계'와 밀접하게 융합되어 있는 것이다. 즉 어떤 관련에 의해 생긴 중대한 영향, 책임이라는 것이 '간계'의 기본 의미이다.[11] 그러나 중국어 단어집에서 이 두 가지 의미는 분리되어 있다. 《겁리마적怯里馬赤》 외에는 한 가지 의미밖에 없으며 '서로 관련하다'라는 일어 해석에서 알 수 있듯이 '간계'의 관련성은 이미 중국어에서와 같이 일방적인 것이 아니라 상호적인 것이 되어 버렸다.

(2) '관계'는 '관련하다'라는 의미만이 강조되어 '영향의 중대함'이라는 중국어 본래의 뉘앙스가 무시되어 있다. 특히 《도강자휘徒杠字彙》에서는 '관련關聯'의 동의어로 '서로 관련하다'가 실려 있다.

(3)중국어에서 동의어였던 '간계'와 '관계'가 일본어에서는 의미가 나누어져 전혀 다른 단어가 되어버렸다. 예를 들면 세 문자 단어 '대간계大干係'에는 '大ニアフナヒ(큰 위험)', 'ケツクアブナイ(매우 위험)'라고 해석되며 '관계대關係大'는 '方々ニカヽル(많이 관련하다)'로 되어 있다. 이러한 해석을 다음 《영화자전英華字典》의 예와 비교해 보면 흥미롭다.

of great consequence 大關係

of serious consequences 關係甚重

이미 설명한 것처럼 '관계대'는 a류에 속하고 예외 없이 영향, 결과의 중대함을 의미한다. 《영화자전》의 형용사 '大'와 '重'은 그야말로 영향의 중

11 《辭源》에 의하면 '干係: 關係, 貴任'이라 되어 있다. 현대 중국어에서는 약간 남방 방언의 느낌이 들며 용법도 한정되어 있는데 '중대한 책임'이라는 의미를 가지고 있다.

대성을 말하고 있는 것이다. 그에 비하여 중국어 단어집의 해석은 영향의 중대성이 아니라 관련 사물의 많다는 뜻으로 쓰였다.

중국어 단어집 외에 일본인들이 번역한 자료를 통해서도 '관계'의 이해에 대한 힌트를 얻을 수 있다. 《학림옥로》의 훈역본訓譯本(中野市右衛門, 1662)에는 훈역이 되어 있지 않은데 《훈역·복혜전서》(小畑行簡訓譯, 1850)〔이 책 259쪽의 예 참조〕에는 '관계'가 'カカハル(관련하다 예 4)', 'ダイジ(중요하다 예 2)', 'ギンミノカナメ(심문의 요점, 요체)', 'イロイロノカヽリアヒ(여러 가지 관련)'이라는 식으로 훈독 표시를 하고 있다. 'ダイジ(중요하다)', 'ギンミノカナメ(심문의 요점, 요체)'라는 일어 해석에서는 중국어의 원래 의미를 잘 나타내려한 노력이 엿보이지만 다른 일어 해석에서는 정확하지 않은 해석이 되어 있다. 특히 예 15의 'イロイロノカヽリアヒ(여러 가지 관련)'은 사물 간의 상호 관련성을 문제 삼고 있다.

시대는 약간 뒤이지만 라이 산요賴山陽의 용례(43, 44)에 대하여 메이지 초기에 출판된 해설서에는 다음과 같이 해석한 것도 있다.

關係 カカリアフ(관계하다) 關涉也　《外史譯語》(1874, 大森惟中, 庄原和共纂)
關係 カカリアフ 關涉也　《日本外史字引大全》(1879, 岩井愼二郎)
關係 カカハリアフ(관계하다)　《詳解日本外史字引大全》(1883, 鈴木政男)

또한 《언해言海》(1891)와 《일본대사서日本大辭書》(1893)에는 '관계'가 다음과 같이 풀이되어 있다.

關係 カカハリ カカリアヒ(관계. 상호 관련)
關係 カカハリ=ヒキツヅキアヒ(관계=서로 계속됨)

막부 말기부터 메이지 시대까지 관계의 대표적 훈訓은 'カカハリ'(관계),

'カカリアヒ'(상호 관련)였는데 이는 중국 고유의 의미 용법과 확실히 다르다고 할 수 있다.

1.6 막부 말 이전 일본 문헌에 나오는 '관계'

앞서 언급한 훈역 자료訓譯資料에 나오는 '관계'는 일본 사람들이 한문 자료에 해석을 붙인 것이다. 여기서는 막부 이전 일본 문인들이 남긴 문헌 자료를 통하여 한자어 '관계'가 일어에 동화되는 과정에서 어떻게 사용되었는지를 살펴보려고 한다.

38. 凡列傳ト云ハ天下ノ大事ニ關係シタ者ハヨイモノモアシイ者モ載ソヨケレハ ホメアシケレハソシル 《사기초史記抄》14-78 뒷면

(무릇 열전이라 하면 천하의 큰 일에 관계한 자는 좋은 자도 나쁜 자도 실어 좋은 자는 칭찬하고 나쁜 자는 비판한다.)

39. 此事於吾道關係尤爲大焉 《등수선생문집藤樹先生文集》

(이 일은 내 도道와 상당히 깊은 관련이 있다.)

40. 別に講經の目標を立るは此一條専ら六經を講ずる講ぜざるに關係するを以て なり 《수업편授業編 四》

(특별히 강독의 목표를 세우는 것은 이 한 가지가 오로지 육경을 강독하느냐 못하느냐에 관계하는 것이다.)

41. 苑, 或作之類, 不關係文義者其體兩存不敢改原文漢文 《화명초和名抄 · 鈍注》凡例

(원苑은 혹은 지류之類라고도 한다. 문장의 뜻과 상관없다. 두 가지 표현이 존재한다. 원문과 한문을 감히 고치지 못하겠다.)

42. 原始有關係者書之無關係者不悉書焉 《황조사략皇朝史略》凡例

(애시당초 관계가 있는 것은 기록하고 무관한 것은 모두 기록하지 않는다.)

43. 爾其事不必關係天下治亂則不復別論 《일본외사日本外史》例言

(그리고 그 일은 천하의 치란과 관련되지 않으므로 더 이상 거론하지 않는다.)

44. 及割據群雄. 關係治亂者. 家別論之. 《일본외사日本外史》

(군웅할거 치란과 관련 있는 일(자)은 별도로 논하겠다.)

45. 此等盡天恩に關係候事と難有奉存候

요시다 쇼인吉田松陰이 산죠 사네쓰무三條實万에게 보낸 글

(이 모두가 천은을 다해 관계한 것으로 감사히 알겠습니다.)

46. 是亦他日之太平に關係仕候事なれば、其撰不容易事と奉存候

《요시다 쇼인 서간집》

(이 또한 후일의 태평성대에 관계하는 일이기 때문에 그 선택이 쉽지 않을 줄 압니다.)

47. 氣義之事は天下万世へ關係し至大至重 위와 같음

(정의를 지키려는 마음은 천하 만세에 관계하며 가장 중대하다.)

48. 又小事とは雖も器械は兵勢に關係在る事最も重き者なるに、위와 같음

(또한 작은 일이라고는 하지만 기기(器械)는 병세(兵勢)에 관계 있는 가장 중요한 일이다.)

49. 是は道を得るも得ざるも. 此意一つに關係いたし候事ゆえ. 申候なり

《입학문답入學問答》(히라타 아쓰타네平田篤胤)

(이것은 길을 얻는 것도 얻지 못하는 것도 이 뜻 한 가지에 관계하기 때문에 말씀드리는 것입니다.)

50. これらの事. また關係の大きなる所に候

《기취사필총氣吹舍筆叢》(히라타 아쓰타네平田篤胤)

(이러한 일 또한 관계가 큰 바입니다.)

51. 殊ニ學科ノ原法ニ屬シテ此編ノ隊制ニ關係スル所少ナシ

《삼병답고지기三兵答古知幾》卷之三

(특히 학과의, 고치기 이전의 본디 법(原法)에 속해 이 편의 구성에 관계하는 바는 적다.)

위 용례에서 예 39, 48, 50을 제외하면 종래 중국의 용법 C, 즉 동사적 용

법에 치우쳐 있음을 알 수 있다. 또 명사적 용법에는 중국의 의미·용법이 남아 있었지만 동사적 용법에서는 의미가 상당히 바뀌어져 있음을 알 수 있다. 이들 중 예 38, 40, 43, 44, 47, 49는 '관계'를 아직 '영향'이나 '결과'라는 뜻으로 해석할 수 있는 데 비하여 예 41, 42, 45, 51 등은 그렇지 않다. 특히 예 38은 중국 용법과는 의미가 정반대로서 적극적인 평가를 하고 있다. 이것은 '관계'에 대한 의미 해석이 확대된(또는 문자의 의미 그대로의 해석) 것으로 볼 수 있다. 즉 일본에서는 '관계'의 용법이 주로 동사적으로 쓰였고 사물 간의 관련성을 가진다는 점, 또는 그 관련성만을 주목하여 그와 같은 관련으로 어떤 사태가 발생할지는 묻지 않는 경향이 있다고 할 수 있다. 에도 후기 지식인들은 'カカハル(관계하다)'와는 문체적 차이가 있는 단어로서 '관계'를 사용했을지도 모른다.[12] 그러나 그렇다고 해서 이 시기의 '관계'가 아직 현대어의 의미 용법과 같지 않았다는 점은 부정하기 어렵다. 그것은 '갑과 을과의 관계' '갑을의 관계'라는 용법이 필자가 조사한 범위 내에서는 아직 보이지 않았기 때문이다.

1.7 'Relation'의 번역어로서의 '관계'

호리 타쓰노스케堀達之助는 《영화대역수진사서英和對譯袖珍辭書》(1862)에서 비교적 이른 시기에 '관계'를 'relation'의 번역어로 사용하였다.

Bearing	關係 比較 身持 形狀 位置 果實ヲ結ブ
Bounden, part of Bind	結付ケラレタル 要用ナル 關係シテ居ル
Conjugation*	關係 動詞ノ變化 文法家ノ語
Connexion	結合 連合 關係一致

12 佐藤喜代治(1979)는 賴山陽, 橋本左內의 용례를 들어 "'關係'는 지금 '親子關係' 등과 같이 상대적인 성질을 가진 경우와 달리 관계에 의해 한쪽이 다른 한쪽에 영향을 미친다"라는 의미를 가진다고 한다. 그러나 佐藤喜代治는 일본 '關係'의 의미 변용에 대해서는 언급하고 있지 않다.

Consequence	關係 續キ 感通 肝要
Contact*	触ルコト 至者 關係
Obligation	關係 務
Obligingness	關係 親懇
Reference	關係 教ヘ 仲人 決定
Regard	尊恭 目的 關係
Relation	談話 關係 親和 親族
Respect	尊恭 目的 關係
Respective	關係シタル 兩方ノ
Intercourse*	交リ 取替 關係
Irrelative	關係ナキ
Irrespective	他事ニ關係ナキ
Irrespectively	他事ニ關係ナク
Unaccourtable*	明白ナラヌ 言開キノ出來ヌ 關係ナキ

(*표시가 붙은 단어는 재판 제1쇄(1866) 이후 '관계關係'가 삭제되었다)

'Consequence'의 번역어 '관계'는 모리슨Robert Morrison의 《오차운부五車韻府》에서 영향을 받은 것으로 생각되며, 번역어 전체가 《영화자전》(W. Lobscheid)과 큰 차이를 보이고 있다. 예를 들면 《영화대역수진사서》에는 다음과 같이 나와 있다.

Irrelation	關係ナキ	
Irrespective	他事ニ關係ナキ	
Irrespectively	他事ニ關係ナク	(예 42도 참조)

위의 '關係ナキ(ク)(관계없이)'가 다른 사물과의 관련성을 언급하는 데 비

하여 《영화자전》에 나오는 '무관계無關係'는 다른 사물과의 관련에 의해 생긴 영향과 결과를 나타낸다.

no effect	無乜關係(廣東方言＝無關係)
of no consequence	無關係
it signifies nothing	無關係

《영화대역수진사서》에 'Relation'의 번역어로 사용된 '관계'는 어떤 과정을 거쳐 성립된 것일까? 《영화자전》의 번역어가 당시 중국어의 용법을 반영한 것처럼 호리 타쓰노스케의 번역도 약간 변칙적인 것을 받아들여 이를 더욱 발전시킨 결과임에 틀림없다. 그 배후에는 막부 말기 개국과 함께 사물과 국가, 사람 사이의 'RELATIONSHIP'이 그 전보다 훨씬 중요한 문제가 된 사실이 있다는 것은 말할 것도 없을 것이다. 그러나 동시에 이 사전에서 'Bounden, part of Bind, Contact, Obligation, Obligingness, Unaccourtable' 등도 '관계'로 번역되어 있어 의미 범위가 현재보다 훨씬 넓었다는 것을 알 수 있다.

한편 막부 말기 이후 여러 번역서에는 '관계'가 사용된 예가 늘었다. 일본어역 《만국공법》(오쓰키大築 역, 1876)에는 다음과 같은 번역어의 남용과 표기 혼란 현상이 보였다.

52.…ノ權利ニ就テハ公法ニ依テ之ヲ論ス此關係ハ專ラ君權ヲ論スル公法學科 ノ一部トス

(…의 권리에 대해서는 공법으로 이것을 논한다. 이 관계는 오직 군권을 논하는 공법학과의 일부로 한다. p. 35)

53. 政府ノ權威ニ因テ与フル性格ニ管係シ

(정부의 권위에 의해 주어지는 성격에 관계해… p. 386)

1866년 간행된 번역서《생리발몽生理發蒙》에 나오는 용례 대부분은 '相~' '互ニ~'로 수식되어 있어 완전히 쌍방향성을 얻지 못했으나 '뇌와 정신의 관계' 등 '갑과 을과의 관계'를 나타내는 용법도 하나 보여서 '관계'가 근대어로 변신하고 있음을 시사하고 있다.[13]

《영화자전》과《영화대역수진사서》를 참고로 하여 작성된《영화자휘》(1873)에는 아래와 같이 관계가 'Relate'와 'Consequence'의 번역어로 나와 있으며 'Connection'의 번역어로 사용된 예도 있다.

Relate	屬スル　拘ル　關係スル
Relation	談話　傳　關係　親和　親戚
Relative	相關　親屬　關係　關係代名詞
Consequence	關係　効驗　結局　緊要　利益　感動
Consequent	關係ノ　因テ起ル
Consequently	關係ノ　緊要ノ

그 밖에 다음 예처럼 '간계'가 '관계'와 구별해서 사용되었다.

Sequel	接續　干係　結果　收尾
Sequence	接續　干係　次第　修正
Sequent	續ク　從フ　干係ノ

《철학자휘》(1881)에는 이들 용법이 더욱 분명해져 'Consequence'의 번역

13　일본어역《萬國公法》(大築 譯)에 '外國交際兵部及ビ內務ノ關係ニ就テ(외교 병부 및 내무 관계에 대하여)'(p. 72) '約定ハ各條互ニ相關係シテ(약정은 각 조 서로 관계하여)'(p. 633)라는 예가 있다.

어로 '관계' 대신 '영향影響'이 등장한다.

Consequence	干係 後件 余波 影響
Relation	關係 相對屬性(論) 綱紀

이 시점에서 '관계'는 철학이나 사회학 개념도 나타낼 수 있는 신어로서 자리매김했다고 생각해도 될 것이다. 《일본국어대사전》에 의하면 1877년 이후부터는 사람과 사람 사이를 나타내는 예가 소설에 등장하게 된다.

我輩とは親友の關繫(나와는 친한 친구 관계) 《부운浮雲》
彼らの關繫は…(그들의 관계는…) 《금색야차金色夜叉》

그 뒤 일어에는 '敎育關係の仕事(교육관계 일), 織維關係の會社(섬유관계 회사), 關係者(관계자)'와 같은 접사적 용법도 생겼으나 《대일본국어사전大日本國語辭典》(1916)에는 이러한 용법이 아직 수록되지 않았다.

1.8 중국어에 역유입된 '관계'

중국인들이 일본 서적을 대량 번역하게 된 것은 청일전쟁(1895) 이후인데 'Relation'의 번역어로서 '관계'가 중국에 역유입된 것도 이 무렵으로 생각된다. 초기에 중국어로 번역된 《동양사요東洋史要》(1899 번병청樊炳淸 역, 원저는 《中等東洋史》 桑原隲藏 著 1898)에는 원문에 나오는 '관계'가 거의 대부분 그대로 차용되어 있다. 이 때문에 '한족과 여러 외족 관계, 남방 제국과 서중국 관계, 사막 이남 몽고와 청과의 관계, 정치와 종교의 관계'와 같은 종래 중국어와는 다른 표현이 곳곳에 보인다.

그러나 같은 번역서 내에서도 '관계'는 'relation'의 번역어로 쓰이면서 다른 한편으로는 종래의 의미 용법이 그대로 사용되는 경우도 있다. 예를 들면《동양사요》원문의 '영향'은 번역서에서는 모두 '관계'와 '대관계'로 번역되어 있다.

54. 滿州地方に於ける變動は, 此方面よりして, 支那內地に影響するを常とす. 總記 第二章

(만주지방에서의 변동은 이 방면부터 항상 중국 내륙에 영향을 준다)

중국어 번역문 "滿州地方變動, 常於支那內地, 与有關係焉"

55. 佛敎は … 遂に支那に傳來し, 東方アジアの文化に一大影響を與えたり. 中古期 第三編第三章

(불교는 … 마침내 중국에 전래되어 동아시아의 문화에 일대 영향을 주었다)

중국어번역문 "仏教 … 次第東漸, 遂入支那乃使東方亞細亞文化生一大 關係焉"

56. 諸外敎の東方に傳來する者も亦多く, 當時の文化上に一大影響を及ぼせり. 中古期 第八堀第七章

(외국의 여러 종교가 동방에 전래된 것도 많아 당시의 문화상에 커다란 영향을 주었다.)

중국어번역문 "諸外教之傳入東方者, 亦多, 當時之文化上 實有大關係存 焉"

57. 六朝隋唐以來流行せし佛敎, 殊に禪宗の影響として, 文字の訓詁をすて … 近古期 第一編第七章

(육조, 수, 당이래 유행했던 불교 특히 선종의 영향으로 문자의 훈고를 버리고…)

중국어 번역문 "六朝附唐以來, 所流行之佛教, 更購禪宗之關係, 文字之訓詁…"

즉 'INFLUENCE'라의 의미를 갖는 '영향'이 아직 중국어에 유입되지 않아서 관계가 계속 사용된 것이다.

그 후 번역서뿐만 아니라 중국의 신문 잡지에서도 일반 기사에서

'relation'의 번역어로서 '관계'가 빈번히 나타나며 그것이 번역 어휘에서 일반 지식층의 사용 어휘가 되기 시작했다. 그러나 이 무렵의 용법은 아직 매우 유동적이었다. 다음의 예는《청의보》에서 인용한 것이다.

58. 有大關係于支那者也 《청의보》1 1898

(중국과 깊은 관련이 있다.)

59. 今日我公之擧動 有關係天下之大局 《청의보》1899

(금일 공의 거동이 천하의 대국과 관련 있다.)

60. 我日本與支那同州同文之國關係最親密 《청의보》13 1899

(우리 일본은 중국과 같은 땅에 있고 같은 문자를 쓰는 나라로서 관계가 가장 친밀하다.)

61. 中日兩國之關係唇齒輔車 《청의보》14 1899

(중일 양국 간의 관계가 마치 이에 있어서 입술, 수레바퀴[車]에 있어서 덧방나무[輔]와 같다.)

다음 예는《청의보》의 편집장이며 근대 중국의 유명한 계몽가인 량치차오의《국가사상변천이동론國家思想變遷異同論》(1901)에 나오는 용례이다.

62. 故近世之政治學 全自國家與吾人之相關如何著想.

(그래서 근세의 정치학은 모두 우리 국가와 우리 민중의 관계에서 비롯된다.)

63. 宗教無特權 無論公法 私法 皆與教派不相涉.

(종교에 특권은 없다. 공법과 사법을 막론하고 다 교파와 상관없다.)

64. 人民之一部分 與國家有關係.

(인민의 일부분은 국가와 관련이 있다.)

현대 중국어에서 58, 59와 같은 용법은 이미 사용하지 않는다. 또한 62, 63의 밑줄을 그은 단어도 64와 같이 '관계'(無關係)로 통일될 것이다.

물론 일본에서 발생한 번역어 '관계'가 중국어로 순조롭게 유입된 것은 아니다. 예를 들면 《중등동양사中等東洋史》의 개정역 《중정고증동양사요重訂考証東洋史要》(金爲 역, 1908)는 초역初譯과 달리 원문에 나오는 예가 대부분 '교섭交涉'과 '교제交際'로 수정되었다. 《중등동양사》가 개정된 것은 초역 후 10년 뒤인데 '관계'는 아직 완전히 'relation'의 번역어로 정착된 것은 아니었던 것이다.

《대사전大辭典》(1908)에 '관계'가 'relate'와 'relation'의 번역어로 처음 사용되었다. 1912년에 교육부표준학술용어위원회(위원장 옌푸)는 '관계'를 'to relate, relation'의 번역어로 선정하였고('관섭關涉'은 선정어에서 누락되었다. 교육부 선정어에 대해서는 앞 장의 §7을 참조) 그 후의 영중·중영 사전은 이를 따르게 되었다.[14]

關係＝Consequence系

《한영운부漢英韻府》(S. W. Williams, 1909, 2판)

《화영자전華英字典》(Herbert A. Giles 1912, 2판)

關係＝Relation系

English-Chinese Dictionary(官話) by K. Hemeling 1916

Chinese-English Dictionary by R. H. Mathews 1931

《영한쌍해위씨대학자전英漢雙解韋氏大學字典》(1932)

《종합영한대사전綜合英漢大辭典》(1936)

이러한 과정을 거친 중국어 '관계'는 일본에서의 의미 용법과 당연히 미

14 번역어 선정에서 일본의 용례집, 영일사전을 많이 참조했다는 사실은 《官話》의 〈Preface〉(by K. Hemeling)에 의하여 밝혀졌다. 만약 일어를 차용하지 않았다면 'to relate, relation; to connect, connection'의 번역어로는 '關涉'이 유력한 후보였다는 것은 《英華字典》 및 그 외 청말 서양 서적의 중국어역에서 추측할 수 있다. 예를 들면 《萬國公法》에는 '關涉'과 '關係'의 사용 비율은 10 : 3이다.

묘한 차이가 존재한다. 앞서 서술한 '교육 관계 일, 섬유 관계 회사'와 같은 용법은 중국에서 일어 차용 붐이 이미 쇠퇴한 때문이었는지 중국에 전해지지 않았다. 그리고 중국에 역유입된 '관계'는 어디까지나 명사 'relation'의 번역어로 쓰였으며 동사로서 사용될 때는 중국의 원래 용법에 따라 언제나 결과, 상태에 대한 언급이 요구되었던 것이다. 예를 들면 다음 일어 번역 중 a는 잘못된 것이며 b나 c로 바꾸어 말해야 한다.

彼があの仕事に關係している(그가 그 일에 관계하고 있다)

a. ? 他關係到那件工作

b. ○他關係到那件工作的成敗

c. ○他與那件工作有關係(關係: 名詞)

현대 중국어에서는 '호관계好關係'와 '대관계大關係'(영향이 크다는 의미)라는 종래의 용법이 소멸되었으나 '관계'는 다음의 용례에서 알 수 있듯이 고유어로서의 의미와 일본에서 새롭게 발생한 relation의 의미가 혼재된 중층구조重層構造를 가지고 있다. 중국인들은 '關係重大 : 關係=consequence'와 '關係親密 : 關係=relation'의 관계를 자연스럽게 구별해서 이해한다.

65. 執政黨的黨風關係到黨的生死存亡

(여당의 기강은 당의 생존에 영향을 미친다)

66. 按照(略〉 的原則 發展同外國共產黨和其它政黨的關係

《인민일보人民日報》 1987.11.1

(외국 공산당과 다른 정당과의 관계(retationship)를 발전시킨다)

마지막으로, 한 가지 덧붙일 것은 '관계'가 일본어에서도 메이지 유신 이후 새로 생긴 의미와 중국 본래의 오래된 의미가 양쪽 다 살아 있다는 점이다. 다음과 같은 표현은 그 예이다.

67. 天気の関係で運動会は中止になった (날씨 관계로 운동회는 중지되었다)
68. 優勝に関係する大事な試合である (우승에 관계된 중요한 시합이다)

2. '영향影響'에 대하여

앞 절에서는 '관계'에 대하여 살펴보았다. 중국어 '관계'는 근대 이전에는 '관련 있는 사물 한쪽이 다른 한쪽에 영향을 주어 중대한 결과를 일으키는 일 또는 그 영향, 결과'가 기본 의미였고 오늘날 사용되는 'RELATION'의 의미는 일어에서 새로 도입된 것이라는 점, 따라서 중국의 관계는 'CONSEQUENCE'에서 'RELATION'으로 의미가 변화하였다는 점 등을 밝혔다. 또한 근대에 들어와 중국에서 처음 번역한 일본책《동양사요》에 'INFLUENCE'의 의미로 사용된 원문의 '영향影響'이 번역문에서는 모두 관계와 대관계大關係로 번역되었다는 사실도 지적하였다(앞 절의 예 54-57을 참조).

이와 같은 사실은 당시 중국어에서 '영향'이라는 단어가 지금처럼 'CONSEQUENCE'와 'INFLUENCE'의 의미로 사용되지 않았으며, 대신 '관계'가 그러한 의미를 나타내는 데 사용되었음을 의미한다. 그러나 여기에 다음과 같은 문제점이 있다.

(1) 중국 고전어 '영향'이 왜 오늘날처럼 'consequence, influence'의 번역어가 될 수 있었을까?
(2) 이것은 관계의 의미 변화와 어떤 인과 관계가 있을까?
(3) 'INFLUENCE'의 의미를 가진 영향은 어떻게 중국어에 받아들여졌을까?

이 절에서는 이러한 문제들에 대하여 생각해 보고자 한다.

2.1 '영향'의 어원

'영향'은 《중국어 외래어 사전》 등의 일어 차용어 목록 속에 들어 있지 않다. 중국 측 연구에서는 '영향'이 일어 차용어라는 결론에 이르지 않은 것이다. 일본에서는 다카노 시게오高野繁男(1983)와 후지와라 노보루藤原暹(1984), 히다 요시후미飛田良文(1984), 소고 마사아키惣鄕正明(1986) 등의 연구가 있는데 이들 연구에 의하면 영향은 원래 중국 고전어이며 메이지 초기 일본에서 서양 신개념을 도입하는 과정에서 'INFLUENCE'의 의미가 부여되어 근대 번역어가 된 것이라 한다.[15] 여기서는 먼저 중국 고전어에 사용된 '영향'에 대하여 좀더 자세히 살펴보기로 한다.

'영향'이 중국 고전에 나오는 것은 매우 오래전부터이다. 다음 예는 중국 고대 문헌에 보이는 예이다.

1. 惠迪吉 從逆凶 惟影響 《書·大禹謨》

   (정도正道에 따르면 길하고 역으로 하면 흉한다. 마치 그림자가 사람과 사물의 모양을 따르고 소리가 울리는 것과 같다.)

2. 三德者誠于上 則下應之如影響 《荀子·富國》

   (삼덕三德이란 위에 성실히 하는 것이다. 그리하면 그림자와 울림이 따르는 것과 같다.)

3. 下之應上 猶影響 《漢書》

   (아래에서 위를 따르는 것은 마치 그림자와 울림과 같다.)

《한어대사전漢語大詞典》(1989)에는 중국 고전에 나오는 '영향'에 대하여

---

15 飛田良文는 한자어 '影響'이 재래어의 의미가 변화했거나 새롭게 부가된 전용어(轉用語)에 속하는 신어(新語)라고 하였다(《明治大正新語俗語辭典》, 1984 부록).

1800자에 달하는 기술을 하였고, 13가지 의미 항목으로 나누어 설명하였다.

① 그림자와 메아리	② 호응하다, 상응하다.
③ 근사	④ 모방
⑤ 그림자와 울림	⑥ 편지, 소식
⑦ 인상(일의 대강, 윤곽을 가리킨다)	⑧ 황홀, 애매
⑨ 불확실, 근거 없음	⑩ 근거
⑪ 효과	⑫ 작용하다, 작용
⑬ 음, 울림	

앞에 든 예 1, 2, 3은 일반적으로는 의미 ②로 해석된다. 의미 ⑫는 소위 현대적 의미인데 다른 항목과 비교해 의미 비약이 분명히 존재한다(이에 대해서는 나중에 설명하기로 한다). 그러나 ⑫에 대해서《한어대사전》은 근대 이후의 용례 4개를 들었을 뿐 새로운 의미의 발생이나 연혁에 대해서는 언급하지 않았다.

모로하시 데쓰지諸橋轍次는《대한화사전》에서 그 의미를 다음과 같이 적고 있다.

(1) 그림자와 반향反響
(2) 형태에 그림자가 있고 소리에 울림이 있듯이 관계가 밀접한 것에 대한 비유. 또는 이에 상응하는 비유
(3) 빠른 것에 대한 비유
(4) 순종적인 것
(5) 무형의 것. 망상. 또는 거짓, 허언虛言

《대한화사전》은 '영향'의 새로운 의미를 문제시하지 않았다. 전체적으로 볼 때 고전에 나오는 '영향'은 그림자(影)와 울림(響)이라는 각 한자를 합친 것을 기본 의미로 하여 거기서 파생적 의미가 발생했다고 할 수 있다. 그러나 다카노高野(1983)는 일어에서는 (1) (2)가 기본 의미였고 (3) (4) (5)에 해당되는 의미 용법은 없었다고 하였다. 이와 같은 원래 의미를 지키려한 것이 파생된 의미의 출현을 억제하여 일어에서 '영향'이 독자적으로 의미가 변하게 된 한 요인이 된 것같다. 또한 다카노는 위와 같은 의미는 '모두 중국에서 오래전부터 사용되어 《서경》, 《후한서》 등 고전에 나온다'라고 하였으나 중국어에서 의미가 다양해진 것은 오히려 당대唐代 이후이다(일본에 전해진 '영향'은 고대의 용례가 중심이었다). 《한어대사전》에서 의미 항목 ② 이외의 용례 출전이 당 이후 특히 송, 명 자료에 집중된 것은 이러한 이유 때문일 것이다. 또한 《학림옥로鶴林玉露》(송)와 《수호전전水滸全傳》(송), 《복혜전서》(청)에서 다음과 같은 용례를 발견하였다.

4. 不如老農諺 影響捷於鬼 《학림옥로》丙編卷三

(빠르기는 귀신보다 더 빠르다.)

5. 次早 軍士回報 魯智深並無影響 《수호전전》九五回

(이튿날 아침에 군사가 보고하기를 노지심은 아무런 반응이 없다 한다.)

6. 傳問質之 衆證亦茫無影響(ケゲカタチ) 《복혜전서》卷一二

(물어보니 여러 사람이 다 소식이 없다고 증언했다.)

2.2 근대 영중사전에 나오는 '영향'

'영향'의 고전적 의미는 근대 전기까지 남아 있어서 아래에 언급되는 19세기 영중사전들에도 그대로 계승된다. 최초의 영중사전인 모리슨Robert Morrison의 《오차운부》에는 다음과 같이 나와 있다.

影響　shadow and echo. 影隨形響應聲 shadow follows the substance, and echo corresponds to the sound — so regularly do rewards and punishments follow virtue and vice.

이것은 분명히 《강희자전》의 기술을 따른 것이다.[16] 한편 메드허스트W. H. Medhurst의 *English and Chinese Dictionary*(1847-48)에서는 아래 영어 단어의 번역어로 사용되었다.

Disappear	沒了影響
Evanescent	沒了影響
an imaginary thing	無影響之事
to vanish	沒了影響

그런데 메드허스트의 번역어는 로브샤이트 사전에 채용되지 않은 듯하다. 《영화자전》의 예는 다음 하나뿐이다.

Imaginary	無影響的

메드허스트의 사전에서 '영향'이 번역어로 실린 표제어 'Disappear'와 'Evanescent'에는 각각 '不見影迹, 忽有忽無的 空幻的'이라고 되어 있다. 어쨌든 위 영중사전들에서 '영향'은 기본적으로 불확실과 근거 없음, 무형의 것, 망상이라는 의미로 사용되었으며 모두 부정의 형태를 취하고 있다. 이때 부정형은 의지와 판단의 부정사 '不'이 아니라 존재의 부정사 '沒, 無'로 되어 있다. 따라서 '부정 + 불확실'이라는 이중 부정이 아닌 그림자(影)

16 《康熙字典》'影'字 항목에 숙어 '影響'이 있으며 《書大禹謨》의 예 외에 《傳》'若影之隨形響之應聲'의 예도 나타나 있다.

도 울림(響)도 없을 정도로 불확실함, 근거 없음으로 해석해야 할 것이다. 이것이 근대 전기 '영향'의 주요 의미였다.

로브샤이트 이후의 중영사전에서는 영향의 의미 범위가 조금 넓어진 듯하다. 예를 들면 다음처럼 '영향'은 '유영향有影響'과 같은 형태로도 쓰이는데 이것이 고전적 의미의 틀에서 벗어난 것은 아니다.

《漢英韻府》(S. W. WiMams, 1874)

影響　shadow and echo; met. obedient, attentive to.

有一點影響　I have some hint of it; there is a inkling of him

《華英字典》(Herbert. A. Giles, 1892)

影響　shadow and echo; tidings.

影響之言　mere rumour.

有一點影響　there are some slight trace(e.g. of a missing man); there is some prospect(e.g,of an affair being accomplished)

2.3 일본어에 사용된 '영향'

'영향'은 《서경》과 《한서》에 쓰였으므로 '관계'보다는 이른 시기에 일본에 전해졌을 가능성이 크다. 그러나 근대 이전까지는 용례 수가 '관계'보다 훨씬 적고 한문체 문헌 이외에서는 찾아보기 어렵다(《일본국어대사전》에는 《진학유進學喩》, 《귀곡자鬼谷子》, 《성령집性靈集》, 《본조문수本朝文粹》의 용례가 제시되었다). 일본인들에게 '영향'은 결국 이해 어휘에 머물렀었고 사용된 어휘는 아니었던 듯하다. 일본어 문맥에 사용된 의미는 울림(ヒビキ), 울리다(ヒビク)였을 것이다. 그렇다면 일본인들은 중국 고전어 영향을 어떻게 이해하였을까? 중국어 단어집류唐話辭書類에는 다음과 같은 하나의 예만이 수록되어 있다.

影響	ヲトヅレ(방문, 소식)	도강자휘徒杠字彙(1860)

위에서 '영향'의 훈은 앞에 들은《한어대사전》의 의미 ⑥(편지, 소식)과 같다. 또《훈역·복혜전서》에는 앞에서도 소개한 것처럼 한자 낱자에 따른 의미(カゲカタチ, 그림자·모양)로 훈역되어 있다. '영향'은 막부 말기 메이지 초까지 간행된 일본어 사전들에는 나오지 않으나 소고 마사아키惣郷正明(1986)가 지적한 대로 메이지 시대가 되면 당시 많이 출판된 대부분의 한자어 사전에 등재되어 있다. 이들 사전에 설명된 의미는 다음과 같다.

《新撰字類》(1870)	つきまとふ(늘 따라다니다)
《布令字弁》(1868-72)	ツキマトフ(늘 따라다니다)
《廣益熟字典》(1874)	カゲトヒビキト(그림자와 울림)
《輿地誌略字引》(1875)	モノノハヤクコタヘルコト (사물이 빨리 작용하는 것)
《增補漢語字引》(1876)	ツキマトフ(늘 따라다니다)
《音畫漢語兩引便覽》(1877)	カゲヒビキ(그림자 · 울림)
《輿地誌略字引》(1878)	〔ケイキヤウ〕モノノカケ, モノノヒビキ (사물의 그림자와 사물의 울림)

이들은 의미가 모두 중국 고전어와 같다(《한어대사전》의 의미 항목 참조). 위 문헌에 나오는 '영향'은 그 어휘 자체를 제공한 문헌과의 관계를 생각할 때 당시 일본어 의미를 적은 것이라기보다는 중국 문헌의 사용 실태를 반영하는 것으로 보는 것이 옳을 것이다. 결국 막부 말기·메이지 초까지 일본 문헌들에서도 '영향'의 의미 변화는 관찰되지 않는다고 볼 수 있다.[17]

17 松井利彦에 의하면 막부 말에 다음과 같은 용례가 있다.
"외국과의 교역, 상법에 관한 학문이 있어 세계 산물의 유무를 조사하고 물가의 높고 낮음을 명

2.4 근대 번역어 '영향'의 성립

메이지 초까지 '영향'은 영일사전의 번역어로 실리지 않았다. 막부 말기에 발간된 《영화대역수진사서》와 헵번J. C. Hepburn의 《화영어림집성》은 물론 로브샤이트 사전에서 많은 영향을 받은 《영화자휘》에서도 '영향'은 찾아볼 수 없다. '영향'은 앞에서 지적한 대로 《영화자전》에 'imaginary'의 번역어로만 나와 있는데, 《영화자휘》의 'imaginary'의 번역어를 소개하면 다음과 같다.

Imaginary	空ナル想像ノ, 妄想ノ (공허한 상상의, 망상의)

즉 《영화자휘》에서는 로브샤이트의 번역어가 번역어 선택 과정에서 채택되지 않은 것이다. 지금까지의 연구에서 '영향'이 번역어로 처음 사용된 것은 이노우에 테쓰지로井上哲次郎의 《철학자휘》(초판, 1881)에 보이는 다음 두 예이다.

Consequence	干係, 後件, 餘波, 影響
Influence	感化, 風動, 權威, 影響

그런데 이들 '영향'은 어떻게 해서 《철학자휘》에 수록된 것일까? 이노우에 테쓰지로가 《철학자휘》를 편찬할 때 중국 고전에서 많은 단어를 차용해서 새로운 번역어를 만들었다는 것은 모두 아는 사실인데 '영향'도 그 하나일까? 만약 그렇지 않다면 그는 당시 이미 쓰이기 시작한 번역어를 채용한 것일까? 만약 후자라면 '영향'이라는 번역어는 누가 만들었을까? 그리

확히 하여 널리 만국과 통상하고 또한 상사를 결성하여 서로 영향을 미친다"(外國の交易, 商法の學有りて世界産物の有無をしらべ, 物價の尊下を明にし廣く萬國に通商し, 更に又商社を結び互に相影響をなす.). 橫井小楠'新政に付て春獄に建言(1867년 11월3일)'

이것은 중국의 고전적 의미, 예를 들면, 뒤에 소개하는 예 10-12와 같은 용법이라고 생각된다.

고《철학자휘》이후 '영향'은 '감화' 대신 'influence'의 주요 번역어가 되었는데 왜 그렇게 되었을까, 또 어떤 과정을 거쳐 그렇게 되었을까? 지금까지의 연구에서는 이러한 문제들이 언급되지 않았다. 이노우에 테쓰지로가 사용한 예는 어디까지나 대역對譯사전에 처음 나온 예일 뿐이고 번역서에서는 이미 미쓰쿠리 린쇼箕作麟祥가 1877년 9월 출간한《프랑스민법상설佛國民法詳說》에 아래와 같이 '影響を及ぼす(영향을 미치다)'라는 형태로 사용하고 있다.[18]

7. 此三事ハ人ノ此現世ニ於テ經歷スル最重要ノモノタレハ其身分上ニ最大ノ影響ヲ及ホス可シ (p. 3)

   (이 세 가지는 현실에서 가장 중요한 것이기 때문에 신분상에 가장 큰 영향을 미칠 것이다)

8. 各人ノ身分上ニ多少ノ影響ヲ及ホス事アリテ (p. 6)

   (각 사람의 신분상에 다소의 영향을 미치는 일이 있고…)

9. 之レガ爲メ關係各人ノ權利上ニ大ナル影響ヲ及ボス可キガ故ニ (p. 89)

   (이 때문에 관계하는 각 사람의 권리에 커다란 영향을 미칠 수 있기 때문에…)

2.4.1 왜 '영향'이라 하였을까?

이미 지적한 대로 'CONSEQUENCE'와 'INFULENCE'에 대응되는 중국

---

18 松井利彦에 의함. 또한 필자는 箕作麟祥의 다른 저서도 살펴보았는데 '影響'의 사용례를 발견할 수 없었다. 좀더 조사할 필요가 있다. 한편 箕作麟祥의《佛蘭西法律書民法》(箕作麟祥口譯 辻士革 筆受 1871)에서 '關係'는 다음과 같이 새로운 의미로 사용되고 있다(표기에는 다른 이표기가 있다는 점에 주의).

· 傍系ノ親又ハ前婚ノ子ハ其婚姻取消ニ付キ現ニ管係アル時ニ非レハ夫婦ノ共ニ生存スル…(방계의 부모 또는 이전 결혼에서 얻은 자녀는 그 혼인취소에 따라 현재 관계가 없기 때문에 부부가 서로 생존할…) 2권 3 뒷면.

· 母ノ陳述及ビ承諾ナク父ノミニテ私生ノ子ヲ我子ナリト認メタル時ハ其父ノミニ付キ其關係アリトス可シ(어미의 진술 및 승낙 없이 아비만으로 사생아를 자기 자녀로 인정했을 때에는 그 아비에게 그 관계가 있다 할 것이요.) 2권 59 앞면.

고전의 단어는 '관계'였다. 이 '관계'라는 용어가 일본에서 'RELATION', 즉 양자 간의 대등한 관련성이라 의미로 사용되게 되자 그 원래 의미(중대한 영향, 결과를 초래하다)의 공백은 다른 단어로 채워야 할 필요성이 생겼다. 그러나 《철학자휘》에 나오는 '干係(カンケイ)=consequence'와 '關係(クワンケイ)=relation'은 일본어에서 서로 동음 충돌이 되기 때문에 메이지 이후 일어에서는 양립할 수가 없었고 따라서 새로운 어휘 항목의 필요성이 필요하게 되었다. 필자는 이것이 '영향'을 성립시킨 진정한 외부 요인 또는 그 계기로 본다. 《철학자휘》에서 '간계'와 '관계' 의미 영역의 일부를 차지하면서 번역어로서 성립된 '영향'이 당시 일어 사전에 '관계'(CONSEQUENCE의 의미)의 동의어로 나온 것도 이 두 번역어의 발생과 관련이 있음을 알 수 있다(§2.4-2《일본대사전日本大辭典》 등의 어휘 설명 참조).

번역어 '감화感化'와 '영향'의 교체도 근대 어휘의 형성 관점에서 보면 설명이 가능하다. 앞에 든 《철학자휘》에서 알 수 있듯이 '감화'는 'influence'의 첫 번째 번역어였다. 이것은 메드허스트와 로브샤이트의 사전을 계승한 것일 것이다. 또한 메이지 초기의 번역에서도 'influence'의 번역어는 '영향'이 아니고 '감화'였다. 후지와라 노보루藤原暹(1984) 등은 나카무라 마사나오中村正直가 《서국입지편西國立志編》(1871)에서 'INFLUENCE'의 의미로 주로 '감화'를 사용한 반면, '영향'은 고전적 의미로 사용하였음을 지적하였다(실제로는 1 예 뿐). 이 사실은 당시 사용된 '감화'와 '영향'의 분포 관계를 말해주는 좋은 예일 것이다. 그러나 번역어 감화는 사용상 여러 가지 제약(예를 들면 작용을 받는 측은 인간이며 특히 인간의 정신 면에서 변화, 결과는 바람직한 방향이어야 한다 등)이 있었기 때문에 'infiuence'와 같이 인간과 인간, 인간과 사물, 그리고 사물과 사물 사이의 상호 작용을 보다 중립적으로 표현할 수 있는 단어가 필요하게 되었다. '영향'은 이러한 어휘 체계의 요청에 부응하여 '감화'의 상위어로 성립되었다고 볼 수 있다.

2.4.2 번역어 '영향'의 성립 메커니즘

어휘 체계가 새로운 어휘 항목을 필요로 한다는 점은 이미 설명한 대로이다. 그러나 우리들은 'consequence'와 'infiuence'의 번역어로서 왜 수많은 고전 어휘 중 '영향'이 채택된 것일까 하는 의문에 답해야 한다.

먼저 생각해야 할 것은 '영향'이 중국 고전어에서 근대 번역어로 이행할 때 그 의미와 용법의 변화를 가져온 요인이 필연적이었나 하는 점이다. 사토 기요지佐藤喜代治(1979:166)는 《서경》의 예(앞에 게시한 예 1)를 들어 다음과 같이 설명하였다.

> 그림자(影)가 형태에 따라 나타나고 울림(響)이 소리에 따라 발생하는 것과 마찬가지이다. 오늘날 사용하고 있는 단어 영향影響은 이러한 의미를 바탕으로 하고 있다.

즉 현재의 의미는 고전 의미의 연장선상에 있다고 하는 견해이다. 이러한 경우 '영향'은 새로운 의미를 획득했다고 하기보다는 원래의 의미가 확대된 것으로 보는 것이 적절할 것이다. 사토 기요지의 주장과 유사한 어원 해석은 오래전부터 보인다.

> 〔그림자(影)가 형태에 따르며 울림(響)이 음에 대응하는 것과 같다라는 뜻〕 어떤 사항이 다른 일에까지 영향을 미치는 것. 영향을 끼침.
>
> 《일본대사전日本大辭典》(落合直文 1898-99)

> 〔그림자(影)가 형태에 따르고 울림(響)이 소리에 대응하는 것과 같다라는 뜻〕 관계가 미치는 것, 영향을 끼침.
>
> 《대일본국어사전大日本國語辭典》(上田萬年 1915-19)

원인과 결과가 반드시 함께 수반되는 것. 그 영향을 끼침

《대언해大言海》(大槻文彦 1932-35)

그러나 고전어 '영향'에는 확실히 '호응하다, 상응하다'라는 의미(《한어대사전》의 의미항목 ②)가 있었는데 이것은 다음의 예(《한어대사전》에 의함)와 같이 두 가지 사항이 상응한다는 의미였으며 한쪽이 다른 한쪽에 (일방적으로) 작용한다는 의미는 아니었다.

10. 姦臣王弘等竊弄威權 興造禍亂 遂與弟華內外影響 同惡相成 忌害忠賢 圖希非望 《송서宋書》

(간신 왕홍 등이 권력을 남용하고 환란을 일으키고 동생 화華와 안팎에서 호응하여 악한 일을 하고 충신과 어진 사람을 질투하고 가해하며 바라서 안 될 것을 바라고 있다.)

11. 願陛下速勅境上 各置重兵 與臣影響 不使差互 《자치통감資治通鑑》

(폐하께서 속히 변경에 명령하여 각각 중요한 군대를 배치하고 신과 서로 호응하여 차질이 생기지 않게 하시옵소서.)

12. 初突厥屯兵浮圖城 與高昌爲影響 《태평광기太平廣記》

(처음은 돌궐이 부도성에 주둔하여 고창과 서로 호응했다.)

위의 예에서 볼 때 '영향'은 어디까지나 어떤 일에 따라 수동적으로 발생하는 사실을 나타낼 뿐 적극적으로 다른 사물에 작용하여 변화를 일으킨다는 의미는 없었을 것으로 생각된다. 즉 일본어 사전에 나와 있는 것과 같은 '다른 것에까지 관계하다'라고 하는 적극적 관여가 아니고 '그림자(影)가 형태에 따라다니고 울림(響)이 소리에 대응된다'라고 하는 수동적 연동連動인 것이다. 이러한 점을 생각하면 '영향'의 의미가 고전적 의미에서 현대적 의미로 자연스럽게 변화한다는 것은 기대할 수는 없었을 것이다. 일어 사전

등에 기재된 설명은 진정한 어원설이 아니고 새롭게 발생한 의미와 용법을 인정해야 한다는 일종의 고안된 정당화 작업일 뿐이다. '영향'의 의미가 변화한 것은 다른 계기가 있었을 것이다.

2.4.3 한 가지 가설

'영향'의 의미 변화를 가져온 계기를 설명하기 전에 우선 다음 사실을 확인해 두기로 한다. 메이지 20년대(1887년-1897년) 이후 발간된 사전들의 표제어 설명에 'サシヒビキ(ク), ヒビキ(ク)'〔다른 것에 관계가 미친다, 울림(울리다)〕가 '영향'과 함께 제시되었다('サシヒビキ'만 사용된 경우도 있다). 앞에서 언급한《일본대사전》과《대일본국어사전》,《대언해》등의 기술 외에 소고 마사아키(1986)는 다음 예를 소개하였다.

【影響】

さしひびき(다른 것에 관계가 미침)

《한영대조이로하사전漢英對照いろは辭典》(高橋五郎 1888)

カゲトヒビキ =サシヒビク(그림자와 울림 = 다른 것에 관계가 미치다)

《신편한어사림新編漢語辭林》(山田美妙 1904)

さしひびきのこと(다른 것에 관계가 미치는 것)

《숙어신사전熟語新辭典》(1907)

影と響。ある事柄の他の事にまでひびくこと(그림자와 울림. 어느 일이 다른 것에까지 영향을 끼치는 것)

《유별색인서한사전類別索引書翰辭典》(武田櫻桃 1910)

關係を及ぼすこと。さしひびき(관계가 미치는 것)

《사림辭林》(金澤庄三郎 1911)

한편 표제어 'サシヒビキ'와 'ヒビキ'의 의미 해석에는 대부분 예외 없이 영향이 사용되고 있다. 표제어에 영향影響이 수록되지 않은《언해》(大槻文彦

1889-91)와 《일본대사서》(山田美妙 1892-93)에도 예외 없이 다음과 같이 설명되어 있다.

《언해言海》

さしひびき(名)差響 サシヒビクㇷ゚。カカハリアヒ。影響(다른 것에 관계가 미치는 것. 상호 관계. 영향)

さしひびく(自動) 差響 他ニ關係(カカハリ)ヲナス. 妨ゲヲ引起ス。影響。ひびき... (三)トドキワタルㇷ゚。世ニ聞ユルㇷ゚。評判。「世間 ノ一」影響。(다른 것에 관계를 갖다. 방해를 일으키다. 영향. 울림. 도달하는 것. 세상에 들리는 것. 평판. 세상의 영향.)

《일본대사서日本大辭書》

さしひびき(名) 影響。

さしひびく 他ニマデ關係ヲ及ボス。=影響スル。(다른 것에까지 관계를 미치다. 영향을 끼치다.)

ひびき …(三)評判。 (四)影響。(평판, 영향)

메이지 중기에서 후기까지는 위의 예에서 보는 것처럼 '영향'과 'サシヒビキ'는 완전히 동의어 관계였던 것이다. 다음에 드는 쓰보우치 소요坪內逍遙의 예(《일본국어대사전日本國語大辭典》에 의함)도 좋은 증거이다.

13. また云の感情(しかじか)おこらば其余のあまたの感情にはいかなるサシ影響(サシヒビキ)を生ずべきか 《소설신수小說神髓 上》·〈小說の主眼〉 1885-86
(또한 이러저러한 감정이 일어나면 그것이 나의 여러 감정에는 어떠한 영향을 불러일으킬까)

그러면 '영향'과 'サシヒビキ'는 발생 면에서 어떤 관계가 있었을까? 쓰보우치 소요의 예에 나타난 음과 훈의 대응 관계, 즉 '영향'에 대응해 실려 있는 일본 고유어 'サシヒビキ', 'ヒビキ'의 존재는 한자어 '영향'의 의미 변화의 계기 또는 기초가 되었을 가능성을 강하게 시사하는 것으로 보인다. 즉 'サシヒビキ'와 'ヒビキ'가 자훈字訓으로서 한자 '響'을 통하여 스스로의 의미를 영향에 투사하여 의미가 다른 신어를 만들었다고 하는 가설이다. 자훈이 새로운 한자어 조어에 큰 역할을 담당했던 근대어의 어휘사적 여러 사실을 종합해 볼 때 그렇게 무리한 추론은 아닐 것이다.

이러한 가설은 '영향'이 'influence'의 번역어로 채택된 시점에서 'サシヒビキ'와 'ヒビキ'가 이미 'INFLUENCE'의 의미를 가지고 있었다는 것이 전제되어야 한다. 그런데 그러한 전제조건은 충족되었었을까? 현재의 일본 고어사전에는 'サシヒビキ'를 수록한 것이 없고 또 'ヒビキ'도 'INFLUENCE'의 의미로 나와 있는 것이 없다는 점에서[19] 'サシヒビキ'는 일본 고전어가 아님을 알 수 있으며 'ヒビキ'가 'INFLUENCE'의 의미를 나타낸 것도 그다지 오래되지 않은 것으로 추측된다. 비교적 빠른 시기의 예로는 혼다 도시아키本多利明의 《경세비책經世秘策》(1798년경)에 나오는 용례이다. 이를 소개하면 다음과 같다.[20]

14. 夫米直段は諸穀の直段の兄にて, 一切の食物の直段に響き,米直段高下に依て又高下をなす (下略) 《경세비책 하권》

(무릇 쌀값은 모든 곡물 가격의 형님 격으로 모든 음식물의 가격에 영향을 미

19 《日本國語大辭書》의 표제어 'ヒビキ'의 의미 항목 6번 'さしひびき'에 '影響'의 의미로서 고전에서 다음 2예를 들고 있다.

靈異記一上・序 善惡の報は影の形に隨ふが如く, 苦樂の響(ひびき)は, 谷の音に應ふるが如し.('선악의 보응은 그림자가 형태를 따르는 것과 같고 고락의 영향은 계곡 소리에 응하는 것과 같다)'

毛詩抄一六(德のひひきもよそへきこえた人であるが(덕망도 밖에 알려진 사람인데..)

그러나 '응하다(應ふる)' '알려진(きこへた)'이라는 표현에서 알 수 있듯이 모두 INFLUENCE의 '影響'으로 해석하는 것은 무리일 것이다.

20 예 14-17은 松井利彦에 의함.

쳐 쌀가격의 높고 낮음에 따라 음식물의 가격 또한 높고 낮게 된다.

15. 此方へ取入ん産物に勝劣あらん, 目利勘訂に手洩あれば, 毎々損失のみ多くして, 自然と國民の産業に響中り,困窮の種となる(下略)

《경세비책 후편》

(이곳에 들어오려는 산물에 좋고 나쁨이 있겠는가. 감정을 잘못하면 매번 손실이 많아지고 자연히 국민의 생활에 영향을 미쳐 곤궁함의 원인이 된다)

막부 말 메이지 초에는 'サシヒビキ'의 용례도 나타나기 시작하였는데 예를 들면《태정관일지太政官日誌》에 다음과 같은 예가 있다.

16. 數百年來之稅則等一時ニ相改候ハ不容易儀ニテ他境ニモ差響キ民心ニ關係シ(下略) 1869년 106호

(수백 년 동안 지속된 세칙 등을 일시에 개정하는 것은 쉽지 않으며 다른 것에도 영향을 미쳐 민심에 관계하고…)

17. 一時ニ相成候テハ自然相場合ニ差響却ヲ困難ニ立到可申ニ付 (下略) 1870년 25호

(일시에 이루어서는 자연히 여러 경우에 영향을 끼쳐 오히려 곤란에 이를 수 있다고 말하는 데 대해)

또한《일본국어대사전》에는 다음과 같은 예가 수록되어 있다.

18. 且つ我が國の制度にも差響(サシヒビ)き不都合の廉尠なからず

《근세기문近世記聞》2·3 1875-81

(또한 우리 나라의 제도에도 영향을 미쳐 좋지 못한 경우가 적지 않다)

19. 此權力の偏重よりして全國の經濟に差響(サシヒビ)きたる有樣も等閑に看過す可からざるものなり 《문명론지개략文明論之概略》5·9 1875

(이러한 권력의 편중으로 전국의 경제에 영향을 끼친 것도 등한히 볼 수 없는 것이다)

예 16에서는 'サシヒビキ'와 '관계'가 같은 뜻으로 사용되는 것이 흥미롭다(예 25도 참조). 또한 'サシヒビキ'가 주로 문명개화와 관련된 문맥에서 사용된 점도 주목할 만한 사실일 것이다. 즉 'サシヒビキ' 자체도 'INFLUENCE'의 의미를 나타내기 위해 만들어진 새로운 언어 요소라고 생각할 수 있을 것이다. 어쨌거나 'サシヒビキ'가 어느 정도 침투된 후 '영향'은 메이지 초기 이후의 한자어 융성과 함께 'サシヒビキ'를 대신해 등장했는데 아직 익숙하지 않은 새로운 번역어를 알기 쉽게 설명하기 위하여 (또는 '영향'의 고전적 의미를 제거하기 위해) 'サシヒビキ'는 동의어로서 사전의 단어 해석이나 예 13과 같이 독음 형태로 사용되었다. 사전에만 국한해 보면, 《철학자휘》가 출판된 1881년 이후, 이전의 한자어 사전과 달리, 'サシヒビキ' 및 'ヒビキ'와 '영향' 사이의 상호 의미 해석이 근대 일어 사전에 갑자기 등장한 듯한 인상을 받는다. 이러한 점으로 보아 'サシヒビキ'는 '영향'의 성립에 깊이 관여되어 있다고 할 수 있다. 아울러 'サシヒビキ' 및 'ヒビキ'의 역사적 고찰과 미쓰쿠리 린쇼箕作麟祥와 이노우에 테쓰지로 사이의 계승 관계 등에 대해서 좀더 조사할 필요성을 느낀다.

'영향'과 'ヒビキ'는 메이지 시대 이후 위상차를 유지하면서 유의어로서 정착되는데 'サシヒビキ'는 '영향'을 창출하고 보급하는 데 공헌하였으나 이 '영향'이 정착됨에 따라 마침내 사라져 버렸다.[21]

2.5 새로운 '영향'의 수용

'영향'은 메이지 시대 후반의 영일사전과 일어 사전에 등재되어 널리 사용

21 '影響'은 'ヒビキ'('感化'도 포함)의 상위어로 볼 수 있기 때문에 완전한 동의어는 아니다. 한편 'サシヒビキ'에 대해 교수, 대학원생을 대상으로 20명 정도 조사했다. 전원이 'サシヒビキ라는 단어를 사용하지 않는다고 답했다. 단 이 절(節)의 내용을 國語語彙史硏究會(37回, 京都敎育大學, 1990. 12. 9)에서 발표했을 때 阪倉篤義 교수로부터 일상 생활에서 아직 'サシヒビキ'를 사용하고 있다는 지적이 있었다.

되었으며 처음에는 서양 학문을 논하는 전문 용어였으나 나중에 일반 어휘로 정착되었다. 중국에서는 근대 전기(1840년 아편전쟁-1895년 청일전쟁) 지식인들과 관리들이 쓴 외국 기행문과 견문록(예를 들면 제3장에서 다룬 여러 문헌)에 쓰였으며 이들은 주로 고전적 의미로 사용되었다(예를 들면, 黃遵憲 '專書惟有《籌海圖編》然所述薩摩事 亦影響耳', p. 77).

중국어에서 '영향'이 처음 새로운 의미로 사용된 것은 《청의보》부터이다. 《청의보》는 일본에서 창간된 순간旬刊 잡지였고 량치차오가 주필로 있었다. 창간호(1898. 12. 23)부터 50기(1900. 7. 7)까지 발행된 《청의보》에서 찾아낸 용례는 20여 개였다. 그 예를 몇 가지 들면 다음과 같다.

20. 此等毫無影響之言. 稍有識者皆能辨 5期1899年

(이러한 아무런 근거 없는 말은 조금이라도 지식〔상식〕이 있는 사람이라면 다 변별할 수 있다.)

21. 支那之盛衰興亡 其影響所及甚大 24期1899年

(중국의 흥망성쇠에 그 영향이 심대하다.)

22. 其影響及於古今全局者盖不甚大 26期1899年

(고금 전체에 미친 영향이 크지 않다.)

23. (西太后)其疾病及其死亡 必足以影響內政外治 37期1900年

(서태후의 병환과 죽음이 반드시 내외 정치에 영향을 미칠 것이다.)

24. 法國大革命之風潮其影響所及披靡全歐者數十年 38期1900年

(프랑스 대혁명의 파고와 영향이 전 유럽에서 수십 년간 지속되었다.)

25. 革命之運或進或退 與黃種盛衰伸絀 有大關係 而與今日改革時機 尤有相爲影響者 38期1899年

(혁명의 운이 나아가고 물러선다는 것은 황색 인종의 성쇠와 생사존망이 걸려 있다. 그리고 오늘날의 개혁 시기와도 서로 깊은 관계가 있다.)

26. 南非洲戰事之結果 … 其影響必漸着落于歐洲列强之間　42期1900年

(남아프리카 전쟁의 결과 … 그 영향에 반드시 점차 유럽 열강에 미치게 될 것이다.)

위의 예에서 예 20은 데마〔Demagog(독)의 준말. 민중을 선동하여 어느 방향으로 끌고 가기 위한 거짓 선전—역자 주〕를 '毫無影響之言'이라 하여 고전적 의미로 사용하고 있으나 나머지 예들은 모두 'CONSEQUENCE'와 'INFLUENCE'의 의미를 가진 새로운 용법들이다. 특히 예 23과 같은 동사적 용법은 중국 고전에서는 찾아볼 수 없는 것이다. 또한 예 25에서는 관계와 '영향'이 함께 쓰인 것도 흥미롭다.

문제는 《청의보》에 새로운 의미 용법이 어떻게 도입되었는가 하는 점인데 중국에서도 자연발생설이 있다.

《사해辭海》(1936)에는 '영향'의 어원을 다음과 같이 설명하고 있다.

書大禹謨《惠迪吉 從逆凶 惟影響》疏《吉凶之事 惟若影之随形 響之應聲 言其無不報也》今謂起於某点之事而波及周囲曰影響 本此.

(지금 어느 시점에서 일어난 일이 주변의 다른 일에 작용하는 것을 영향이라 하는데 그 용법은 여기서의 의미(예시한 고전적 의미)를 바탕으로 하고 있다)

이러한 어원설은 지금까지 계속되어 《현대한어사전現代漢語詞典》(1980판)에는

對別人的思想或行動起作用(如影之随形, 響之應聲)

(타인의 사상, 행동에 작용하다(그림자가 그 형태를 따르고 울림이 소리의 발생으로 일어나는 것처럼))

라고 설명되어 있고 '父母應該用自己的模範行爲去影響孩子'(부모는 자신이 모범적으로 행동하여 자녀에게 영향을 주어야 한다)라는 예를 함께 싣고 있다.

그러나 위와 같은 어원 해석은 '영향'이 일본어에서 들어온 것임을 말하는 것으로 그것은 새로운 의미가 일본에서의 의미와 같고 사전 기술의 유사성을 생각할 때 분명한 일이다. 또한 의미 형성에 관한 어원설이 새로운 의미의 발생과 반드시 결부되지는 않는다는 점도 이미 설명한 대로이다.

중국어에서는 '영향'이 'INFLUENCE'라는 의미로 파생할 수 없게끔 만든 또 하나의 사실이 존재한다. 그것은 근세 이후 소설이나 산문, 기행문, 신문 등 수많은 문헌에 쓰인 파생 의미가 '影響之談, 影響之言, 無影響之事' 등처럼 '불확실성과 근거 없음, 거짓말'이라는 의미로 돌출, 집중되어 있었다는 점이다. 이에 대하여 《사원》(1915)은 '今亦謂事之不實者. 曰影響之談'이라 하였고 평범사平凡社의 《대사전》(1934)도 '지금 중국에서는 사실이 아닌 말을 '影響之談이라 한다'라고 하여 마치 새로운 의미 용법인 것 같이 기술하고 있으나 앞서 설명한 영중사전의 번역어와 《한어대사전》《초각박안경기初刻拍案驚奇》에 용례가 있는 점 등을 고려하면 '영향'의 의미는 적어도 근세까지는 거슬러 올라갈 수 있음을 알 수 있다. 이들 의미는 근대 이후에도 일반적으로 사용되었을 것이다. 그리고 만일 영향이 다른 언어와의 관련이 없었다면 이전 의미로 정착되었을 가능성도 다분히 있다.

이와 같이 '영향'의 의미 변화는 외부로부터 자극이 작용한 때문이라고 생각할 수밖에 없는데 량치차오의 경우는 그 계기가 일어와의 접촉이었다.

'영향'이 실제로 사용된 《청의보》 문장을 검토해 보면 다음과 같은 사실을 알 수 있다. 고전적 용법으로 쓰인 예 16은 〈지나근사支那近事〉라고 하는 칼럼에 쓰인 것인데 이 칼럼은 많은 부분을 량치차오가 중국 국내 정세에 대하여 쓴 평론이다. 그 외에는 〈서보역편西報譯編〉과 〈동보역편東報譯編〉에 수록된 용례인데 〈동보역편〉은 일본 신문 기사를 번역 번안한 것이고 〈서보역편〉은 서양 신문을 번역한 것이 아니라 일어 기사를 중역한 것이었다. 새로운 의미가 부가된 '영향'은 이러한 번역 과정에서 중국어로 유입된 것으로 보인다. 그러나 번역에 의한 '영향'의 도입은 질적으로는 같은 것만은 아니었다. 예를 들면 §1에서 설명한 것처럼 《청의보》와 같은 시기에 번역 출간된 《동양사요》(1899)에서는 '영향'이 'INFLUENCE'와 'CONSEQUENCE'라는 의미로 쓰인 것이 아니었고 번역도 '관계'로 되어 있다(앞 절의 예 54-57을 참조). 《동양사요》의 두 번째 번역판은 다른 사람에 의하여 번역되었는데 첫 번역판이 나온 뒤 10년이 경과한 1908년이었다. 두 번째 번역판에서는 일어 원문 '영향'이 첫 번째 번역판처럼 '관계'로 번역된 예는 찾아볼 수 없었다. 그리고 예 50만이 '影響頗大'로 수정되었을 뿐 다른 것은 모두 의역 처리되었다.

새 번역어를 도입할 때는 번역자의 언어 능력(번역언어와 목표언어 모두)과 번역 태도, 번역자가 놓인 환경 등 여러 요소가 작용하는데 량치차오와 《동양사요》의 번역자를 비교할 때 다음과 같은 점에서 큰 차이가 있다. 당시 량치차오는 반강제적半强制的 언어 환경에 처해 있었고(그는 일본에서 망명 생활을 해야 했다), 바쁜 정치 활동과 잡지 집필, 편집에 쫓겨 개개 번역어의 완성도를 꼼꼼히 생각할 만한 시간이 없었으며 혁명 활동 선전을 위한 신문체 확립을 꿈꾸어 일본적 표현이나 신어를 대담하게 수용하려는 자세를 가지고 있었다. 이러한 점들은 모두 그가 《청의보》에서 영향을 사용한 것과 관련이 있을 것으로 생각된다.

'영향'이 중국어에 수용되는 과정에서는 '관계'와 경합하는 현상이 있었다. 《청의보》를 예로 들면 1호-50호까지 관계 용례가 수백 개나 되는데 비하여(이 가운데 'CONSEQUENCES'의 의미로 사용된 것은 반수를 조금 넘는다) '영향'은 불과 20여 개에 지나지 않는다. 이는 그때까지만 해도 중국어에 고전적 의미로서의 '관계'의 세력이 강하여 'CONSEQUENCES'나

'INFLUENCE'의 의미를 '영향'에게 다 양보하지 않았기 때문일 것이다. 그런데 180만 자 규모의 조사 모집단調査母集團을 바탕으로 작성된《현대한어빈율사전現代漢語頻率詞典》(語言學院 編)의 예를 들면 현대 중국어에서는 '관계'와 '영향' 양쪽 다 모든 장르의 문장에 사용되며 양자의 사용도수는 623 대 295이고 사용 빈도는 0.04740 대 0.02244였다. 이 결과는 '관계'와 '영향'의 사용 빈도가《청의보》만큼은 차이가 나지 않는다는 것을 의미한다.

20세기에 들어서면 일본에 유학하는 학생들이 늘고 일본 서적의 번역본이 대량 출판됨에 따라 중국어에는 새로운 의미의 '영향'의 사용이 늘고 이것이 사전들에도 수록되게 되었다. 안혜경顔惠慶의《영화대사전》(1908)에는 다음과 같은 예가 있다.

> Influence, n. 氣, 風, 德, 勢, 影響, 感化之力;
> Influence, v.t. 感, 感化, 感激, 感動, 風動, 有影響, 有勢力

위에서 명사로 쓰인 '영향'은 연어 '感化之力(감화의 힘)'을 누르고 표준 번역으로 정착되어 있다. 이에 비하여 동사로 쓰인 경우는 '갑이 을에게 영향을 준다'는 용법이 나타나 있지 않다. 표제어 'Effect'를 보면 의미 항목 6에 '영향'이 다음과 같이 주요 번역어로 사용되었다.

> General impression 影響, 感激, 効驗, 感應

그러나 다음과 같이 옛 의미도 남아 있다.

> Disappear, to disappear without leaving any traces. 不留踪迹 影響全無

특히 주목할 만한 것은《화영자전》(Giles, 초판 1892, 개정판 1912)에서 '영향'

의 의미 기술이 변한 점이다. 초판과 개정판 양쪽을 비교하면 다음과 같다.

초판 1892

影響　shadow and echo: tidings.

影響之言　mere rumour.

有一点影響　there are some slight trace(e.g. of a missing man) there is some prospect (e.g.of an affair being accomplished)

개정판 1912

影響　shadow and echo; tidings. also, results: after-effect; consequences.

影響之言　mere rumour.

有一点影響　there are some slight trace (e.g.of a missing man) there is some prospect (e.g.of an affair being accomplished)

猶影響也　are like shadow and echo, -immediate results.

勢必無法籌補於財政大有影響　not being able to devise any means for making up the financial deficit will entail very serious consequences.

위에서 밑줄을 친 부분은 새로 추가된 부분이다. '영향'에는 'shadow and echo' 외에 'results, after-effect; consequences'라는 의미도 추가되어 있다. 여기에서는 특히 '猶影響也(영향과 같이)'라는 영문 해석에 주의하고자 한다. 이와 같은 전형적인 중국 고전 용법에 대하여 'shadow and echo'로 설명한 것은 초판과 같지만 새로 추가된 'immediate results'에서는 일본 사전의 존재가 느껴진다. 실제로 이와 같은 설명으로 고전적 의미가 현대적 의미와 관련을 갖게 되고 다음의 '於財政有大影響'으로 이어지는 것이다. 초판의 'shadow and echo'와 개정판의 'consequence' 사이에 존재하는 의미 차이는 'immediate results'에 의해 메워졌다. 아니 어쩌면 사전 편찬자가 의식적으로 그렇게 함으로써 양자의 차이를 메우려 했을 것이라고 생각할 수 있다.

이것은 어원 해석이라기보다는 새로이 발생한 의미에 대한 일종의 이유 제시라고 하는 것이 적절할 것이다. 그러나 한편 이와 같은 고전적 의미로의 회귀가 새로운 의미의 수용을 쉽게 한 것도 사실이다.

《관화官話》(1916)는 교육부정과학기술표준용어敎育部定科學技術標準用語를 선택하였으나 고전적 요소도 남아 있다. 이 《관화》(1916)에 제시된 번역어의 순서는 다음과 같다.

Influence, n. 感化, 感動, 感力S, 同化力S, 影響
Infiuence, v.t. 感化, 感動, 運動, 化導.
To be -d by. 受 … 影響.

《관화》(1916)에서 '영향'은 명사 항목에 부수적으로 첨가되어 있으며 또한 동사 항목에도 수동 형태로 실려 있다. 이것은 고전어 '영향'이 가진 수동적 의미가 아직 온존해 있었음을 나타내는 것이다.

중국어 사전에 새 번역어로서의 '영향'이 수록되는 것은 영중사전보다 훨씬 늦다. 1915년 출판된 《사원》의 '영향' 항목은 철저하게 고전적 의미로 설명되어 있으며 《사해》(1936)에 이르러서야 마침내 앞에서 설명한 새로운 의미 기술이 보인다. 그러나 《사해》에는 '영향'과 'influence'와의 관련이나 번역어 성립에 관여된 일어에 대해서는 언급하고 있지 않다.

3. 마치며

제5장에서는 '관계'와 '영향' 두 단어에 대하여 고찰하였다. 제5장의 내용은 '단어의 완전한 규정에는 장場의 성원成員 하나라도 무시할 수 없으며 한

개의 성원이 더해지면 다른 단어의 내용도 변한다’(시바타 쇼조柴田省三 1975: 169)는 어휘 연구의 ‘장場의 이론’이 지침이 되었다. 물론 ‘장場의 이론’이라는 이 고전적 명제를 실증하는 것이 우리들의 관심사는 아니며 서양의 신개념을 받아들일 때 일어의 간섭 결과 중국어의 어휘 체계에 어떤 변동이 일어났는가를 밝히는 것이야말로 일어 차용어 연구의 최종 목적이다.

그러나 지금까지 이러한 시각에서 이루어진 연구는 매우 적었다. 이 장의 고찰에 사용된 용례는 모두 중국 고전어였는데 앞으로 근대 신조어 간, 신조어와 고전어와의 상호 관련성에 대해서도 이러한 관점을 가지고 연구할 필요가 있을 것이다.

끝으로 이 장을 보완할 내용으로 관계와 관련된 유의어군의 의미 변화를 간단히 정리하기로 한다.

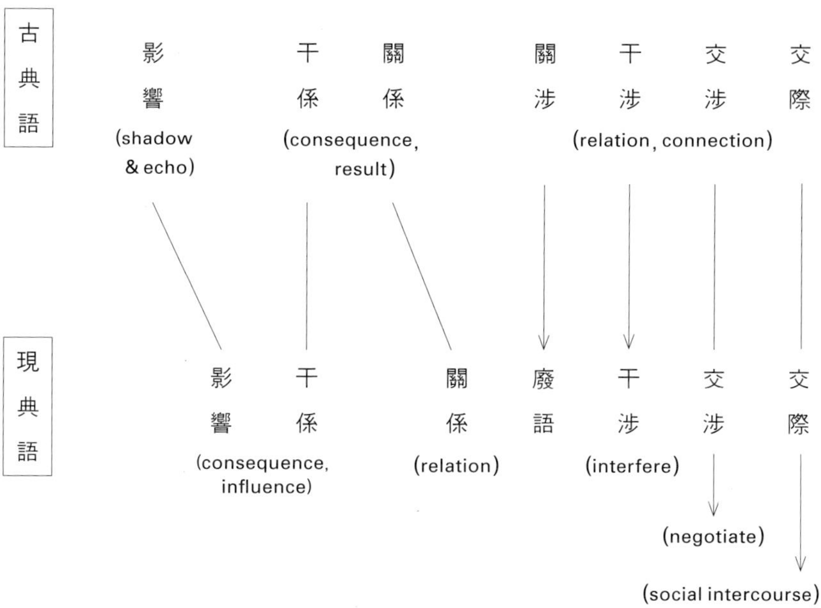

* ‘간계干係’는 현대어에서 약간 방언적으로 쓰인다.
** 물리학 용어 광간섭光干涉이나 간섭파干涉波 등은 간섭干涉의 고전적 의미이다.
*** 위쪽의 영어 번역은 19세기 영중사전들의 것이고 아래쪽은 오늘날의 영중사전에 나오는 것이다.

근대 중국어에서 사물 간의 관련성(カカワリ)을 나타내는 단어로는 '관섭關涉'과 '교제交際', '교섭交涉', '간섭干涉'이 있고, 또 어떤 관련성에 의하여 중대한 영향이나 바람직하지 않은 결과가 초래된다는 의미를 나타내는 단어로는 '관계關係'와 '간계干係'가 있었다. 한편 '영향影響'은 이들 단어와 다른 차원에서 존재하였다. 현대 중국어에서는 이들 단어의 의미 관계가 앞의 도표와 같이 관계를 중심으로 하여 재구성되어 있다.

위에서 예로 든 중국어 어휘의 의미 변화를 밝히기 위해서는 20세기 이후의 일반 및 사전자료들과 근대 전기 영중사전들, 기타 문헌 자료 등을 대조하는 것이 필요하다. 일어와 동형을 이루는 중국어 단어의 어원을 대조적 관점에서 구체적으로 기술하는 연구는 다음 기회로 미루고자 한다.

어지편 語誌編

102개의 단어

여기서는 다음 102개의 단어에 대하여 간략하게 그 역사를 기술하려고 한다. 지금까지 중국 학자들은 이들 어휘 대부분이 일본어에서 들어온 것이 아니라고 생각하였다. 그러나 이 책의 집필 과정에서 기존 연구 성과에 의문을 갖게 되었고 이에 여기서 초보적인 검토를 해 본 것이다.

이곳에서는 근대 일본 신어와 번역어가 어떻게 중국어에 유입되었는가를 살피는 데에 주안점을 두었고 단어의 창출 및 성립에 대해서는 주로 일본 학계의 연구 성과에 의존하였다. 각 단어의 역사를 기술하는 방법에 대하여 설명하기로 한다.

각 단어는 일본 자료와 중국 자료 두 부분으로 나누어 고찰한다. 맨 먼저 검토할 일본 자료는 《대한화사전大漢和辭典》이며 이 사전에 등재되어 있는지 또 등재되어 있을 경우 용례의 출전이 있는지 여부를 확인하였다. 이어서 선행 연구와 막부 말 메이지 초 이후 사전들에서 각 단어의 성립에 대한 사정을 확인하였다.

그 다음은 중국어 자료의 검토인데 다음과 같은 순서로 해당 단어가 중국어에 수용된 역사를 밝혔다(제1장 일어 차용어 수용사 연구의 연구 흐름도 참고할 것).

1. 먼저 근대 전기 자료, 즉 영중사전들에 해당 단어가 나오는지를 조사한다. 검토 대상 자료는 주로 메드허스트W. H. Medharst의 《영한자전》과 로브샤이트W. Lobscheid의 《영화자전》인데 그 이유는 이 두 사전이 근대 전기 영중사전을 대표하는 것이기 때문이다. 이들 두 사전에서는 이번에 검토하는 단어들이 거의 나오지 않았다. 단어에 따라서는 개념조차 기술되지 않았다. 그리고 이러한 상태는 청일전쟁 전후까지 계속되었다. 기술 내용을 간결하게 하기 위하여 다른 사전의 용례는 생략하였다.

2. 이어서 20세기 초 영중사전에 각 단어가 등재되어 있는지를 살폈다. 조사 대상은 《화영음운사전집성華英音韻辭典集成》(1902)과 《영화대사전英華大辭典》(1908),

English-Chinese Dictionary of the Standard Chinese Spoken Language(官話, 1916) 등이다. 이미 연구편에서 자세히 설명하였지만(제4장 참고) 《화영음운사전집성》은 로브샤이트의 《영화자전》을 개정 보완한 것이었으므로 로브샤이트 번역어의 계승과 개정 문제를 관찰할 수 있다. 또 일본의 영일사전으로부터 영향을 많이 받은 《영화대사전》은 중국에서는 최초의 근대적인 외국어 사전으로 불리는데 이번 고찰 대상 단어가 거의 수록되어 있다. 그런데 《관화官話》는 《영화대사전》보다 8년 후에 나왔음에도 불구하고 19세기 선교사들의 영향을 벗어나지 못하여 고전적 색채가 남아 있는 번역어가 적지 않다. 그러나 중국인 학자가 편찬 작업에 참가하여 '교육부 선정 표준 과학기술 용어教育部選定標準科學技術用語'를 포함시킨 것은 새로운 변화이다. 《관화》의 번역어에 표시된 '신어'(S)와 '부정어部定語(學部選定譯語)'(B) 표시는 이 사전의 번역어 창안 및 등재 등을 아는데 매우 가치 있는 정보이다. 이들 세 사전을 조사한 결과 일본 등 외국 사전에 있는 많은 번역어와 신어가 중국어에 급속히 도입, 등재된 사실이 확인되었다.

3. 《종합영한대사전綜合英漢大辭典》은 외국어 사전에서 신어와 번역어를 어떻게 도입했는지를 알게 해주는 종합적인 사전이다. 영일사전英日辭典 등을 많이 참고한 이 사전에는 이 책에서 검토하는 단어 대부분이 일어와 같은 형태를 취하고 있으며 이들 어휘는 지금도 그대로 중국어 어휘로 정착되었음을 알 수 있다.

4. 중국어 사전도 조사할 필요가 있다. 중국의 근대적 사전 편찬은 그 출발이 매우 늦다. 대표적인 것으로는 《사원辭源》(1915)과 《사해辭海》(1936)가 있는데 이들은 몇 안 되는 중국어 사전 가운데에서 가장 중요하고 영향력이 컸다. 《사원》과 《사해》를 살펴보면 이들에 수록된 어휘의 성립이 매우 늦었다는 것을 알 수 있다.

《사원》과 《사해》를 보완하는 자료로는 당시 발간된 여러 신어 사전과 용어 사전을 들 수 있으며 이들 중 참고 조사한 것은 다음과 같다.

《신이아新爾雅》(1903): 최초의 일본 유학생인 왕영보汪榮寶와 엽란葉瀾이 공동으로 편찬한 최초의 신어 해설서이다. 중국 최고의 고사전 《이아爾雅》에서 이름을 따온 것에서 알 수 있듯이 이 책은 유서類書 형태로 꾸며졌고 '석정釋政''석법釋法' 등 14장으로 구성, 기술되었다. 해당 부분 중 밑줄 친 단어는 《신이아新爾雅》에서 의미가 설명된 것이다.

《한역 신법률사전漢譯新法律詞典》(1905): 일본 법률사전(미우라 히로시三浦熙 他 편)을 중국어로 번역한 것인데 767쪽에 달한다. 중국어에 일본의 법률용어를 도입하는데 큰 영향을 미쳤다.

《일본법규해자日本法規解字》(1907): 중국어로 번역된 《일본법규대전日本法規大全》의 용어 주석으로 별책으로 출판된 용어 설명 자료이다.

《보통백과신대사전普通百科新大詞典》(1911): 중국 최초의 백과사전식 사전이며 수록된 단어 수는 11,883개이다. 범례에 "吾國新名詞大半由日本過渡輸入"(중국 신어의 절반은 일본에서 들어온 것)이라고 쓰여 있듯이 이 사전은 일본의 신어와 번역어를 다수 도입 수록하고 있다.

《신술어사전新術語辭典》(1929)과 《사회과학대사전社會科學大詞典》(1929), 《신명사사전新名詞辭典》(1932), 《현대어사전現代語辭典》(1933) 등은 모두 상하이에서 출판된 것으로, 중국어에 근대 신어와 번역어를 침투 · 정착시키는 데 큰 영향을 미쳤다. 특히 《현대어사전》에는 '역출譯出' 어원과 파생 의미 등이 자세히 설명되어 있다. 이상에서 든 사전을 통하여 중국어에서의 일본 신어 도입과 유포 사정을 알 수 있었다.

이곳에서 설명하는 102단어 가운데 ※ 표시가 붙어 있는 것을 제외하고는 모두 근대 이후 일본에서 중국어로 유입된 것임이 판명되었다. 따라서 이들 단어는 일어 차용어 목록에 추가되어야 한다고 생각한다.

마지막으로 언급할 것은 여기에서 설명한 각 단어의 역사(語誌)는 아직 완전한 것이 아니며 오히려 앞으로 연구를 하기 위한 메모에 불과하다는 점이다. 이들 연구 결과는 앞으로 일어 차용어 사전 형태로 발간할 계획이며 지금 그 작업을 진행하고 있다. 본 연구를 위해서는 사전 자료 이외에 초기 일본 서적의 중국어 번역 상황은 물론 신어 사전들도 폭넓게 조사할 필요가 있다. 이 모든 작업은 금후의 과제로 삼기로 한다.

어지편 참고 문헌

English and Chinese Dictionary, W. H. Medhurst(1847-48)

《영화자전英華字典》, W. Lobscheid(1866-69)

《화영음운사전집성華英音韻辭典集成》, 謝洪賚(上海商務印書館, 1902)

《영화대사전英華大辭典》, 顔惠慶(上海商務印書館, 1908)

《화영사전華英辭典*A Chinese-English Dictionary*》, Herbert A. Giles(1892)

English-Chinese Dictionary of the Standard Chinese Spoken Language(官話), K. Hemeling(1916)

《종합영한대사전綜合英漢大辭典》, 商務印書館(1928)

《의학용어医學用語の起こり》, 小川鼎三(1983, 東京書籍)

《강좌 일본어어휘·어지講座日本請の語彙 · 語誌 I, II, III》, 佐藤喜代治編(1983, 明治書院)

《메이지·다이쇼 신어·속어사전明治大正新語俗語辭典》, 樺島忠夫等(1984, 東京堂出版)

《메이지어 사전明治のことば辭典》, 惣鄕正明 · 飛田良文(1986, 東京堂出版)

《대한화사전大漢和辭典》, 諸橋徹次, 大修館書店

《쇼와어 소사전言語 · 大特集 · 昭和語小辭典》(1985, vol.14 no.1)

《메이지기 전문용어집明治期專門術語集》, 復刻版

《신이아新爾雅》, 上海明權社(1903)

《한역 신법률사전漢譯新法律詞典》, 京師譯學館(1905)

《일본법규해자日本法規解字》, 上海商務印書館(1907)

《보통백과신대사전普通百科新大詞典》, 上海國學扶輪社(1911)

《사원辭源》, 商務印書館(1915)

《사해辭海》, 商務印書館(1936)

《신술어사전新術語辭典》, 吳念慈 等(1929, 上海南强書局)

《사회과학대사전社會科學大詞典》, 高希聖 等(1929, 世界書局)

《신명사사전新名詞辭典》, 洪超編(1932, 開華書局)

《현대어사전現代語辭典》, 李鼎聲(1933 序文, 光明書局)

《중국어 외래어 사전漢語外來詞詞典》, 劉正埮等 編(1984, 上海辭書出版社)

범례

■ 이곳에 사용된 약어의 원자료 이름은 다음과 같다.

《메이지》=《메이지어 사전明治のことば辭典》

《명대明大》=《明大正新語俗語辭典》

《대한화大漢和》=《大漢和辭典》

《영화자휘英和字彙》=《附音挿図英和字彙》

《영한자전英漢字典》=*English and Chinese Dictionary*, W. H. Medhurst 1847-48

《영화자전英華字典》=*English and Chinese Dictionary*, W. Lobschied 1866-69

《음운집성音韻集成》=《華英音韻辭典集成》1902

《대사전大辭典》= 옌후이칭顔惠慶의 《英華大辭典》1908

《관화官話》=*English-Chinese Dictionary of the Standard Chinese Spoken Language*(官話), K. Hemeling, 1916

《종합영한綜合英漢》=《綜合英漢大辭典》上海商務印書館, 1928

《법규해자法規解字》=《日本法規解字》上悔商務印書館, 1907

《백과대사전百科大詞典》=《普通百科新大詞典》上海國學扶輪社, 1911

■ 또한 ※ 표시가 있는 단어는 중국의 고전에 나오거나 서양 선교사의 번역서 및 저서에 보이는 단어들이다.

■ (S)와 (B)(C)로 표시된 것은 아래에 설명한 내용과 같다.

(S):《관화》에서 '신어'로 지정된 단어

(B):《관화》에서 '부정(部定, 教育部定)'으로 지정된 단어

(C):《관화》에서 '문어文語'로 지정된 중국의 고전어

■ { }안은 필자가 중국 사전의 기술 내용을 일어로 번역한 것이다.

어휘 목록

1. 가속도(加速度) 2. 개발(開發) 3. 개성(個性)
4. 개인(個人) 5. 결정(結晶) 6. 경향(傾向)
7. 계엄령(戒嚴令) 8. 고생대(古生代) 9. 곡선미(曲線美)
10. 공상(空想) ※ 11. 공안(公安) 12. 공원(公園)
13. 관능(官能) 14. 괘도(掛圖) 15. 구도(構圖)
16. 구사(構思) ※ 17. 구상(構想) 18. 국방(國防)
19. 국수(國粹) 20. 권양기(卷揚機) 21. 긴축(緊縮)
22. 나체화(裸體畵) 23. 내이(內耳) 24. 대립(對立)
25. 대질(對質) ※ 26. 도료(塗料) 27. 마분지(馬糞紙)
28. 면역(免疫) 29. 반영(反映) ※ 30. 발동기(發動機)
31. 발전기(發電機) 32. 배수량(排水量) 33. 백과전서(百科全書)
34. 변태(變態) 35. 보건(保健) 36. 본능(本能)
37. 분비(分泌) 38. 비망록(備忘錄) 39. 비점(沸点)
40. 빈민굴(貧民窟) 41. 사회(司會) 42. 산만(散漫)
43. 상표(商標) 44. 색맹(色盲) 45. 서사시(叙事詩)
46. 서정시(抒情詩) 47. 선율(旋律) 48. 선천(先天)
49. 설비(設備) 50. 성격(性格) 51. 수족관(水族館)
52. 수채화(水彩畵) 53. 시간표(時間表) 54. 시민(市民)
55. 아령(啞鈴) 56. 연감(年鑑) 57. 연골(軟骨)
58. 연기(演技) 59. 육감(肉感) 60. 음부(音符)
61. 이율배반(二律背反) 62. 인도주의(人道主義) 63. 인신공격(人身攻擊)
64. 장력(張力) 65. 재현(再現) 66. 적화(赤化)
67. 정서(情緖) 68. 조정(調整) 69. 존재(存在)
70. 중화(中和) 71. 집짓기(장난감, 積木) 72.참극(慘劇)
73. 첫인상(第一印象) 74. 청진기(聽診器) 75. 체계(體系)

76. 체온계(體溫計)
77. 체제(體制)
78. 체험(體驗)
79. 초인(超人)
80. 초점(焦点)
81. 촬영(撮(攝)影)
82. 추진기(推進器)
83. 충동(衝動)
84. 타성(惰性)
85. 탄성(彈性)
86. 통신망(通信網)
87. 통신사(通信社)
88. 통신원(通信員)
89. 파출소(派出所)
90. 판권(版權)
91. 편집광(偏執狂)
92. 합금(合金)
93. 현행범(現行犯)
94. 혈압계(血壓計)
95. 화보(畵報) ※
96. 화장(化粧)
97. 환각(幻覺)
98. 환상(幻想) ※
99. 후천(後天)
100. 휘발(揮發)
101. 휴지부(休止符)
102. 흡반(吸盤)

1. 가속도 加速度 (acceleration)

日

《**대한화**》: 수록되지 않음.

《**물리학용어일영불독대역사전**物理學術語和英仏獨對譯辭書》(1888년)과 《**공학자휘**工學字彙》(초판 1886년, 2판 1888년)에 'acceleration'의 번역어로 나온다(《메이지·다이쇼 신어·속어사전》에는 《영독화대역광물자휘英獨和對譯鉱物字彙》(1890년)에 나온다고 하였으나 확인 결과 오류였다). 서양 근대 물리학 지식의 전래로 고안된 새로운 학술용어로 보인다.

中

《**영한자전**》: Accelerate 作速, 催速

《**영화자전**》: Acceleration 使速者

《**음운집성**》: Acceleration 使速者, 漸加速

위의 번역어에서 보는 것처럼 중국에서는 물리학 개념으로는 사용하지 않았다. 《**영화대사전**》에는 'Acceleration'에 '加速之事, 受加速之情形, 加速率' 등이 대역어로 나와 있고 '가속도加速度'는 보이지 않는다.

《**관화**》: Acceleration 加緊速率(B) '加緊速率'이 표준 번역어로 정해져 있었으나 일반화되지 않았다.

《**종합영한**》: Acceleration 〔理〕 加速度.

《**신아어**》〈석격치釋格致〉에 "物体於一秒時間経過道路之長謂之速度. … 在一秒時閥而速度変化甚大者. 謂之加速度"(물체가 일초 동안에 지나간 거리의 속도라고 하며, 일초 동안에 속도 변화가 아주 큰 것은 가속도라고 한다)라고 나와 있다.

《**백과대사전**》: 수록됨

《**사원**》《**사해**》에는 물리학 명사 용어로서 '가속도'의 의미가 자세히 설명되어 있다.

《**현대어사전**》에는 '加速運動 Acceleration(物)'을 물리학 용어라고 설명하고 파생적 의미도 싣고 있다〔'社會某種運動(如革命)呈累進的發展形式, 亦称加速運動', 누진적 발전형식을 취하는 사회운동의 한 종류(예를 들면 혁명운동)도 가속운동이라고 한다〕.

2. 개발 開發 (evolution, develop)

日

《**대한화사전**》은 '1. 열다(《한서》《후한서》), 2. 가르쳐 이끌다(《북사北史》)'라는 중국 고전 의미를 들고 있다. 두 번째 의미는 메이지 초기부터 교육학 용어로서 사용되었으며 지식을 자연스럽게 스스로 발달시킨다는 의미로 바뀌어졌다. 또한 《**화영어림집성**和英語林集成》(1867)에는 '농지 개척, 개간'이라는 새로운 용례가 등장하였다. 《**메이지어 사전**》에 의하면 오늘날 사용하는 '천연자원 개발'이나 '신제품 개발' 등과 같은 용례는 메이지 후기까지는 없었다고 한다.

中

《**영한자전**》: Develope 發開, 發見(영문철자는 원문 그대로)

《**영화자전**》: Develop 發現; Development 發開者

《**음운집성**》: Develop 發現

위의 영중사전들을 모두 조사하였으나 '개발開發'은 나오지 않았다. 선교사가 편찬한 영중사전들의 유산을 계승한 《**관화**》에도 '개발'은 나오지 않는다.

《**관화**》: Develop 發開, 展開; Evolution 天演(S), 進化(S); Industrial evolution 實業天演(B).

《**종합영한**》: Develop 開發, 使發達; Evolution 發展, 開發

한편 《**사원**》과 《**사해**》에는 모두 고전적인 의미만 실려 있고 새로운 의미가 나와 있지 않다. 《**화영자전**》(초·재판)에는

開發 to disperse; to distribute

와 같이 '발명發明'과 같은 의미로 쓰였다.

최근 중국에서는 '개발'이라는 단어가 갑자기 각광을 받아 '開發區, 開發公司, 新技術開發'과 같이 빈번히 사용되고 있다. 최근 출판된 신어 사전에는 '개발'이 나오지 않는 사전이 없을 정도이다. 전에는 이러한 용례가 없었다는 사람도 적지 않으나 중국 동북 지방 노년층은 이전부터 구만주 지방에 사용한 예가 있었음을 지적하고 있다.

3. 개성 個性 (individuality, individual character, personality)

日

《**대한화사전**》: 미수록

《**메이지·다이쇼 신어·속어사전**》는 'individuality'의 번역어로 나와 있고, 고토쿠 슈스이幸德秋水가 사용한 용례(《社會主義神髓》, 1903)를 제시하고 있다. '개성'은 '개인'보다 늦게 만들어진 단어로 '개인個人의 성격性格'을 바탕으로 만들어진 단어로 생각된다.

中

《**영한자전**》: 미수록

《**영화자전**》《**음운집성**》: Personality 爲人

《**대사전**》: Individuality 特性, 個人性質, 人品; Personality 人氣, 人格, 人性

《**관화**》: Individuality 個性(S), 特質, 性分; Personality 人格, 人格性(S)

《**종합영한**》: Individuality 個性; Personality(個人獨特之) 人性, 個性, 人品

《**신이아**》〈석교육釋教育〉: 養成其獨立人格者謂之個性.(길러진 독립적 인격을 개성이라 한다)

《**사원**》《**사해**》에 'Individuality'의 번역어로 나와 있으며 설명도 상세하다. 또한 각종 신어 사전에는 다음과 같이 나와 있다.

《**신명사사전**》: 個性 個人所固有的性質. (개인이 가진 고유한 성질)

《**현대어사전**》: 個性 Individuality(E) (普) 有兩義 : 1. 個人特有的性格與氣 質;

2. 各種 事物所具有的特質.(1. 개인 특유의 성격과 기질, 2. 여러 가지 사물의 특질)

《**사회과학대사전**》: 個性 : 個性是指個人所屬的性質, 指人人的心的狀態所起因的差別的方面 …(*){개성은 개인이 갖는 성질이며 사람들의 심적 상태로 인한 차별적인 성격을 가리킨다}

(*)의 설명은 중국어로서는 어울리지 않는 표현이다. 아마도 위의 설명은 일본어 자료를 직역한 것일 것이다.

4. 개인 個人 (individual)

日

《**대한화사전**》: 미수록

'개인個人'에 관해서는 많은 연구자들의 연구가 있으며 대표적인 연구자는 사토 키요지佐藤喜代治(1971, 1979), 사이토 쓰요시齊藤毅(1977), 야나부 아키라柳父章(1982), 엔도 요시히데遠藤好英(1983) 등이다. 지금까지 논점을 요약하면 중국어 '一個 ＋人'이 일본에서는 '一 ＋ 個人'으로 인식되어 사회와 대립되는 개념으로 'individual'의 번역어가 되었다는 것이다. 현대 일본어에서는 '개인 교수, 개인적 교제'와 같이 원어와 거리가 있는 의미로 사용된다.

中

지금까지 일어 차용어 연구에서 '개인'이 문제시되지 않은 것은 정말 이상한 일이다.

《**영한자전**》: Individual 單身獨形, 獨一個人

《**영화자전**》: Individual 一個人, 獨一個人

《**음운집성**》: Individual 獨一個人, 獨一者

《**대사전**》; Individual 個人, 小已, 獨一者

《**관화**》: Individual 箇人(B), 個体(B) (箇와 個를 구별해서 사용하는 것에 어떠한 의도가 있었는지는 명확하지 않다)

《**종합영한**》: Individual 個々之物, 個人

《**신이아**》에는 '개인' 항목이 없으나 '個人書信'와 '個人權'은 있다. 《**사원**》과 《**사해**》에는 다음과 같이 '개인'이 설명되어 있다.

> 개인個人은 한 사람을 말하는 것으로 국가 사회에 대응되는 말이다.

위의 설명은 서양의 '개인' 개념을 모두 담은 것으로는 볼 수 없다. '개인'이 번역어로서 정착되는 과정에서 일본어와 같은 현상이 보인 것은 흥미로운 일이다.

《**신명사사전**》: "個人 普通和社會相對的用語, 指住於社會的人們中的一人"(보통은 사회에 대한 용어로 사회에 사는 사람들 중 한 사람을 가리킨다)라고 나와 있다.

또한 당시 신어 사전에는 '個人主義, 個人財産, 個人主義學派, 個人的 無政府主義, 個人主義的 諸組織, 個人的 價値, 個人意志, 個人差, 個人所得, 個人 雜誌' 등 '개인'을 포함하는 신개념을 다수 볼 수 있어 '개인'이 조어 성분으로 폭넓게 사용되고 있음을 알 수 있다. 이는 '개인'이라는 단어의 정착과도 관련이 있을 것이다.

5. 결정 結晶 (Crystallize, Crystal)

日

《**대한화사전**》: 미수록

《**메이지 · 다이쇼 신어 · 속어사전**》은 우다가와 요앙宇田川榕庵이 번역한 《식물계원植物啓原》(1833)과 야나가와 슌상柳河春三이 번역한 《사진경도설寫眞鏡圖說》(1867)의 용례를 소개하고 있다. 막부 말까지는 화학 용어로 사용되었다. 또 《**메이지 · 다이쇼 신어 · 속어사전**》에는 "근대에는 노력이나 애정 등의 결과물이라는 의미가 생겼다. 성과, 소산"이라는 설명이 있으며 기타하라 하쿠슈北原白秋의 용례(1913)를 소개하고 있다.

中

《**영한자전**》: Crystal 水晶 ; Crystallize 結氷

《**영화자전**》: Crystal 晶, 水晶, 結晶 ; Crystallize 結晶, 凝晶

《**음운집성**》: Crystal 晶, 水晶, 結晶 ; Crystallize 凝晶, 結氷

《**대사전**》: Crystal 晶, 水晶, 晶物 ; Crystallize 使結晶, 凝晶

《**관화**》: Crystaltize 結晶(B), 結晶体(B) ; Crystal(Geology)結晶(B)

《**종합영한**》: Crystallize 結晶, 晶化 ; Crystal 晶, 結晶, 結晶体

《**신이아**》〈석화釋化〉에 "從液体変成個体之時. 其分子排列一定之形狀者. 謂之結晶"(액체가 고체로 변할 때 그 분자 배열이 일정한 형태가 되는 것은 결정이라고 한다)고 설명되어 있다.

《**현대어사전**》: 結晶 Crystal(E) (普) 本指鉱物中依一定規則而成四面以上的形体. 轉爲精心創 造的結果. 如 "愛情的結晶" "美的結晶". (… 의미가 변하여 정성껏 만들어 낸 성과. 예를 들면 '사랑의 결정' '미의 결정')

《**사해**》와 《**사해**》에는 광물학 용어로 나온다. '결정'은 영중사전들에 일찍부터 보이나 그 파생 의미는 일본어의 영향을 받은 듯하다. 앞으로 면밀한 연구가 필요하다.

6. 경향 傾向 (inclination)

日

《**대한화사전**》: 미수록. 이는 근대 이전 '경향傾向'이 중국어에서 한 단어가 아니었기 때문인지 모른다(동사+보어). 《**메이지어 사전**》은 '경향'이 영어 'inclination'의 번역어로 만들어져 심리학 용어로 일반화된 것으로 추측하고 있다. 메이지 10년대 이후의 신어 사전에 등재되었다.

中

《**영한자전**》: Incline 偏過來, … 斜

《**영화자전**》《**음운집성**》: inclination 偏向者

《**대사전**》: Incline 俯, 曲, 傾側, 傾向

《**관화**》: Incline(toward) 偏向, 傾向

《**종합영한**》: Inclination(心之) 傾向, 性, 癖

《**종합영한**》 발행 전까지 '경향'에 심리학적 의미는 없었다. 《**사원**》과 《**사해**》에 표제어로는 없으나, 《**사해**》에는 '경향극傾向劇'이 독일어 'Tendenz-drama'의 번역어로 나와 있다.

《**현대어사전**》에는 다음과 같이 기술되어 있다.

> 傾向 Inclination(E, F); Tendency(E) (普) 事態發展的潛在趨勢, 或人向 着某種目的進行的表示, 日傾向. 如 "革命的傾向" "思想的傾向"(사태발전의 잠재적 추세 또는 개인이 어떤 목표를 향해 나가는 의지 표시를 경향이라고 한다. 예를 들면 '혁명의 경향' '사상의 경향' 등)

이 사전에 '경향'이 일반 용어로 분류된 것을 보면 당시 어느 정도 일반에 보급되었던 것으로 생각된다. 또 《**현대어사전**》에는 '경향극傾向劇', '경향소설傾向小說' 등도 수록되어 있다.

7. 계엄령 戒嚴令 (martial law)

日

《**대한화사전**》: "비상 시 전국 또는 특정 지역에 군대를 동원해서 실시하는 경계. 이러한 명령을 계엄령이라고 한다"고 나와 있으나 출전은 제시되지 않았다. '계엄戒嚴'은 중국 고전어이며 《위지魏志》와 《진서晋書》《당서唐書》 등에 나온다. 《정자통正字通》에 의하면 고전어 '계엄'은 오늘날 의미와 달리 '凡彊敵將至設備日戒嚴, 敵退稽弛備日解嚴'이라는 의미였다. 《**메이지·다이쇼 신어·속어사전**》에는 계엄령이 1882년경부터 법률 용어로 쓰였다는 것과 'martial law'의 번역어였다는 설명이 있다.

中

《**영한자전**》: Martial law 甲令, 軍法

《**영화자전**》《**음운집성**》: Martial law 軍法, 軍令, 甲令

《**대사전**》: Martial law 軍法, 軍令

《**관화**》: Martial law 戒嚴令

《**종합영한**》: Martial law 軍法, 戒嚴令. Peking was placed under martial law 北京下戒嚴令

중국에서는 'Martial law'의 번역어로 '군법軍法, 군령軍令, 군관법軍管法' 등이 '계엄령'보다 먼저 고안되었던 것 같다. 중국에 '계엄령'이 등장한 것은《**관화**》이후였고《**관화**》이전에는 '軍法 · 軍令'이 쓰였다. 또한《**종합영한대사전**》의 설명을 보면 계엄령이라는 용어는 개념 도입뿐 아니라 실제로 발령된 일도 있었다는 것을 알 수 있다.

《**백과대사전**》: 군정용어로서 수록됨.

《**사원**辭源》과《**사해**辭海》에는 어원 설명이 없이 법률 용어로서의 의미가 자세히 설명되어 있다.《**신명사사전**新名詞辭典》에는 '계엄', 계엄령', '계엄명령戒嚴命令' 등이 나와 있다.

8. 고생대 古生代 (the Paleozoic Era)

日

《**대한화사전**》: 미수록

《**대한화사전**》에는 다른 지질시대 용어도 실리지 않았다. 지질시대 용어는《광물자휘鑛物字彙》(1890)와《영독불화철학자휘英獨仏和哲學字彙》(3판, 1912)의 권말〈지사계통통람地史系統通覽〉에 처음 보인다. 메이지 10년대까지는 용어가 체계화되고 그 후 약간 조정을 거쳐서 오늘에 이르고 있다.〈지사계통통람〉의 주요 용어와 현재 용어를 대조하면 다음과 같다.

地史系統通覧	現代日本語	現代中国語
A近古代	新生代	新生代
第四紀	第四紀	第四紀
第三紀	第三紀	第三紀
B中古代	中生代	中生代
白堊紀	白堊紀	白堊紀
侏羅紀	쥬라紀	侏羅紀
三畳紀	三畳紀	三畳紀
C太古代	古生代	古生代
二畳紀	二畳紀	二畳紀
石炭紀	石炭紀	石炭紀
泥盆紀	泥盆紀	泥盆紀
志留利亜紀	실루紀	志留利亜紀
寒武利亜紀	캄브리아紀	寒武利亜紀

中

위에 언급된 것은 물론 그 밖의 지질학 용어도 대부분 일본어에서 들어온 것이다. 중국의 근대 지질학 지식 도입과 용어 정비는 용어 도입보다 늦다. 《**영화대사전**》(1908)까지는 '고생대古生代'가 지질학 용어로 설명되지 않았다.

《**영한자전**》: 미수록

《**영화자전**》: 미수록

《**음운집성**》: Paleozoic 上古的

《**대사전**》: Paleozoic 古生的, 太古界的 …

《**관화**》: Paleozoic 古生界

《**종합영한**》: Paleozoic 古生界的, 古生代的

《**신이아**》〈석지釋地〉에 '고생대', '중생대', '신생대' 그 밖의 관련 어휘(泥盆紀, 石炭紀, 二疊紀, 三疊紀, 侏臘紀〔쥐라기〕, 白堊紀, 第三紀, 第四紀, 干勃黎安紀〔캄브리아기〕, 西留黎安紀〔실루리아기〕 …)가 수록되었다. '侏臘紀, 干勃黎安紀, 西留黎安紀'는 표기가 오늘날과 다른데 그 이유는 일본어 가타카나 표기를 중국어로 음역하는 과정에 차이가 발생한 때문일 것이다.

9. 곡선미 曲線美 (the beauty of line, curvaceous)

日

《**대한화사전**》: 용례 없이 단어 설명만 되어 있다.

《**메이지어 사전**》에서는 '곡선미'를 메이지 시대 신어로 적고 나가이 카후永井荷風의 용례(1905)를 들었다. 사전에 등재된 것은 《**신역화영자전**新譯和英字典》(1909)이 최초. 《**메이지 · 다이쇼 신어 · 속어사전**》에도 비슷한 설명이 있다.

中

《**영한자전**》《**영화자전**》《**음운집성**》《**대사전**》《**관화**》《**종합영한**》 등 외국계 사전에는 아예 'beauty of line', 'curvaceous'란 표제어가 없고 《**사원**》과 《**사해**》《**현대한어사전**》 등 중국어 사전과 여러 신어 사전(1980년 이후 출판된 것)에도 나오지 않았다. 그러나 《**현대어사전**》(1933)에는 곡선미를 다음과 같이 예술 용어로 설명하고 있다.

> 曲線美 Line beauty (芸) 景物或人体富有縱横彎曲線而描繪於図畫或彫刻上, 称曲線美. 如女性裸体卽富於曲線美.(풍경 혹은 인체가 갖는 풍부한 곡선을 도면에 혹은 조각으로 표현하는 것을 곡선미라고 한다. 예를 들면 여성의 나체는 곡선미가 풍부하다)

10. 공상 空想 (fancy, fantasy)

日

현재는 영어 'fancy', 혹은 'fantasy'의 번역어로 쓰이나 《**메이지 · 다이쇼 신어 · 속어사전**》에는 중국 전통 불교 용어의 의미('빈 것에 집착하는 생각', 《摩訶止觀》)로 나와 있다. 또 위의 사전에서는 '공상空想'이 《만법정리万法精理》(가요시 유키何禮之 역, 1875)에 용례가 있으나 《**증정영화자전**增訂英華字典》(이노우에 테쓰지로井上哲次郎 편, 1884)에는 'fancy'의 대역어로 '환상幻想, 공상, 옹상甕想' 등이 쓰였다고 나와 있다.

《**메이지어 사전**》은 '공상'이 메이지 후기부터 'Fancy, Fantasy'의 역어로 일반화되었다 하였고, 원래 불교 용어였지만 'Fancy'와 'Fantasy'의 번역어로 된 것은 이노우에 테쓰지로의 《**철학자휘**》(재판 1884)에 수록된 'Fantastic principle 空想主義'가 계기가 되었다고 설명한다.

이노우에 테쓰지로가 간행한 《**증정영화자전**》은 로브샤이트 《**영화자전**》을 일본어로 번역한 것으로, 이 《**영화자전**》에 이미 '공상'이 쓰인 것을 보면 일본어 '공상'은 《**영화자전**》에서 차용한 것으로 단정지을 수 있다.

中

《**영한자전**》: 미수록

《**영화자전**》: Fancy 幻想, 空想, 甕想

《**음운집성**》: Fancy 幻想, 空想

《**화영자전**》: 空想 to vainly wish for.

《**대사전**》: Fancy 幻想, 空想; Fantasy 幻想力, 空想力

《**관화**》: Fancy 想像力(S), 幻想, 空想; Fantasy 虛想, 妄想

《**종합영한**》: Fancy 幻想, 空想 : Fantasy 想像, 空想

외국어계 사전과 달리 《**사원**》《**사해**》 등 중국어 사전에는 '공상'이 실리지 않았다. 《**신이아**》〈석교육釋教育〉에는 "以過去之経驗. 推測未來之事者. 謂之想像. 無心意上實在之根據者. 謂之空想"(과거의 경험을 가지고 미래를 추측하는 것은 상상이라 하고, 마음속으로 실제의 근거가 없는 것은 공상이라고 한다)라는 설명이 보인다. 《**신명사사전**》과 《**현대어사전**》《**신술어사전**》에는 '공상적 사회주의空想的社會主義'라는 항목이 있다.

11. 공안 公安 (public peace)

日

《**대한화사전**》에는 중국 지명 '공안公安'이 나와 있으나 '공공의 치안' 의미로 쓰인 표제어에는 출전이 나와 있지 않다.

《**메이지어 사전**》에는 메이지 시대에 조어된 것으로 추측하고 메이지 중기 사전에 등재된 사실과 실제 법률 용어로 사용된 예를 제시하였다.

中

《**영한자전**》《**영화자전**》《**음운집성**》《**대사전**》에는 'Public peace'가 보이지 않는다.

《**관화**》에는 "Public peace 治安(S), 公安(S)"으로 나와 있고 둘 모두 신어라고 한 점에 주목할 필요가 있다.

《**종합영한**》: Public peace 公安

《**사원**》《**사해**》: 수록됨

12. 공원 公園 (park, public garden)

日

《**대한화사전**》에 '관에서 소유한官有 정원庭園'이라는 《위서魏書》의 예가 나와 있다. 《**메이지어 사전**》에는 중국의 고전어였던 '공원公園'이 일본에서 영어 'park, public garden'의 번역어로서 일반화되어 서양의 정원이라는 개념으로 변하였다고 설명하고 있다. 일본에서는 메이지 초기부터 각종 사전에 나온다.

中

《**영한자전**》: Park 苑囿

《**영화자전**》《**음운집성**》: Park囿, 苑

《**대사전**》: Park 遊園, 公園, 私園, …

《**관화**》: Park 公園(S)

《**종합영한**》: Park 公園, 遊苑

《**백과대사전**》은 '供公衆遊觀地'로 설명하고 있다.

《**사원**》《**사해**》에 자세한 단어 설명이 되어있다. 그러나 《**사해**》에는 '공공公共의 화원花園의 다른 이름'이라고 나와 있다.

일본을 방문한 적이 있는 중국 근대 전기 지식인 부운용傅雲龍은 서양의 공원 개념을 일본어에서 차용하여 '공원公園, 우에노동물공원上野動物公園'이라고 기록하였으며(《遊歷日本圖經余記》), 영국과 프랑스 주재 공사를 지낸 곽숭도郭嵩燾는 음역어 '戛爾敦'(garden, 有囲墻成園者) '巴爾克'(park, 野趣自然, 猶言天生園景)을 사용하였다 (《郭嵩燾日記》).

13. 관능 官能 (function, sense)

日

《**대한화사전**》: 표제어로는 나와 있으나 용례는 《공자가어孔子家語》에 있는 '관리官吏의 재능才能'으로 쓰인 예가 제시되어 있다. 'function, sense'의 번역어로 쓰인 '관능官能'에는 출전이 없다.

《**메이지어 사전**》에는 에도 시대 《등독아약성론鄧篤兒藥性論》(林洞海, 1856)에 나오는 "血液ノ運行ヲ促シ皮膚ノ官能ヲ健ニシ"(혈액의 운행을 촉진하고 피부의 관능을 건강하게)라고 하는 예가 인용되어 있다.

《**의어류취**医語類聚》(1873)에 'function＝官能; sense＝五神', 《**철학자휘**哲學字彙》(1881)에 'fuction＝官能; sense＝官能'으로 나와 있다. 《화란내경의범제강和蘭內景医範提綱》(1805) 등에도 용례가 있어 이미 일반화된 번역어로 쓰였으며 '器官之機能'을 줄여서 만든 단어로 생각된다.

中

《**영한자전**》: Function 職分; Sense 官司, 知惠, 意志

《**영화자전**》: Function 職分, 身体功用; Sense 官, 司, 五官

《**음운집성**》: function of the five sense 五官之功用

《**대사전**》: Function에 '관능'은 없지만 Functional, Functionally에 '관능적官能的' '관능官能'이 나온다.

《**관화**》: Function 官能(S); Sense 覺(S), 官(S)

《**종합영한**》: Function 作用, 功用, 官能; Sense 感官, 覺官, 官能 …

《**신이아**》〈석생리釋生理〉에 "集合數種組織. 以營特殊作用者. 曰器官. 其作用

曰官能. 胃以消化. 眼以視察是也"(몇 가지 종류의 조직이 모여서 특수한 작용을 하는 것을 기관이라고 하며 그 작용은 관능이라고 한다)라고 나와 있다.

《**사원**》에는 나오지 않는다.

《**사해**》에는 "人官有能也'(《예기禮器》) 謂人官体之各有所能也. 今調器官之感覺機能曰官能(sense)"(《예기》의 '人官有能'이란 사람의 기관은 각각 능력이 있다고 하는 의미이다. 현재는 기관의 감각 기능을 관능이라고 한다)라고 고전적인 의미와 관련시켜 설명하고 있다.

《**현대어사전**》: 官能 Faculty(E) (心) 卽精神上的各種能力. 如推理力(Reasoning faculty), 記憶力(Memory faculty), 想像力(Imaginative faculty) 等皆是. (즉 정신의 각종 능력이다. 예를 들면 '추리력', '기억력', '상상력' 등이다)

14. 괘도 掛圖 (wall-map)

日

《**대한화사전**》: 미수록

《**메이지어 사전**》에는 메이지 시대의 신어로 나와 있으며, 《말의 샘ことばの泉》(1898)의 예 "地圖などを掛物の如く表裝したるもの. 多くは, 學校にて, 教授の用とす"(지도 등 족자처럼 만든 것. 학교에서 학생을 가르칠 때 많이 사용한다)라는 설명을 인용하고 있다. '괘도'는 실물을 보고 만든 신어이며 개념을 번역한 것은 아닌 듯하다.

中

《**영한자전**》《**영화자전**》《**음운집성**》《**대사전**》 등에서는 'wall-map'이라는 표제어 자체가 없고 번역어로도 나오지 않는다.

《**관화**》: Wall-map 掛圖

《**종합영한**》: Wall-map 掛圖

《**관화**》에 수록될 무렵부터 중국어 사전에 용례가 나타나게 되며 이는 영일사전을 참고한 결과로 짐작된다. '괘도'는 일본에서 차용한 번역어로서 오랜 기간 외국어 사전에만 실렸고 중국어 사전에는 나오지 않았다. **《사원》**과 **《사해》**에도 나오지 않는다.

'괘도'는 〔동사(V)+명사(N)〕 구조를 가진 명사이다. 선궈웨이沈國威(1990)는 〔V+N〕 구조가 생산성 면에서 근대 이전에는 일본어보다 매우 약했었다고 지적한 바 있다.

15. 구도 構圖 (composition [of a picture])

16. 구사 構思 (plot. composition, or conception)

17. 구상 構想 (conception, an idea, plot)

日

《대한화사전》에 '구사構思'만 있고 '구도構圖'와 '구상構想'은 실리지 않았다. '구사'는 '考を組み立てる'(생각을 짜 맞추다), '構想をねる'(구상을 하다)라는 의미로《남사南史》의 예가 제시되고 있다.

《메이지어 사전》에서는 '구상'을 메이지 시대에 생긴 신어라 보고 나쓰메 소세키夏目漱石의 용례(1908)를 들었다.

中

이 세 단어는 현대 중국어에서 거의 같은 의미로 사용된다.

《영한자전》: Composition 合夥之物; Plot 搆想, 算計(搆=構)

《영화자전》: Composition 合成者; Plot(the plot of a play) 情節

《음운집성》: Composition 配合, 合成; Plot(the plot of a play) 情節

《대사전》: Composition 文章, 音樂 등의 완성품 혹은, 〔美術〕 각 부분의 조합, 그 결합의 우수함; Plot 戲略, 戲情, 情節 …

《관화》: Composition 文章; Plot 計策

《종합영한》: Composition 構成, 組成, 組織; Plot(小說, 脚本等之) 情節, 結構

《사원》《사해》: '구도'와 '구상'은 미수록. '구사'는《진서晋書》의 출전을 들고 있다. 이상을 종합하면 '구상'과 '구사'는 중국 고전어에 있는 단어로서 '생각을 짜 맞추다'라는 의미를 가지고 있었다. 《**메이지어 사전**》은 이들을 메이지 시대의 신어로 보았으나 적어도 단어의 형태文字列 면에서는 설명이 맞지 않는다. '구사'는 《**영화자전**》에 다음과 같이 나와 있다.

> 搆思 to rack one's brains, as when in the throes of composition.
>
> 因風搆思 in connection with the Wind they racked their brains, and in vented a flying car.

'구사'와 '구상'이 근대 전기까지 현재와 같은 문학상의 개념을 포함하고 있었는지는 의심스럽다. 《**현대어사전**》에는

> 構想 Plot (文) 同"布局".

이라 하였으며 '布局'은 다음과 같이 설명되어 있다.

> 布局 Plot (文) 創作時將所要描寫的人物及情節有系統的編定計畫, 曰布局.〔引伸〕政變或革命的預先布置. (창작할 때 묘사하고자 하는 인물 그리고 내용을 계통적으로 조합한다. 이것을 '布局'이라고 한다.〔派生義〕정권의 변경 혹은 혁명의 사전 계획)

'포국布局'은 '구상'이나 '구사'보다 더 일반적인 단어였던 것 같다. '구도'는 '구사'나 '구상'과 달리 일어 차용어로 단정할 수 있다. 현대 중국어에서 '구상'은 일반 용어로, '구사'는 문학 용어로, '구도'는 미술 용어로 구분해서 쓰고 있다.

18. 국방 國防 (national defense)

日

'국방'은 중국 고전에 '예법 의식은 국체와 관련된 것으로 참람함을 막아야 한

다'라는 의미였고(《후한서》〈공융전孔融伝〉) 오늘날의 '국방國防'과는 관련이 없다. 번역어로서의 '국방'은 〔목적어+동사〕 구조를 가진 것으로 중국어 구조는 아니다. 다만 '국방'은 'national defense'의 직역일 가능성도 있으므로 꼭 일본어의 조어 방법을 차용한 것으로는 볼 수 없다. 이 문제에 대해서는 더 연구할 필요가 있다. **《대한화사전》**에는 '국방'의 신구 두 의미가 기술되어 있다.

中

《영한자전》《영화자전》《음운집성》《대사전》: 'national defense'라는 표제어가 없음.

《관화》: National defense 國防(B)

《종합영한》: National defense 國防

외국어 사전에 '국방'이 'national defense'의 의미로 쓰인 것은 나중 일이며 **《사원》**에는 고전적인 의미와 현대적인 의미 양쪽이 다 나와 있다. **《사해》**는 표제어에는 없지만 '國防化學'이라는 용어가 실려 있다. '국방'이란 개념은 역시 근대 국가 개념과 함께 서양에서 중국에 전해진 것으로 생각된다. '領土, 領空, 領海, 制空權, 制海權' 등도 근대 후기 일본을 경유해 중국에 들어와 정착한 단어들이다. **《현대어사전》**에는 다음과 같이 정치 용어로서 해석하고 있다.

> National defense (E) (政) 一國爲防止敵國侵犯的有組織的武裝勢力與布置, 如邊防, 海防等. (적국의 침략을 막기 위한 한 나라의 조직적인 무장력, 배치. 예를 들면 '邊防' '海防' 등)

1930년대 전후 일본의 중국 대륙 침략으로 '국방문학'이 제창되었는데 그 시비를 둘러싸고 문학계에 커다란 논쟁이 벌어진 바 있다.

19. 국수 國粹 (nationality)

日

《대한화사전》: 미수록

《메이지어 사전》에는 메이지 시대의 신어로 보고 기타무라 토코쿠北村透谷 작품

(1889)에 나오는 용례를 실었다.

中

《**영한자전**》: 수록되지 않음.

《**영화자전**》: Nationality 國之性情

《**음운집성**》: Nationality 國風, 民情

《**대사전**》: Natonality 國風, … 民性, 國之特性

《**관화**》: Nationality 國籍 (B)

《**종합영한**》: Nationality … 國風, 國粹, 國情

외국어계 사전 중에는 《**종합영한대사전**》(1928)에 처음 등재된다. 한편 《**신이아**》 〈석군釋群〉에는 "各群所固有諸性質. 謂之群性. 群変爲國. 則群性亦変爲國性. 或曰國粹. 或 曰國民性"(각 사회의 고유한 모든 성질을 群性이라고 하며 사회가 국가가 되면 群性은 國性이 되고 혹은 國粹라고 하고 혹은 國民性이라 한다)라고 쓰여 있다.

《**사원**》과 《**사해**》에는 '국수國粹'가 실려 있으나 전거는 없다. 《**사해**》에는 "넓은 의미로 한 나라의 정신적 물질적 특질을 가리키며, 협의로는 오로지 '국고國故'의 의미로 쓰인다"고 나와 있다. 즉 중국어에서는 '국수'보다 '국고'(고대 학술, 문화 기록)가 더 일반적이었던 것이다.

《**현대어사전**》에는 다음과 같이 나와 있다.

> Nationality (E) (政) 資產階級爲鼓吹國家主義思想, 而唱言本國有一種特有的優越的民族精神與文化, 是爲國粹(부르주아 계급은 국가주의 사상을 고취하기 위하여 자국이 독특하고 뛰어난 민족정신과 문화를 갖는다고 선전한다. 이것이 국수이다)

'국수'가 마치 서양 전래 개념인 것처럼 설명하고 있으나 '국수'는 일본 고유의 사상에서 생겨난 단어이며, 메이지 10년대 이후 일본의 사상과 풍조를 반영한 것이다. 중국에도 금세기 초 '整理國故, 保存國粹'라고 하는 문화적 반동 경향이 있었다. '국수'는 그 무렵 각광을 받았던 용어로 생각된다. 장지동張之洞의 《학무강요學務綱要》(1903)에 나오는 '保存國粹之一大端'이라는 표현이 그 예이다. 1904년에 발족된 국수주의 학자의 발기문에 '國粹. 日本之名辭也'(국수는 일본 용어이다)로 나와 있다. 그러나 '국수'는 제1차 세계대전 후 'Fascism'을 번역하는 데 사용되어(國粹主義) 메이지 초기 의미와 멀어졌다. **《신술어사전》《사회과학대사전》**에 '국수주의國粹主義', **《신명사사전》**에는 '국수당國粹黨, 국수주의' 등의 항목이 있다.

20. 권양기 卷揚機 (a winch, windlass)

日

《대한화사전》: 미수록

《메이지어 사전》에 영어 'winch'의 번역어로 나와 있다.

中

《영한자전》: Winch 轉柄, 滑車; Windlass 轉軸, 轆轤

《영화자전》《음운집성》: Winch 絞柄, 轉柄, 轆轤; windlass 絞盤

《대사전》: Winch 絞盤, 提重機器, 卷揚機; Windlass 横軸轆轤絞盤

《관화》: Winch 轆轤, 絞車, 起重車(S); Windlass轆轤, 絞車(B), 起貨車(S)

《종합영측綜合英測》: Winch 卷揚機, 起貨機; Windlass 卷揚機

《사원》《사해》: 미수록

부운용은 《유력일본도경여기》에서 '권양기'에 관하여 '覽三菱會社石炭鉱, 掘煤者, 卷揚機也, 凡五'(미쓰비시 사의 석탄광을 견학하였다. 석탄을 파내는 것은 권양기이다. 전부 5대)라고 썼다.

21. 긴축 緊縮 (reduce)

日

《언어言語》(1985, vol. 14-1)에 따르면 '긴축緊縮'은 1929년의 유행어였다. 즉 당시 일본은 경제정책으로 긴축을 취했던 것이다. 중국 문헌에는《복혜전서》에 나온다. 다만《복혜전서》에는 문자 그대로의 의미로 사용되었으며 절약의 의미는 없었다.

中

《**영한자전**》《**영화자전**》: 수록되지 않았다. 'Reduce'의 대역어로는 '省其所費'가 쓰였다. 《**영화대사전**》과 《**관화**》《**종합영한**》에도 'cut down, reduce, retrenchment'의 번역어로 쓰이지 않았다.

《**사원**》과 《**사해**》에 나오지 않는다. 《**현대어사전**》은 다음과 같이 일본의 실례를 들어 설명하고 있다.

> 緊縮政策 Retrenchment policy (E) (経) 緊縮政策是與所謂"膨張政策"反對的,…例如日本 的政友會行積極(膨張)政策, 民政党則行緊縮政策.(긴축정책은 소위 '팽창 정책'과는 반대되는 개념이다. … 예를 들면 일본의 政友會는 적극(팽창) 정책을 고취하고 민정당은 긴축 정책을 시행한다).

현대 중국어에서는 경제 정책과 관련된 용어로 사용된다. 또한 중국어에는 '緊衣縮食, 節衣縮食'(옷과 음식을 절약하고 아끼다)이라는 절약의 의미를 나타내는 사자성어가 있다.

22. 나체화 裸體畫 (a nude picture)

日

《**대한화사전**》: 미수록. 《**메이지·다이쇼 신어·속어사전**》과 《**메이지어 사전**》 등에 의하면 1889년 1월호《국민지우國民之友》에 게재된 나체화가 화제였다고 한다.

中

《**영한자전**》《**영화자전**》《**음운집성**》: 미수록

《**대사전**》: Nude 裸的

《**관화**》: Nude 裸身的

《**종합영한**》: Nude 裸体畵, 裸体像

《**사원**》: 수록. 《**사해**》: 나오지 않음.

중국에서는 1979년에 베이징 신공항의 외국인용 레스토랑 벽화에 나체화가 그려진 것이 문제가 되어 전시가 금지된 일이 있었다.

23. 내이 內耳 (labyrinth)

日

《**대한화사전**》: 미수록

《**메이지어 사전**》에는 '영어 labyrinth의 번역어'로 나와 있고 《**술어어휘**術語辭彙》(1910)의 번역 용례 '內耳 internal ear'가 실려 있다.

《**의어류휘**医語類彙》: Labyrinth 迷路 (耳中ノ); Otolithus 內耳石

中

《**영한자전**》: Labyrinth 迷樓

《**영화자전**》《**음운집성**》: Labyrinth 迷樓

《**대사전**》: Labyrinth 內耳, 耳幽

《**관화**》: Labyrinth 耳虬(B), 內耳(B)

《**종합영한**》: Labyrinth 內耳

《**신이아**》〈석생리釋生理〉에 수록되어 있다. 《**사원**》《**사해**》에는 생리학 용어로서 설명되어 있다. 단 《**사해**》에는 'internal ear'의 번역어로 되어 있다.

24. 대립 對立 (correlation. opposition)

日

《**대한화사전**》에는 나오지 않는다. 이는 '대립'이란 두 글자가 한 단어로 인식되지 않았기 때문일 것이다. 《**메이지어 사전**》에는 메이지 시대에 일반화되었고 중국의 한역 양서에 보인다고 나와 있다.

中

《**영한자전**》《**영화자전**》에는 'Correlation'의 대역어로 나오나 '대면하다'라는 의미로 쓰였다.

《**영한자전**》: Opposition 相拒

《**영화자전**》: Opposition 對面, 相對

《**음운집성**》: Correlation 互相關係, 對立, 相關; Opposition 對面, 相對

《**대사전**》: Correlation 互相關係, 比倫, 對立, 相關; Opposition

《**관화**》: Correlation 互有關係, 對待(S); Opposite 對面

《**종합영측**》: Correlation 關連, 相關, 相互之關係, 對立; Opposition 對向, 對置, 對立

《**사원**》《**사해**》: 미수록

《**현대어사전**》에는 다음과 같이 나와 있다.

> 對立 Opposition (E) (普) 兩種事物互相矛盾而不能繼續並存下去的狀態, …(두 가지 사물이 서로 모순되기 때문에 계속해서 병존할 수 없는 상태, …)

25. 대질 對質 (confrontation)

日

《**메이지어 사전**》에는 메이지 시대의 신어일 가능성을 제기하고 있다. 1890년 제정된 법률에 '대질對質'이 나온다. 1890년경 발행된 사전에도 등재되어 있다. 그러나 《**대한화사전**》은 현재의 법률적 의미에 가까운 예를 《복혜전서福惠全

書》에서 인용하고 있다.

中

《**영한자전**》: Confront 對証, 對質

《**영화자전**》: Confront 對証, 對質証據

《**대사전**》: Confront 對質

《**관화**》: Confront 叫 … 對質

《**종합영한**》: Confrontation 對質, 對審

《**일본법규해자**》(1907)에는 '令甲犯与乙犯及証人互相質問応答. 以証明其是否同謀'(범인 갑과 범인 을, 또는 증인과 서로 질문·응답하게 하여 공범인지 아닌지를 증명한다)로 설명되어 있다.

《**사원**》과 《**사해**》에는 법률 용어라고 설명했으나 고전의 전거는 제시하지 않았다. '대질'은 중국에서 만든 번역어로 보아야 할 것이나 보급 과정에는 일본어의 영향이 있었을 것으로 생각된다.

26. 도료 塗料 (paints)

日

《**대한화사전**》: 미수록

中

《**영한자전**》: Paint 漆, 油漆

《**영화자전**》: Paint 顔料, 油漆

《**대사전**》: Paint 顔料, 繪料, 油漆

《**관화**》: Paint 顔料, 油色, 油漆

《**종합영한**》: Paint 塗料, 油漆; Coating 塗料, 塗物

《**백과대사전**》: 船底塗料가 나온다.

《**사원**》: 미수록

《**사해**》는 표면을 보호하는 물질로 설명하고 있다. '도료'는 〔V+N〕 구조를 가진 명사이다.

27. 마분지 馬糞紙 (strawboard)

日

《**대한화사전**》에 《화한삼재도회和漢三才圖會》에 실린 용례가 제시되어 있다. 《**메이지어 사전**》에는 "본래 질이 낮은 중국 종이의 하나인데 메이지시대에 만든 판지가 색과 냄새에서 말똥과 비슷하다고 해서 생긴 말이다"라고 나와 있다.

中

《**영한자전**》《**영화자전**》《**음운집성**》《**대사전**》《**관화**》 등에는 수록되어 있지 않다.

《**종합영한대사전**》(1928) : Strawboard 馬糞紙

《**사원**》: 미수록

《**사해**》에는 '黃紙板'을 참조하라 되어 있고 '黃紙板' 항목을 보면 '黃紙板, 俗称 : 馬糞紙'라고 설명되어 있다.

28. 면역 免疫 (immunity)

日

《**대한화사전**》: 미수록

《**메이지 · 다이쇼 신어 · 속어사전**》에는 1901년의 용례가 나온다.

中

《**영한자전**》: Immunity 自由之能

《**영필자전**英筆字典》《**음운집성**》: Immunity 自由, 特恩

《**대사전**》: Immunity 敵伝染病之能

《**관화**》: Immunity 免疫(S)

《**종합영한**》: Immunity 免疫

《**사원**》: 免疫性

《**사해**》에는 'Immunjty의 번역어, 생리학 용어'로 나와 있다.

《**현대어사전**》: "免疫性 Immunity (E) (医) 生理學上具有特殊抵抗力, …"로 나와 있다.

29. 반영 反映 (reflect)

日

《**대한화사전**》: 미수록

《**메이지어 사전**》은 메이지 시대의 신어로 보았다. 일본에서는 메이지 중기부터 용례가 있다.

中

가오밍카이高名凱 · 류정탄劉正埮(1958)의 일어 차용어 목록에 들어 있으나 류정탄劉正埮(1984)에서는 삭제되었다. 이유는 분명하지 않다.

《**영한자전**》: Reflect 再想

《**영화자전**》: Refiect 反照, 反映

《**음운집성**》: Reflect 反照, 回照, 反射

《**대사전**》: Reflect 反射, 回射, 反照; Reflection 回射, 反照, 反影

《**관화**》: Reflect 反射, 返照

《**종합영한**》: Reflect (鏡等) 反映, (顏面對於鏡等之) 映照, 反映

《**사원**》《**사해**》에는 수록되지 않았다. 그러나 《**현대어사전**》은 다음과 같이 물리학 의미와 그로부터 파생된 의미 두 가지를 설명하고 있다.

> 反映 Reflection (E) (物) 光線 … . 〔引伸〕由基本事物的一定狀態與關係而發生與之相符的副象, 亦称反映. 如 "觀念是現實生活的反映". ((물리학) 광선 〔…〕〔파생의미〕 기본적 사물의 일정한 상태에 관계해서 생긴 동일한 '부수

적인 상도象'도 반영이라고 한다. 예를 들면 '관념은 현실 생활의 반영이다')

'반영反映'은 로브샤이트의 번역어로 보아야 할 것이다. 그러나 로브샤이트 사전은 '반영'을 꼭 한 단어로 쓴 것은 아니었고 물리학적 의미도 없었다. 현대 중국어에서는 '반영'이 물리학적 의미로는 쓰이지 않는다. 보통은 위에 적은 파생적 의미로 쓰이거나 일본어에 없는 '상부기관에 보고하다'라는 뜻으로 사용한다.

30. 발동기 發動機 (motor, engine)

日

《**대한화사전**》: 미수록

《**메이지어 사전**》에는 영어 'motor' 또는 'engine'의 번역어로 나와 있다. 메이지 30년대부터 용례가 있다.

中

《**영한자전**》: Motor 미수록; Engine 機器

《**영화자전**》: motor 動者; Engine 水氣機, 火機

《**음운집성**》: Motor 動者, 發動機; Engine 汽機, 水氣機

《**대사전**》: Motor 動者, 發動機, 原動機; Engine 機器, 機關

《**관화**》: Motor 發動機(S), 動機(B); Engine 機器, 氣機(B)

《**종합영한**》: Motor 發動機, 原動機, 摩托; Engine 引擎, 氣機, 發動機

《**사원**》에는 등재되지 않았으나 《**사해**》에는 'Motor'의 번역어로서 나온다. "發生動力的機器也"(동력을 일으키는 기계이다)라고 하여 각 한자의 의미를 가지고 설명하고 있다.

'발전기發電機'와 '발동기發動機'가 일본어에서 유입될 때까지 중국어로는 '代那模'와 '引擎'가 사용되었다. '引擎'은 오늘날에도 구어에서 사용된다.

31. 발전기 發電機 (dynamo, generator)

日

《**대한화사전**》: 미수록

《**메이지어 사전**》은 영어 'dynamo' 혹은 'generator'의 번역어라고만 하였을 뿐 일본에서 만들어진 것인지에 관해서는 언급하지 않았다. 메이지 후반부터 용례가 보인다.

中

《**영한자전**》: Dynamo, Generator 미수록

《**영화자전**》: Dynamo 미수록; Generator 氣甑(a vessel in which steam is generated)

《**대사전**》: Dynamo 代那模, 發電機

《**관화**》: Dynamo 發電機(B); Generator 生電機

《**종합영한**》: Dynamo 發電機; Generator 發電機

《**신이아**》〈석격치釋格致〉에 "發生多量之電氣者. 謂之發電機"(많은 전기를 발생시키는 것은 발전기라고 한다)라고 나와 있다.

《**사원**》: dynamo …, 亦称 代那模

《**사해**》: dynamo or electric generator …, 譯称 代那模

이상에서 본 것처럼 'Dynamo'의 음역어 '代那模'는 한때 널리 사용되었지만 후일 발전기로 대체되었음을 알 수 있다.

32. 배수량 排水量 (displacement)

日

《**대한화사전**》: 단어 자체는 수록되어 있으나 용례는 나와 있지 않다.

《**메이지어 사전**》에 영어 'displacement'의 번역어로 나와 있다. 일본에서는《**공학자휘**工學字彙》(4판, 1902)에 나온다.

中

《**영한자전**》: 표제어 미수록

《**영화자전**》《**음운집성**》: Displacement 離開本位者

《**대사전**》: Displacement 物浮水中所排開水之量

《**관화**》: Displacement 船位差, 排水量(S)

《**종합영한**》: Displacement (船之)排水量

《**대백과사전**》: 一般用語로서 수록.

《**사원**》《**사해**》: 수록은 되어 있으나 출전은 명시되지 않았다.

33. 백과전서 百科全書 (encyclopedia)

日

《**메이지어 사전**》에 영어 'encyclopedia'의 번역어로 나와 있다. 메이지 초기부터 쓰였으며 여러 형태의 번역어를 거쳐 메이지 후기에 '백과전서'로 정착된 것으로 보인다.

中

《**영한자전**》: Encyclopedia 廣事彙記. a sort of Chinese encyclopedia is called 三才圖會

《**영화자전**》: Encyclopedia 智環總錄, 百智彙記, 三才図會

《**음운집성**》: Encyclopedia 智環總錄

《**대사전**》: Encyclopedia 百科全書

《**관화**》: Encyclopedia 百科彙書, 百科叢書

《**종합영한**》: Encydopedia 百科全書, 百科辭書

《**사원**》《**사해**》《**현대어사전**》 등에 'Encyclopedia'의 번역어로 나와 있다.

34. 변태 變態 (metamorphosis, abnormal, transformation)

日

《**메이지 · 다이쇼 신어 · 속어사전**》에 '변태성욕變態性慾 abnormal sexual desire'이 있다. 용례는 다이쇼 후기부터 나온다.

中

《**영한자전**》《**영화자전**》: Abnormal 미수록

《**대사전**》: Abnormal 異常

《**관화**》: Abnormal ~ states of mind(Psychology) 心之非常態 (B)

《**종합영한**》: Abnormal 異常, 變體, 不規則; Metamorphosis 變化, 變形, 變態; Transformation 變形, 變態

《**사원**》에서는 'Transformation 동물학 용어'로 나와 있다.

《**사해**》는 'Metamorphosis 동물학 용어'로서의 '변태變態'와 'Abnormal psychology'의 번역어로서의 '변태심리학變態心理學' 두 가지 모두를 수록하고 있다.

《**신명사사전**》: '变態心理學 硏究变態的心理現象之心理學'(변태심리학, 변태적 심리현상을 연구하는 심리학)

이에 대하여 《**현대어사전**》은 다음과 같이 설명하고 있다.

> 變態的 Abonrmal (E) (普) 表不規則的非正常的狀態, 如瘋狂人卽爲变態人.(변태란 불규칙하고 비정상적인 상태이다. 예를 들어 미치광이는 즉 변태인이다)

변태는 중국의 고전 《순자荀子》에 나온다. 그러나 동물학이나 심리학에서 사용하는 의미는 일본어에서 도입된 것으로 보인다.

35. 보건 保健 (health, hygiene)

日

《**대한화사전**》: 수록되지 않음.

《**메이지·다이쇼 신어·속어사전**》에 "일본제 한자어이며 인간의 건강을 유지한다는 의미이다. 일본에서 중국으로 건너간 단어이다"라고 하였다.

中

왕리다王立達(1958)과 가오밍카이·류정탄(1958)에 일어 차용어로 나와 있으나 류정탄劉正埮(1984)에서는 삭제되었다. 이유는 분명치 않다.

《**영한자전**》: Health 壯盛, 康健; Hygiene 미수록

《**영화자전**》: Health 壯健, 康健; Hygiene 미수록

《**음운집성**》: Health 安寧, 康健; Hygiene 保身學

《**대사전**》: Health 安寧, 康健, 健全; Hygiene 保身學, 衛生學, 康健學, 健全學

《**관화**》: Health体候(B); Hygiene 保身學(S), 衛生學(B), 健全學(S)

《**종합영한**》: Health 健康, 健全; Hygiene 衛生學, 健全學

《**사원**》《**사해**》: 미수록

《**신명사사전**新名詞辭典》: 保健 保障人類的康健(인류의 건강을 지킨다). 축자역逐字譯으로 되어 있다.

36. 본능 本能 (instinct)

日

《**메이지·다이쇼 신어·속어사전**》에 "영어 instinct의 번역어. 니시 아마네가 만든 단어"로 나와 있으며, 그 근거로서 《生性發蘊》(1873) "英インスチンクト, 法アンスタンク 爰ニ本能ト譯ス"(영어 instinct, 프랑스어 アンスタンク를 본능으로 번역한다)의 예를 들고 있다. 《**메이지어 사전**》에도 같은 설명이 있다.

中

《**영한자전**》: Instinct 性情, 本性之向

《**영화자전**》《**음운집성**》: Instinct 本性, 自然之性

《**대사전**》: Instinct 本性, 本能, 天性

《**관화**》: Instinct 本能(B)

《**종합영한**》: Instinct 本能, 本性

《**사원**》: 출전이 없다. 《**사해**》에서는 Instinct의 번역어로서 설명되어 있다.

《**신명사사전**》에는 다음과 같이 설명되어 있다.

> '本能 動物不待熟慮, 反省或経驗所得的習練之意識的活動, 而由身体的機制的先天性, 對於 外囲的变化所作心身的反応. …'(숙고와 반성 또는 경험에 의해 습득한 의식적인 활동이 아니라 외부의 변화에 대해서 이루어진 신체적, 기계적, 선천적 심적 반응)

또한 《**현대어사전**》에는 다음과 같은 설명이 있다.

> 本能 Instinct (心) 指生來有不待學習而獲得的生理上心理上的各種自然傾向. … (학습에 의하지 않은 선천적인 갖가지 생리적, 심리적 자연스러운 경향)

37. 분비 分泌 (secrete, secretion)

日

《**대한화사전**》: 미수록

《**메이지어 사전**》에 영어 'secretion'의 번역어라 하였다. 《**개정증보영화대역수진사서**改正增補英和對譯袖珍辭書》(1866)에는 "secretion: 분비하는 것"이라고 나와 있다.

中

《**영한자전**》: Secretion 液, 洟

《**영화자전**》: Secrete 洩, 出胆; Secretion 液, 津液

《**음운집성**》: Secrete 洩, 出胆汁; Secretion 液, 津液

《**대사전**》: Secrete (生理) 生液, 分泌; Secretion 生液, 分泌, 生汁液之事

《**관화**》: Secrete 分泌(B), 生液; Secretion 液, 泌(B)

《**종합영한**》: Secrete 分泌, 分泌物; Secretion 分泌 (液体)

38. 비망록 備忘錄 (memorandum)

日

《**대한화사전**》: 단어는 수록되어 있으나 출전은 없다.

《**메이지어 사전**》에는 영어 'memorandum'의 번역어라 하였다. 나카무라 마사나오中村正直(1870)의 용례가 나와 있다.

中

《**영한자전**》: Memorandum 簿, 記事紙

《**영화자전**》: Memorandum 紀錄, 記薄, 記事

《**음운집성**》: Memorandum 記, 記錄

《**대사전**》: Memorandum 助記憶錄, 備忘錄

《**관화**》: Memorandum 備忘錄(S), 覺書(S)

《**종합영한**》: Memorandum 備忘錄

《**사원**》에는 나오지 않으나 《**사해**》에는 "備忘之冊籍, 外交上之覺書亦称備忘錄"(비망 노트. 외교상의 각서도 비망록이라 한다)고 설명되어 있다. '각서覺書'가 외교상의 전문용어로 사용되었음을 알 수 있다. 현재는 '비망록備忘錄'으로 통일되어 있다.

《**현대어사전**》에는 '각서'만 있고 '비망록'은 실리지 않았다.

> 覺書 Memorandum (E) (外) 中國有時亦譯作"節略", 覺書原爲日本譯名. … (중국에서는 '節略'으로 번역되기도 하였다. '각서'는 원래 일본 번역어이다)

39. 비점 沸点 (boiling point)

日

《**메이지어 사전**》에는 "영어 'boiling point'의 번역어. 비등점의 약어"라 하였으며《술어사휘術語辭彙》(1910)에 나오는 용례가 소개되어 있다.

中

《**영한자전**》: 미수록

《**영화자전**》: Boillng point 寒暑針滾水号

《**음운집성**》:Boiling point 寒暑表滾水度, 沸度

《**대사전**》:Boiling point 寒暑表滾水度, 沸度

《**관화**》: Boiling point 沸点(B), 滾水度(S)

《**종합영한**》: Boiling point 沸騰点, 沸点

《**신이아**》〈석격치釋格致〉에 "使流質変爲氣質者. 謂之蒸發. 在其蒸發之一定高溫度者. 謂之沸点"(액체를 기체로 바꾸는 것을 증발이라고 한다. 증발하기 위한 일정한 고온을 비점이라고 한다)라고 설명되어 있는데, 오늘날에는 물의 비점을 가리키는 것이 보통이다.

《**사원**》과《**사해**》에는 'Boiling point'의 번역어로 나와 있다.《**현대어사전**》에는 '비점沸点'과 '빙점氷点'을 다음과 같이 소개하고 있다.

> 沸点 Boiling point (物) 見 "氷点"
>
> 氷点 Freezing-point (物) … 水, 若加熱至100℃, 水則変沸, 此点称 "沸点". 〔引伸〕個人 或群衆的情緖的低落與高漲, 亦常借氷点與沸点表之(개인 또는 군중의 정신 상태도 종종 비유적으로 빙점, 비점으로 나타낸다)

현대어에서는 이러한 파생적 의미 용법은 일반적이지 않다.

40. 빈민굴 貧民窟 (the slums)

日

《**대한화사전**》: 단어는 수록되어 있으나 용례 출전은 없다.

《**메이지어 사전**》은 메이지 시대의 신어로 보고 있다. 메이지 후기부터 사용되었다.

中

《**영한자전**》《**영화자전**》: 미수록

《**음운집성**》: Slum 低汚之街, 陋巷

《**대사전**》: Slum 低汚之街, 陋巷 (通都大邑中貧民聚居之小街僻巷)

《**관화**》: Slums 下流胡同, 陋巷

《**종합영한**》: Slum 陋巷, 貧民巷

《**사원**》과 《**사해**》에는 나오지 않는다. 《**현대어사전**》의 설명은 다음과 같다.

> 貧民窟 Slums (E) (社) 貧民所居住的汚陋地帶, … (가난한 사람들이 사는 더럽고 가난한 지역)

41. 사회 司會

日

고대 중국에서 '사회'는 회계를 관장하는 관직명이었다. 《**대한화사전**》에는 《주례周禮》에 나오는 예를 들고 있다. 《**메이지어 사전**》에는 "메이지 시대부터 현재와 같은 사회자의 역할이라는 뜻으로 쓰였다"고 나와 있다. 번역어는 아니며 영어 'take the chair, preside at a meeting'의 개념에 대응된다.

中

《**영한자전**》에는 위의 영어 개념이 나와 있지 않다. 《**영화자전**》《**음운집성**》에 'preside 爲會長'으로 나온다. 《**대사전**》《**관화**》에도 나오지 않는다.

《**종합영한**》: Preside 爲主席, 司會

《**사원**》《**사해**》에는 고전적인 의미만 설명되어 있다.

현대 중국어에서 사용하기도 하나 일반적이지는 않다. 중국에서는 사회자를 보통 '主持者, 主持人'이라고 한다.

42. 산만 散漫

日

《**메이지어 사전**》에는 '산만'이 원래 '넓게 흩어져 있다'(ちらばりひろがる)는 뜻이었는데 메이지 시대에 '마음이 산란하고 뜬금없는 모습'(氣が散って, とりとめのないさま), '야무지지 않음'(しまりのないさま)이라는 의미로 쓰이게 되었다고 설명하고 있다.

中

'산만'은 원래 중국 고전어로서, 당나라 이전 시문에도 쓰였고, 의미는 한자 뜻 그대로였다(《唐書》. 二河, 散漫千余里). 그러나 현대 중국어에서는 동사가 아니라 형용사로 쓰이며, '무질서하고 규율이 없는 모습'을 나타낸다. 일본어의 영향으로 보인다.

또한 '산만'은 번역어가 아니나 영중사전들에서 번역어로서 사용된 것이 확인되었다.

《**영한자전**》: Diffusive 蔓延, 靡漫, 散漫

《**영화자전**》: Diffusive 蔓延, 靡漫

《**대사전**》: Diffusive 散漫; Desultory 散漫的(형용사적 용법에 주의)

《**관화**》: Diffuse 散布, 流散

《**종합영한**》: Desultory 散漫, 無秩序

《**화명사전**華英辭典》: 散漫無稽 without any recognizable characteristics.

《**사원**》과 《**사해**》에는 고전적인 의미, 즉 동사 용례만을 들고 있어 현재와 다소 차이가 있다.

43. 상표 商標 (trade mark)

日

《**메이지어 사전**》에는 영어 'trade mark'의 번역어이며 메이지 시대에 만들어진 신어라고 나와 있다. 일본에서 '상표조례商標條例'가 나온 것은 1884년이다.

中

《**영한자전**》《**영화자전**》: 표제어 미수록

《**음운집성**》: Trade mark 牌子, 商標

《**대사전**》: Trade mark 商標, 貨物之記号

《**관화**》: Trade mark 商標 (S)

《**종합영한**》: Trade mark 商標, 牌記

위의 예를 보면 《**음운집성**》(1902)이 나올 무렵부터 새로운 개념으로서 도입되었음을 알 수 있다. 단 《**대사전**》(1908)에 '貨物之記号'라고 번역된 것을 보면 'trade mark'의 의미가 완전히 파악된 것은 아니었던 것 같다.

《**신이아**》에는 '상표'라는 표제어가 없으나 지문에 "專賣權版權商標之屬. … 謂之無形資本"라는 표현이 보인다.

《**일본법규해자**》(1907)에는 "以繪畵図樣. 作商品之標識. 登錄於官備簿書中以便禁人仮昌者"(도면 모양을 상품의 표지로 하고 관청에 등록한다. 위조 상품을 방지하는 역할이 있다)고 자세히 설명되어 있다.

《**사원**》과 《**사해**》에 표제어로 나온다. 《**사해**》에는 영어 'Trade mark'의 번역어로 나오며 '묵두墨頭'라고도 번역한다고 쓰여 있다. 한때 음역한 번역어도 유행했음을 알 수 있는 부분이다.

44. 색맹 色盲 (color blindness)

日

《**대한화사전**》: 단어는 수록되었으나 용례의 출전이 없다.

쇼가쿠간 《**일본국어대사전**》에 도쿠토미 로카德富蘆花의 용례(1900)가 나와 있다. '~에 어둡다'라는 표현은 일어식 조어법이다. 그러나 '색맹'이 원어의 직역(calque)일 가능성도 완전히 배제할 수는 없다.

中

《**영한자전**》《**영화자전**》《**음운집성**》: 원어 미수록

《**대사전**》: Colour-blind 色盲, 不弁五色的

《**관화**》: Colorblind 不弁五色的, 色瞎; Colorblindness, same as colorblind

《**종합영한**》: Color blindness 不弁彩色, 色盲

《**백과대사전**》은 병명으로 수록

《**사원**》《**사해**》: 출전 미상

45. 서사시 敍事詩 (epic, narrative poem)

日

《**대한화사전**》: 미수록

《**메이지 · 다이쇼 신어 · 속어사전**》에 'epic'의 번역어라 하였고 모리 오가이森鷗外(1989)의 용례가 소개되어 있다.

中

《**영한자전**》: Epic 미수록

《**영화자전**》《**음운집성**》: an epic poem 史詩

《**대사전**》: an epic poem 詠史詩, 紀古事之詩, 叙事詩

《**관화**》: Epic 미수록

《**종합영한**》: Epic 叙事詩, 詠史時

《**사원**》: 미수록. 《**사해**》: 'epic poetry'의 번역어로서 나와 있으나 '一称史詩'라고 하는 단서가 달려 있다. 《**현대어사전**》에도 다음과 같은 기술이 보인다.

Epic (文) 見 "史詩". 史詩: 即以半戲劇的格式叙述英雄事績及史事的詩. (반희곡半戱曲의 형태로 영웅의 사적, 그리고 역사를 서술하는 시)

'역사시史詩'가 일반적인 단어였음을 알 수 있다.

46. 서정시 抒情詩 (lyric (poetry))

日

《**메이지 · 다이쇼 신어 · 속어사전**》에 'lyric'의 번역어이며 모리 오가이의 작품(1889)에 용례가 있다고 쓰여 있다. 《**메이지어 사전**》에는 "lyric poetry의 번역어이며 메이지 시대의 신어"로 나와 있다. 사전의 번역 용례는 1893년이다.

中

《**영한자전**》: Lyric poetry 미수록

《**영화자전**》《**음운집성**》: a lyric poem 琴瑟詩

《**대사전**》: Lyric poetry 抒情詩

《**관화**》: Lyric poetry 抒情詩

《**종합영한**》: Lyric poetry 抒情詩

《**사원**》: 미수록. 《**사해**》에는 'lyric poetry'의 번역어로 나와 있다.

'서정시'가 '서사시'보다 빨리 정착된 것으로 보인다. 《**현대어사전**》에는 다음과 같이 쓰여 있다.

Lyric (文) 即發抒及表現自己主觀的感興, 在內容上充滿了情感的詩歌(자신의 주관적인 감정을 표현하며 내용에 있어서는 정서가 충만한 시가)

47. 선율 旋律 (melody)

日

《**대한화사전**》: 단어는 표제어로 수록되어 있으나 용례가 없다.

《**메이지어 사전**》에는 "영어 'melody'의 번역어이며 메이지 시대의 신어"라고 설명되어 있다. 용례의 출현은 메이지 30년대부터이다.

中

《**영한자전**》: Melody 和音, 音樂

《**영화자전**》: Melody 和音, 諧音, 調

《**음운집성**》: Melody 和音, 腔調

《**대사전**》: Melody 和音, 佳音, 佳調

《**관화**》: Melody 韻調, 腔調, (Mus.) 旋律

《**종합영한**》: Melody 〔音〕 旋律

《**사원**》과 《**사해**》에 수록되어 있으나 어원 설명은 없다. 뒤에 나올 '음부音符〔음표〕' 등과 마찬가지로 음악 관계 용어 대부분은 일본어에서 차용된 것이다.

48. 선천 先天 (1. congenital; inborn. 2. a priori; innate)

日

《**메이지어 사전**》과 《**메이지 · 다이쇼 신어 · 속어사전**》의 설명을 종합하면 '선천先天'과 '후천後天'은 원래 중국의 고전 《역경易経》에 나오며, 원래 위의 1의 의미에 대응하는 단어였는데 메이지 시대에 각각 라틴어 'A priori, A posteriori'의 번역어가 되어 철학 분야에 사용되면서 일반화되었다고 한다. 《**철학자휘**》(1881)에 나와 있다.

中

《**영한자전**》: Prior 第一, 先知先覺; Posterior 在後的, 後來的

《**영화자전**》: Priori 第一, 最先; Posterior 後, 後來

《**음운집성**》: Priori 預先, 第一; Posterior 後, 後來

《**대사전**》: Prior 先的, 先前的; Posterior 後時的, 後至的

《**관화**》: A priori 先事 (B); A posteriori (logic) 後事 (B)

《**종합영한**》: A priori 先天的, 旣定的; A posteriori 後天的

《**사원**》이 중국 고전 용례를 인용하여 철학적 개념을 주로 기술한 데 비하여 《**사해**》는 종래 의미 용법을 근거로 '先天不足, 後天失調'라는 용례를 제시하고 있다. 현대 중국어에서는 철학적 의미 이외에는 이 용법이 더 일반적이다.

《**신이아**》에는 '선천'과 '후천' 모두 표제어로는 나오지 않으나, '先天社交性, 後天社交性'(선천적 사교성 후천적 사교성)에 대한 '与生俱來, 不挨群成而已具之社交性; 其待人群交際生而始有之社交性'(타고난 것으로, 사회적 형성을 거치지 않은 사교성, 사회적인 교류가 있고 나서야 비로서 갖게 되는 사교성)라는 설명을 찾아볼 수 있다.

《**백과대사전**》: 철학용어로 수록

《**신명사사전**》: 後天的; 後天鋭 (Aposteriorism); 先天說

《**현대어사전**》: 後天的 Aposteriori (哲); 後天說 Aposteriorism (哲); 後 天獲得性 Acquired characteristics (心); 先天論 Apriorism (哲); 先 天的Apriori(哲); 先天的範疇 Apriori categories (哲)

위유쑨余又蓀(1935)은 '선천'과 '후천'의 성립에 대하여 다음과 같이 설명하였다.

> 선천과 후천(Apriori, Aposteriori)은 니시 아마네西周가 만든 번역어이다. 그러나 이 두 단어는 니시 아마네가 새로 만든 단어가 아니라 중국 고대 철학자들이 자주 사용하던 단어들이다. 송나라 유학자들은 철학을 말할 때 종종 선천과 후천이란 용어를 사용하였다. 《황극경세서》 6권(觀物外 篇下)에 "先天之學心也, 後天之迹也. 出入有無死生, 道也"라고 하였다. 《주자전서周子全書》 1권에 "孔子 生於周末, 晩策十翼, 先天後天, 互相發明, 云々"라고

도 하였다. 선천先天과 후천後天이라는 단어는 《역경》에 나온다. 〔…〕 니시 아마네는 이 두 단어를 번역해 내는 데 상당히 고생하였다.

《화영자전》(2판, 1912년)의 기술 내용은 다음과 같다.

先天 one's natural physical endowments.
先天 nature : natural physical endowment; constitution; intrinsicality.
凡物各有先天 everything has its original constitution, — before it is touched by the hand of man.
眉目髮膚先天也, 弓鞋大小後天也 eyebrows, eyes, hajr, and complexion belong to one's original nature, while the size of compressed feet is an artificial result.
我先天結壯 I have a naturally strong constitution.

49. 설비 設備

日

《메이지어 사전》에는 《사기》에 나오는 단어라 하였다. 메이지 시대에 '연회 등의 준비'라는 의미로 쓰이다가 건축물을 지을 때의 의미로 그 대상이 확대되었고 '설치 준비設置準備에서 유추된 것'이라 추측하였다. '설비設備'는 중국 고전어로서 일본에서 의미가 변한 것으로 생각된다.

中

'설비'는 번역어가 아니다. **《영한자전》**을 비롯하여 근대 전기 영중사전들에는 나오지 않는다. 그러나 **《종합영한대사전》**(1928)에는 'installation'의 대역어로 나온다. 이것은 영일사전의 대역어를 그대로 가져온 때문일 것이다.
《사원》에는 고전적인 의미만 설명되어 있다.
《사해》에는 수록되지 않았다.

50. 성격 性格 (character)

日

'성격'은 중국 고전어이며 《**대한화사전**》에는 이중李中(五代 · 南唐)의 용례가 수록되어 있다.

《**메이지어 사전**》에는 "개인의 품성 · 품격이라는 뜻인데 영어 'character'의 번역어로 일반화되어 메이지 시대에는 그 자체가 가진 고유한 성질, 본질적인 특징이라는 의미가 첨가되었다"고 설명하고 있다. 일본에서는 메이지 30년대부터 사용되었다.

中

《**영한자전**》: Character 名聲, 品行

《**영화자전**》《**음운집성**》: Character 品性, 性格, 品格(the peculiar qualities, impressed impressed by nature or habit on a person, which distinguishes him from other)

《**대사전**》: Character 性格, 品格, 品性

《**관화**》: Character 性狀(S), 特質(S), 品性(S)

《**종합영한**》: Character 人格, 性格

《**사원**》은 《**대한화사전**》과 마찬가지로 이중의 용례를 인용하고 있다.

《**사해**》는 Character의 번역어로서 개인의 품격을 가리킨다고 설명하였다.

《**신술어사전**新術語辭典》: 性格 〔Character〕 "性格" 是指一個人底道德的心智的品質, … 《**신명사사전**》도 위와 같은 설명이 있다. '성격'은 《**영화자전**》에서 사용한 번역어로 보아야 할 것이다.

51. 수족관 水族館 (aquarium)

日

《**대한화사전**》에 "어류나 해초류 등을 하나의 건물에 진열해서 일반에게 보이는 곳"이라고 설명되어 있다. 처음 수족관이 만들어진 것은 1897년으로 고베 수

산박람회수족관神戶水産博覽會水族館이 그것이다.

中

《**영한자전**》: 원어 표제어 없음

《**영화자전**》《**음운집성**》: Aquarium 園池

《**대사전**》: Aquarium 水族館, 放生池

《**관화**》: 미수록

《**종합영한**》: Aquarium 養魚池, 水族館

《**사원**》과 《**사해**》에는 수록되지 않음.

'수족水族'은 중국의 고전어이다. 장덕이張德彝의 구미 방문 기록 《사술기四述奇》(1877)에는 '수족관水族館'이 다음과 같이 기록되어 있다.

> 午後, 同遊水族院, 英名阿奎良木. 蓄養蝦蟆魚虫, 無一不備, 儼如水晶宮景象, 惟遜其高敞耳. (오후에 수족관을 안내해 주었다. 영어로는 아쿠아리움이라 한다. 물고기, 새우 등을 사육하며 품종이 갖추어져 있다. 마치 수정궁전과 같으며 높이와 넓이가 실제보다 작을 뿐이다.)

52. 수채화 水彩畵 (water color)

日

《**대한화사전**》에 "서양화의 일종. 물에 녹인 그림물감을 이용해서 그리는 것"이라고 나와 있다. 《**메이지 · 다이쇼 신어 · 속어사전**》에는 《금색야차金色夜叉》의 용례가 제시되어 있다. 그러나 이 사전에서는 '수채화'가 번역어인지 아닌지에 대해서는 언급하지 않았다.

中

《**영한자전**》: a water color 顔色

《**영화자전**》: a water color 水顔色

《**음운집성**》: Water colour 水色畵的

《**대사전**》: a water colour 水顔料; 水顔料繪的, 水彩畵的

《**관화**》: a water color 水色, 水顔色

《**종합영한**》: awatercolour水彩畵

《**백과대사전**》: 洋畵之一種

《**사원**》과 《**사해**》는 서양화의 일종으로 설명하고 있다.

53. 시간표 時間表 (time table)

日

《**대한화사전**》: 미수록

《**메이지·다이쇼 신어·속어사전**》에는 영어 'time table'의 번역어라 하였다. 메이지 40년대부터 용례가 보인다. '시간'은 메이지 이후 생긴 신어인데 시간에 접사 '~表'가 붙은 것이 주목된다.

中

《**영한자전**》: '~table'이라는 접미사적인 용법이 없다. 'Table'은 '목록目錄'으로 번역되어 있다.

《**음운집성**》: Time-table 樂音長短表; pl. 火車開行時刻表

《**영화대사전**》: Time-table 汽車開到時刻表, 時間表 (여기서는 '기차汽車 train'이라고 번역하였으나 중국어에서는 '기차'가 아니라 '화차火車'라 한다. 이 번역어는 영일사전英日辭典의 예를 그대로 가져온 것일 것이다. 《官話》: Time table 時間表)

《**종합영한**》: Time-table 時間表

《**사원**》과 《**사해**》에는 '시간'만 있고 '시간표時間表'는 실려 있지 않다.

54. 시민 市民 (citizen)

日

《**대한화사전**》에는 '市井之民'(일반 백성)이라는 중국 고전 의미가 나와 있다.

《**메이지 · 다이쇼 신어 · 속어사전**》에는 중국 고전어가 영어 'citizen'의 번역어로 되어 메이지 시대부터 일반화되었다고 설명하였다. 새로운 의미로 쓰인 용례는 1876년경부터 보이나 사전에 등재된 것은 1882년부터이다.

中

《**영한자전**》: Citizen 邑人, 城里住民, 自由之人

《**영화자전**》《**음운집성**》: Citizen 邑人, 自由之人

《**대사전**》: Citizen 市人, 國民, 公民

《**관화**》: Citizen 市民, 國民, 邦人(B)

《**종합영한**》: Citizen 市民, 公民, 國民

《**사원**》《**사해**》: 수록되지 않았다. 《**관화**》에서는 'citizen'의 표준 번역어로 '방인邦人'을 제시하였다.

《**현대어사전**》: 시민계급 Bourgeoisie (社) 즉 자산계급資產階級

55. 아령 啞鈴 (dumb-bell)

日

《**대한화사전**》: 미수록

《**메이지어 사전**》에는 《말의 샘》(1898)의 기술 내용을 소개하고 "영어 'dumb-bell'의 번역어이며 체조에 사용하는 기구의 일종"이라 하였다.

中

《**영한자전**》《**영화자전**》: Dumb-bell 미수록

《**음운집성**》: 艶鐵球(体操器)

《대사전》: Dumb-bell 木球, 啞鈴(一種柔軟体操用之機械)

《관화》: Dumb-bell 練力的鐵鎚, 手鈴

《종합영한》: Dumb-bell 啞鈴(一種之体操機械)

《대사전》《종합영한》의 설명은 영일사전의 직역임이 판명되었다.

《사원》: 啞鈴 体操器械

《백과대사전》《사해》: '아령'은 실리지 않았지만 '아령체조'는 있다.

부운용의 《유력일본도경여기》에는 학교 견학 기사(1899. 2. 2) 중 다음과 같은 내용이 나온다.

> 按体操爲學校通例, 木器四: 日球鈴, 日球棍, 日拿環, 日当拔耳(ダンベル)(長尺余, 日本無定名, 此襲英語), 而女獨無当拔耳, 適見体操鈴, 木二法 (체조는 학교 수업이다. 목제 체조기구는 네 종류로서 '球鈴', '球棍', '持ち環', 덤벨이다. (덤벨은 일본에서는 정해진 명칭이 없고, 영어를 그대로 쓰고 있다.) 여학생은 덤벨을 하지 않는다. 방울, 나무를 가지고 연습하고 있는 것을 보았다.)

부운용이 일본에 갔을 때 '아령'이란 한자 표기는 '덤벨'로 읽히는 것이 일반적이었는데 부운용은 아령을 구두로 소개받은 듯하다. '아령'은 'dumb-bell'을 직역하여 만든 단어이며 중국어에서는 **《음운집성》**과 **《관화》**에서 보는 것처럼 직역어가 아니었다.

아령은 체조 및 아령체조의 개념과 함께 중국어에 들어온 것으로 추측된다. 체조는 일어 차용어이다(위의 부운용의 용례에 체조가 동사적으로 사용된 점에 유의할 필요가 있다).

56. 연감 年鑑 (year-book)

日

《메이지어 사전》에 "《송사宋史》〈운문지芸文志〉 5에 '年鑑, 一卷'이 보이는데 이

것이 영어 'year-book'의 번역어로 되어 일반화되었다"고 설명하고 있다. 일본에서 연감이 발행된 것은 1876년이라고 한다.

中

《**영한자전**》: 표제어로 원어 미수록

《**영화자전**》《**음운집성**》: Year-book 年報

《**대사전**》: Year-book 年鑑, 年報

《**관화**》: Year-book 年鑑(S), 年報(S)

《**종합영한**》: Year-book 年鑑, 年報

《**사원**》에는 '연감年鑑'이 《송지宋志》에 나온다고 어원을 소개하고, 새로운 의미도 소개하였다. 《**사해**》에는 'Year-book'의 번역어이라고 설명되어 있다.

57. 연골 軟骨 (cartilage)

日

오가와 테이조小川鼎三(1983)는 '연골軟骨'이 스기타 겐파쿠杉田玄白의 번역서 《해체신서解体新書》에 처음 나오며, 《해체신서》의 범례에는 '연골'이 네덜란드어 '크라크베인Kraakbeen'을 의역한 것이라고 씌어져 있다고 지적하였다. 또 연골軟骨이라는 번역어가 만들어진 경위를 스기타 겐파쿠의 편지(奥州一ノ關の建部清庵宛, 1773. 10)를 인용하여 설명하였다. 《**대한화사전**》에는 수록되지 않았으나 '연골두軟骨頭'는 보인다.

中

이른 시기부터 '연골'은 있었는데 그 의미는 '뼈가 부드럽다', 즉 '겁보, 무기력함'이라는 의미였다. 지금은 이러한 의미로는 '연골두'라고 한다.

《**영한자전**》: Cartilage 筋, 脆骨, 脆軟的骨頭

《**영화자전**》《**음운집성**》: Cartilage 脆骨, 軟骨頭

《**대사전**》: Cartilage 脆骨, 軟骨

《**관화**》: Cartilage 脆骨, 軟骨(B)

《**종합영한**》: Cartilage 軟骨

《**신이아**》《**사원**》《**사해**》는 생리학 용어로 기술하고 있다.

58. 연기 演技 (acting, performance)

日

《**대한화사전**》: 미수록

《**메이지·다이쇼 신어·속어사전**》에는 1872년의 용례(《新聞雜誌》, 第54号)가 나온다. 근대 이후 성립된 신어이나 번역어는 아니다. 현재의 외국어 대역사전들에서는 'acting, performance'의 번역어로 사용되고 있다.

中

《**영한자전**》: 미수록

《**영화자전**》《**음운집성**》: Acting 做戲; Performance 演戲, 做戲.

《**대사전**》《**관화**》: '演戲'는 보이지만, '演技'는 미수록

《**종합영한**》: Acting(某演芸員之) 演芸姿態; Performance 1. (美術, 音樂, 演戲等之) 技芸, 巧拙, 成績; 2. (音樂, 演劇之) 演奏, 彈奏, 演技, 演芸.

'연기'는 연극과 관련된 개념인데, 위에서는 '연희 → 전통적인 연극, 연극 → 서양풍의 신극'이라는 구분이 의식적으로 이루어진 것인지는 확실하지 않다.

《**사원**》《**사해**》: 미수록

59. 육감 肉感 (sensual)

日

《**대한화사전**》: 미수록

《**메이지어 사전**》은 "메이지 시대에 '육체에 생기는 감각'의 의미로 쓰였는데 나중에 성욕을 일으키는 느낌으로 변하였다"고 설명하고 있다.

中

근대 전기의 영중사전들에서 번역어로 사용되지 않았다.

《**대사전**》: Sensual 好色的, 肉体的, 肉欲的

《**관화**》: Sensual 好欲, 貪色的

《**종합영한**》: Sensual 肉体的, 肉感的, 肉欲的

《**사원**》《**사해**》: 미수록

60. 음부 音符 (note)

日

《**대한화사전**》: 수록은 되어 있으나 용례는 제시되지 않음.

《**영화자휘**》: Note 樂譜, 音律

《**철학자휘**哲學字彙》: Note 音符

中

《**영한자전**》:Note 律呂

《**영화자전**》《**음운집성**》: Note 音律, 音号, 律呂

《**대사전**》: Note 音号, 音符:音律, 音号, 律呂

《**관화**》: Note 音符 (S), 音律, 律呂, 音号, …

《**종합영한**》: Note 〔音〕音符

'음부音符'〔음표〕는 서양 음악을 도입하기 위하여 만든 신어이다. 그 밖의 관련 어휘, (2분음부, 4분음부, 8분음부, 16분음부, 32분음부 …) '음부', '음색音色', '음계音階', '음역音域', '음정音程'도 일본제 신한자어로 중국어에 역수입된 것으로 생각된다.

61. 이율배반 二律背反 (antinomy)

日

《**대한화사전**》: 미수록

《**메이지어 사전**》에 "영어 'antinomy'의 번역어이고 메이지 시대의 신어"로 나와 있으며 《**철학자휘**》(초판)의 예를 소개하였다.

中

《**영한자전**》: 원 표제어 미수록

《**영화자전**》《**음운집성**》: Antinomy 兩法相反, 二法相背

《**대사전**》: Antinomy 兩法反對, 二律衝突

《**관화**》: 원어 미수록

《**종합영한**》: Antinomy 二律衝突, 兩法相反

《**사원**》《**사해**》에는 수록되지 않음. 그러나 《**현대어사전**》은

> 二律背反 Antinomy (E) (論) …

이라고 하여 논리학 용어 이율배반을 수록하고 있다.

62. 인도주의 人道主義 (Human(itarian) ism)

日

《**대한화사전**》: 표제어는 있으나 용례는 제시되지 않았다.

《**메이지어 사전**》에는 "영어 'humanism'의 번역어이고 메이지 시대의 신어"로 나와 있다. 《**메이지·다이쇼 신어·속어사전**》에는 인도주의가 영어 'humanism'의 번역어이고 일본제 한자어라 하였다. 사전에 등재되는 것은 메이지 30년대부터이다. 동의어로 '인문주의'와 '박애주의'가 있다.

中

왕리다王立達(1958)에 일어 차용어로 나와 있으나 류정탄劉正埮 등(1984)에서는 삭제되었다. 이유는 분명치 않다.

《**영한자전**》《**영화자전**》: Humanism 미수록

《**음운집성**》: Humanism 礼儀, 人情; Humanitarianism 耶蘇及人之道

《**대사전**》: Humanism 人性(學), 人情(學); Humanitarianism 耶蘇乃凡人之道

《**관화**》: Humanism 汎愛學派(B), 人文主義; Humanitarianism 人道主義(S)

《**종합영한**》: Humanism 人類主義, 人道主義; Humanitarianism 人道主義, 汎愛主義, 博愛主義

《**신이아**》〈석군釋群〉에 "以扶植人類爲國家社會之任務者. 謂之人道主義"(인류를 구하는 것을 국가 사회의 책임으로 생각하는 것을 인도주의라고 한다)고 나와 있다.

《**사원**》: Humanism 人道主義

《**사해**》: Humanitarianism 人道主義

《**사회과학대사전**》: Humanism Humanitarianism 人道主義

《**현대어사전**》: Humanitarianism (E) 人道主義

현대 중국에서 출판된 영중·중영 사전에는 인도주의가 'Humanitarianism'의 번역어로 나와 있다.

63. 인신공격 人身攻擊 (personal attack)

日

《**대한화사전**》: 단어는 수록되어 있으나 용례 출전이 없다.

《**메이지어 사전**》에 '메이지 시대의 신어'라고 나와 있다. 사전 등재는 1893년부터이다.

中

《**영한자전**》: 'Personal attack'과 같은 개념이 없다.

《**영화자전**》: to attack one's reputation 攻人名聲, 敗人名節; a personal attack 攻人, 攻身

《**대사전**》: to attack one's reputation 誹謗人, 毀人名聲, 敗人名節

said of a remark or reflection on his character, 人身毁譽, 人身 批評, 人身誹謗

《**관화**》: 'Personal attack'과 같은 개념이 없다.

《**종합영한**》: Personal attack 對人之攻擊, 人物之評隲

《**사원**》《**사해**》: 미수록

64. 장력 張力 (tension)

日

《**대한화사전**》에는 수록되지 않았으나 《**원서의방물고**遠西医方名物考》에 이미 사용된 단어이다.

《**물리학술어 화영불독대역사전**物理學術語和英仏獨對譯字書》(1888) : Tension 張力

中

《**영한자전**》: 표제어로 미수록

《**영화자전**》: Tension 緊者

《**음운집성**》: Tension 索力

《**대사전**》: Tensien (機) 牽力, 張力

《**관화**》: Tension 牽力(S), 漲力(B), 弸力(B), 緊張

《**종합영한**》: Tension 〔機〕 張力, 応張力

《**사원**》: 미수록. 《**사해**》에는 물리학 용어로 나와 있다.

65. 재현 再現 (representation, reproduction)

日

《**대한화사전**》: 미수록

《**메이지어 사전**》에 'representation'의 번역어로 메이지 시대의 신어일 가능성이 크다고 나와 있다. 《**영화자휘**》에 'reappear'의 번역어로 나와 있다. 심리학 용어로 쓰인 것은 메이지 후기 이후로 보인다. 《**메이지·다이쇼 신어·속어사전**》에는 《**철학자휘**》의 번역 용례 'Representative Knowledge 再現知識'을 들고 있다.

中

《**영한자전**》: representation 象樣, 扮戲

《**영화자전**》《**음운집성**》: representation 演戲, 演扮

《**대사전**》: representation 1. …; 2. …; 3. 代表, 繪畫, 再現等

《**관화**》: representation 複象(B), 演戲

《**종합영한**》: representation 〔心〕 再現(想像), 再現力; reproduction 再生, 再出, 再現

《**현대어사전**》에 'Reproduction'의 번역어로 쓰였으며 심리학 용어로 소개되어 있다. 《**사원**》에는 나오지 않는다. 《**사해**》에는 "repreduction의 번역어이고, 1. 심리학 용어, 2. 문학 용어로, 자연주의의 한 개념이다"라고 나와 있다.

66. 적화 赤化 (Bolshevization)

日

1917년 러시아혁명 이후에 등장한 비교적 새로운 단어이다.

中

외국어 사전에 '적화赤化'가 처음 나오는 것은 《**종합영한대사전**》(1928)이다.

《**사원**》: 보이지 않는다. 《**사해**》에는 '공산당의 영향을 받는 것'이라는 설명이 있다. 1920년대 후반부터 신어 사전에 등재된다. 다음 여러 예를 보기로 하자.

《**신명사사전**》: 赤化 赤是革命的表徵. 赤化卽是思想行動的過激.(빨간색은 혁명의 상징이다. 적화는 즉 사상과 행동이 과격한 것이다)

《**사회과학대사전**》: 赤化 凡受共産主義及蘇俄感化了的人, 都叫作赤化. … 但中 國通用之'赤化'兩字, 範囲非 常廣大的; … 革命的人, … 統統称爲赤化 的.(공산주의와 소련에 감화를 받은 사람은 모두 적화라고 불리운다. 단 중국에서 일반적으로 사용되는 적화는 의미 범위가 상당히 넓다. 혁명적인 사람은 모두 적화라고 불리운다)

《**현대어사전**》: Bolshevization, red persuasion (E) (政) 卽以共産主義說服及組織群衆, 使群衆走社會主 義革命的道路. (즉 공산주의로 군중을 설득하고 조 직해서 사회주의 혁명의 길을 걷도록 유도하는 것)

67. 정서 情緖 (emotion)

日

《**대한화사전**》: 당나라 시대부터 용례가 있었으며 '감정의 발작'이라는 뜻이었다고 쓰여 있다. 《**메이지어 사전**》에는 "감정의 철학 분야에서 'emotion'의 번역어로 되어 희로애락 등 복잡한 감정을 나타내게 되었다"고 설명하고 《**철학자휘**》(1881)에 나오는 번역 용례를 인용하고 있다.

中

《**영한자전**》: Emotion 動心, 心懷

《**영화자전**》: Emotion 慟, 情慟

《**음운집성**》: Emotion 心動, 感動

정서情緖는 위의 사전에는 나오지 않지만 《**화영자전**》에는 다음과 같이 번역어로 쓰였다.

> 情緖 the course of love or friendship.
>
> 情緖無聊 depressed; listless.
>
> 無情無緖 depressed; down in the mouth.

《**대사전**》: Emotion 情, 情緖, 感情

《**관화**》: Emotion 心感 (B), 感覺 (S)

《**종합영한**》: Emotion 喜怒哀樂之情, 情緖, …

《**사원**》에는 다음과 같이 나와 있다.

情緖 今心理學上称感情之稍複雜者爲情緖. 有喜怒哀樂愛惡等觀念(지금

심리학에서 다소 복잡한 감정을 정서라고 한다. (정서에는) 희로애락애증 등의 관념이 있다)

일본으로부터 도입한 개념이다.

《**사해**》에는 심리학 용어로 나와 있다. 《**현대어사전**》에도 '情緖 Emotion(心) … ' 과 같이 심리학 용어로 소개되어 있다. 이미 '정서'는 고전어 의미로는 쓰이지 않는다.

68. 조정 調整 (regulation, adjustment)

日

《**대한화사전**》: 미수록

《**메이지어 사전**》은 메이지 시대의 신어로 보고 있다. 또 《필휴숙자집必携熟字集》 (1879)에 '調整 ソロヒトトノフ〔소로이 도도노우〕'로 나온다고 하였다. 훈에서 음으로 조어 과정이 변화하였음을 알 수 있다.

中

왕리다王立達(1958), 가오밍카이 · 류정탄(1958)에 일어 차용어로 나와 있으나 류정탄劉正埮 등(1984)에서는 삭제되었다. 이유는 명확치 않다. 번역어는 아니다. 영중사전들에서 'regulation'과 'adjustment'를 검색한 결과는 다음과 같다.

《**영한자전**》: Regulation 調理; Adjustment 修正, 調和

《**영화자전**》: Regulation 規例, 律法; Adjustment 修整, 規正, 整合意

《**음운집성**》: Regulation 規例, 規例; Adjustment 修整, 規正, 整合意

《**대사전**》: Regulation 規正, 調整, 整理, 整頓; Adjustment 整合, 改正, 規 定

《**관화**》: Regulate 整理, 調整; Adjustment 修正, 整頓, 整理

《**종합영한**》: Regulation 調整, 整頓, 整理; Adjustment 調整, 調和, 整理

《**사원**》에는 미수록. 단 '조제'라는 단어가 나오는데 이 '조제'에 대해서는 "일본어이다. 조사해서 제작한다는 뜻이다"라고 쓰여 있다.

《**사해**》: 미수록

왕리王力(1959)는 '조정調整'이 항일전쟁 중에 중국에서 널리 쓰이게 된 것 같다고 하였다.

69. 존재 存在 (existence)

日

원래 중국 고전어이며《**대한화사전**》에는《예기》의 용례가 실려 있다.

《**메이지어 사전**》에는 메이지 시대에 영어 'existence', 독일어 'Sein' 등 철학 용어의 번역어로 일반화되었다고 나와 있다.

中

《**영한자전**》: Existence 生, 有, 物之体現

《**영화자전**》《**음운집성**》: Existence 在, 有, 自在之有, 自然之有

《**대사전**》: Exist 存在 (不論於精神上或物質上); Existence '存在'는 보이지 않는다.

《**관화**》: Existence 在世, 生命, (existence of subject 主物之存在 (B))

《**종합영한**》: Existence 存在

《**사원**》에 나와 있으나 새로운 의미, 즉 철학적인 의미는 나오지 않는다.

《**사해**》: 미수록. 중국 고전어에서는 존재가 한 단어로 인식되지 않 았다.

《**현대어사전**》은 존재를 'Being'의 번역어로 설명하고 있다.

70. 중화 中和 (neutralization)

日

'중화中和'는 중국 고전어이며《중용》과《순자》《사기》에 나온다.《**메이지어 사전**》에는 "본래 사람의 성격이 조화를 이룬 것"이라는 의미였는데 메이지 시대에 영어 'neutralization'의 번역어로서 사용되면서 "성질이 다른 것이 융합하여 각각의 특성을 잃다"라는 의미로 변하였다고 설명하고 있다.

中

《**영한자전**》: 표제어로 미수록

《**영화자전**》: Neutralization 使無力者, 相殺之事

《**음운집성**》: Neutralization 使無力, 相殺之事

《**대사전**》: Neutralization 使歸無效, 至無功力, 使成中性; neutralize (Chem.) to destroy the effect of, (化) 抵制其力, 消滅其功效

《**관화**》: Neutralization 相消, 消滅 … 的功效

《**종합영한**》: Neutralization (化) 中和

《**신이아**》: 수록됨.

《**백과대사전**》: 화학용어로 수록.

《**사원**》과 《**사해**》에는 신·구 두 의미가 나와 있으며, 새로운 의미는 화학 용어 또는 물리 용어라고 하였다. 《**현대어사전**》에는

> 中和 neutralization (理; 社)…

로 나와 있다. 중화의 의미가 사회학에도 진출했음을 알 수 있다.

71. 나무쌓기 積木 (building blocks, toy bricks)

日

《**대한화사전**》에 나오지 않는다. 종래 '나무를 쌓는다'는 종래의 의미에 근대 이후 '완구'라는 새 의미가 추가되었다. 《**일본국어대사전**日本國語大辭典》에는 도쿠토미 로카德富蘆花의 용례(1900)를 들고 있다.

中

《**영한자전**》《**영화자전**》《**대사전**》《**관화**》 등에 미수록

《**종합영한**》: building-block 一套之積木玩具

《**사원**》《**사해**》: 미수록

장덕이張德彝는 구미 방문 기록《삼술기三述奇》(1871)에서 '나무쌓기積木'에 대해서 다음과 같이 쓰고 있다.

> 外國一種玩物, 名曰布洛克斯者, 系傚中國七巧図所造, 共木四十四塊, 西人亦以之擺成卓椅, 床, 房屋, … 等物. (외국 장난감의 하나로 블럭(blocks)이라고 한다. 중국 '七巧圖'를 모방하여 만들었다. 나무 조각인데 전부 44개이다. … 서양 사람들은 이것을 연결해서 집이나 가재도구 등을 만든다)

'積木(ツミキ)'은 〔V+N〕 구조를 갖는 명사로서, 단어 구조로 볼 때 일본에서 만든 것으로 생각된다.

72. 참극 慘劇 (tragedy, calamity)

日

《**대한화사전**》: 미수록

《**메이지어 사전**》에 "영어 tragedy의 번역어. 메이지 시대의 신어"로 나와 있다. 용례는 구니키다 돗포國木田獨步(1903)의 예가 가장 빠르다. 그러나 현재 사용하는 '참극慘劇'은 연극 용어 'tragedy'의 번역어가 아니라 보통 'calamity'의 의미로 비유적으로 사용된다. 'tragedy'의 번역어 '비극'은 일어 차용어이다.

中

《**영한자전**》: Tragedy 悲戲, 哭戲

《**영화자전**》: Tragedy 悲戲, 悲切之戲

《**대사전**》: Tragedy 1. 悲劇, 悲哀之戲曲; 2. 悲慘之事

《**관화**》: Tragedy 悲劇 (S), 悲戲, 慘劇 (C)

《**종합영한**》: Tragedy 悲劇; Calamity 慘事, 慘劇

《**영화대사전**》(1908)부터 '비극'이 출현하는데 이 비극은 《**관화**》에서 신어로 취급하고 있다. 또 이 사전에서는 '비극'을 일반 번역어로, '참극'을 문어로 인식하고 있다. '참극'은 중국의 고대 문헌에 나오지 않는다.

《사원》《사해》에는 나오지 않는다. **《현대어사전》**은 다음과 같이 서양 문학의 개념으로서 비극을 설명하고 있으며 파생 의미도 언급하였다.

> 悲劇 Tragedy (E) (普) 以悲壯美爲中心題材而組成的劇. … 〔引申〕指重大悲慘事件.(비장의 미를 중심 내용으로 하는 극이다. … 중대하고 비참한 사건을 가리킨다.)

현대 중국어에서 '비극'은 극의 장르라는 개념과 비유적인 의미 양쪽을 모두 가리키나 '참극'은 재앙에 대한 비유로만 사용한다.

73. 첫인상 第一印象 (one's first impression)

日

《메이지·다이쇼 신어·속어사전》에는 영어 'first impression'의 번역어라고 나와 있다. 메이지 시대 후반부터 용례가 보인다.

中

《영한자전》: First impression 覺悟

《영화자전》《음운집성》: First impression 初印的

《대사전》: 'Impression'에 '印象'은 보이지 않는다.

《관화》: First impression 未收錄; impression (Psychology) 印象(B)

《종합영한》: 'First impression'은 나오지 않으나 'First impressions are always wrong 初見之印象多所謬誤'가 나온다.

《사원》: 미수록. **《사해》**에는 나온다. **《현대어사전》**에는 예술 용어로 나온다.

> 第一印象 First impression (E) (芸) 鑑賞芸術作品開始所得的印象. … 又初

次看見一個人 所得的印象, 亦稱第一印象.(예술작품을 감상할 때 처음 받는 인상. … 또한 어떤 사람과 처음 대면했을 때 받는 인상도 첫인상이라고 한다)

74. 청진기 聽診器 (stethoscope)

日

《의어류취》(1873년) : Stethometer 測胸器; Stethoscope 聽胸器

《영화자휘》(初版): Stethoscope 聞症筒

《일본국어대사전》에는 다야마 가타이田山花袋의 용례(1908)가 나온다.

中

《영한자전》: 표제어로 미수록

《영화자전》: Stethoscope 聞症筒

《음운집성》: Stethoscope 驗胸器, 察胸聲之器

《대사전》: Stethoscope (医) 聽胸窩中聲之器, 聽診器, 聽胸器, 聽病筒

《관화》: Stethoscope 聞病筒 (S), 聞診筒 (S), 聽病筒 (S), 驗病筒 (S)

《종합영한》: Stethoscope (医) 聽診器, 聽胸器

《사원》《사해》: 의료 기구로서 자세히 설명되어 있다.

75. 체계 體系 (system)

日

《대한화사전》: 미수록

《메이지어 사전》에 "메이지 시대의 신어. 영어 system의 번역어"로 나와 있다.

《철학자휘》(재판, 1884)에 나온다.

中

《영한자전》: System 次序之事

《**영화자전**》: System 法, 法式, 制度

《**음운집성**》: System 法式, 制度

《**대사전**》: System 体制, 組織, 法式, 統系

《**관화**》: System 法, 制(B), 統系(B)

《**종합영한**》: System 系統, 体系, 系

《**사원**》: 미수록. 《**사해**》에 "계통을 보라"고 한 것을 보면 '계통系統'이 더 일반적이었던 것 같다.

《**신명사사전**》에는

> 体系 由某種原理所組織之知識的統一.(어떤 종류의 원리에 의해 조직된 지식의 통일체)

라고 나와 있다. 《**현대어사전**》은 '체계体系'가 'System'의 번역어라는 것을 '철학 체계, 경제 체계, 이론 체계' 등의 용례를 들어 설명하고 있다.

76. 체온계 體溫計 (thermometer)

日

《**의어류취**》(1873) : Thermometer 寒暑針

中

《**영한자전**》: Thermometer 寒暑表

《**영화자전**》: Thermometer 寒暑針

《**음운집성**》: Therlnometer 寒暑表

《**대사전**》: Thermometer 寒暑針, 寒暑表

《**관화**》: Thermometer 寒暑表, …

《**종합영한**》: Thermometer 寒暖計, 溫度計, 寒暑表, (驗体溫之) 驗溫計, 体溫 計

의료 기구 '체온계'가 중영사전들에 등장하는 것은 상당히 늦다. 《**사원**》에는 '체온표'가 나오는데 의료 기구로 설명되어 있다.

77. 체제 體制 (organization)

日

《**메이지어 사전**》에 "원래 '체제体裁'란 뜻이었는데 영어 'organization'의 번역어가 되면서 의미가 분화되어 생물체의 구조나 철학의 유기적 통일체라는 의미가 부가되었다. 오늘날은 '사회체제'와 같은 식으로 사용된다"라고 설명하고 있다. 《**철학자휘**》(1881)에 번역 용례가 나온다. 《**대한화사전**》에는 새로운 의미의 출전이 나오지 않는다.

中

《**영한자전**》: 원어 미수록.

《**영화자전**》《**음운집성**》: Organization 造法, 製法, 体之造法, 治國之法

《**대사전**》: Organization 組織之事, 構造, … 機構, 体制

《**관화**》: Organization 組織(B), 体質, 制度

《**종합영한**》: Organization 組織, 構造, 編制, 体制

《**화영자전**》에는 다음과 같은 용법이 보인다.

> 体製 structure, - of a character.
>
> 体制 regulation; system; constitutional rule.

《**사원**》은 '猶言体裁'라는 고전어를 싣고 있으며 《**사해**》에도 고전적인 의미만 나온다.

78. 체험 體驗 (have an experience)

日

《**대한화사전**》: 미수록

《**메이지 · 다이쇼 신어 · 속어사전**》에 "직접적인 경험. 스스로 경험하는 것. 일본에서 중국으로 건너간 단어"라고 설명하고 있다. 니시 아마네(1884)에 용례가 있다.

中

가오밍카이 · 류정탄(1958)에 일어 차용어로 나오는데 류정탄劉正埮 등(1984)에서는 삭제되었다. 이유는 불명이다.

《**영한자전**》: Experience 嘗試, 識見

《**영화자전**》: Experience 経練者, 試練

《**음운집성**》: Experience 経練, 試練

《**대사전**》: Experience 経練, 経驗, …

《**관화**》: Experience 経驗(B)

위의 사전들에서 알 수 있듯이 《**관화**》까지는 'have an experience'는 없고, 'Experience'에도 체험은 나오지 않았다.

《**종합영한**》: Experience 経驗, 閲歴, 経驗

《**사원**》《**사해**》: 수록되지 않음.

《**신명사사전**》에는 다음과 같은 설명이 있다.

> 体驗 具体的経驗. 不依書本, 而是自身實行所得的経驗.(구체적 경험. 책을 통한 것이 아니라 자신이 직접 실행해서 얻은 경험이다)

79. 초인 超人 (superhuman)

日

《**대한화사전**》: 단어 자체는 수록되어 있으나 용례 출전이 없다.

《**메이지어 사전**》에 "메이지 시대의 신어. 영어 'superhuman'의 번역어. 니체의 이상적인 인간"이라고 설명되어 있다. 사전에 등재되는 것은 메이지 30년대 후반.

中

《**영한자전**》: 표제어로 미수록

《**영화자전**》《**음운집성**》: Superhuman 過人的, 出乎人的

《**대사전**》: Superhuman 超人力的, 超凡的

《**관화**》: Superhuman 超過人力的, 人力所不及

《**종합영한**》: Superhuman(德國哲學家所称之) 超人(超越善悪禍福之人)

《**사원**》: 미수록

《**사해**》: 超人 尼采(니체)가 제창한 개념

《**현대어사전**》: 超人 Superman (哲) 니체의 주장

현대 중국어에서 '초인'은 철학적 의미로서가 아니라 글자 그대로 보통 사람보다 능력이나 기능이 뛰어난 사람으로 이해, 사용된다.

80. 초점 焦点 (focus)

日

《**대한화사전**》: 미수록

《**메이지어 사전**》은 영어 'focus'의 번역어로, '燒点 → 焦点'으로 형태가 변했다고 지적하면서 《**수진영화사전**袖珍英和辭典》(1862)의 번역 용례를 들고 있다.

中

《**영한자전**》: Focus 中樞

《**영화자전**》: Focus 燃心, 燃樞

《**음운집성**》: Focus 光射聚之處; 聚光点

《**대사전**》: Focus 光心, 聚光点, 燒点, 焦点

《**관화**》: Focus 光心, 焦点 (B); 〔幾何〕勺点 (B)

《**종합영한**》: Focus 〔理〕 焦点, 燒点; 〔數〕 焦点, 中点

《**신이아**》〈석격치釋格致〉에 "軸半徑之中点謂之燒点"(축의 반경 중심을 '소점'이라고 한다)고 기술되어 있다. 한때 '소점燒点'도 일어에서 차용하였으나《**관화**》이후 'Focus'의 표준 번역어는 '초점'이 주로 사용되게 되었다. 중국어 사전 가운데《**사원**》은 광학 용어로,《**사해**》는 물리학 용어, 수학 용어로 분류하고 있다.

《**현대어사전**》에는 "Focus (E) (普) … 〔引申〕問題的中心点"로 나와 있다. 이미 사전 발간 당시 '초점焦点'이 일반화되어 비유적으로도 사용되었음을 알 수 있다.

81. 촬영 撮影 (photograph)

日

《**대한화사전**》: '사진을 찍다'로 나온다.

《**메이지어 사전**》에 '메이지 시대 등장한 신어'로 나와 있으며 용례는 1879년에 발간된 사전 용례를 소개하고 있다. '촬영'은 처음부터 한자어 사전에 등장한 단어이며 번역어가 아니다. 또한《**메이지어 사전**》에는 'サツエイ'〔사쓰에이〕와 'サイエイ'〔사이에이〕 등 두 가지 독음이 나와 있다. '撮'을 'サツ'로 읽는 것은 한음漢音이며 '찍는다'는 뜻이고 'サイ'는 '상투의 밑동'이란 뜻이므로 잘못된 것이라고 지적하고 있다.

中

중국어에서 '撮'과 '攝'은 다른 글자이며 현대 중국어에서는 '撮影'이 아니고 '攝影'이다.

《**영한자전**》에 '사진을 찍다'라는 개념을 나타내는 표제어는 없다.

《**영화자전**》: Photograph 影相

《**음운집성**》: Photograph 照相, 攝影, 照像

《**대사전**》: Photograph, to take a picture, 照像, 影相, 拍照, 攝影

《**관화**》: Photograph 給 … 攝影, 撮影 (攝과 撮의 兩方이 使用)

《**종합영한**》: Photograph 撮影, 攝影

《**사원**》: 攝影 卽照像, 謂以人影收攝入鏡也.

《**사해**》: 攝影 Picture taking. 卽照像.

위의 사전에서 알 수 있듯이 중국어에서는 '촬영'이 격식을 차리는 말인 데 비하여 '조상照像'은 일반적인 표현이다.

82. 추진기 推進器 (propeller)

日

《**메이지어 사전**》에 "영어 'propeller'의 번역어. 메이지 시대의 신어"로 나와 있다. 일본에서 한때 '추진기'도 사용되었다.

中

《**영한자전**》: 표제어로 미수록

《**영화자전**》: Propeller 暗輪船

《**음운집성**》: Propeller 推前者, 暗輪船

《**대사전**》: Propeller 推進器, 暗車, 暗輪

《**관화**》: Propeller 推進機

《**종합영한**》: Propeller (飛機等之) 推進器, (汽船之) 暗輪

《**백과대사전**》: '工業學用語'로서 수록

《**사원**》: 미수록

《**사해**》: 機械名詞, 或称推進機, 俗称葉子

'推進器'와 '推進機' 두 가지가 공존한다는 점에서 일어와의 관련성이 주목된다.

83. 충동 衝動 (impulse)

日

《**대한화사전**》: ① 강한 자극을 주어 마음이 움직이게 하다, ② 목적을 의식하지 않고 어떤 행동을 하려는 마음, 반사운동, 본능 등 중국 고전의 의미와 근대의 새로운 의미를 함께 기술하고 있다.

번역어 '충동衝動'은 출현 시기가 매우 이르다.《**메이지어 사전**》에는《**불화사전**仏和辭典》(1871)과《**철학자휘**》(1871)에 용례가 있다고 나와 있다.《**메이지 · 다이쇼 신어 · 속어사전**》은 충동을 니시 아마네가 만든 단어로 추정하고 니시 아마네의 번역 용례 'Mental Philosophy의 번역어'(메이지 초기) '자극충동刺激衝動'을 들고 있다.

中

《**영한자전**》: Impulse 血氣所至, 任氣自由

《**영화자전**》: Impulse 爲氣所至, 任氣所至

《**음운집성**》: Impulse 隨氣所使, 任氣所致

《**대사전**》: Impulse 一時之氣, 任氣所至 (단, Impulsion推動, 衝動)

《**관화**》: Impulse 激動力, 衝動; (Psychology) 興動 (S)

《**종합영한**》: Impulse 1. 推進力, 衝動, 刺激, … 3. (心之) 刺激, 驟然之動機

《**사원**》《**사해**》는 '충동'을 심리학 용어로 설명하였고《**사해**》는 원어 'Impulse'도 제시하였다.《신어사전》에는 다음과 같이 나와 있다.

> 《**신명사사전**》: 衝動 不基於智慮, 不経仔細思索, 只応順一時的外來的刺激而發生的'原始的行爲'(이성에 기초해서 치밀한 사고를 거친 것이 아니라 일시적인 외부의 자극에 반응하여 생긴 '원시적인 행위')
>
> 《**현대어사전**》: 衝動 Impulse (E) (心) 無意識的或半意識的對於內外刺激而起的反応活動, 如性欲衝動, 感情衝動.(무의식적인 또는 반의지적인 내외의

자극에 대한 반응 활동. 예를 들면 성욕 충동, 감정 충동)

84. 타성 惰性 (inertia)

日

《**대한화사전**》: 미수록

영어 'inertia'의 번역어. 《**메이지 · 다이쇼 신어 · 속어사전**》은 《철학자휘》(1881)의 번역 용례를 들었다. 《**메이지어 사전**》은 '타성'이 메이지 시대의 신어라 하고 원래는 물리학 용어였는데 모리 오가이의 《무희舞姬》(1890)에 나오는 '습관이란 일종의 타성으로 생기는 것'처럼 나중에 '관습'이란 의미로 변하였다고 쓰고 있다.

中

《**영한자전**》: Inert 懶惰

《**영화자전**》: Inert 怠惰

《**음운집성**》: Inertia 不肯動之性

《**대사전**》: Inertia (物理) 質阻, 抵力, 本阻, 慣性, 惰性

《**관화**》: Inertia 惰力(S), 抵力(S)

《**종합영측**》: Inertia 惰性, 慣性

《**사원**》《**사해**》는 '타성'을 물리학 용어로 설명하면서 '관성惰性'을 참조하라고 하였다. 물리학 용어로서는 '관성'이 더 일반적인 용어였을 것이다.

《**현대어사전**》에는 다음과 같이 나온다.

> 惰性 inertia (E) (物) "慣性" 同. …〔引伸〕不喜改变及進取始終陳陳相因, 亦称惰性.(慣性과 같다. … 개혁과 전진을 좋아하지 않고 보수적인 것도 타성이라고 한다)

현대 중국어에서 물리학 용어로는 '관성'이 쓰이며 '타성'은 주로 파생적인 의미로 사용된다.

85. 탄성 彈性 (elasticity)

日

《**대한화사전**》: 미수록

《**메이지어 사전**》에는 '탄성'이 영어 'elasticity'의 번역어라 하였고 《공학자휘工學字彙》(1888)의 번역 예를 들었다.

中

《**영한자전**英漢字典》: Elastic 軟

《**영화자전**》: Elasticity 軟聳之力, 跳返之力, 軟縮之力

《**음운집성**》: Elasticity 伸縮之力

《**대사전**》: Elasticity 自復性, 躍力, 彈力, 顫力, 彈性

《**관화**》: Elasticity 自復性(S), 躍回力(S), 彈力(S), 縮力(S), 彈性(S), 性 (B)

《**종합영한**》: Elasticity 彈力, 彈性

《**신이아**》와 《**사원**》《**사해**》는 '탄성'을 물리학 용어로 설명하였고 파생적인 의미는 언급하지 않았다. 《**현대어사전**》은 다음과 같이 설명하고 있다.

> 彈性 Elasticity (E) (物) … 〔引伸〕事物富於伸縮性, 常於改變其原形後卽回復其原狀的作用, 亦称彈性.(신축성이 풍부한 사물은 원래의 형태를 잃은 후에도 곧바로 원래의 형태를 회복하는데 이를 탄성이라고 한다)

86. 통신망 通信網 (a network of news service)

日

군사 용어가 일반화된 것. 《**메이지·다이쇼 신어·속어사전**》에 히노 아시헤이火野葦平의 《보리와 군대麥と兵隊》(1938)에 용례가 나와 있다.

中

각종 외국어계 사전과 중국어 사전에는 나오지 않는다. 그러나 《**현대어사전**》에는 다음과 같이 설명되어 있다.

> 通信網 News gathering facilities (社) 各地方各産業部門各機關均設有通信員, … 這種 廣汎的通信組織就称爲通信網(각 지방, 각 산업 부분, 각 기관에 모두 통신원이 설치되어 있다. 이와 같은 대규모의 통신 조직을 통신망이라고 한다)

위의 예는 현대 중국어 의미와 다소 차이를 느끼게 한다. 오히려 접미사 '~網'의 조어력이 문제가 될 것이다.

87. 통신사 通信社 (a news agency)

日

《**대한화사전**》: 미수록

《**메이지어 사전**》에서는 메이지 시대의 신어로 보았으며 모리 오가이의 《灰燼》(1901)에 나오는 용례를 들었다. 사전 등재는 메이지 30년대 초반 이후이다.

中

《**관화**》 이전 영중사전들에는 'a news agency'가 나오지 않는다.

《**종합영한**》: News-agency 通信社

《**일본법규해자**日本法規解字》(1907)에 다음과 같이 기술되어 있다.

> '開辦一社. 以專任訪事. 向報館或個人. 將其所探訪之事. 卽行通信者'(회사를 설립해서 오로지 취재에 힘쓰며 취재 내용을 신문사 또는 개인에게 제공하는 회사)

《**사원**》: 미수록

《**사해**》: 'Newsagency'의 번역어로 설명하고 각국 통신사에 대해 소개하였다. 중국 최초의 통신사는 소진청邵振青의 신간편역사新聞編譯社(1916)라 한다.

88. 통신원 通信員 (a correspondent)

日

《**대한화사전**》: 수록되지 않음.

《**메이지어 사전**》에 메이지 시대의 신어라 하였고 모리 오가이의 《무희》(1890)에 나오는 예를 들었다.

中

《**영한자전**》: Correspondent 通信之人

《**영화자전**》: Correspondent 通信者

《**음운집성**》: Correspondent 致信者, 致函人

《**대사전**》: Correspondent 通信員, 訪事人

《**관화**》: Correspondent 通信員, 報館訪員, 訪事人

《**종합영한**》: Correspondent 通信者, 通信員, 訪員, 訪事(人)

《**사원**》: 미수록

《**사해**》: "通信員 採集外阜新聞, 用通信方法, 隨時報告於報館者, 曰通信員"(다른 도시의 뉴스를 수집하여 수시로 통신〔信書〕을 통해 신문사에 보고하는 사람을 통신원이라고 한다)로 설명하였으며 이때 통신은 축자적逐字的 의미로 쓰였다.

89. 파출소 派出所

日

《**대한화사전**》: 표제어로 용례 없음.

《**메이지어 사전**》은 "경찰서 하부 기관이라는 의미로 일반화되었다"고 설명하였다. 메이지 초기부터 사용되었다.

中

'파출소派出所'는 번역어가 아니며 일본 경찰의 독특한 제도이다. 오늘날 일영사전 및 중영사전에서는 파출소를 'Local police station, Police substation'으로 번역한다. 가오밍카이 · 류정탄(1958)에 일어 차용어라 하였으나 류정탄劉正埮 등(1984)에서는 삭제되었다. 이유는 불명.

《영한자전》《영화자전》《음운집성》: 대응 개념이 보이지 않는다.

《대사전》: Station: a district police office 巡捕房, 警察署

《관화》: Police station 巡警分駐所(S)

《종합영한》: Police station 巡警派出所, 巡警崗亭

《사원》: 미수록. **《사해》**: 수록

90. 판권 版權 (copyright)

日

《메이지어 사전》에 영어 'copyright'의 번역어로 나와 있다. 일본에서는 메이지 초기부터 사용한 예가 있으며, 1886년 〈저작권법〉이 시행되면서 오늘날은 '저작권'이란 용어가 더 많이 쓰인다.

中

《영한자전》: 미수록

《영화자전》《음운집성》: Copyright 印書之權

《대사전》: Copyright 印書之權, 版權, 著作權

《관화》: Copyright 著作權(B), 版權(B), 版図(B)

《종합영한》: Copyright 版權, 著作權

《신이아》에 용례는 있으나 표제어로는 나오지 않았다.

《사원》《사해》: 수록되었으나 어원은 제시되지 않았다. 그러나 **《화영사전》**(초판, 1892)에 다음과 같이 설명된 것을 보면 '판권' 개념은 19세기 말 이미 도입되었던 것 같다.

板權所有 the blocks are under our control-used in the sense of copyright; all rights reserved.

《**신명사사전**》에는 '판권'과 '저작권'이 모두 나오며 다음과 같은 설명이 있다.

版權 著作物的出版權(판권: 저작물의 출판물)
著作權 著作物的改編, 印刷, 發行等的權利. 卽著作者的專有的財產權. 但此種權利, 可以移轉的(저작권: 저작물의 개편, 인쇄, 발행 등에 관한 권리이다. 즉 저작자가 전유하는 재산권이다. 단 이에 대한 권리는 이전할 수 있다)

현대 중국에서는 '저작권'은 법률 용어로, '판권'은 상용어로 구분해 쓴다.

91. 편집광 偏執狂 (monomania)

日

《**메이지 · 다이쇼 신어 · 속어사전**》은 "영어 'monomania'의 번역어. 어떤 것에 이상할 정도의 집착을 보이는 병적 현상. 편광偏狂이라고도 한다"라고 설명하였으며 다이쇼大正 후기 용례를 들고 있다. 《**메이지어 사전**》에는 《**철학자휘**》(초판, 1881)에 'monomania'의 번역어가 '편광偏狂'이었는데 제3판(1912)에는 '편집광'으로 나온다고 지적하였다.

中

《**영한자전**》: 표제어로 미수록

《**영화자전**》《**음운집성**》: Monomania 一意之狂, 偏狂

《**대사전**》: Monomania 一事狂, 一意之狂, 偏狂

《**관화**》: Monomania 一事狂, 偏狂

《**종합영한**》: Monomania 偏執狂

《**사원**》: 미수록. 《**사해**》: 수록됨.

《**현대어사전**》에 나오지 않는다. '편광'에 대해서는 다음과 같이 설명하였다.

> 偏狂 Monomania (心) 卽固執一事一物的妄想狂病, 爲近代流行的精神病之一. (즉 한가지 일, 한 가지 것에 집착하는 망상형 정신병이다. 근대에 유행하고 있는 정신병의 하나이다}

'편광'은 근대 전기 영중사전들에도 쓰였던 중국 고전어이나 지금은 '편집광 偏執狂'으로 통일되었다.

91. 합금 合金 (alloy)

日

《**대한화사전**》: 표제어로는 있으나 용례는 제시되지 않았다.

《**공학자휘**》(제2판, 1888년) : Alloy 合金

中

《**영한자전**》: Alloy 高低會熔

《**영화자전**》: Alloy 夾銅, 夾鉛

《**음운집성**》: Alloy 混合金屬

《**대사전**》: Alloy 合金, 混合金屬

《**관화**》: Alloy 雜金 (B)

《**종합영한**》: Alloy 合金

《**백과대사전**》: 화학 용어로서 수록.

《**사원**》《**사해**》: 용례 출전이 보이지 않는다.

《**관화**》는 '잡금雜金'을 정식 번역어로서 선택했지만 정착되지 않았다. '합금'은 〔V+N〕 구조로 된 명사이다.

93. 현행범 現行犯 (criminal caught in the act)

日

'criminal caught in the act'에 대응되는 용어로 서양의 법 개념이 도입됨에 따라 만들어진 신어이다. **《메이지 · 다이쇼 신어 · 속어사전》**에는 1883년 용례가 나온다.

中

《영한자전》《영화자전》《음운집성》부터 **《대사전》《관화》《종합영한》**에 이르기까지 이 개념이 나오지 않았다.

《신이아》〈석법釋法〉에는 '臨時發覺者謂之現行犯'(사건 당시 발각된 이를 현행범이라고 한다)로 나와 있다. 또 《일본법규해자》(1907)에는 '犯罪之發覺. 在現行或現行已終之際. 名曰現行犯'(범행 중 또는 범행 직후 발각된 것을 현행범이라고 한다)라고 하여 의미가 더 세밀해졌다.

《사원》《사해》에는 법률 용어로서 상세한 설명이 있다.

94. 혈압계 血壓計 (Sphygmomanometer)

日

'혈압계血壓計'의 발명과 그 원어 'Sphygmomanometer'에 관해서는 오가와 테이조小川鼎三(1983)의 연구가 있다. 그러나 그는 '혈압계'의 유래에 대해서는 언급하지 않았다. 혈압계가 발명된 시기를 생각하면 번역어 혈압계는 19세기 말 이후 생겼을 것이다(오가와에 따르면 피에를 샤를 포탱Pierre Charles Potain이 혈압 측정 장치를 발명한 것은 1889년이고 'Sphygmomanometer'라는 이름을 붙인 것은 1891년이라 한다). **《의어류취》**(1873)에 'Sphygmometer 맥력脈力을 측정하는 기구'로 나와 있다.

中

《영한자전》《영화자전》: 미수록

《**음운집성**》: Sphygmometer 量脈跳動力之表

《**대사전**》: Sphygmometer 量脈力表

《**관화**》: Sphygmograph 脈針

《**종합영한**》: Sphygmometer 搏動測驗器, 脈波針(단, 위 사전에 blood pressure 〔生〕혈압血壓은 있다)

《**사원**》《**사해**》: 미수록

95. 화보 畫報 (a pictorial, illustrated magazine)

日

《**대한화사전**》: 미수록

《**메이지어 사전**》에 메이지 시대의 신어로 나와 있으며 《시골교사田舍教師》(1892, 다야마 카타이田山花袋)의 용례를 실었다. '화보'가 《사림辭林》(1894) 등 일본어 사전에 수록된 것은 메이지 40년대 이후이다. 단 《**메이지어 사전**》은 메이지 시대의 신어라고만 하였을 뿐 '화보'가 일본에서 만든 한자어인지 중국 유래 한자어인지에 대해서는 언급하지 않았다. 메이지 20년대 이후 일본에서는 《풍속화보風俗畫報》와 《숙녀화보淑女畫報》 등 많은 화보가 창간되나 시기적으로는 중국보다 늦다. 당시 일본어 사전은 화보를 보통 '대상을 그림으로 그려서 보도하는 것. 또 그런 그림'으로 설명하였으며(《사림》 등 참고), 그림이 들어간 잡지라는 설명은 없다. 중국어에서 차용한 단어로 보아야 할 것이다.

中

《**영한자전**》《**영화자전**》《**음운집성**》에는 '화보'에 해당하는 표제어가 나오지 않는다. 《**영화대사전**》(1908)에서 'Pictorial, Illustrated magazine'의 번역어로 '화보'가 사용되지 않았다.

《**관화**》: an illustrated paper 畵報

《**종합영한**》: Pictorial 畵報

《**사원**》《**사해**》에는 미수록

중국의 사전에 '화보'가 나오는 시기는 늦다. 그러나 실제로《영환화보瀛寰畫報》가 창간된 것은 1876년이다. 1884년 5월8일에는 중국 최초의 시사 화보《점석재화보點石齋畫報》가 상하이에서 창간되었으나 얼마 후 폐간되었다. 이《점석재화보》는 10일에 한 번씩 석판으로 인쇄되어《신보申報》에 끼워져 배포되었으며 1894년 폐간 때까지 영향력이 있었다고 한다. 또 '日報, 月報, 年報, 官報' 등의 용어에서도 알 수 있듯이 '~報'라는 패턴은 신문 등에 붙이는 중국식 명명이라 할 수 있다. '화보'의 성립 사정과 유포 등에 대해서는 더 연구할 필요가 있다.

96. 화장 化粧 (make-up)

日

《**대한화사전**》: 표제어로는 있으나 용례는 없다.

《**메이지·다이쇼 신어·속어사전**》은 '화장재化粧裁'의 약어로 쓰인 '화장'에 대한 설명이 있다.

中

가오밍카이 · 류정탄(1957)의 일어 차용어 목록에 '화장품化粧品'이 보이나 류정탄劉正埮(1984)에서는 삭제되었다. 이유는 불명.

《**영한자전**》《**영화자전**》《**음운집성**》《**대사전**》에 나오지 않는다('화장'의 의미를 나타내는 'make up'도 수록되어 있지 않았다).

《**관화**》: Make up 裝(粧)璜 (단 현대 중국어의 '장황裝璜'은 쇼윈도 등을 장식한다는 뜻이다)

《**백과대사전**》: 장식품 용어로서 '화장수化妝水'가 수록되었다.

《**종합영한**》: Make-up (伶人之) 裝扮, 化粧

《**사원**》에 '화장품 일어. 여자 소지품. …'으로 나와 있으며 일어 차용어로 명시되어 있다.《**사해**》에는 '화장'은 없으나 '화장품'은 나와 있다.

97. 환각 幻覺 (hallucination)

98. 환상 幻想 (hallucination, illusion, fancy)

日

《**대한화사전**》: 표제어만 나와 있을 뿐 출전은 미제시.

《**메이지·다이쇼 신어·속어사전**》에는 '환각幻覺'이 영어 'hallucination'의 번역어라고 하였고, 《정정증보 영화속어활법訂正增補英和俗語活法》(제2판, 1907)의 번역례를 들었다. 《**메이지어 사전**》은 "영어 'hallucination'에서 온 조어이며 메이지 시대의 신어"로 설명하고 모리타 소헤이森田草平(1909)의 용례를 들었다. 환상에 대하여는 《**영화자휘**》의 번역 용례, 'Castle-building'을 들었다. 사전 등재는 '환각'이 '환상'보다 훨씬 늦다.

中

《**영한자전**》: Hallucination 수록; Illusion 미수록

《**영화자전**》: Hailucination 自欺; Illusion 幻見, 幻影; Fancy 幻想, 空想, 齉想

《**음운집성**》: Hallucination 瞞, 欺; Illusion 幻景; Fancy 幻想, 空想

《**대사전**》: Hallucination 幻想, 精神錯亂; Illusion 幻覺, 幻想, 妄想; Fancy幻想, 空想

《**관화**》: Hallucination 誤看(B), 官病(B); Illusion 妄想, 幻覺(C); Fancy 想像力(S), 幻想, 空想

《**종합영한**》: Hallucination 幻覺, 妄覺; Illusion 妄想, 幻想, 幻覺, 錯覺; Fancy 幻想, 空想

'환상幻想'은 《**영화자전**》에 나오는 번역어이나('imaginary' 등의 번역어로서 열 군데 이상 사용됨) '환각'은 심리학 용어 'hallucination'의 번역어로서 일본제 한자어로 생각된다. 《**관화**》에는 '환각'이 'illusion'의 번역어이고 중국 고전어라고 설명하였으나 그 이유는 밝히지 않았다.

'환각'은 《**사원**》에 수록되지 않았으나 《**사해**》에는 심리학 용어로서 상세히 설

명되어 있다. '환상'은《**사원**》《**사해**》두 사전에 모두 빠져 있다. 그러나 '환상곡'은《**사해**》에 나온다.

현대 중국어에서 '환상'은 '科學幻想(科學SF)' 美好的幻想(멋있는 상상)'과 같이 일반 용어로 쓰이나 '환각'은 심리학과 정신병리학 등의 전문 용어로 쓰인다.

《**신명사사전**》에는 '幻想 指以無爲有的空想'(없는 것을 있다고 하는 공상)이라고 설명되어 있다.

또한《**현대어사전**》의 기술 내용은 다음과 같다.

> 幻覺 Hallucination (E) (心) 外界本無某種刺激而憑空生出的虛幻感覺, 謂之幻覺. 如忽然 看見某種實際不存在的異象 … 鬼神之類, 卽是一種幻覺 (원래 외계에 존재하지 않는 자극에 의해 생긴 환상의 감각을 환각이라고 한다. 예를 들면 실제로 존재하지 않는 귀신이 갑자기 보이거나 하는 것은 일종의 환각이다)

99. 후천 後天 (1. acquired 2. A posteriori)

48. 선천, 先天 (1. congenital; inborn. 2. a priori; innate) 참조.

100. 휘발 揮發 (volatilization)

日

《**대한화사전**》: 미수록

중국 고전어는 아닌 듯하다.《**메이지어 사전**》에 따르면 '휘발揮發'은 막부 말 · 메이지 초기까지 '쾌활快活', '활발活潑'의 의미를 가졌었으며 'Volatile'의 번역어로서도 사용되었다 한다.《화학대역사서化學對譯辭書》(1874)에는 'Volatile body 揮發物がある'(휘발물이 있다)라는 예가 나와 있다. 또한《약품명휘藥品名彙》(1874)에는 'Volatile liniment＝揮發擦油; Volatile oils＝揮發油'라고 나온다.

中

《**영한자전**》: Volatile 昇, 煉

《**영화자전**》: Volatilize, 熇, 熇成氣

《**음운집성**》: Volatilization 熇成氣

《**대사전**》=Volatilization 飛化, 消化, 飛煉, 化氣, 消散, 揮發

《**대사전**》에서는 휘발이 번역어로 쓰였으며 《**관화**》에는 다음과 같이 '휘산揮散' 이 표준 번역어로 지정되어 있다.

《**관화**》: Volatilization 揮散(B); Volatile 化氣, 易化, 揮散(B)

《**종합영어**綜合英語》: Volatilization 揮發, 氣化

《**사원**》《**사해**》: Volatilization 〔化〕揮發.

101. 휴지부 休止符 (rest, a pause)

日

《**대한화사전**》: '휴지休止'는 《사기史記》에 나온다 하였고 '휴지부休止符'에는 출전이 명시되지 않았다.

中

《**영한자전**》《**영화자전**》《**음운집성**》: 미수록

《**대사전**》: 'Rest'에 음악 용어가 보이지 않는다. 'Pause'에 'A rest.… (音) 暫停号, 斷音号'

《**관화**》: Rest note 休止符(S)

《**종합영한**》: Rest 休止之記号; whole rest 全休止符.…

《**사원**》《**사해**》: 미수록

《**백과대사전**》: 수록

'음부'와 마찬가지로 음악 관련 용어는 다수 일어에서 차용된 것이다.

102. 흡반 吸盤 (sucking disk, sucker)

日

《**대한화사전**》: 표제어는 있으나 용례는 미수록.

中

《**영한자전**》《**영화자전**》《**음운집성**》: 미수록

《**대사전**》: Sucker (動)吸盤

《**관화**》: 미수록

《**종합영한**》: Sucker 〔動〕吸盤

《**사원**》《**사해**》: 미수록

'흡반吸盤'은 '괘도掛圖'와 마찬가지로 〔V+N〕 구조를 가진 명사이다.

자료편

1. 《중국어 외래어 사전》에 일어 차용어로 표시된 어휘 일람
2. 《현대 중국어 외래어 연구》에 일어 차용어로 표시된 어휘 일람
3. 왕리다(1958a)에 수록된 일어 차용어 일람
4. 탄루첸(1977)에 수록된 일어 차용어 일람
5. 위유쑨(1935)에 수록된 일어 차용어 일람

《중국어 외래어 사전漢語外來詞詞典》에 일어 차용어로 표시된 어휘 일람

일러두기

1. 표제어 《중국어 외래어 사전》에 일본어에서 차용한 단어라고 명시된 것을 일본어 가나순으로 배열하였다. 단, 인쇄 사정상 현재 중국어 간자체는 일본 한자체로 바꾸었다. 수록된 단어 수는 892개이며 원자료에 있던 '姬克'은 제외하였다.

2. 원어 표시 《중국어 외래어 사전》에 표시된 어원이다. 어원 표시는 다음과 같이 약칭으로 표시한다.

네: 네덜란드어 | 스: 스페인어 | 독: 독일어 | 프: 프랑스어 | 라: 라틴어

단 이 책의 연구편에서 언급했듯이(제4장의 주 13) 《중국어 외래어 사전》에는 번역한 원어뿐만 아니라 그 단어가 발생한 언어의 어원도 표시하는 경향이 있다. 이 책에서는 지장이 없는 한 원어 표시는 번역한 원어(대부분 영어이지만)만을 표시하기로 하였다.

3.품사 표시 품사는 중국어 품사 분류 기준에 따라 분류하였다. 이 책에 표시한 품사의 약칭은 다음과 같다.

N: 명사 | Vt: 타동사 | Vi: 자동사 | A: 형용사 | M: 부사 | D: 구별사 | Vn: 동명사

위에서 '구별사'란 소위 불완전 단어 요소를 말한다. '구별사'는 중국어에서 단독으로는 쓰이지 못하며 늘 다른 단어와 함께 사용된다. 예를 들면 '金, 銀, 國立, 私立' 등이 그것이다.

4. 단어의 발생국 분류 어종語種으로 불러도 무방하며 다음 세 종류로 나눈다.

C: 중국 고대 문헌에 출전이 있는 것. 출전이 명시된 것이 대부분이나 필자가 조사하여 제시한 것도 있다(52단어).

J: 일본어. 여기에는 '覺書'와 같은 훈독하거나 '茶道', '俳句' 등과 같은 한자어로, 일본의 독특한 개념을 나타내는 것들이다. 일본제 한자로 표기한 단어와 일본어의 음역어(楊楊米: 다다미) 등도 여기에 포함된다.

표시하지 않은 단어: 위의 든 단어 이외의 것. —로 표시하며 대부분은 근 대 신조어로 생각된다.

5. 문헌 문헌은 원 출전 자료명 또는 그 자료의 저자명을 표시한다.

6. 단어 형성 각기 게재된 단어의 구성 요소를 분석하였다. 우선 약칭과 기호에 대하여 설명하기로 한다.

F: 분석 불가능 단어	0: 한 자로 이루어진 단어
000: 세 자로 이루어진 단어	0000: 네 자로 이루어진 단어
□: 접사 요소	國字: 일본제 한자로 표기한 단어
음: 음역어	ø : 현재 쓰이지 않는 단어

다음에 드는 1-18은 조어 패턴이다(제2장 2.1 이후 참조. 예로 든 단어에는 일본어로부터 차용한 것이 아닌 것도 포함된다).

I 주어·술어 구조
- 1. n+a : 民主
- 2. n+v : 國立, 市立
- 2′. v+n(주어와 술어의 도치): 降雨, 來客

II 수식(연용 수식)
- 3. a+V: 靜觀, 粕練
- 4. v+v: 代言, 解剖
- 5. m+v: 必要, 予感, 可決, 絶對, 否定
- 6. m+a: 最高, 特大, 特徵

III 수식(연체 수식)
- 7. a+n: 雌題, 悲劇, 美術, 遠足
- 8. v+n: 視点, 引力, 動脈, 領土
- 9. n+n: 山脈, 液体, 客体, 人格

IV 동사-목적어
- 10. v+n 抽象, 動員, 復員

10´: n+v(倒置): 体操, 人選, 德育

V 병렬

11. n+n: 海洋, 音樂, 書号

12. a+a: 溫暖, 參良, 簡單

13. v+v= 思考, 記憶, 索引

VI 동사-보격어 및 그 밖의 요소

14.동사-補格語 v+n: 化石, 落選, 退役

15.동사-補格語 n+v: 內勤, 外在, 敵視

16.접두어: 副食

17.접미어: 美化, 觀点, 複式, 旗手

18.간략: 流感(유행성 감기)

7. 의미 분류 잘 알다시피 의미 분류는 매우 어렵고 자의성이 강하다. 가오밍카이高名凱 · 류정탄劉正埮(1958)은 차용한 일어를 25가지로 분류하였으나 여기서는 번잡을 피하기 위하여 다음과 같이 간략하게 분류한다. 이들 분류는 어디까지나 일어 차용어의 대략적인 분류이다.

政: 정치, 법률, 외교

經: 경제, 경제활동

人: 문학, 예술, 음악, 조형, 고고학 등 인문학 관련 용어

自: 물리, 화학, 수학, 지리학 등 자연과학분야 용어

教: 교육, 의료위생, 체육

工: 공업, 농업 등 생산 활동 및 기술과 관련된 용어

軍: 군사

宗: 종교

他: 각분야에 공통되는 개념과 기타 개념

安打	safe hit	VN	—	—	3a+v	教
安質母尼	antimony	N	—	—	オン	工
亜鉛	zinc	N	—	—	7a+n	工
味之素	—	—	J	—	000	他
壓延	roll	Vt	—	—	12v+v	工
壓延機	rolling mill	N	—	清釆衢子	~機	工
暗示	hint suggestion	Vt	—	—	3a+v	哲
胃潰瘍	gastric ulcer	N	—	周礼	00	教
医學	medicine, medical science	N	C	旧唐書	9n+n	自
尉官	—	N	—	—	9n+n	軍
意義	significance	N	C	三國志	13n+n	哲
意識	consciousness	N, Vt	C	北齊書	2n+v	哲
意匠	design	N	C	杜甫	9n+n	人
意譯	free translation	N, Vt	—	—	18n+v	人
遺伝	heredity	Vt	C	史記	4v+v	自
異物	foreign body, alien substance	N	C	書	7a+n	教
入口	—	N	J	左傳	8v+n	他
印鑑	—	N	—	—	13n+n	他
印象	impression	N	C	大集経	10v+n	哲
陰極	cathode	N	—	—	7a+n	自
因子	factor	N	—	—	9n+n	自
吋	inch	N	—	—	0	自
浮世繪	—	N	J	—	000	人
打消	—	Vt	J	—	4v+v	他
右翼	the right wing	D	C	史記	7a+n	政

運轉手	—	—	—	~手	他	
運動	sports. athletics. games	N, Vi	C	董仲舒	12v+v	教
運動場	playground. athletic field	N	—	—	—場	教
衛生	hygiene. sanitation	N, A	C	庄子	10v+n	教
影像	image. shadow	N	—	唐玄奘	13n+n	自
榮養	nourishment. nutrition	N	—	—	12v+v	教
液体	liquid	N	—	—	9n+n	自
疫痢	—	—	—	—	13n+n	教
演繹	deduction	D	C	朱熹	4v+v	哲
演習	practice, exercise; sham battle. military manoeuvre	Vi	C	新唐書	4v+v	軍
演出	representation, presentation	Vt	—	—	4v+v	人
演說	public speech. address	Vi	C	尙書	4v+v	政
演奏	perform, play	Vt	—	—	4v+v	人
園芸	gardening	N	—	—	9n+n	人
遠足	excursion	N	—	—	7a+n	教
鉛筆	pencil	N	C	東觀漢記	9n+n	教
燕尾服	swallow-tailed coat	N	—	—	000	他
大熊座	the Great Bear. Ursa Malor	N	J	—	000	自
奧巴桑	—	N	J	—	オン	他
覺書	memorandum	—	J	—	8v+n	政
溫室	hot house	N	C	漢書	7a+n	工
溫床	hot bed	N	—	—	7a+n	自
溫度	temperature	N	—	—	17	自
音程	interval	N	—	—	9n+n	人

概括	summarize	Vt	—	—	3a+v	哲
概算	rough estimate	N	—	—	3a+v	經
概念	conception	N	—	—	3a+v	哲
概略	outline. summary	N	—	—	3a+v	人
階級	class	N	C	三國志	13n+n	政
外勤	—	N	—	—	15n+v	經
外在	externality	D	—	—	15n+v	哲
外分泌	external secretion	N	—	—	000	教
會計	accounts. book-keeper	N	C	孟子	12v+v	經
會社	company, corporation	N	J	—	8v+n	經
會談	conversation	Vi	—	—	4v+v	政
會話	conversation	VN	—	—	4v+v	教
回收	collection	Vt	—	—	4v+v	他
改訂	revise	Vt	—	—	4v+v	教
改編	reorganization	Vt	—	—	4v+v	他
介入	intervention	Vt	—	—	4v+v	軍
海拔	—	N	—	—	5n+v	自
解放	liberate,emancipate	Vt	—	—	12v+v	政
解剖	dissection	Vt	—	—	12v+v	教
科學	science	N, A	—	宋陳亮	9n+n	自
科目	subject. course. item	N	C	宋史	13n+n	教
化學	chemistry	N	—	—	8v+n	自
化石	fossil	N	—	南朝幽明	10v+n	自
化膿	suppuration	Vi	—	—	14v+n	教
雅樂	—	N	J	—	7a+n	人

學位	academic degree	N	—	—	9n+n	教
學士	bachelor	N	C	礼儀	8v+n	教
學會	—	N	—	—	8v+n	教
學府	seat of learning	N	C	晋書	8v+n	教
學歷	—	N	—	—	8v+n	教
擴散	diffusion	Vt	—	—	12v+v	他
革命	revolution	VN	AC	易 · 革	10v+n	政
歌劇	opera	N	—	—	8v+n	人
歌舞伎	—	N	J	—	000	人
可決	approval	—	—	—	6m+v	政
可鍛鑄鐵	malleable cast iron	N	—	—	0000	工
貸方	the credit side	N	J	—	8v+n	經
瓦斯	네: gas	N	—	—	オン	工
火成岩	iglleous rocks	N	—	—	000	自
假想敵	hypothetical enemy	N	—	—	000	軍
假定	supposition, assumption	Vt	—	—	6m+v	哲
假名	—	N	J	—	7a+n	教
假分數	improper faction	N	—	—	000	自
加答兒	네: catarrh	—	—	—	オン	教
加農砲	네: kanon	N	—	—	000	軍
活躍	activity	A	—	—	4v+v	他
課程	course. curriculum	N	C	詩経	9n+n	教
過渡	transition	VN	C	蘇軾	12v+v	政
金糸雀	스: canario	N	—	—	000	他
株式會社	joint-stock company	N	J	—	0000	經

借方	debit	N	J	—	8v+n	經
畵廊	gallery	N	—	—	9n+n	人
環境	environment. circumstance	N	C	元史	8v+n	他
關係	relation. connection	N	—	鶴林玉露	12v+v	哲
看護婦	nurse	—	—	—	000	教
看守	gaoler. jailer	N	—	—	12v+v	政
幹事	manager. secretary	N	C	易·乾	10v+n	政
幹線	trunk line. main line	N	—	—	9n+n	工
幹部	프: cadre	N	—	—	8v+n	政
觀照	contemplation	_	—	—	4v+v	哲
觀測	observation	Vt	—	—	4v+v	自
觀点	viewpoint	N	—	—	~点	他
觀念	idea. concept	N	—	唐魏静	12v+v	哲
感性	독: Sinntichkeit	N	—	—	~性	哲
間接	indirect	A	—	—	3a+v	他
間歇泉	intermittent fountain, geyser	N	—	—	000	自
間歇熱	intermittent fever	N	—	—	000	自
寒帶	the frigid zones. the arctic regions	N	—	—	7a+n	自
寒流	cold current	N	—	—	7a+n	自
簡單	—	A	—	—	11a+a	他
鑑定	legaladvice. expert opinion	Vt	—	—	4v+v	他
議員	a member of Parliament. a congressman	N	—	—	8v+n	政
議院	congress. The House	N	—	—	8v+n	政

議會	Parliament	N	—	—	8v+n	政
議決	decision. resolution	N	C	漢書	4v+v	政
機械	machine	N	C	庄子	13n+n	工
機關	organ	N	C	易林	13n+n	政
機關炮	machine gun	N	—	—	000	軍
企業	enterprise	N	—	—	8v+n	工
喜劇	comedy	N	—	—	7n+n	人
記号	—	N	—	唐馬贇	8v+n	人
記錄	record	Vt	C	後漢書	12v+v	他
騎士	knight	N	C	漢書	8v+n	人
技師	engineer	N	—	—	9n+n	工
基質	substrate. matrix. stroma	N	—	—	7a+n	自
基準	standard	N	—	—	7a+n	他
基地	base	N	—	北史	7a+n	軍
基調	key-note	N	—	—	7a+n	他
基督	포: Christus	N	—	—	オ	宗
基督敎	포: Christo	N	—	—	000	宗
氣質	temperament. disposition	N	C	宋書	9n+n	教
氣体	gas	N	—	禮記	9n+n	自
氣分	mood	N	C	孔子家語	13n+n	他
氣密	airtightness	D	—	—	10′n+v	自
旗手	standardbearer	N	—	—	~手	人
擬人法	personification	N	—	—	~法	人
汽船	steamship	N	—	—	9n+n	工
汽笛	siren. whistle	N	—	—	9n+n	工

規則	regulations	N	C	李群玉	13n+n	哲
規那	네: kina	N	—	—	음역어	工
規尼涅	네: kinine	N	—	—	음역어	工
規範	norm	A	C	孔安國	13n+n	哲
歸納	induction	Vt	—	宋歐陽修	12v+v	哲
義務	duty. obligation	N	—	—	13n+n	哲
客觀	object	A	—	—	15n+v	哲
客体	the object	N	—	—	9n+n	哲
脚光	footlights	_	—	—	9n+n	人
脚本	play. drama	N	—	—	9n+n	人
弓道	—	N	J	—	~道	教
教育學	pedagogy	N	—	—	~學	教
教科書	textbook	N	—	—	000	教
教授	professor	N	C	史記	12v+v	教
教養	education. culture	N	—	東觀漢記	12v+v	教
協會	society. association	N	—	—	8v+n	哲
協定	agreement	N	—	—	4v+v	政
競技	match. game	D	—	—	10v+n	教
狹義	a narrow sense	D	—	—	7a+n	哲
狂言	—	N	J	—	3a+v	人
共産主義	communism	N	—	—	~主義	政
共鳴	resonance	N	—	—	6m+v	哲
共和	republic	D	C	史記	5m+a	政
强制	compel. coerce	Vt	—	—	3a+v	他
業務	business	N	—	—	9n+n	經

巨匠	—	N	—	—	7a+n	人
巨星	—	N	—	—	7a+n	人
巨頭	magnate. leading figure	N	—	—	7a+n	經
虛無主義	nihilism	N	—	—	~主義	哲
瓩	프: kilogramme	—	J	—	國字	自
粁	프: kilometre	—	J	—	國字	自
金額	—	N	—	—	9n+n	經
金婚式	golden wedding	N	—	—	~式	他
金牌	gold medal	N	—	—	9n+n	經
金融	finance	N	—	—	2n+v	經
銀行	bank	N	—	金瓶梅	9n+n	教
銀婚式	a silver wedding	N	—	—	~式	他
銀幕	silver screen	N	—	—	9n+n	他
銀翼	—	N	—	—	9n+n	他
緊張	tension	A	—	—	3a+v	他
勤務	—	VN	C	謝靈運	12v+v	他
空間	space	N	—	—	9n+n	哲
偶然	독: Zufall	A	C	列子	17	哲
具體	concrete	A	C	孟子	10v+n	哲
驅逐艦	destroyer	N	—	—	000	軍
組合 1	association. union	—	J		4v+v	政
組合 2	combination	Vt	J	—	4v+v	自
俱樂部	club	N	—	—	000	人
瓦	프: Gramme	—	J	—	0	自
訓育	—	—	—		4v+v	教

訓令	—	N	—	—	10v+n	他
訓話	—	VN	—	—	10v+n	他
軍國主義	militarism	N	—	—	~主義	軍
軍需品	munitions	N	—	—	~品	軍
軍籍	—	N	C	韓愈	9n+n	軍
軍部	—	N	—	—	9n+n	軍
計畫	plan	V, N	C	漢省	12v+v	經
警官	police officer	N	—	—	8v+n	政
警察	police	N	—	唐玄奘	4v+v	政
契機	독: Moment	N	—	—	9n+n	哲
景氣	boom, prosperity	A	—	晋設中文	9n+n	經
経験	experience	N	—	晋陶潜	4v+v	哲
経済	economy. economics	N,A	C	宋史	12v+v	經
経済學	economics. political economy	N	—	—	~學	經
経済恐慌	financial panic	N	—	—	0000	經
経費	expenses. expenditure	N	C	史記	4v+v	經
輕工業	light industries	N	—	—	000	工
形而上學	metaphysics	N, A	—	—	~學	哲
芸術	art	N, A	C	後韓書	9n+n	人
係數	coefficient, modulus	N	—	—	8v+n	自
系統	system	N	—	宋范成大	13n+n	自
系列	series. set	N	—	—	13n+n	人
刑法	criminal law	N	C	左伝	9n+n	政
劇場	theatre	N	—	清龔自珍	9n+n	人
化粧品	cosmetics	N	—	—	~品	他

下水道	sewerage. drainage	N	—	—	000	エ
吉地	geta	—	J	—	음역어	他
結核	tuberculosis. concretion	N	—	—	10v+n	教
決算	final accounts. closing accounts	VN	—	—	4v+v	經
血色素	haemoglobin	N	—	—	000	自
血栓	thrombus	N	—	—	9n+n	自
権威	an authority	N, A	—	—	9n+n	哲
權益	—	N	—	—	9n+n	政
權限	—	N	—	—	9n+n	政
原意	—	N	—	—	7a+n	人
原罪	original sin	N	—	—	7a+n	宗
原作	—	N	—	—	7a+n	人
原子	atom	N	—	—	7a+n	自
原則	principle	N	—	—	7a+n	政
原動力	—	N	—	—	~力	自
原理	theory. principle	N	—	—	7a+n	哲
牽引車	tractor	N	—	—	000	工
現役	active service	N	—	—	7a+n	軍
現金	cash	N	—	—	7a+n	經
現實	actuality. reality	N, A	—	—	7a+n	哲
現象	phenomenon	N	C	寶行經	10v+n	哲
堅持	—	Vt	—	新唐書	3a+v	他
元師	marshal	N	C	左伝	7a+n	軍
元素	element	N	—	—	7a+n	自
幻想曲	fantasia	N	—	—	000	人

幻燈	magic lantern	N	—	—	7a+n	他
健質亞那	ラ: gentiana	N	—	—	음역어	自
建築	construction	Vt, N	—	清陳康棋	12v+v	工
検波器	detector	N	—	—	~器	工
憲兵	military policeman	N	—	—	9n+n	軍
憲法	constitution	N	C	國語	13n+n	政
研磨機	grinder	N	—	—	~機	工
公營	—	D	—	—	2n+v	經
公債	public bond	N	—	—	7a+n	經
公称	nominal	N	—	—	3a+v	自
公訟	arraignment. prosecution	VN	—	—	3a+v	政
公認	—	Vt	—	—	3a+v	政
公判	—	Vt	—	—	3a+v	政
公報	officer report. communiqué	N	—	—	3a+v	政
公僕	public servant	N	—	—	7a+n	他
公民	citizen	N	—	韓非子	7a+n	政
公立	—	D	—	—	2n+v	政
講演	lecture	Vi	—	正法華経	4v+v	教
講座	course	N	—	—	8v+n	教
講師	lecturer. instructor	N	—	—	8v+n	教
講習	short training course	D	C	易・兌	12v+v	教
講壇	rostrum	N	—	—	8v+n	教
効果	effect	N	—	—	8v+n	他
号外	an extra edition	N	—	—	9n+n	人
交換	exchange	Vt	C	魏書	4v+v	經

交感神経	sympathetic nerve	N	—	—	0000	教
交響樂	symphony	N	—	—	000	人
交際	association, social intercourse	Vi	C	孟子	10v+n	政
交通	traffic, communication	N	C	史記	4v+v	工
抗議	protest	Vt	C	後漢書	4v+v	政
広義	wide sense	D	—	—	7a+n	哲
広告	advertisement	N	—	—	3a+v	經
工業	industry	N	—	—	9n+n	工
航空母艦	aircraft carrier	N	—	—	0000	軍
校訓	—	N	—	—	9n+n	教
高射砲	anti-aircraft gun	N	—	—	000	軍
高周波	high frequency	N	—	—	000	自
高潮	high tide, climax	N	—	—	7a+n	他
高利貸	usury	N	J	—	000	經
高爐	blast furnace	N	—	—	7a+n	工
攻守同盟	an offensive & defensive allianee	N	—	—	0000	政
興信所	—	J	—	—	000	經
光線	light	N	—	—	9n+n	自
光年	light year	N	—	—	9n+n	自
酵素	enzyme	—	—	—	9n+n	自
膠着語	agglutinative language	N	—	—	~語	人
肯定	affirmation	Vt, A	—	—	4v+v	哲
坑木	pit prop	N	—	—	9n+n	工
拘留	detention	Vt	C	漢書	4v+v	政
綱領	programme	N	C	三國志	13n+n	政

加非	네: koffie	N	—	—	음역어	他
古柯	coca	N	—	—	음역어	工
古加乙涅	cocaine	N	—	—	음역어	工
小型	—	D	—	—	7a+n	他
小態座	the Little Bear. Ursa Minor	N	J	—	000	自
國際	international	D	—	—	9n+n	政
國事犯	state criminal	D	—	—	000	政
國稅	national tax	N	—	—	9n+n	經
國体	national structure. state system	N	C	穀梁伝	9n+n	政
國教	state religion	N	—	—	9n+n	宗
國庫	the National Treasury	N	—	—	9n+n	經
國立	—	D	—	—	2n+v	他
黑死病	plague	N	—	—	000	教
克服	—	Vt	—	—	12v+v	他
語源學	etymolegy	N	—	—	~學	人
弧光	arc (light)	N	—	—	9n+n	工
故障	—	N	—	—	13n+n	他
悟性	독: Verstand	N	C	趙師秀	8v+n	哲
固体	solid	N	—	—	7a+n	自
固定	fixed	Vt	—	—	12v+v	他
虎列剌	네: cholera	—	—	—	음역어	教
混凝土	concrete	N	—	—	000	工
金剛石	diamond	N	—	—	000	工
昆布	kompu	N	J	—	음역어	他
才	—	—	J	—	0	他

最惠國	a most favoured nation	N	—	—	000	政
債權	credit	N	—	—	9n+n	經
債務	debt. obligation	N	—	—	9n+n	經
採光	(natural) lighting	N	—	—	10v+n	工
財團	foundation. syndicate	N	—	—	9n+n	經
財閥	—	N	—	—	9n+n	經
細胞	cell	N	—	—	7a+n	自
催眠	hypnotize	VN	—	—	4v+v	教
催眠術	hypnotism	N	—	—	000	教
索引	index	N	—	—	12v+v	教
作者	—	N	—	—	8v+n	教
作品	works	N	—	—	8v+n	人
作物	—	N	—	南朝任昉	8v+n	工
策動	manoeuvre	Vt	—	—	4v+v	政
座談	—	VN	—	—	4v+v	教
座樂	suppository	N	—	—	8v+n	教
錯覺	illusion, misconception	N	—	—	3a+n	哲
雜誌	magazine	N	—	—	3a+v	人
茶道	—	N	J	—	9n+n	他
小夜曲	독: Serenade	N	—	—	000	人
左翼	the left wing	D	C	史記	7a+n	政
猿樂	—	N	J	—	9n+n	人
參看	—	Vt	—	—	4v+v	人
參觀	—	Vt	—	韓非子	4v+v	他
參照	—	Vt	—	宋趙彦衛	4v+v	人

紫外線	ultraviolet rays	N	—	—	000	自
死角	dead angle	N	—	—	8v+n	自
時間	time	N	—	—	9n+n	哲
時効	prescription	N	—	—	9n+n	政
時事	current events	D	C	左伝	9n+n	政
士官	officer	N	—	—	9n+n	軍
軸接手	shaft coupling	—	J	—	~手	工
紙型	matrix	N	—	—	9n+n	工
刺激	stimulus	V,A	—	清紀昀	4v+v	哲
施工	constraction	VN	—	—	10v+n	工
施行	enforce, perform	Vt	—	—	12v+v	政
市場	market	N	—	南唐尉遲	9n+n	經
市長	mayor	N	—	史記	9n+n	政
自治領	self-governing dominion	N	—	—	000	政
自由	freedom. liberty	A, N	C	後漢書	6m+v	哲
自律	autonomy	D	C	金史	6m+v	哲
自然淘汰	natural selection	N	—	—	0000	哲
指數	exponent. index number	N	—	宋曾鞏	6m+v	哲
指導	guidance	V	—	韓荀悅	4v+v	他
指標	index. characteristic	N	—	—	4v+v	自
支線	branch line	N	—	—	7a+n	他
支配	—	Vt	C	北史	4v+v	政
支部	—	N	—	—	7a+n	政
思想	thought. ideology	N	C	曹植	12v+v	哲
思潮	the trend of thought	N	—	—	8v+n	哲

事態	the situation	N	—	—	9n+n	他
事變	incident	N	C	詩序	2n+v	政
事務員	clerk	N	—	—	~員	他
實感	actual sensation	N	—	—	6m+v	哲
實業	industry. business	N	—	—	7a+n	經
實權	—	N	—	—	7a+n	政
實績	—	N	—	—	7a+n	經
失効	—	Vi	—	—	10v+n	經
失戀	unrequited love. disappointement in love	Vi	—	—	10v+n	他
質量	mass	N	—	彙劉劭	13n+n	自
使徒	apostle	N	—	—	8v+n	宗
私法	private law	N	C	晋書	7a+n	政
私立	—	D	—	—	2n+v	經
資本	capital	N	C	釋名	9n+n	經
資本家	capitalist	N	—	—	~家	經
資料	material, data	N	—	—	13n+n	他
社會	society	N	C	東京夢華錄	9n+n	政
社會學	sociologie	N	—	—	~學	哲
社會主義	독: Sozialismus	N	—	—	~主義	政
社交	social intercourse	N	—	—	15n+v	政
社団	corporation. association	N	—	—	9n+n	政
襯衣	shirt	N	—	—	8v+n	他
三味線	—	N	J	—	000	人
宗教	religion	N	—	—	9n+n	宗

集結	—	Vt	—	—	12v+v	軍
(住)血吸虫	blood fluke, schistosome	N	—	—	000	教
集團	group	N	—	—	8v+n	政
集中	—	Vt	—	—	14v+n	他
重工業	heavy industry	N	—	—	000	工
重曹	sodium bicarbonate	_	—	—	음역어	工
重点	—	N	—	—	~点	他
柔術	—	N	J	—	7a+n	教
柔道	—	N	C	後漢書	7a+n	教
終点	terminus, terminal	N	—	—	~点	他
就任	—	Vi	—	—	14v+n	他
主觀	subject	A	—	—	2n+v	哲
主義	principle	N	C	史記	9n+n	哲
主食	staple food	N	C	通鑑	7a+n	他
主人公	hero	N	C	韓愈	000	人
主體	subject	N	C	漢書	9n+n	哲
主動	—	A	—	—	2n+v	哲
主筆	the chief editor	N	—	—	7a+n	教
手工業	manual industry	N	—	—	000	工
手榴彈	grenade	N	—	—	000	軍
出超	an excess of exports over imports	Vi	—	—	4v+v	經
出廷	to appear in court	Vi	—	—	14n+n	政
出發点	the starting point	N	—	—	~点	他
出版	publication	Vt	—	—	10v+n	教

出版物	publication	N	—	—	~物	教
受難	the Passion	Vi	—	—	10v+n	宗
巡洋艦	cruiser	N	—	—	000	軍
止揚	독: Aufheben	—	—	—	4v+v	哲
少尉	second lieutenant	N	—	—	7a+n	軍
少將	major general	N	—	—	14v+n	軍
昇華	sublimation	Vi	—	—	14v+n	自
淨化	purification	Vt	—	—	17	自
消化	digest	Vt	C	周書	12v+v	教
消極	negative	A	—	—	10v+n	哲
消火栓	fire hydrant	N	—	—	000	他
消費	consumption	Vt	—	—	12v+v	經
消防	fire-fighting	N	—	—	12v+v	他
淨瑠璃	—	N	J	—	000	人
乘客	passenger	N	—	—	8v+n	他
乘務員	trainman, carman, crewman	N	—	—	~員	他
商業	commerce, trade	N	—	—	9n+n	經
商法	commercial law	N	—	—	9n+n	經
証券	bill, bond	N	—	—	8v+n	經
條件	condition	N	C	—	13n+n	哲
情報	information	N	—	—	10n+v	人
猩紅熱	scarlet fever	N	—	—	000	教
常識	common sense	N	—	—	7a+n	哲
常備兵	regular troops	N	—	—	000	軍
上水道	waterwoks	N	—	—	000	工

情操	sentiment	N	—	—	13n+n	教
象徵	프: symbole	Vt, N	—	—	10v+n	哲
承認	recognition, admission	Vt	—	—	4v+v	政
靜脈	vein	N	—	—	7a+n	教
剩余価値	독: Mehrwert	N	—	—	0000	經
序曲	overture	N	—	—	9n+n	人
序幕	prologue. prelude	N	—	—	9n+n	人
觸媒	catalyzer. catalyst	N	—	—	8v+n	工
處女作	mainden work	—	—	—	000	人
處女地	virgin soil	N	—	—	000	他
燭光	candle power	N	—	—	9n+11	自
所得稅	income tax	N	—	—	~稅	經
所有權	ownership	N	—	—	~權	經
初夜權	라: just primae noctis	N	—	—	~權	哲
進化	evolution	Vt	—	—	4v+v	哲
人格	personality	N	—	—	9n+n	哲
人權	human right. rights of human	N	—	—	9n+n	政
人選	—	N	—	—	10′n+v	政
人文主義	humanism	N	—	—	~主義	哲
人力車	—	N	—	—	000	他
進化論	the theory of evolution	N	—	—	~論	哲
進展	development. progress	Vi	—	—	4v+v	他
進度	progress	N	—	—	17	他
眞空管	vacuum valve (tube)	N	—	—	000	工
神經	nerve	N	C	後漢書	9n+n	教

神經過敏	hyperesthesia	N, A	—	—	0000	教
神經蓑弱	neurasthenia	N, A	—	—	0000	教
信號	signal	N	—	—	9n+n	自
信託	trust	N	—	—	4v+v	經
信用	credit	N	C	左伝	4v+v	經
侵犯	invasion. violation	Vt	C	史記	12v+v	軍
侵略	agression. invasion	Vt	C	史記	12v+v	軍
審判	judge. adjudge	Vt	—	清劉献廷	12v+v	政
審美	aesthelic. appreciation	VN	—	—	10v+n	人
審問	interrogate. question	Vt	C	礼記	4v+v	政
新聞記者	reporter. journalist newspaperman	N	—	—	0000	人
訊問	interrogate. question	Vt	C	後漢書	12v+v	政
陣容	—	N	—	—	9n+n	軍
心理學	psychology	N	—	—	~學	哲
圖案	design	N	—	—	9n+n	人
隨員	attendant. suite	N	—	—	~員	政
水準	level	N	C	元史	9n+n	自
水成岩	aqueous rocks	N	—	—	000	自
水素	hydrogen	—	—	—	9n+n	自
水密	watertightness	D	—	-	10′n+v	自
膵臟	pancreas	—	—	—	9n+n	教
成員	—	N	—	—	8v+n	政
成分	ingredient component	N	—	—	8v+n	自
世紀	century	N	C	晋皇甫謐	13n+n	他

世界觀	독: Weltanschauung	N	—	—	~觀	哲
制限	restrict	—	—	—	4v+v	他
制裁	sanction	V	—	資治通鑑	4v+v	政
制約	condition	V	—	—	4v+v	哲
清教徒	puritan	N	—	—	000	宗
清算	liquidation	V	—	—	7a+v	經
制御器	controller	—	—	—	~器	工
政策	policy	N	—	—	9n+n	政
政黨	political party	N	—	—	9n+n	政
生産	production	Vt	C	史記	12v+v	工
生産關係	독: Produktionsverhaltnisse	N	—	—	0000	經
生産力	독: Produktionskraft	N	—	—	~力	經
生態學	ecology	N	—	—	~學	自
生命線	lifeline	N	—	—	000	軍
生理學	physiology	N	—	—	~學	自
精神	mind. spirit	N, A	C	庄子	13n+n	哲
靜態	stationariness	N	—	—	7a+n	自
性能	function. performance	N	—	—	9n+n	自
製版	—	VN	—	—	10v+n	工
積極	positive	A	—	—	10v+n	哲
攝護腺	prostate	N	—	—	~腺	教
絶對	absolute	A	—	—	6m+n	哲
接吻	kiss	Vi	—	—	10v+n	他
節約	economy. saving	Vt	C	後漢書	12v+v	經
腺	gland	N	J	—	國字	自

錢	—	N	—	—	0	經
纖維	fibre	N	—	—	13n+n	工
前衛	advance guard, vanguard	N	—	—	10′n+v	人
前線	front	N	—	—	9n+n	軍
前提	premise	N	—	—	9n+n	哲
選擧	election	Vt	C	後漢書	12v+v	政
宣戰	declare war (on)	Vi	—	—	10v+n	軍
戰線	front	N	—	—	8v+n	軍
尖端	spearhead, ultra-advanced	A	—	—	7a+n	他
尖兵	—	N	—	—	7a+n	軍
糎	프: centimetre	_	J	—	國字	自
銑鐵	pig iron	N	—	—	9n+n	工
宣傳	propaganda	Vt	C	北齊書	12v+v	宗
專賣	monopoly	D	—	—	6m+v	經
旋盤	lathe	_	—	—	8v+n	工
蒼鉛	bismuth	N	—	—	7a+n	工
總合	synthesis	Vt	—	—	12v+v	他
總動員	general mobilization	N	—	—	000	軍
總理	prime minister	N	—	宋蘇軾	6m+v	政
總領事	consul general	N	—	—	000	政
創作	creation, production	Vt	—	—	4v+v	人
想像	imagination	Vt	C	楚辭	10v+n	哲
曹達	네: soda	—	—	—	음역어	工
相對	relitivity	m	C	儀禮	6m+v	哲
揷話	episode	N, VN	—	—	10v+n	人

組閣	cabinet making. form a cabinet	VN	—	—	10v+n	政
組織	tissue. organization	N, Vt	C	遼史	4v+v	政
組成	—	Vt	—	—	4v+v	他
速度	velocity	N	—	—	—度	自
速記	shorthand	Vn	—	—	3a+v	他
素材	material	N	—	—	7a+n	人
素質	독: Anlage	N	C	爾雅	7a+n	敎
素描	프: dessin	VN	—	—	3a+v	人
訴權	—	—	—	—	8v+n	政
台	—	N	—	—	0	他
台車	—	—	—	—	9n+n	工
體育	physical culture	N	—	—	10′n+v	敎
體操	gymnastics	N	—	—	10′n+v	敎
退役	retirement	V	—	—	14v+n	軍
退化	degeneration	Vi	—	—	17	哲
大氣	atmosphere	N	—	—	7a+n	自
大局	—	N	—	—	7a+n	政
代議士	member of the House of Representatives a Dieteman	—	—	—	000	政
代言人	lawyer, advocate	N	—	—	000	政
代表	representation	V	C	徐彦伯	4v+v	政
大正琴	—	N	J	—	000	他
大本營	headquarters	N	—	—	000	軍
對照	contrast	Vt	—	淸龔煒	4v+v	哲
對象	object	N	—	—	8v+n	哲

隊商	caravan	—	—	—	9n+n	經
太陽燈	sun lamp	N	—	—	000	工
但書	proviso	—	J	—	F	政
榻榻米	—	N	J	—	음역어	他
立場	—	N	J	—	8v+n	他
他律	독: Heteronomie	_	—	—	F	哲
單位	unit	N	C	*	7a+n	自
單元	unit	N	—	—	7a+n	自
單行本	a separate volume	N	—	—	000	教
單純	—	A	—	—	11a+a	哲
單利	simple interest	N	—	—	7a+n	經
探海灯	search light	N	—	—	000	軍
探檢	exploration	Vi	—	—	10v+n	他
探照燈	search light	N	—	—	000	他
炭酸瓦斯	—	N	—	—	음역어	自
炭酸加里	carbonic acid	N	—	—	음역어	自
短波	shortwave	N	—	—	7a+n	自
蛋白質	albumen. protein	N	—	—	000	自
談判	negotiation	Vt	—	—	4v+v	政
暖流	warm current	N	—	—	7a+n	自
地下水	ground water. underground water	N	—	—	000	自
地質	geological features. geology	N	—	魏王弼	9n+n	自
地質學	geology	N	—	—	~學	自
地上水	surface water	N	—	—	000	自

知識	knowledge	N	C	孔融	12v+v	教
窒素	nitrogen	—	—	—	8v+n	自
窒扶斯	독: Typhus	—	—	—	음역어	教
仲裁	arbitration	V	—	—	15n+v	政
仲裁人	arbitrator	N	—	—	000	政
注射	inject	V	C	新唐書	4v+v	教
中將	lieutenant general	N	—	—	7a+n	軍
抽象	abstraction	A	—	—	10v+n	哲
寵兒	—	N	—	—	8v+n	他
長波	long wave	N	—	—	7a+n	自
貯藏	—	Vt	—	—	12v+v	經
貯蓄	saving	Vi	C	後漢書	12v+v	經
直覺	intuition	N	—	—	3a+v	哲
直觀	intuition	A	—	—	3a+v	哲
直徑	diameter	N	—	—	7a+n	自
直接	direct	A	—	明胡應麟	3a+v	哲
直流	direct current	N	—	—	7a+n	哲
丁幾	네: tinctunr	—	—	—	음역어	工
通貨收縮	deflation	N	—	—	0000	經
通貨膨脹	inflation	N	—	—	0000	經
坪	—	N	J	—	0	他
低壓	low pressure. low tension	N	—	—	7a+n	工
低調	low tone	N	—	—	7a+n	自
低能	week intellect, feeblemindedness	A	—	—	7a+n	教
低能兒	a feeble-minded child	N	—	—	000	教

定義	definition	N	—	—	10v+n	哲
抵抗	resistance	Vt	—	—	12v+v	他
敵視	—	Vt	—	—	15n+v	軍
出口	—	N	J	老子	8v+n	他
哲學	그: philosophia	N	—	—	7a+n	哲
鐵血	blood and iron	D	—	—	9n+n	他
手續	—	N	J	—	F	他
電子	electron	N	—	—	9n+n	自
電車	tram car	N	—	六韜	9n+n	他
電池	electric cell. battery	N	—	—	9n+n	工
電波	electric wave	N	—	—	9n+n	自
電報	telegram	N	—	—	9n+n	他
天主	라: Deus	N	C	史記	9n+n	宗
電流	electric current	N	—	晋孫楚	9n+n	自
電話	telephone	N	—	—	9n+n	工
傳染病	contagious disease	N	—	—	000	教
展覽會	exhibition, show	N	—	—	000	教
轉爐	converter	N	—	—	8v+n	工
動員	mobilization	Vt	—	—	10v+n	軍
動機	motive	N	—	—	8v+n	哲
動議	motion	N	—	—	8v+n	政
動産	movables	N	—	—	8v+n	經
動態	movement	N	—	—	8v+n	政
動脈	artery	N	—	脈経	8v+n	教
動力	motive power	N	—	—	8v+n	工

動力學	dynamics	N	—	—	~學	自
投影	cast shadows. projection	N	—	—	10v+n	自
投機	speculation	VN	C	新唐書	10v+n	經
投資	invest in. investment	VN, Vt		—	10v+n	經
等外	—	A	—	—	9n+n	他
導火線	a fuse. a blasting fuse	N	—	—	000	軍
登記	registration	Vt	C	齊家寶要	12v+v	他
登載	—	Vt	—	—	12v+v	他
道具	instrument. stage property. scenery	N	C	釋氏要覽	9n+n	人
統計	statistics	Vt	—	明胡應麟	4v+v	經
謄寫版	mimeograph	N	—	—	000	教
同情	sympathy	Vt	C	漢書	7a+n	他
德育	—	N	—	—	10′n+v	教
獨裁	dictatorship	VN	—	—	3a+v	政
獨占	monopoly	D	C	蘇軾	3a+v	經
讀本	—	N	—	—	8v+n	教
時計	clock, watch	N	—	—	10′n+v	他
図書館	library	N	—	—	000	教
特權	privilege	N	—	—	7a+n	政
特長	—	N	—	—	5m+a	他
特務	special service	N	—	—	7a+n	軍
取消	—	Vt	J	—	4v+v	他
取締	—	Vt	J	—	4v+v	政
噸	ton	N	—	—	음역어	自

內閣	cabinet	N	C	北史	7a+n	政
內勤	—	N	—	—	15n+v	他
內在	immanence	D	—	—	15n+v	哲
內服	—	D	—	—	15n+v	敎
內分泌	incretion	N	—	—	000	敎
內幕	—	N	—	—	7a+n	他
內容	content	N	—	—	15n+v	他
肉彈	—	N	J	—	9n+n	他
二重奏	이: duetto	N	—	—	000	人
日程	—	N	—	—	9n+n	他
入場券	ticket	N	—	—	000	他
入超	unfavurable balance of trade	VN	—	—	4v+v	經
任命	appoint, nominate	Vt	—	—	10v+n	政
熱帶	the tropics	N	—	—	7a+n	自
年度	year	N	—	—	一度	他
能樂	—	N	J	—	F	人
能動	activity	D	—	—	6m+v	哲
能率	efficiency	N	—	—	9n+n	經
能力	ability, faculty	N	C	柳宗元	9n+n	他
農作物	—	N	—	—	000	工
場合	—	N	J	—	F	他
場所	—	N	J	—	9n+n	他
配給	rationing. distribution	Vt	—	—	4v+v	經
配電盤	distributing board	N	—	—	000	工
俳句	—	N	J	—	9n+n	人

背景	background	N	—	—	9n+n	人
媒質	medium	N	—	—	9n+n	工
陪審	serve on a jury	VN	—	—	4v+v	政
陪審員	juryman. assessor	N	—	—	000	政
博士	doctor	N	C	史記	7a+n	教
博物	natural history, natural science	N	C	左傳	7a+n	教
舶來品	imported article	N	—	—	~品	他
覇權	supremacy. hegemony	N	—	宋輸文豹	9n+n	政
派遣	dispatch	Vt	—	—	12v+v	他
波長	wavelength	N	—	—	9n+n	自
白旗	flag of truce	N	—	—	7a+n	軍
白金	plainum	N	C	爾雅	7a+n	工
白熱	white heat	N	—	—	11a+a	自
發明	invention	Vt	C	宋玉	4v+v	自
版畫	woodcut print. block print	N	—	—	9n+n	人
反感	antipathy	A	—	—	4v+v	哲
反響	response, reaction	N	—	—	4v+v	他
反射	reflection	Vt	—	清華翼論	4v+v	人
反對	opposition	Vt	C	文心彫龍	4v+v	他
反動	reaction	A	—	—	4v+v	政
反應	reaction. response	VN	—	後漢書	4v+v	哲
半旗	(a flag at) half-mast	N	—	—	7a+n	政
半徑	radius	N	—	—	7a+n	自
判決	judgement	VN	C	宋書	4v+v	政
番號	—	N	—	—	13n+n	軍

汎心論	panpsychism	N	—	—	~論	哲
汎神論	pantheism	N	—	—	~論	哲
範疇	category	N	—	—	13n+n	哲
麥酒	네: bier	N	C	後漢書	9n+n	他
美化	beautification	V	C	南史	17	人
悲觀	pessimism	A	C	法華經	3a+v	人
美感	sense of beauty	N	—	—	7a+n	人
悲劇	tragedy	N	—	—	7a+n	人
美術	art	N	—	—	7a+n	人
引渡	delivery. extradition	Vt	J	—	4v+v	政
非金屬	nonmetal	N	—	—	非~	工
否決	rejection	Vt	—	—	否~	政
否定	denial. negation	Vt	—	—	否~	哲
否認	denial. disapproval	Vt	—	—	否~	政
比重	specific gravity	N	—	—	10v+n	自
白夜	—	N	—	—	7a+n	自
必要	necessity	A	—	二刻拍案	6m+v	哲
批判	criticize	Vt	—	—	12v+v	人
備品	—	N	—	—	8v+n	工
百日咳	whooping cough	N	—	—	000	教
評価	appraise	Vt	—	宋王柡	10v+n	他
表決	decide. pass a vote	VN	—	—	4v+v	政
表象	독: Vorstellung	N	C	後漢書	10v+n	哲
標語	slogan. motto	N	—	—	8v+n	政
標高	—	N	—	—	8v+n	自

標本	specimen. sample	N	C	邵伯溫	8n+n	教
病虫害	—	N	—	—	000	自
日和見主義	opportunism	_	J	—	~主義	政
平仮名	—	N	J	—	000	教
天鵝絨	포: veludo	N	—	—	000	他
廣場	—	N	J	漢張衡	7a+n	他
品位	grade	N	C	賈島	9n+n	工
敏感	sensitiveness	A	—	—	3a+v	哲
呎	foot	N	—	—	0	自
風位	—	_	—	—	9n+n	自
風雲兒	lucky adventurer. man of the hour	N	—	—	000	政
風琴	organ	N	C	元好門	9n+n	宗
封鎖	blockade	Vt	C	歐陽修	12v+v	軍
復員	demobilization	Vi	—	—	10v+n	軍
複式	—	D	—	—	17	工
復水器	condenser	N	—	—	~器	工
複製	reproduction	Vt	—	—	4v+v	工
副官	adjutant. aide-de-camp	N	—	—	副~	軍
副手	—	N	—	—	副~	他
副食	—	N	—	—	副~	他
輻射	rediation	Vい	—	—	3a+v	自
服務	—	Vi	—	—	12v+v	他
服用	—	Vt	C	禮記	4v+v	教
不景氣	—	A	—	—	不~	經

不動山	immovables	N	—	—	不~	經
舞台	the stage	N	—	—	8v+n	人
附着	adhesion	Vi	—	—	12v+v	他
物質	matter, substance	N	—	—	9n+n	哲
物理	physics	N	C	晋書	9n+n	自
物理學	physics	N	—	—	~學	自
雰囲氣	atmosphere	N	—	—	000	人
文化	culture	n	C	東哲	15n+v	人
分解	analysis, decomposition	Vt	—	後漢書	12v+v	自
分子	numerator, molecule	N	C	穀梁傳	9n+n	自
分析	analysis	Vt	C	後漢書	4v+v	他
分配	distribution	Vt	C	後漢書	4v+v	經
文學	literature	N	C	論語	9n+n	人
文庫	library	N	—	—	9n+n	教
文明	civilization	N, A	C	易 · 乾	1n+a	人
平面	plane	N	—	—	7a+n	工
變壓器	transformer	N	—	—	~器	工
弁護士	lawyer, attorney	N	—	—	~士	政
弁証法	dialectics	N	—	—	~法	哲
編制	formation, organization	Vt, N	—	—	4v+v	軍
方案	plan	N	—	—	13n+n	他
方式	form, mode	N	—	—	13n+n	他
方針	—	N	—	—	9n+n	他
方程式	equation	N	—	—	~式	自
封建	feudalism	A	C	左傳	12v+v	政

放射	emission, emanation	V	—	—	4v+v	自
法人	juridical person	N	—	—	9n+n	經
法則	law, rule	N	C	周禮	13n+n	人
法廷	court	N	C	柳宗元	9n+n	政
法律	law	N	C	管子	13n+n	政
飽和	saturation	Vi	—	—	11a+a	自
保險	insurance	VN	C	隋書	10v+n	經
保障	grarantee	Vt	C	左傳	12v+v	政
母校	alma mater	N	—	—	9n+n	教
母體	parent body, parent population	N	—	—	9n+n	他
本質	essence	N	—	—	7a+n	哲
哩	mile	N	—	—	0	自
漫畵	caricature. cartoon	N	—	—	3a+v	人
漫談	rambing talk. a chat	Vt	—	—	3a+v	他
漫筆	rambing notes	N	—	—	7a+n	人
蜜月	honeymoon	N	—	—	9n+n	他
密度	density	N	—	漢書	~度	自
見習	—	Vi	J	—	4v+v	工
美濃紙	—	N	J	—	000	他
身分	position. status	N	C	宋書	9n+n	政
脈動	pulsation	Vi	—	—	2n+v	教
粍	프: milimetre	_	—	—	2n+v	教
民主	democracy	A	C	書 · 多方	1n+a	政
民法	civil law	N	C	書 · 湯誥	9n+n	政
無産階級	프: proletariat	N	—	—	~階級	政

無産者	proletarian	N	—	—	~者	政
目	mesh	—	J	—	0	自
明確	—	A	—	鶴林玉露	11a+a	他
明細表	an itemized account	N	—	—	000	經
命題	proposition	N	—	宋王禹偁	8v+n	哲
免許	permission license	—	—	—	4v+v	他
毛細管	capillary	N	—	—	000	教
盲從	blind obedience	V,A	—	—	3a+v	他
黙劇	pantomime	N	—	—	7a+n	人
黙示	revelation	VN	—	—	3a+v	宗
目的	aim. goal. end	N	—	—	9n+n	他
目標	mark. target	N	—	—	9n+n	他
物語	—	N	J	—	F	人
碼	yard	N	—	—	0	自
野兎病	—	N	—	—	000	教
唯心論	spiritualism. idealism	N	—	—	~論	哲
唯物論	materialism	N	—	—	~論	哲
優生學	eugenics	N	—	—	~學	自
遊弋	cruise	Vi	C	史記	12v+v	軍
遊離	isolation	Vt	—	—	4v+v	他
輸出	export	Vt	—	—	4v+v	經
輸入	import	Vt	C	史記	4v+v	經
輸尿管	ureter	N	—	—	000	教
油槽車	tank car	N	—	—	000	工
羊羹	—	N	C	戰國策	9n+n	他

陽極	anode	N	—	—	7a+n	自
沃素	독: Jod	—	—	—	~素	自
沃度	독: Jod	—	—	—	음역어	自
要素	factor	N	—	—	7a+n	哲
溶體	solution	N	—	—	8v+n	工
溶媒	solvent	N	—	—	8v+n	工
豫後	독: Prognose	N	—	—	10v+n	教
豫算	budget	N	C	耶律楚材	6m+v	經
豫備役	reserve duty	N	—	—	000	軍
讀物	—	N	J	—	8v+n	教
落選	—	Vi	—	—	14v+n	政
力學	dynamics mechanics	N	—	—	~學	自
理事	director	N	C	漢書	10v+n	他
理性	reason	N	C	後漢書	9n+n	哲
理想	ideal	N, A	—	—	F	他
理智	intellect	A,N	—	—	9n+n	哲
理念	독: Idee	N	—	—	13n+n	哲
理論	theory	N	C	鄭谷	12v+v	人
立憲	constitutionalism	D	—	—	10v+n	政
流感	—	N	—	—	18	教
流行性感冒	infiuenza	N	—	—	00000	教
流行病	epidemic	N	—	—	000	教
流線型	streamline form	N	—	—	~型	自
流体	fluid	N	—	—	8v+n	自
僂麻質斯	독: ryumachisu	—	—	—	음역어	教

了解	독: verstehen	Vt	—	—	12v+v	他
領海	territorial waters	N	—	—	8v+n	政
領空	territorial sky	N	—	—	8v+n	政
領土	territory	N	—	—	8v+n	政
量子	quantum	N	—	—	9n+n	自
臨床	—	D	—	—	14v+n	教
淋巴	lymph	N	—	—	음역어	教
倫理學	ethics	N	—	—	~學	哲
類型	type	N	—	—	13n+n	哲
累減	degression	D	—	—	6m+n	經
累進	cumulativeness	D	—	—	6m+n	經
例會	regular meeting	N	—	—	7a+n	他
冷戰	cold war	N	—	—	7a+n	政
冷藏	refrigeration	Vt	—	—	3a+v	他
冷藏庫	refrigerator	N	—	—	000	他
列車	train	N	C	王粲	8v+n	他
連歌	—	N	J	—	8v+n	人
勞作	—	V	—	—	12v+v	人
勞働	labour	V	C	三國志	12v+v	工
勞働組合	trade union	_	—	—	0000	政
勞働者	labourer	N	—	—	~者	政
浪人	—	N	C	柳宗元	8v+n	他
論戰	controversy	VN	—	—	4v+v	人
論壇	the press. forum. tribune	N	—	—	8v+n	人
論理學	logic	N		—	~學	哲

和服	—	N	J	—	9n+n	他
和文	—	N	J	—	9n+n	他

《중국어 외래어 사전》에 일본어에서 들어온 단어로 표시된 것에 대한 필자의 견해

味之素	중국 동북 지방 일부를 제외하고는 현재 쓰이지 않는다
潰瘍	《주례周禮》에 나옴
意識	'뜻을 인식하다'로 분석해야 할까? 현대 중국어에서는 '意識到…'의 형태로 사용된다
意匠	옛 중국 고전에는 시어로 쓰였으나 현대 중국어에서는 용례가 적다
浮世繪	'浮世'란 단어가 완적阮籍의 시에 보인다
右翼	정치 용어로서는 '우익단체右翼團體'처럼 비독립적인 어구성 요소로 사용된다.
運轉	《사기史記》에 용례가 있다.
榮養	현대 중국어에서는 '營養'이다.
疫痢	《중국어 외래어 사전》에 수록되지 않았다. 현재 일반적으로는 잘 사용되지 않는다.
演說	19세기 말, 20세기 초에는 량치차오의 자료에서 보는 바와 같이 '演說國際大會'처럼 타동사로 쓰였다.
鉛筆	제4장 참조
奧巴桑	번역 시 종종 쓰이는 임시어이다,
觀照	철학 용어로 보아야 하나? 《중국어 외래어 사전》에 미수록. 소고 마사아키(1988)에 의하면 중국 고전에 출전이 있다고 하며

	선종禪宗 용어라고 한다.
氣分	중국어에서는 '氣雰'이 쓰인다.
教育學	'교육'은《맹자孟子》에 보이며 '～학'은 연구편 제4장을 참조.
狂言	《한서漢書》에 보이나 오늘날 사용되는 것과는 완전히 다른 단어이다.
虛無主義	'허무'는《사기史記》에 용례가 보인다.
組合	노동조합의 '조합'은 뉴스 등의 번역에 고유명사로 사용된다.
軍國主義	'군국'은 한적에 용례가 있다.
軍需品	'군수'는 한적에 용례가 있다.
形而上學	형이상은《역易》에 용례가 있다.
吉地	어원 불명
牽引車	'견인'은《좌전左傳》에 용례가 보인다.
膠着語	'교착'은《역림易林》에 용례가 보인다.
胡列刺	중일전쟁 중 중국 동북 지방에서 사용되었으며 지금은 '곽란霍亂'이라고 한다.
昆布	중국의 한방 관련 책에 용례가 보인다.
座談	'좌'는 중국에서 좌석의 의미로, 명사이다. 일어에서는 '座'와 '坐'를 구분하지 않는다.
雜誌	서양 선교사가 중국 상하이에서 잡지《중외잡지中外雜誌Shanghai Miscellany》(주필은 존 맥거완John Macgowan〔중국 미름은 馬高溫 혹은 麥嘉湖〕)가 처음 발행된 것은 1862년이다. 반년 후 폐간되었지만 시기적으로는 일본 최초의 잡지《서양잡지西洋雜誌》보다 빠르다.
自治領	'자치'는《한서漢書》에 용례가 보인다.
自然淘汰	'자연'은《노자》에 보인다.

主義	'주군主君의 뜻'이라는 의미로는《사기史記》에 용례가 보인다.
主體	'주군主君의 몸'이라는 의미로는《한서漢書》에 용례가 보인다.
上水道	'상수'는《왕건王建》에 용례가 보인다.
處女作	'처녀'는《손자孫子》에 용례가 보인다.
所得稅	'소득'은《좌전》에 용례가 보인다.
初夜權	'초야'는《자치통감資治統鑑》에 용례가 보인다.
眞空管	'진공'은 이상은李商隱에 용례가 보인다.
新聞記者	'신문'은 조승趙昇에 용례가 보인다.
人力車	중국 상하이에서 발행된《신보申報》기사 중〈記新式小車〉(1874. 1)라는 기사에 다음과 같은 내용이 소개되어 있다. '其車來於東洋 在東洋名爲若尼 里少 係數年前所創設者 國人見其有益 則隨而廣用之'
膵臟	《현대 중국어사전》에 '胰의 옛이름'으로 나와 있다.
世界觀	옛 한문 자료에 출전이 있다.
制限	현대 중국어에서는 '限制'로 쓰인다.
生命線	'생명'은 본래부터 있던 중국어이다.
台	《중국어 외래어 사전》에는 '방언으로서 차 등을 세는 수량사'로 나와 있으나 이는 오류임.
台車	《중국어 외래어 사전》에는 '방언으로 方向架이다'라고 나와 있으나 중국어 사전에 수록되지 않아서 불명.
代言人	'대언'은《송사宋史》에 보인다.
但書	중국인들은 분석하기 어려운 단어이다.
探檢	중국어에 '探險'이 있으므로 v+n 으로 분석된다.《자원字源》에서는 '탐험探檢'이 영어 'Exploration'의 일본어 역이고 이를 중국에서 '探險'으로 고쳐 썼는데, 그 의미는 일본어 '探檢'보다

좁다고 하였다.

通貨 《사기》에 용례가 보인다.

圖書館 '도서'는《사기》에 용례가 보인다.

番號 중국에서는 군사 용어이다.

物理學 '물리'는 중국 고대 문헌에 보인다.

辯護士 '변호'는《공양전公羊傳》에 그 용례가 보인다. 또 '변호사'는 현대 중국어에서는 대언인代言人의 의미로 쓰인다.

方程式 '방정'은《주례周禮》에 용례가 보인다.

目 'mesh'의 번역어로서, 중국어에 들어온 것이라 하나《자원字源》및《자해字海》등에 실려 있지 않다. 중국 동북 지방의 방언일까?

唯心論 '유심'은 불교 경전에 용례가 있다.

輸出, 輸入 현대 중국어에서는 출구出口와 입구入口라고 한다.

豫備役 '예비'는《월절서越絶書》에 용례가 있다.

流行病 '유행'은《좌전左傳》에 용례가 있다.

倫理學 '윤리'는《예기禮記》에 용례가 있다.

勞働 《삼국지三國志》에 용례가 있다.

論理學 '논리'는《사기》에 용례가 있다.

《현대 중국어 외래어 연구現代漢語外來詞硏究》에 일어 차용어로 표시된 어휘 일람

あ行

醫學	意志	意識	意圖	意味
一元論	一覽表	打消	左翼	運動
液体	演繹	演說	鉛筆	

か行

概括	概算	概念	概論	階級
會計	解決	解放	海事	回收
改善	改造	改良	潰瘍	科學
化學	學位	學士	學期	學齡
革命	假死	假說	假定	貸方
瓦斯	課程	過度	寡頭政治	借方
環境	玩具	關係	管制	管理
鑑定	觀念	幹部	議案	議員
議會	議決	機械	機會	機關
企業	旣決	技師	規則	歸納
希望	義務	脚本	客觀	休戰
教育	教授	供給	共産主義	共同
共和	局限	距離	記錄	金額
金庫	勤務	具體	軍國主義	組合
軍事	計劃	經驗	經濟	經濟學
經理	警察	藝術	系統	刑法
劇場	化粧品	下水道	吉地	結核

權威	權利	現役	現實	現象
原則	建築	檢討	故意	故障
雇員	交易	交換	交際	交涉
交通	交流	公開	公証人	抗議
講義	甲狀腺	光線	構造	肯定
拘留	克服	互惠	個別	根本的

さ行

最惠國	最後通牒	財政	財團	財閥
財務	催眠術	催淚彈	材料	索引
作戰	作物	作用	三角(法)	左翼
三輪車	算術	試驗	支持	支店
支配	支部	市場	自然的	自治
自白	自發的	自由	思想	執行
社會	社會學	社交的	社團	週期
宗教	集合	集團	集中	住所
周波	主觀	主義	主權	主食
主席	主任	宿舍	手段	出席
出訴	出超	出廷	出版	消音器
消化	消火器	消火栓	消極	消毒
消費	消防	蒸氣	蒸發	蒸留
商業	商品	條件	症狀	承認
情報	靜脈	職員	處刑	處女作
初步	處方	人爲的	人格	人生觀
人力車	進化	進步	侵害	侵蝕

侵犯	信號	信用	申請	新聞
數學	請願	請求	制裁	制約
政策	政治	政黨	政府	生產力
生物學	成分	世界觀	說教	說明
積極	接近	絶對	節約	前提
專賣	曹達	總計	總合	總體
總理	倉庫	想像	相對	

た行

體育	體驗	體積	體操	對応
對象	對稱	對比	退化	退却
代數	代表	代理	大本營	但書
脫黨	單位	斷交	斷定	談判
治外法權	蓄電池	仲裁	抽象	調製
調整	超短波	貯蓄	直覺	提案
提供	定額	定義	偵察	停止
停戰	哲學	手續	鐵道	展開
展望	展覽會	電業	電車	電信
電報	電流	電力	傳染病	傳播
傳票	動員	動議	動向	動產
動脈	動脈硬化	導火線	導體	導電體
投機	登記	投票	道具	獨裁
獨占	特殊	特許	特權	特徵
特別	特務	特約	得數	突擊隊
取締				

な行

內服	內用	內容	入場券	認可

は行

場合	場所	場面	配給	背景
博士	博覽會	迫害	迫擊砲	破産
破門	派出所	馬鈴薯	反映	反射
反對	反動	反応	反革命	判決
判斷	美化	美學	美感	美術
引渡	否決	否定	否認	微積分
必要	批判	批評	備品	表演
表決	表現	表情	表象	諷刺
復員	復習	副食	複寫	服從
服務	不景氣	不動産	物質	物理
武士道	舞台	文化	文學	文法
文明	分析	併發症	偏見	便所
弁証法	法医學	法科	法學	法式
法人	法則	法廷	法定	法律
封建	放射	放射線	放送	方針
方程式	方面	保健	保險	保釋
保障	保証	傍証		

ま行

未知數	見習	美濃紙	身分	民主
無機	命題	命令	免除	目的

目的物	目標			

や行

唯一	唯我論	唯神論	唯心論	唯物論
唯物史觀	唯理論	有価証券	有機	遊擊
遊擊戰	遊擊隊	要衝	要素	要点
予算	予約			

ら行

流行	流體	領域	領會	領海
領空	領土	綠化	例外	冷藏庫
歷史	瀝青	列車	連想	勞働
浪人	論理學	話題		

왕리다王立達(1958a)에 수록된 일어 차용어 일람

あ行

憧憬	味之素	悪感	案內	胃炎
異化作用	意識	意識形態	意味	一元化
一元論	一般化	市場	入口	陰極
隱花植物	印刷品	时	宇宙觀	打消
右翼	運動	運動場	衛生	衛生學
榮養	液體	演繹法	演習	演出
演奏	園藝學	大型	大熊座	溫床
溫室	溫度			

か行

階級	外在	外分泌	會談	會話
解剖	解剖學	科學	科學化	科學觀
科學的	化學	可決	可変資本	可能性
仮釋	仮想	仮想敵	仮定	貸方
瓦斯	火成岩	河川工學	片艶	加答兒
活動	借方	癌	簡易式	環境
關係	關于	關節炎	幹事	幹部
感受性	感性	間接	歡送	寒帶
寒流	觀点	記憶力	機械工學	機械
機械工作法	氣管炎	氣體	飢餓線	企業
基地	基準	歸納法	規範	義務
客體	客觀	急行券	舊石器時代	教育界

强化	狹義	共產主義	共產主義社會	共和
行政	協定	業務	巨頭	瓩
粁	緊縮	緊張	金石併用時	緊張感
金融界	空間	空襲警報	偶然	偶然性
偶然的	具體	驅逐艦	組合	俱樂部
軍需品	計畫	景氣	輕工業	警察
經濟	經濟學	經濟恐慌	藝術界	系統
形而上學	劇場	下水工學	下水道	結核
結論	決算	血色素	缺點	牽引車
現役	現金	現象	現實	現實性
現實主義	現代	現代化	顯花植物	原子
原子時代	原始共產社會	原則性	原理	元素
建築	建築學	幻燈	檢波器	憲法
懸擁垂	權利	高壓	高溫	高周波
高潮	高利貸	講演	講座	硬化
公開的	公債	公式化	交換価値	好感
交感神經	交響樂	交戰團體	交通線	交流
廣義	廣告	廣泛性	工業	工業化
工藝美術學	航空母艦	口語化	攻守同盟	膠着
肯定	恒等式	効率	小型	小熊座
國際	國際公法	國際問題	弧光	固體
固定資本	虎列剌	混凝土		

さ行

債權	債務	財政學	財團法人	細胞

催眠術	索引	作品	作用	雜誌
左翼	參考書	時間	時効	紫外線
指數	指導	自然科學	自然主義	自然的
自動化	思想界	思潮	質量	地主
地主階級	支配	支配力	事變	司法界
資本	資本主義	資本主義社會	資料	社會
社會主義	社會問題	社團	社團法人	社交
強化	習慣性	宗教	周期性	重工業
重点	主觀	主催	主體	主動
主筆	宿命論	手工業	手榴彈	出荷
出張	出超	出發点	出版界	出版物
巡洋艦	使用価値	使用率	情感	商業
常識	常備兵	上水道	象徵	焦点
消費力	静脈	所得稅	所有權	進化
進展	進度	新型	新石器時代	新聞界
眞空管	神經	神經過敏	神經衰弱	人生觀
人口問題	人道	人文主義	心臟內膜炎	人力車
心理	心理學	心理作用	信託	侵略
水成岩	推論	數量	圖案畵	性感
性能	世紀	世界觀	政策	政黨
生產	生產關係	生產手段	生產率	生命線
生理	生産力	精神作用	靜態	精力
西洋式	石油	積極	攝護腺	絶對
腺	宣誓	宣戰	戰線	糎
前提	曹達	綜合的	雙子葉	創造性

想像力　相對　總動員　總理　促進
促成　組織　速成式

た行

體育　體操　退化　代言人　代表
對于　大衆化　大衆的　大本營　太陽燈
多元化　但書　立場　單行本　單子葉
短波　暖流　地下水　地質　地上水
知識　膣　窒扶斯　注意点　注射
仲裁　抽象　町　腸炎　長期化
長波　調整　調節　直接　直流
貯蓄　通貨收縮　通貨膨張　低壓　低溫
低周波　低潮　低能兒　帝國主義　出口
哲學　鐵器時代　手續　電氣通信學　電氣化
電子　電視　電信　電池　電波
電流　電話　典型　傳染病　傳統
傳統性　展覽會　動員　動機　動議
動産　動態　動脈　動力　同盟
同盟罷工　同化作用　燈火管制　銅器時代　道具
投資　謄寫板　鬪爭　讀後感　特殊化
特務　土地問題　土木工學　土木工程　圖書館
取消　取締　奴隷社會　噸

な行

內在　內分泌　成爲　軟化　二重奏

日本式	入場券	入超	認識論	熱帶
年度	腦炎	農作物	農民	農民階級
能率				

は行

場合	場所	肺炎	配給	配電盤
背景	舶來品	博覽會	派遣	版畫
番號	番地	範疇	反應	美感
悲觀	引渡	否決	否定	必然
必然性	必然的	必要性	被動	批判
秘密的	百貨店	病虫害	病理學	表現法
表現力	標準型	廣場	敏感	呎
物理	物理學	不動產	不變資本	文學界
文庫	文法	分子	分析法	分配
變壓器	弁護士	弁証法	方案	方式
方針	方程式	防空演習	方法	方法論
封建社會	封建主義	報告	放射	放射性
放送局	冒進	法則	簿記學	保健
保險	保証			

ま行

哩	滿員	漫畫	漫談	漫筆
認爲	視爲	見習	粍	民主
民族	民族化	民族學	民族問題	民族的
無產階級	無神論	米	命題	基于

物語	問答式			

や行

碼	冶金學	唯心	唯心論	唯物
唯物論	優越感	優勢	優点	郵便
有産階級	誘惑性	揚棄	陽極	要点
預算	預備役	由于		

ら行

樂觀	理事	理性	理想	理想化
理念	理論	流感	流線型	流體
流通資本	流動式	量子	淋巴	倫理
倫理學	類型	歷史	歷史的	劣勢
連係	連絡	勞働組合	勞働者	勞働力
勞農政府	浪漫	浪漫主義	肋膜炎	論戰
論壇	論文	論理學	和聲學	

탄루첸譚汝謙(1977)에 수록된 일어 차용어 일람

相手	相手方	一分判決	一覽拂	隱居
印紙	請負	運轉手	海老	遠足
卸買商	溫情主義	勝手	開港場	會社
片方	活動寫眞	株券	株式會社	株主
過洋樂	寒暖計	寒天	看板	關白
寒武利亞系	間忙令	協贊	切手	切符
汽車	金巾	義勇艦隊	經由彙兌	刑律
化粧品	檢事	下戶	下女	下馱
後見人	高等學校	高利貸	小切手	心得
言葉	小供	合資會社	出張	出張所
手簡紙	商法	執筆吏	七寶燒	士族
七面鳥	芝居	眞鍮	心配	上戶
上手	助產士	地味	人事	水酸基
水素	水平運動	晴雨計	政治季節	贅沢品
相殺	相續分	相場	澤山	大工
大祭日	大審院	大統領	大分	代用
代用學校	代料	注冊	注文	調印
提灯會	窒素	漬物	積立金	手當
手形	手紙	手數料	登錄	特待生
時計	富籤	取締役	取次	取引
問屋	同業組合	仲買人	仲立	並製
並等	入夫	日當	二距斜	荷物
配當	判事	判任	馬鹿	番地

控所	封度	不都合	舞蹈	分限
弁當	補佐人	見本	申込	申立
有給職	郵便	翌日	旅行券	燐寸
僂麻質斯	聯隊	割合	割引配當金	

위유쑨余又蓀(1935)에 수록된 일어 차용어 일람

(표제어의 배열순서는 원 논문의 배열순을 따른다. 원문에 표시된 갑甲은 학과 명칭, 을乙은 학문 명칭, 병丙은 논리학 용어를 나타낸다)

哲學	Philosophy
心理學	Psychology
倫理學	Ethik
美學	Aesthetik
言語學	Philologie, Sprachwissenschaft
社會學	Sociology
認識論	Erkenntnistheorie, Eekenntnislehre
絶對	Absoluee
先天	Apriori
後天	Aposteriori
主觀	Subject
客觀	Object
形而上學	Metaphysik
世界觀	Weltanschauung, Lebensansch
人生觀	Weltanschauung, Lebensansch
經濟學	Political Economy
人格	Persnlichkeit
範疇	Kategorie
功利主義	Utility, Utilitarianism
聯想	Association
主義	principle

表象	Vorstellumg	
感官	Sense	
進化論	Evolution	
論理學	Logic	
生體學	Biology	甲
社會學	Sociology	甲
美妙學	Aesthetik	甲
性理學	Psychology	甲
格致學	Physik	甲
致知學	Logik	甲
經濟學	Political Economy	甲
數學	Mathematic	甲
禮儀之學	Ethik	甲
星學 or 天文學	Astronomy	甲
物理學	Physical Science	甲
化學	Chemistry	甲
神理學	Theology	甲
幾何學	Geometry	甲
器械動學	Dynamics	甲
人道敎門之學	Morality	甲
綱紀法律之學	Law	甲
動物學	Zoology	甲
超理學	Metaphysik	甲
虛體學	Ontology	甲
實理哲學	Postive Philosophy	甲

物質學	Materialism	甲
通生學 or 通有學	Comunism	甲
美術	Fine Art	甲
音樂	Music	甲
工匠術	Archiyecture	甲
畵學	Painting	甲
彫像術	Sculpture	甲
彫刻術	Engraving	甲
万有皆神學	Pantheism	甲
詩歌	Poem	甲
政事之學	Politic	甲
散文	Prose	甲
理性, 道理	Reason	乙
元理 or 主義	Principle	乙
自然理法	Law of Nature, Natural Law	乙
理法 or 法	Law	乙
觀念	Idea, Idee	乙
魂 or 心 ; 心靈	Psyche	乙
實體學	Realism	乙
名目學	Nominalism	乙
性中固有	Innate	乙
獨知	Concious	乙
意識	Conciousness	乙
感覺	Sensation	乙
感覺學	Sensationalism	乙

懷疑學	Scepticism	乙
通常良知	Common Sense	乙
卓絶極微純靈知	Trauscendental pure reason	乙
宇觀	Space	乙
宙觀	Time	乙
先天 or 先天的	Apriori	乙
後天 or 後天的	Aposteriori	乙
分類表 or 範疇	Categorie	乙
觀念學	Idealism	乙
自由	Liberty	乙
選擇學	Electicism	乙
觀念伴生	Association	乙
觀念伴生之理法	Law of Association	乙
彼觀	Object	乙
此觀	Subject	乙
僞學派	Sophist	乙
唯一神	Monotheism	乙
數多神	Polytheism	乙
無機性體	Inorganic	乙
有機性體	Organic	乙
被動	Passive	乙
能動	Active	乙
智	Intellect	乙
情	Emotion	乙
意	Will	乙

心理分解	Analysis of Mind	乙
知覺	Perception	乙
感覺	Sensation	乙
記憶	Memory	乙
直覺	Intuition	乙
致知學	Logic	丙
致知學乃思慮之法之學	Logic is the science of the laws of thought	丙
單純致知	Pure Logic	丙
施用致知	Applied Logic	丙
直覺 or 無媒諦	Intuition	丙
有媒諦	Mediate Cognition or inference	丙
實驗 or 試驗	Experience	丙
眞理	Truth	丙
視察	Observation	丙
比較	Comparison	丙
誌述	Discription	丙
定義 or 命名定義	Definition	丙
理說	Theory	丙
念	Conception	丙
概括力	Power of generalization	丙
實量觀	Quantity	丙
形質觀	Quality	丙
概念	Notion	丙
想念	Idea	丙
想像力	Imagination	丙

妄想	Fancy	丙
通名	Common Noun	丙
專名	Proper Noun	丙
考 or 思慮	thought	丙
弁	Judgement	丙
決 or 斷言	Conclusion	丙
弁証之考	Discursive thought	丙
命題	Proposition	丙
極	Term	丙
主位	Subject	丙
屬位	Predicate	丙
定言	Copula	丙
肯定	Affirmative	丙
否定	Negative	丙
實體	Substance	丙
屬性	Attribute	丙
彙類	Classification	丙
分解法	Analysis	丙
總合法	Synthesis	丙
上行	Superordnate	丙
同行	Co-ordinate	丙
下行	Subordinate	丙
類	Gen(Pl. gencra)	丙
種	Species	丙
演繹	Deduction	丙

歸納	Induction	丙
外廷	Extension	丙
內包	Comprehension	丙
泛稱	Indefinitive	丙
分稱	Distributive	丙
全稱	Universal	丙
特稱	Particular	丙
演題	Syllogism	丙
自己証明	Selfevident	丙
同一	Identity	丙
不同一	Nonidentity	丙
可考	Consistence	丙
不可考	Nonconsistence	丙
定說	Assertion	丙
配偶無二	Exclusion	丙
表題	Affirmative proposition	丙
裏題	Negative proposition	丙
全稱之極	Universal term	丙
特稱之極	Particular term	丙
齒類之式	Formula of inclusion	丙
立類之式	Formula of constitution	丙
不齒類之式	Formula of exclusion	丙
前唱	Artecedent	丙
後和	Consequence	丙
對偶法	Contraposition	丙

反對法	Opposition	丙
轉換法	Conversion	丙
偶主	Contraponent	丙
偶客	Contraposita	丙
本來反對	Opposition Proper	丙
反言對	Opposition Contradictory	丙
實反對	Opposition Contrary	丙
小反對	Opposjtion subcontrary	丙
轉語	Converse	丙
換語	Converdent	丙
不定轉換	Conversion peraceident	丙
對偶轉換	Conversion by Contraposition	丙
單轉法	Conversion Simple	丙
中極	Middle term	丙
少極	Minor term	丙
老極	Major term	丙
差等	Subalternation	丙
差主	subalternaut	丙
差客	Subalternate	丙
兩約	Promises	丙
老約	Major promise	丙
少約	minor promise	丙
皆有全無之弁	Dictum de omni et de mullo	丙
僞題	Fallacy	丙
還元	Reduction	丙

詭論	sophism	丙
確定	Categorical	丙
約契	Hypothetical	丙
離攝	Disjunctive	丙
通理	Postulate	丙
莫逆嘉納	Noncontradiction	丙
散體	Enthymeme	丙
離合格	Conjunctive and disjunctive	丙
雙契體	Hypothetical Conjunctjve	丙
連環體	Chain argument	丙
二重體	Dilemma	丙
渾體	Sorites	丙
包攝	Subsumption	丙
眞一	Truism	丙
極端	Extremities	丙

보주 補注

서론, 제1장 보주

1990년대 이후 한자어 연구에는 두 가지 큰 특징이 있다. 하나는 학제적 연구가 시작되었다는 점이다. 여기에는 언어와 어휘 연구자들뿐만 아니라 과학사와 사상사, 역사, 문화사 연구자들도 가세하여 자기 분야 용어의 성립을 밝히려는 관점에서 연구하게 된 것이 그 시발점이었다. 또 지금까지 일본 학자들에 의하여 주도되던 한자어 연구가 중국(대만과 홍콩 포함)과 한국, 유럽 학자들이 참여하게 되고 이에 따라 탁월한 연구 성과가 나오고 있다.

또 하나의 특징은 한자문화권 근대 신어 번역어 창출 및 공유 문제를 단순히 어휘 연구 차원으로만 보는 것이 아니라 동서양 문화 교류 및 언어 접촉이라는 문명화 관점에서 보려고 하였다는 점이다. 다음의 책들은 이러한 연구의 발전을 반영하는 것들이다.

熊月之(1994)《西学東漸与晩清社会》, 上海人民出版社

沈国威(1995)《'新爾雅'とその語彙》, 東京:白帝社

荒川清秀(1997)《近代日中学術用語の形戒と伝播一地理学用語を中心に》, 東京: 白帝社

Federico Masini(1993) The Formation of Modern Chinese Lexicon and its Evolution toward a NationalLanguage: The period from 1840 to 1898. Journal of Chinese LingUistics Monograph Series No.6, Berkeley, U.S.A.

中國語版:黃河清 訳(1997)《現代漢語詞彙的形成一19世紀漢語外来詞研究》, 上 海: 漢語大詞典出版社

沈国威 編(1999)《'六合叢談'(1857-58)の学際的研究一付 · 語彙索引/影印本文》, 東京:白帝社

沈国威(2000)《植学啓原と植物学の語彙一近代日中植物学用語の形成と交流》, 大阪: 関西大出版部

吳義雄(2000)《在宗教与世俗之間-基督教新教伝教士在華南沿海的早期活動研究》, 広東: 広東教育出版社

王揚宗(2000)《傅蘭雅与近代中国的科学啓蒙》, 北京: 科学出版社

蘇精(2000)《馬禮遜与中文印刷出版》, 台北: 学生窃局

鄒振環(2000)《晩清西方地理学在中国》,上海: 古鰭出版社

內田慶市(2001)《近代における東西言語文化接触の研究》, 大阪: 関西大学出版都

陳力衛(2001)《和製漢語の形成とその展開》, 東京: 汲古書院

沈国威·內田慶市(2002)《近代啓蒙の足跡一東西文化交流と言語接触:《智環啓 蒙塾課初歩》の 研究》, 大阪: 関西大学出版部

朱京偉(2003)《近代日本新語の創出と交流一人文科学と自然科学の専門語を中心 に》, 東京: 白帝社

松浦章 · 內田慶布 · 沈国威 編著(2004)《遐邇貫珍の研究》, 大阪: 関西大学出版部

蘇精(2005)《中國, 開門1》, 香港: 基督教中国宗教文化研究社

內田慶市·沈国威 編(2007)《19世紀中国語の諸相一周縁資料(欧米 · 日本 · 琉球 · 朝鮮)からのアプローチ》, 東京: 雄松堂

민족 국가의 성립과 국어의 확립이라는 국어사상사 관점에서 연구된 것으로는 다음 연구서가 있다.

イ·ヨンスク(1996)《'国語'という思想》, 東京: 岩波書店, 1996

安田敏朗(1997)《植民地のなかの'国語学'—時枝誠記と京城帝国大学をめぐって》, 東京: 三元社

安田敏朗(1997)《帝国日本の言語編制》, 東京: 世織書房

小森陽一(2000)《日本語の近代》, 東京: 岩波書店

子安宣邦(2003)《漢字論—不可避の他者》, 東京: 岩波書店

村田雄二郎·C ラマール 編(2005)《漢字圏の近代》, 東京: 東京大学出版会

또한 스유웨이史有爲의 《한어외래어漢語外來語》(商務印書館, 2000)와 차오웨이曹煒의 《현대한어사휘연구現代漢語詞彙研究》(北京大學出版社, 2004)에는 일어 차용어의 특성에 대한 유익한 논고가 있다. 필자도 〈"訳詞" 与 "借詞"—重読胡以魯《論譯名》(1914)〉(《或問》, 제9호, 2005)라는 논문에서 번역어와 차용어의 차이점에 대하여 논한 바 있다.

제2장 보주

1990년대에 들어와 일본에서는 근대어 연구를 위한 기초 자료가 다수 복간되었고 많은 어휘 색인 작업이 이루어졌다. 필자가 관여한 것을 들면 다음과 같은 것이 있다.

《新爾雅とその語彙》(白帝社, 1995)

《植物啓原と植物学の語彙》(関西大学出版部, 2000)

《《六合叢談》(1857-58)の学際的研究—付 · 語彙索引/影印本文》(白帝社, 1999; 同 中國語版:上海辞書出版社, 2006)

《近代啓蒙の足跡—東西文化交流と言語接触:《智現啓蒙塾課初步》の研

究》(內 田慶市氏との共著, 関西大学出版部, 2002)

《遐邇貫珍》(松浦章, 內田慶市兩氏との共著, 関西大学出版部, 2003; 同 中國語版:上海辞書出版社, 2005)

중국에서도 근대어 연구를 위한 기초 자료 정비가 시작되었다. 《동서양고매월통기전東西洋考每月統記傳》(中華書局, 1997) 등 초기 선교사 관련 신문 잡지를 비롯하여 《중서문견록中西聞見錄》(1781-1876)과 《격치휘편格致彙編》(1872-1892), 《시무보時務報》(1896-1898), 《청의보淸議報》(1900-1902) 등이 복간되었고, 황준헌黃遵憲의 《일본국지日本國志》(上海古範出版社, 2001)와 부운용傅雲龍의 《유력일본도경遊歷日本圖經》(上海古籍出版社, 2003), 펑문조彭文祖의 《맹인할마신명사盲人瞎馬新名詞》(上海辭書出版社, 2008) 등 일본 관련 자료들이 출판되었다. 이들 자료들은 금후의 연구가 기대된다.

한편 근대어 연구 데이터베이스도 속속 구축되고 있다. 필자가 관여하는 간사이대학의 '근대한어문헌데이터베이스'(http://www2.csac.kansai-u.ac.jp:8080/library/)에는 한역 양서와 잡지류 등 1000만 자 이상의 화상 자료가 포함된 전문검색 데이터가 수록되어 있다.

제3장 보주

중국에 '천하天下' 개념만 있었을 뿐 '세계世界'라는 개념이 없었던 것처럼 19세기말까지는 외국어에 대한 의식이 거의 없었다. 특히 일본어에 대해서는 중국과 같이 한자를 쓴다는 데에서 오랫동안 일본어를 중국어의 방언 정도로 오해하였다. 필자는 최근 수년간 중국인의 일본어에 대한 인식 변화와 일본 서적 번역사, 번역자 집단의 형성사 등에 대하여 관심을 가지고 고찰해 왔다. 이들 연구의 성과는 다음 논문에 수록되어 있다.

〈欧化国家を目指せ: 情報発個基地としての19世紀日本—日本新聞の中國語訳を通して見る近代日中語彙交流〉, 財団法人松下国際財団研究助成研究成果報告書, 1998

〈黃遵憲的日語: 梁啓超的日語〉, 《或問》, 第11号2006年, 135-146頁

〈《辞源》与現代漢語的新詞〉, 《或問》 第12号2006年, 35-58頁

〈蘭学の訳語と新漢語の創出〉, 《19世紀中国語の諸相》 內田慶市·沈国威編, 雄松堂, 2007年, 217-261頁

〈清末民初中国社会対新名詞的反応〉, 《アジア文化交流研究》(関西大学アジァ文化交流研究センター), 第2号, 2007年, 105-124頁

〈黃遵憲'日本國志'的編碼与解碼〉, 《東西学術研究所紀要》(関西大学東西学 術研究所), 第40号, 2007年, 125-155頁

〈時代的轉型與日本途徑〉, 《中国近代思想史的転型時代一張灝院士七秩祝壽論文集》, 台北·聯経, 2007年, 241-270頁

또한 메이지기의 중일 문화교류와 중국인의 일어 학습(주로 학습기관)에 대해서는 천제陳捷의 《메이지 전기 중일 학술교류 연구明治前期日中學術交流の研究》(汲古書院, 2003)와 왕바오핑王宝平의 《청대 중일 학술교류의 연구清代中日學術交流の研究》(汲古書院, 2005), 류젠윈劉建雲의 《중국인의 일본어 학습사—청말 동문학당中國人の日本語學習史—清末の東文學堂》(學術出版社, 2005) 등 뛰어난 연구서가 출간되었다. 금후에는 일본어 교과서와 사전들(중일/일중 사전)의 연구도 필요하다.

제4장 보주

고故 나스 마사유키那須雅之 씨는 로브샤이트와 그가 만든 사전 연구에 정열을 불태웠고 일련의 논고를 통해서 이 책 초판에서 밝히지 못했던 로브샤이트의 생애와 중국에서의 활동, 저술, 일본과의 교류 등에 대하여 밝혔다. 그는 로브샤이트의 전기 및 저작 전집 등을 출판하려 하였으나 갑작스런 죽음으로 중단되었고 이는 학계의 큰 손실이었다.

필자도 로브샤이트에 대한 조사를 계속해 왔는데 2005년 여름에는 오스트리아 국립도서관 조사 때 로브샤이트가 오스트리아 황제 프란츠 요제프 1세Franz Joseph I에게 헌정한 영중사전을 발견하였다. 이 책의 2부PART II에는 아래와 같은 서문이 붙어 있다(번역은 역자).

Preface

The second part of the *English Chinese Dictionary* is herewith offered to the public without any further explanation or apology. The fear entertained by many that the work would not be completed now proves to have been groundless, for the third part is sufficiently advanced to be ready for publication early in spring next, and the whole work will (D. V.) be completed before the end of the year 1868.

Among the many encouragements the author has met within the course of the preparation of the Dictionary, there is one which he cannot pass over in silence. The willingness of the publisher and proprietor to dispose of the work at so moderate a price as to enable students with limited means to procure copy, induced the author to part with it at a rate exceeding his private means. There would, therefore, have been considerable delay in completing the same, had not an honorable gentleman stepped forward and nobly removed this difficulty. Wishing his name to remain unknown, the author can only express his gratitude for so generous an act in the interest of the public.

Many suggestions have been made to the author; but most of them were either of a negative nature, or calculated to prolong the completion of the work indefinitely. Were the author to point out the advantage of the present Dictionary, he would necessarily have to expose the defects of those previously published by others. He looks back with gratitude to the time when the imperfect works then extant were his only but friendly and well-meant guides; and whatever obstacle he otherwise encountered, by their help he steadily advanced in his onward course.

The author looks forward with pleasure to the publication of the works of Mr. Wade, Secretary to H. B. M. Legation at Peking, being sure that his endeavor to present the language as it is spoken in the North of China will one day be a great assistance to such as wish to define the floating terms and transcribe the same with Roman letters.

The student who carefully peruses Mr. Wade's works will no longer draw back in despair, but be assured of ultimate success in the acquisition of this strange tongue.

Victoria Hongkong June 15th, 1867

W. LOBSCHEID.

서문

《영화자전英華字典》의 2번째 파트(D-H)가 무사히 일반 대중에 공개되기에 이르렀다. 많은 사람들이 이 사전의 완성에 불안감을 느꼈지만, 내년 봄에 3번째 파트(I-Q)의 출판이 확실시되고 1868년 말까지는 4번째 파트(R-Z)까지 완성되어 사전 전체가 갖춰질 예정이라서 많은 이들의 이러한 불안감은 기우에 불과했음이 증명될 것이다.

저자가 많은 사람들의 격려 속에서 사전 편찬 작업을 하는 동안에 한 가지 꼭 지적해야 할 사실이 있었다. 그 사실이란 학생들이 사전을 구입할 수 있도록 저렴한 가격으로 제공하는 것이었다. 그러나 이 가격에 맞추려면 출판업자가 사재를 다 털어야 했으므로 사전 출판을 단념하려고 하던 차에 다행스럽게도 한 독지가의 호의로 이러한 어려움이 해소되어 출판이 크게 지연되는 일 없이 진행되었다. 이 독지가의 이름을 밝히지 않겠으나 사회적 관심에서 관대한

호의를 베풀어 주셔서 감사할 따름이다.

사전 작업 과정에서 저자에게 많은 제의가 있었는데 이 제의의 대부분은 부정적인 내용이거나 사전 완성을 한없이 지연시키는 내용들이었다. 만약에 저자가 이 사전의 장점을 역설했다면 이미 출판된 사전들의 결점을 폭로해야만 했을 것이다. 저자가 회고하건대 그 당시에는 불완전한 작업이었지만 많은 도움과 선의의 충고로 큰 어려움이 없이 순조롭게 사전 작업을 완성해 나갈 수 있었다는 것에 감사한다.

저자는 베이징 주재 H. B. M 공사관 비서 웨이드(Wade) 씨의 저작 출판에 큰 기대를 하고 있다. 중국 북부 지방에서 사용되고 있는 말을 소개하고자 하는 웨이드 씨의 노력이 언젠가 불명확한 용어를 정의하고 로마자로 된 용어를 번역하는 데 커다란 도움이 될 것으로 확신하는 바이다.

이러한 웨이드 씨의 노력의 결실인 이 사전을 정독한 학생들이라면 낯선 언어를 습득하는 데에 더 이상 좌절하는 일 없이 최고의 성공을 거둘 것이라고 확신한다.

빅토리아, 홍콩에서. 1867년 6월 15일

윌리엄 로브샤이트

미야타 가즈코宮田和子 씨는 일본 국내 도서관에 소장된 영중 사전을 조사하여 〈19세기 영중/중영사전 목록—번역어 연구 자료로서十九世紀英華華英辞典目録翻訳語研究の資料として〉(《国語研究 6 近代語》, 明治書院, 1997, 히다 요시후미飛田良文와의 공저) 영중사전들의 서지적 연구 결과를 발표하였다.

한편 일본에서 번각된 중국 양학서洋學書에 대해서는 과학사 연구가인 야스미미 도시후미八耳俊文가 '19세기 한역 양서 및 일본 번각본 소재 목록'을 작성하였다(《'육합총담'(1857-58)의 학제적 연구六合叢談(1857-58)の学際的研究》에 수록). 이들 연구는 미야타 씨의 연구와 함께 한역 양서의 전모를 파악하는 데 없어서는 안 될 기본 자료들이다. 그 밖에 우치다 케이시内田慶市 의 일련의 연구도 주목된다. 이들 연구를 다른 연구와 함께 들면 다음과 같다.

那須雅之(1993)〈G.C. Stent とその著書について一A CHINESE AND ENGLISH VOCABULARY IN THE PEKINESE DIALECT(《漢英合壁 相連字彙》)を中心とし て〉,《中国語学》, 240号

那須雅之(1996)〈《英華字典》初版の原姿について一その構成內容をめぐっ て〉,東京美華書院(復刻初版)

那須雅之(1997)〈LOBSCHEIDの《英華字典》について一書誌学的研究(1)〉,《文学論叢》(愛知大), 第114輯

那須雅之(1998)〈LOBSCHEIDの《英華字典》について一書誌学的研究(2)〉,《文学論叢》, 第116輯

那須雅之(1998)〈ロブシャイト略伝(上·中·下)〉,《月刊しにか》, 第9巻10, 11, 12号, 大修館書店

內田慶市(1995a)〈商務印書館《英漢字典》の系譜〉,《関西大学文学論集》, 第44巻1-4号

內田慶市(1995b)〈《英漢字典》の系譜〉,《関西大学東西学術研究所報》, 第61号

內田慶市(1997)〈淸国英語事始〉,《関西大学中国文学会紀要》, 第18号

內田慶市(1997)〈KuangQizhao《華英字典集成》〉,《関西大学中国文学科紀要》, 第19号

內田慶市(2004) 科研報告書《16世紀以降西洋人の中国語学研究の文献に関す る閥査·研究》, 関西大学

沈国威(1999)〈訳語“化学”の誕生〉,《中国文学会紀要》(関西大学), 第20号 1-34

沈国威(2004)〈大英図書館所蔵の“英和文法小引Chinese-English Grammar: 1864”〉, 科研報告書《16世紀以降西洋人の中国語学研究の文献に関する調査·研究》

沈国威(2005)〈奥地利国家図書館蔵近代漢訳西書〉,《或問》, 第10号 pp. 247-253

遠藤智夫(1999共著)《《英和対訳袖珍辞書》の遍歴—目で見る現存初版15本》, 辞游社

金敬雄(2001)〈井上哲次郎の《訂增英華字典》に於ける訳語の修整についての考察〉,《或問》, 第3号

로브샤이트의《영화자전英華字典》과 모리슨의《자전字典》이 일본에서 복각되었고 중국에서도 2007년 마카오기금회와 베이징외국어대학 공동으로 모리슨 편찬 사전과 저작들, 회상록 등 14권이 복각되었는데 이것은 특기할 만한 일이다. 앞으로 이들 자료를 통한 관련 연구가 심화될 것으로 예상된다.

그리고 본 장에 수록한 '鉛筆 = penci1'이 광둥성의 초기 중국어 학습서, 예를 들면 *Beginner's First Book*, T. T. Devan, 1847, 1858 등에 수록된 것이 확인되었다.

제5장 및 '어지편—102개의 단어' 보주

언어 접촉과 어휘 교류 연구에서 무엇보다 중요한 것은 각 단어의 어원 및 역사를 연구하는 일이다. 필자는 이 책의 초판에서 102단어를 대상으로 기초적인 사적史的 고찰을 하였고,《일본국어대사전》(쇼가쿠간) 개정판의 근대 한자어 '語誌' 부분 집필을 담당하면서 다른 집필자들과 함께 500여 단어를 기술하였다. 이러한 작업은 아직 초보적인 연구이기는 하지만 앞으로《중·일 근대 번역 신어 사전》으로 발전될 가능성이 있다고 본다.

개별어의 어원과 역사 연구도 활발하게 이루어지고 있다. 히다 요시후미와 마쓰이 도시히코松井利彦, 주징웨이朱京偉, 천리웨이陳力衛, 쑨젠쥔孫建軍 씨 등이 훌륭한 연구 성과를 계속 발표하고 있다. 아라카와 기요히데荒川清秀

씨의 신한자어 조어 메카니즘에 관한 연구와 데지마 구니오手島邦夫 씨의 니시 아마네西周 역어에 관한 일련의 논고도 주목할 만하다.

필자도 '陪審' 및 '化学, 植物, 細胞, 野蠻, 植民' 등을 예로 들어 제도와 교육, 사물의 관점에서 이들 단어에 대한 고찰을 한 바 있다. 그리고 '熱帶' 등 지리학 용어에 대하여 예수회 선교사와 신교 선교사의 용어 계승 관계를 실마리로 하여 단어의 유포와 정착에 대한 고찰을 하였다.

어원 사전으로는 스기모토 쓰토무의 《어원의 바다語源海》(東京書籍, 2005)와 사토 토루의 《막부 말기·메이지 초기 한자어 사전幕末·明治初期漢語辭典》(2007)이 근대 신한자어 연구에 기여할 수 있는 책이다. 중국에서는 황허칭黃河淸 씨가 《근현대 신한어 어원 사전近現代漢語新詞源詞典》(漢語大詞典出版社)을 출판하였다. 이는 중국 최초의 근대어 어원 사전이다. 다만 이 사전은 중·일 간의 자료 이용이 미비한 감이 있다. 즉 이들 연구는 한쪽만의 자료만 아니라 중·일 쌍방의 자료를 검토해야 할 것이다. 한자문화권의 근대 신어는 한 나라에 발생하여 그 나라에서만 사용된 것이 아니기 때문이다.

1990년대 이후 근대 신한어의 역사에 관한 연구는 그 수가 매우 많아서 일일이 들 수 없을 정도이다. 고려대학교 이한섭 교수는 지금까지의 근대 한자어 연구 성과를 수집 정리하여 '일본어 어휘 연구 문헌 데이터베이스'를 작성하고 이를 국제일본문화연구센터 홈페이지(http://gainen.nichibun.ac.jp/)에 공개하였다. 이 자료는 근대 신어의 어지 연구를 한층 촉진시킬 것임에 틀림없다.

중국에서도 '한자문화권 근대 한자 동형어 사전'의 필요성이 제기되어 필자도 그 준비 작업에 참여하고 있다. 중·일 연구자의 협력하에 이들 사전이 하루 속히 완성되기를 기대한다.

참고 문헌·자료 일람

단행본

彭文祖(1915)《盲人瞎馬之新名詞》東京秀光社

渡辺万藏(1930)《現行法律語の史的考察》万里閣書房

あらかわそおべえ(1932)《外来語学序說》名著普及会(1986)

______(1943)《外来語概說》名著普及会(1986)

山田孝雄(1940)《國語の中に於ける漢語の研究》寶文館

實藤惠秀(1940)《日本文化の支那への影響》螢雪書院

______(1943)《明治日支文化交涉》光風館

實藤惠秀·豊田穰(1968)《黄遵憲日本雜事詩》東洋叢書 111

さねとうけいしゅう(1970)《中国人日本留学史 增補版》くろしお出版社

______(1973)《近代日中交流史話》春秋社

王國維(1940)《王国維遺書》商務印書館

佐伯好郎(1944)《支那基督教の研究 3》春秋社

______(1949)《清朝基督教の研究》春秋社

王力(1944-45)《中国語法理論 上,下》商務印書館

______(1958)《漢語史稿 上, 中, 下》北京科学出版社

小澤三郎(1944)《幕末明治耶蘇教史研究》亞細亞書房

梁容若(1956)《中国文化東漸研究》台北中華文化出版

文字改革委員会(1956)《現代漢語規範問題学術会議文件彙編》科学出版社

孫常叙(1957)《漢語詞彙》吉林人民出版社

陸志韋(1957)《漢語的構詞法》科学出版社

高名凱・劉正埮(1958)《現代漢語外来詞研究》文字改革出版社
杉本つとむ(1960)《近代日本語の成立》櫻楓社
______(1980)《外国語と日本語》櫻楓社
楳垣実(1963)《日本外来語の研究》東京研究社出版
斉藤静(1967)《日本語に及ぼしたオランダ語の影響》篠崎書林
広田栄太郎(1969)《近代訳語考》東京堂出版
森岡健二(1969)《近代語の成立 明治期語彙編》明治書院
森岡健二・山口仲美(1985)《命名の言語学―ネーミングの諸相》東海大学出版会
永嶋大典(1970)《蘭和・英和辞書発達史》講談社
佐藤喜代治(1971)《国語語彙の歴史的研究》明治書院
______(1979)《日本の漢語》角川書店
ヴァンドルシュカ《言語間の言語学》福田幸夫訳 岩波書店(1974)
柴田省三(1975)《語彙論 英語学大系 7》木修館書店
ワインライヒ《言語間の接触》神鳥武彦訳 岩波書店 (1976)
齊藤毅(1977)《明治のことば》講談社
增田涉(1979)《西学東漸と中国事情》岩波書店
佐藤享(1980)《近世語彙の歴史的研究》櫻楓社
______(1983)《近世語彙の研究》櫻楓社
______(1986)《幕宋・明治初期語彙の研究》櫻楓社
鈴木修次(1981)《日本漢語と中国 漢字文化圏の近代化》中央公論社
______(1981)《文明のことば》広島文化評論出版社
方漢奇(1981)《中国近代報刊史 上・下》山西人民出版社
顧長声(1981)《伝教師与近代中国》上海人民出版社
______(1985)《従馬礼遜到司徒雷登―来華新教伝教師評伝》上海人民出版社
柳父章(1982)《翻訳語成立事情》岩波書店
惣郷正明(1982)《辞書とことば》南雲堂
______(1988)《日本語開化物語》朝日選書

小川鼎三(1983)《医学用語の起り》東京書籍

講座日本語の語彙 9-11(1983)《語誌 I, II, III》明治書院

槌田滿文(1983)《明治大正の新語 · 流行語》角川書店

坂出祥伸(1983)《中国近代の思想と科学》同朋社

羅新璋 編(1984)《翻訳論集》商務印書館

馬祖毅(1984)《中国翻訳簡史》中国対外翻訳出版社公司

前田富祺(1985)《国語語彙史研究》明治書院

鐘叔河(1985)《走向世界—近代知識人考察世界の歴史》中華書局

董守義(1985)《清代留学運動史》遼寧人民出版社

杜石然等(1985)《中国科学技術史稿》科学出版社

現代のエスプリ別冊(1985)《江戸とは何か 1 德川の平和》至文堂

芝田稔 · 鳥中克之(1986)《古い中国語 · 新しい中国語》光生舘

付克(1986)《中国外語教育史》上海外語教育出版社

王曉平(1987)《近代中日文学交流史稿》中華書房

______(1987)《中日近代啓示録》北京出版社

加藤祐三(1988)《黒船異変—ペリーの挑戦》岩波書店

野村雅昭(1988)《漢字の未来》筑摩書房

武安隆 · 熊逮雲(1989)《中国人の日本研究史》六興出版

史存直(1989)《漢語詞彙史綱要》華東師範大学出版社

潘允中(1989)《漢語詞彙史概要》上海古籍出版社

米川明彦(1989)《新語と流行語》南雲堂

松井利彦(1990)《近代漢語辞書の成立と展開》笠間書院

史有為(1991)《異文化的使者—外来詞》吉林教育出版社

논문

胡以魯(1915)〈論訳名〉,《庸報》25 · 26合刊

武藤長藏(1917)〈銀行ナル名辞ノ由來二就イテ 其一～十〉,《國民經濟雜誌》24

·25巻

長田三郎(1932)〈《殖民》或は'植民'なる名辭に就て—生成發展と兩者の可否論 の吟味〉,《九州帝大經濟學 研究》vol.2-2

______(1933)〈再び《殖民》或は《植民》なる名辭に就いて〉,《九州帝大經濟學研究》vol.3-1

荒川惣兵衛(1933)〈窒扶斯察〉,《外來語研究》第二卷第三輯

______(1933)〈上海外來語見聞錄〉,《外來語研究》vol.2-3, 4

森正俊(1934)〈"演說"の語原〉,《外来語研究》vol.2-1

______(1934)〈虎列剌〉,《外來語研究》vol.2-1

______(1934)〈倶樂部〉,《外來語研究》vol.2-1

______(1934)〈支那語に入った日本語〉,《外來語研究》vol.2-3, 4

______(1935)〈支那辞典に出た日本語と日本字〉,《外來語研究》vol.3-1

余又蓀(1934)〈日文之慶德哲学訳著〉,《國聞週報》11卷4期

______(1934)〈西周之生涯与思想〉,《國聞週報》11卷7期

______(1935)〈日訳學術名詞沿革〉,《文化与教育旬間》69, 70

平岡伴一(1935)〈"工作"といふ流行語〉,《外來語研究》vol.3-1

______(1935)〈"工作"に関する追って書き〉,《外來語研究》vol.3-2

渡辺三男(1955)〈明末の日本紹介書'日本一鑑'〉,《駒大研究紀要》13

______(1957)〈中国古文献に見える日本語〉,《駒大研究紀要》15

______(1960)〈華夷訳語および日本館訳語について〉,《駒大研究紀要》18

______(1961)〈華夷訳語および日本館訳語について(承前)〉,《駒大文学部研究紀要》19

______(1963)〈吾妻鏡補所引の日本語彙〉,《駒大文学部研究紀要》20

董秋斯(1956)〈翻訳工作中的漢語規範化問題〉,《現代漢語規範問題学術会議文件彙編》

齋賀秀夫(1957)〈語構成の特質〉,《講座現代国語学 II》筑摩書房

王立達(1958a)〈現代漢語中従日語借来的詞彙〉,《中国語文》68期

______(1958b)〈従構詞法上弁別不了日籍借詞〉,《中国語文》75期

鄭奠(1958)〈談現代漢語中的“日語詞彙”〉,《中国語文》68期
______(1959)〈漢語詞彙史隨筆1-6〉,《中国語文》84-87: 89-90期
張応德(1958)〈現代漢語中能有這塵多日語借詞〉,《中国語文》72期
邵榮芬(1958)〈評《現代漢語外来詞研究》〉,《中国語文》73期
見坊豪紀(1961)〈明治前期の用語‘応爲’‘応有’について1〉,《国語学》44
______(1961)〈明泊前期の用語‘応爲’‘略有’について2〉,《国語学》45
大友信一(1961)〈‘日本館訳語’の成立—国語音韻資料としての価値’《国語学》43
杉本つとむ(1961)〈近代日本語の成立—洋学との関連において〉,《国語学》46
古田東朔(1963)〈幕末・明治初期の訳語—《民間格致問答》を中心として〉,《国語学》53
______(1968)〈《智環啓蒙》と《啓蒙知恵の環》〉,《近代語研究 第2集》
佐藤喜代治(1966)〈現代語の語彙の形成〉,《講座現代語2》明治書院
______(1971)〈近代の語彙〉,《講座国語史3 語彙史》大修館
宮島達夫(1967)〈近代語いの形成〉,《ことばの研究 3》国立国語研究所
藤堂明保(1968)〈日本語と漢語〉,《中国文化叢書 10》
さねとうけいしゅう(1968)〈中国人の日本観〉,《中国文化叢書 10》大修館
森岡健二(1969)〈訳語の方法〉,《言語生活》99
木村晟(1973)〈日本一鑑‘寄語’の語彙〉,《駒澤国文10》
______(1973)〈《遊歴日本図経》の日本語彙について〉,《駒大文学部研究紀要1》31
木村晟・李俊生(1973)〈《東語入門》略注〉,《駒大外国語部研究紀要2》
______(1976)〈《日本一鑑》の名彙〉,《駒澤国文》13
前田富祺(1974)〈語彙の体系について〉,《東北大教養部紀要19》
飛田良文等(1975)〈特集 江戸から明治へ〉,《言語》No.291
飛田良文(1978)〈訳語研究の視点〉,《国語学》115
青木次彦(1975)〈“図書館”考〉,《文化学年報》23-24
佐藤享(1976)〈近世漢語についての一考察—‘治療’‘医療’をめぐって〉,《国語

学》106

______(1979)〈訳語'病院'の成立—その背景と定着過程〉,《国語学》118

野村雅昭(1976)〈現代漢語の語構成について〉,《情報管理》18-11

______(1977)〈造語法〉,《岩波講座日本諾4 語彙と意味》岩波書店

______(1979)〈同字異音—字音形態素の造語機能の観点から〉,《中田祝夫博士功 績記念国語学論集》

______(1981)〈近代日本語と字音接辞の造語力〉,《文学》vol. 49

______(1984)〈語種と造語力〉,《日本語学》vol. 3-9

______(1988)〈漢字の造語力〉,《漢字講座1 漢字とは》明治書院

______(1988)〈二字漢語の構造〉,《日本語学》vol.7-5

西尾寅弥(1976)〈造語法と略語法〉,《日本語講座4》大修館

梶原滉太郎(1976)〈訳語の歴史についての一試論—自然科学用語を中心として〉,《言語生活》384

樺島忠夫(1977)〈漢字の造語力〉,《言語》vol. 6

高野繁男(1977)〈明治初期の翻訳漢語—'論理学'(百科全書所收)による〉,《人文学研究所報》(神奈川大学) 11

______(1983)〈医学用語における語基と基本漢字《医語類聚》の訳語〉,《人文学研究所報(神奈川大学)》17

______(1983)〈影響(感化)〉,《講座日本語の語彙9》明治書院

譚汝謙(1977)〈近代中日文化関係的鱗爪—日語外来詞的搜集和弁認問題商榷〉,《香港留日学生会年報3》

徳川宗賢(1978)〈単語の死と生・方言接触の場合〉,《国語学》115

鈴木英夫(1978)〈幕末明治期における新漢語の造語法〉,《国語と国文学》55-5

鈴木英夫(1980)〈新漢語の造出と享受〉,《国語と国文学》57-4

于醒民(1978)〈近代来華基督教伝教士訳著中的代筆問題〉,《社会科学研究》

松井利彦(1979)〈近代漢語の伝播の一面〉,《広島女子大学文学部紀要》14

______(1980)〈近代漢語の定着の一様相〉,《広島女子大学文学部紀要》15

______(1981)〈'簡単' '明確'の周辺〉,《国語国文》50-5

______(1981)〈幕末の訳語辞書〉,《国語語彙史の研究2》和泉書院
______(1983)〈近代日本漢語と漢訳書の漢語〉,《広島女子大学文学部紀要》18
______(1984)〈明治初期の法令用語と造語法〉,《広島女子大学文学部紀要》19
______(1986)〈慶応四年の新間用語辞典〉,《広島女子大学文学部紀要》22
______(1987)〈漢語の近世と近代〉,《日本語学》vol.6-2
杉原丈夫(1979)〈明治初年以前における西洋哲学用語の形成〉,《岡山大学術紀要(哲學)》40
劉正埮(1979)〈関於編纂漢語外来詞詞典的一些問題〉,《辞書研究》1979. 1
鈴木修次(1980)〈康有爲《戊戌奏稿》と日本語〉,《アジア研究 第2号》
______(1983)〈厳復の訳語と日本の'新漢語'〉,《国語学》132, 国語学会
佐々木正昭(1980)〈'情操'という用語の起源と定着過程についての考察〉,《大谷学報》60-2
平林文雄(1980)〈'美術'から'芸術'へ, 並に'美学'の成立―語誌研究ノート(一)〉,《群馬縣立女子大国文研究》1
______(1983)〈'国家'·'想像', そして'文脈'―語史研究ノート(二)〉,《群 馬縣立女子大国文学研究(三)》
大原康男(1981)〈翻訳語からみたく国体〉の意味―く国体〉の多義性に関する一考察として〉,《国学院大日本文化研究所紀要》47
黒田晃代(1981)〈三字漢語の語構成〉,《京都教育大学国文学会誌》16
林四郎(1981)〈漢字基底語考〉,《文芸言語研究(言語編)》5
鈴木丹士郎(1981)〈'抵抗'と'抗抵'〉,《国語語彙史の研究2》和泉書院
______(1986)〈二字漢語の字順についての問題〉,《国語論究1語彙の研究》
松田裕(1982)〈宛字'基督'考〉,《国語学》131
柏谷嘉弘(1982)〈漢語の変遷〉,《講座日本語学4》明治書院
佐藤喜代治(1982)〈和製漢語の歴史〉,《講座日本語学4》明治書院
岩田麻里(1983)〈現代日本語における漢字の機能〉,《日本語の世界16: 国語改革を 批判する》中央公論社
長山泰介(1983)〈情報という言葉の起源〉,《ドクメンテーション研究》33

大野透(1984)〈'翻訳'考〉,《国語学》139

湯浅茂雄(1984)〈'工学字彙'の訳語とその造語要素の性格–明治期の学術用語の造語 法(一)〉,《ノートルダム清心女子大学紀要国語国文学》9-1

______(1988)〈明治期の専門用語と漢字〉,《漢字講座8》明治書院

藤原暹(1984)〈《自助論》受容に見る'感化'の思想'《文芸研究》107

前田均(1984)〈'同文'考—日中同形漢字熟語研究のために〉,《山辺道》28

日向敏彦(1985)〈漢語サ変動詞の構造〉,《上智大学国文学論集》18

山内育男(1985)〈'愛国'という語〉,《参考書誌研究》31

久野昭(1985)〈日本の哲学用語〉,《日本学》7

魯軍(1985)〈清末西学輸入及其歷史教訓〉,《中国文化第2輯》

李漢燮(1985)〈《西遊見聞》の漢字語について—日本から入った語を中心に〉,《国語学》141

鈴木 博(1986)〈'病院'は和製漢語か〉,《広大国文学攷》86号

浅野敏彦(1987)〈貿易と交易—明治初期における漢語の革新〉,《大阪成蹊女子短大 研究紀要》24

______(1987)〈《布告必用漢語書字引》の漢語明治初期の漢語の層〉,《文学・語学》114

飯嶋一泰(1987)〈語彙借用の分類および術語について〉,《言語文化(一橋) 42》

竹村卓二(1987)〈〈アイデンティティ〉からく列維・斯特勞斯〉まで日中外来語翻訳余話〉,《民博通信》35

藁科勝之(1987)〈明治前期刑法用語の成立とその背景総則部分の語彙を中心として〉,《文経論叢(弘前大)》22–3

______(1988)〈箕作麟祥訳《仏蘭西法律書·刑法》の訳語—新しい概念とその翻訳〉,《弘前大学国語国文学》10

森本千香子(1987)〈《明六雑誌》の漢語語彙の一考察〉,《東京女子大日本文学》67

青柳達雄(1987)〈現代漢語のなかの日本語〉,《国文学言語と文芸》101

荒川清秀(1987)〈訳語'熱帯'の起源をめぐって〉,《日本語学》vol. 6-2

______(1987)〈マテオ·リッチ世界地図の訳語〉,《日本語学》vol. 6-6

______(1988)〈現代中国語の造語力—日本語における漢語との関連で〉,《愛知大学文学論叢》87

______(1988)〈地理学用語'回歸線'の起源をめぐって—和製漢語検証のための一試 論〉,《国語学》155

______(1989)〈ことばの伝播と継承—地理学用語'回帰線'を例に〉,《日本語学》vol. 8-3, 4

______(1990)〈中国にわたった'回帰線'〉,《日本語学》vol.9-9

袁翰青(1987)〈我国何時開始使用"化学"一詞〉,《中国科技史料》

天沼寧(1988)〈ビール: 麥酒〉,《大妻女子大学文学部紀要》19

坂根慶子(1988)〈'新漢語'成立事情〉,《東海大学紀要留学生センター》8

横田貫(1988)〈'情報'という語の成立をめぐって—鷗外初訳かとする見方への疑問〉,《情報 研究》9

古藤友子(1988)〈近代の日本語と中国語における'~的'について—章炳麟訳《社会学》にみる〉,《姫路独協大学外国語学部紀要第1号》

山本眞吾(1989)〈'龍蹄'小考〉,《広島大学文学部紀要》48

加納千惠子(1990)〈漢字の接辞的用法に関する一考察(2)—'化'の品詞轉換機能に ついて〉,《文芸言語研究言語編》18

宮田和子(1992)〈日本からの移動とされる中国語〉,《武蔵野大学》39

사전 · 인용 출전

《訳鍵》(1810)

《蘭語訳撰》(1810)

《諳厄利亞語林大成》(1814) 雄松堂書店 復刻版(1976)

《和蘭字彙》(1855) 早稲田大学出版部 復刻版(1974)

《增訂華英通語》(1860) 福澤諭吉訳

《英和對訳袖珍辭書》(1862) 堀達之助

《和英語林集成》(初版 1867, 二版 1872, 三版 1886) J. C.ヘボン

《孛和袖珍字書》(1872) 小田條次郎他編 学半社

《和訳獨逸辞典》(1872)

《獨和辞典》(1873) 松田爲常他編

《附音挿圖英和字彙》(初版 1873, 二版 1882, 增補二版 1887) 柴田昌吉·子安峻, 日就社

《英和和英字彙大全》(1876)

《和獨對訳字林》(1877) 齊田訥於他編

《哲学字彙》(1881) 井上哲次郎 東京大学刊

《漢英對照いろは字典》(1888) 高橋五郎編

《医語類聚》(1873) 奥山虎章 復刻明治専門述語集

《藥品名彙》(1874) 復刻 明治専門述語集

《工学字彙》(1888) 野村龍太郎 復刻 明治専門述語集

《物理学述語和英仏獨對訳字書》(1889) 復刻 明治専門述語集

《數学二用キル辞ノ英和對訳字書》(1889) 復刻 明治専門術語集

《鉱物字彙》(1890) 復刻 明治専門術語集

《華英字典》(*A Dictionary of the Chinese Language* 3卷6册) (1815-23) Robert Morrsion

《広州省土話字彙》(*A Vocabulary of the Canton Dialect*) (1828) Robert Morrsion

《英華韻府歷階》(*An English and Chinese VocabUlary in Court Dialect*) (1844) S. Wells Williams

English and Chinese Dictionary, 2 VOL(1847-48) W. H. Medhurst, Sen. Mission Press

《英華字典》(*English and Chinese Dictionary* 4 vol) (1866-69) W. Labschied, Hong Kong Daily Press

《漢英韻府》(*Syllabic Dictionary of the Chiese Language*) (1874) 衛三畏廉士 甫(S. Wells Williams) 北通州協和書院刊

《漢英袖珍字典》(A Chinese and Ertglish Pocket Dictionary) (1874) 司登得(G. C. Stent)

《字語彙解》 (An Anglo-Chinese Vocabulary OF The Ningpo Dialect) (1876)Rev.

W. Morrison
《広州方言漢英辭典》(A Chinese Dictionary in the Cantonese Dialect) (1877) Eitel, Ernest John
English and Chinese Dictionary (1882) Rev. I. M. Condit American Tract Society
《華英字典》(Chinese - English Dictionary) (1892), (同增訂版1912) Herbert A. Giles, Shanghai, China
《漢英合璧相連字典》(A Chinese and English Vocabulary in the Pekinese Dialect) (1898) G. C. Stent
《華英音韻字典集成》(English and Chinese Pronouncing Dictionary) (1902) 羅 布存德原著, 企英訳書館增訂
《英華大辭典》(*An English-Chinese Standard Dictionary*, 2nd Comprising 120,000 words and phrases, Shanghai, the Commercial Press, Ltd (1908) 2vol 顏惠慶等編輯 上海商務印書館藏版
English-Chinese Dictionary of the Standard Chinese Spoken Language(官話) *and handbook for translations*, including Scientific, Technical, Modern, and Documentary Terms. 2vol(1916) by K. Hemeling, (赫美玲) Ph.D.
《英華合解辭彙》(1915) 翁良他合編, 商務印書館
Mathews Chinese-English Dictionary(1931) R. H. Mathews
《言海》(1891) 大槻文彦
《日本大辭典》(1893) 山田美妙 明法堂
《日本大辭典》(1898-99) 落合直文 大倉書店
《新編漢語辭林》(1904) 山田美玲 青木嵩山堂
《熟語新辭典》(1907) 酒生慧眼監修 精華堂
《辭林》(1911) 金澤庄三郎 三省堂書店
《英獨仏和哲学字彙》(1912) 井上哲次郎他編 丸善
《大日本国語辭典》(1915-19) 上田万年他編 富山房
《大辭典》(1934) 下中弥三郎 平凡社
《明治大正 新語俗語辭典》(1984) 樺島忠夫他編 東京堂出版

《昭和語小辞典》(1985)　惣郷正明他編　大修館書店

《明治のことば辞典》(1986)　惣郷正明・飛田良文　東京堂出版

《目で見る明治の辞書》(1989)　惣郷正明　辞典協会

《佩文韻府》(清)

《康熙字典》(清)

《新爾雅》(1903) 汪榮宝・葉瀾共編

《漢訳新法律詞典》(1905)　徐用錫訳　京師訳学舘

《日本法規解字》(1907)　錢恂他編　上海商務印書舘

《普通百科新大詞典》(1911)　黃摩西　上海国学扶輪社

《辞源》(1915 正編, 1913 續編, 1939 正統編合訂本)　商務印書舘

《綜合英漢大辞典》(1928)　黃士復他編　商務印書舘

《社会科学大詞典》(1929)　高希聖他編　世界書局

《新述語辞典》(1929)　吳念慈他編　上海南强書局

《英漢對照百科名彙》(1931)　王雲五編　商務印書舘

《新名詞辞典》(1932)　洪超編　開華書局

《英漢双解韋氏大学字典》(1932)

《現代語辞典》(1933)　李鼎聲　光明書局

《英漢経済辞典》(1934)　何士芳　商務印書館

《辞海》1936 初版, 1979 合編　上海辞書出版社

《近代来華外国人名辞典》(1981)　社科院編　社会科学出版社

《漢語外来詞詞典》(1984)　劉正埮他編　上海辞書出版社

《現代漢英詞典》(1988)　外研社

《抄物資料集成》清文堂

《三兵答古知幾》高野長英, 高野長英全集3　東京第一書房

《日本館訳語》大友信一編, 洛文社

《大日本古文書 幕末外国関係文書》

《通航一覧 同續輯》

《明治事物起原》(1944)　石井研堂　日本評論社

《中等東洋史》(1898)　桑原隲藏　桑原隲藏全集 4　岩波書店
《東語入門 本文と索引》(1972)　大友信一等編　汲古書店
《海外奇談 国語解 本文と索引》(1972)　大友信一等　汲古書店
《日本一鑑　本文と索引》(1974)　大友信一等編　笠間書院
《遊歴日本図経本文と索引》(1975)　大友信一等編　笠間書院
《西洋事物起原》　ヨハン・ベックマン　特許庁內技術史研究会 訳(1982)
《万国公法》(1864)　丁韙良訳　慶応元年開成所翻刻版
《中外新聞七日錄》(1865-67)　Rev. John Chalmers
《中西関係略論》(1876)　林樂知編
《策鰲雜摭》(1889)　葉慶頤　上海古籍書店複刻版
《東洋史要》(1899)　樊炯清訳　東文学社
《淸議報》(1899-1901)　1-100冊
《訳書彙編》(1900-1903)　1-21期
《重訂考証東洋史要》(1908)　金爲譯　上海商務印書館
《明淸間耶蘇会壬訳著提要目錄》(1940)　徐宗澤　台湾中華書局
《明淸問耶蘇会士訳著提要》(1958)　徐宗澤　中華書局
《中国近代出版史料初編, 二編及補編》(1954)　張靜盧編　群衆出版社
《中国近代教育史資料》(1961)　舒新城編　人民教育出版社
《中国天主教史人物伝》(1970)　方豪　中華書局影印版
《中国訳日本書綜合目錄》(1980)　譚汝謙　香港中文大学
《中国近代教育大事記》(1981)　陳学恂　上海教育出版社
《中国近代学制史料》(1983)　朱有猷　華東師範大学
《走向世界叢書 1-10》(1985)　鐘叔河編　岳麓書社
《漢語外来語詞典》(1990)　岑麒祥　務印書舘
《中国近代報刊名錄》(1991)　史和等編　福建人民出版社
《小方壺齋輿地叢鈔》(淸)　王錫祺編
《福惠全書》(淸)　黃六鴻
《訓訳・福惠全書》(淸・黃六鴻)　小畑行簡訓訳(1850)詩山堂藏梓

《鶴林玉露》(宋) 羅大経撰　中華書局点校本

《儒林外史》

《金瓶梅詞話》

《水滸全伝》

이 책을 집필하는 데 참고한 필자의 논문(괄호 속은 본 논문에 관련된 장)

〈'新名詞'について〉(1983), 《日本語論纂2》国際交流基金(제5장)

〈現代漢語中的日語借詞之研究―序說〉(1988), 《日語学習与研究》(제1장)

〈近代における日中語彙交渉の一類型―'関係'について〉(1988), 《国語語彙史の研究 9》和泉書院(제5장)

〈漢語の日中両国における意味の変化〉(1989), 《日本語語源研究会誌 15》(제4장)

〈〔V+N〕構造の二字漢語名調について-動詞語基による裝定の問題を中心に, 言語交渉の 観点から〉(1990), 《国語学》160(제1장)

〈近代語彙体系における訳語の造出と借用―'影響'を中心として〉(1992), 《国語語彙史の研究12》(和泉書院)　收錄(제5장)

〈大阪外大図書館藏の《英華字典》〉(1992), 《国語学》170(第四章)

〈《新爾雅》とその語 彙について〉(1993), 《文林27》(松蔭女子大)(語誌編)

〈近代語の語源―'鉛筆'〉(1993), 《日本語学》vol. 12-6(제4장)

〈現代中国語における日本製漢語〉(1993), 《日本語学》vol. 12-7(제1장)

초판 후기

이상 이 책에서 쓰기로 한 내용은 모두 다 집필하였다. 그러나 아직 해결해야 할 과제가 많이 남아 있음은 말할 것 없다. 이 책에서는 중국의 일어 차용이 청일전쟁(1894-1895)을 기점으로 하여 전후 두 시기로 나눌 수 있다고 하였다. 그러나 결국 이 책의 내용은 근대 전기가 중심이 된 감이 짙고 또 근대 전기조차도 전반적인 문제를 다 다루지 못했다. 이 책은 방대한 자료 중 정말 적은 양의 자료를 검토했을 뿐이다. 예를 들면 서양 선교사들이 발간한 번역서와 잡지는 수백 종에 달하여 근대어 연구의 보고라 할 수 있다. 또 중국인들이 발행한 자료도 매우 중요하다. 예를 들면 1872년에 창간된 《신보申報》는 중국 관리들과 지식인들이 폭넓게 읽은 신문으로, 서양 각국의 정치 경제 뉴스뿐만 아니라 일본에 대해서도 메이지 유신 이후의 변화 및 정치, 경제, 풍속, 관습을 소개하는 기사를 빈번하게 게재하였다. 이들 자료는 근대 중국어 어휘 형성과 다른 나라 언어와의 교섭을 연구하는 데 무시할 수 없는 것들로서 앞으로 이에 관한 연구가 기대된다.

차후에는 후기의 연구에 중점을 두고(전기 연구도 병행하면서) 다음 테마를 집중적으로 연구하려고 한다.

1. 중국인 개인의 어휘 사용과 일어 차용과의 관계에 대한 연구이다. 주요 연구 대상은 량치차오梁啓超와 왕궈웨이王國維, 옌푸嚴復 , 루쉰魯迅 등이다.

근대 중국어에 큰 영향을 끼친 이들 개인의 저작물을 문학사와 사상사뿐만 아니라 언어 연구 대상으로 검토하는 것은 매우 필요한 작업이다.

2. 유학생이 번역한 일본 서적의 번역어를 조사하여 일본 차용어의 유입 경로와 그 시기, 각 단어의 의미 변화, 수용 시의 여러 사정 등을 밝히고자 한다.

3. 각종 신어 사전과 용어집, 영중 사전, 일본어 사전 등을 조사하여 일어 차용어의 도입과 정착을 파악해 가고자 한다. 그리고 이와 같은 연구 성과를 바탕으로 일본에서 차용한 단어에 대한 개별적인 역사를 기술해 갈 것이다.

돌이켜보면 1983년 베이징에서 다나카 아키오田中章夫 교수님의 조언을 받아 '근대 중·일 어휘 교류사'를 연구 테마로 정한 뒤 벌써 9년 남짓한 세월이 흘렀다. 1985년 다나카 교수님의 배려로 염원하던 일본 유학이 이루어졌고 일본에서 풍부한 자료를 활용하면서 본 과제 연구에 몰두할 수 있었다. 1988년4월 오사카대학 문학연구과에 입학하여 베이징 오히라학교大平學校(베이징 일본어연구센터) 시절 은사이신 사지 게이조佐治圭三 교수님으로부터 재차 지도를 받아 연구를 계속할 수 있었다.

이 책을 박사학위 논문으로 집필하기 시작한 것은 1989년3월부터이다. 도중에 몇 차례나 구성을 바꾸고 때로는 자신의 재주 없음을 한탄하면서 내팽개치려고 마음 먹은 적도 있었지만 여러 교수님들과 동료들의 격려로 오사카대학을 떠난 뒤 1991년 3월에서야 초고를 완성할 수 있었다. 그 후 1년간 여러 교수님들의 고견을 들으며 수정 가필하여 현재의 형태로 만들었다. 이 책은 필자가 일본에서 5년 반 동안 연구한 결과의 보고로서 차후 연구의 출발점으로 삼으려 한다.

이 책을 완성하기까지 많은 분들로부터 헤아릴 수 없는 학문적 은혜를 입었다. 사지 게이조 교수님은 학문 연구에 대한 기본 자세에서 구체적인 연구 방법론에 이르기까지 많은 가르침을 주셨다. 국문학 연구실의 마에다 도미요시前田富祺 교수님은 수업 시간에 일본어 어휘사의 치밀한 연구 방법을 가르쳐 주셨다. 두 교수님은 바쁘신 가운데에도 시간을 내 주셔 필자의 무미건조한 원고를 몇 번이나 읽어 주시고 섬세한 지도를 해 주셨다. 사지 교수님께서 다른 학교로 옮기시고 나서는 도키 사토시土岐哲 교수님이 지도교수가 되시어 귀중한 지도 말씀을 주셨다. 특히 사회언어학 강좌의 도쿠가와 무네요시德川宗賢 교수님은 방언 연구에 관한 강의 시간에 언어 접촉 문제를 연구해야 할 나에게 많은 가르침을 주셨을 뿐만 아니라 연구와 교육에 바쁘신 가운데 일 년 동안 내 원고 전체를 읽어 주시고 여러 페이지에 걸쳐 지도 메모를 적어 주셨다. 또한 미야지마 다쓰오宮島達夫 교수님은 작년(1991년) 10월 오사카대학에 부임하신 후 바쁘신 와중에서도 이 책의 원고를 읽어 주시고 귀중한 코멘트를 해 주셨다. 교수님들의 지도 덕분에 원고 내용은 아주 많은 부분이 나아졌다. 조언해 주신 말씀과 견해는 이 책에 모두 담지는 못했으나 앞으로의 연구에 이들은 살려 가려 한다.

그 밖에도 사회언어학 강좌의 사나다 신지眞田信治 교수님과 돌아가신 현대 일본어 강좌의 데라무라 히데오寺村秀夫 교수님, 닛다 요시오仁田義雄 교수님께서도 늘 격려해 주시고 따뜻하게 지켜보아 주신 일은 잊을 수 없다.

일본에 온 지 얼마 되지 않았을 때 다나카 교수님의 소개로 교토 부립대학의 마쓰이 도시히코松井利彦 교수님의 지도를 받게 된 것은 나로서는 더할 나위 없는 행운이었다. 마쓰이 교수님은 자료 및 용례 처리 방법에서 이 책의 주제에 이르기까지 끊임없이 의견을 주셨는데 특히 이 책의 일본 근대한자어에 대한 기술은 마쓰이 교수님의 지도가 없었으면 이루어지기 어려웠을 것이다.

또한 논문을 처음 쓸 때에는 일본학연구실의 대학원생 우오즈미 에쓰코魚住悅子 씨로부터 많은 도움을 받았고, 오사카외국어대학 도서관과 오사카대학 도서관, 오사카부립 나카노시마 도서관, 교토도립대중앙도서관 사네토문고實藤文庫, 국립국어연구소 등에서도 자료 열람 등에 많은 편의를 봐주셨다. 지도해 주신 여러 교수님들과 연구에 협조해 주신 여러분들께 심심한 사의를 표하는 바이다.

1992년 3월 31일 오사카에서 제2고를 마치며

선궈웨이沈國威

개정 신판 후기

개정 신판 원고를 다 쓰니 도쿠가와 교수님의 얼굴이 눈에 선하다. 2007년 말에는 베이징 오히라학교大平學校 시절 은사이신 사지 교수님도 작고하셨다. 이 책을 이 두 분의 영전에 바치고 싶다. 또한 초판 집필 때 학은을 입은 여러 교수님들께도 진심으로 감사드리고 싶다.

개정 신판의 교정은 간사이대학 대학원 외국어교육연구과 베니코 요시에紅粉芳惠 씨와 기쿠치 아쓰코菊地厚子 씨, 고시 미치코合志路子 씨의 협력을 얻었으며, 인용과 출전 확인은 나의 아내 안리安力의 도움을 받았다. 또 가사마서원의 하시모토 편집장으로부터는 초판 때와 같이 따뜻한 격려를 받았다. 편집 작업에서는 오카다 케이스케岡田圭介 씨로부터 많은 신세를 졌다. 이 분들 모두에게 감사드린다.

마지막으로 여러분들의 은혜를 갚는 길은 하루 빨리 새로운 연구 성과를 내어 보고 드릴 수 있도록 노력하는 길밖에는 없다고 생각하면서 새로운 결의를 다져 본다.

2008년 초여름

저자 씀

인명 찾아보기

책명 찾아보기

용어 및 기타 찾아보기

근대중일어휘교류사

초판발행 2012년 5월 15일
초판 1쇄 2012년 5월 15일

지은이 선궈웨이
옮긴이 이한섭·김지연·윤재숙
이자호·정영숙·황미정

펴낸곳 고려대학교출판부
www.kupress.com
kupress@korea.ac.kr
136-701 서울특별시 성북구 안암로 145
02-3290-4230, 4232
Fax 923-6311

찍은곳 (주)동화인쇄공사

ISBN 978-89-7641-779-4 93700

값 24,000원